毛泽东同志是伟大的马克思主义者，伟大的无产阶级革命家、战略家、理论家，是马克思主义中国化的伟大开拓者，是近代以来中国伟大的爱国者和民族英雄，是党的第一代中央领导集体的核心，是领导中国人民彻底改变自己命运和国家面貌的一代伟人。

在为中国人民不懈奋斗的光辉一生中，毛泽东同志表现出一个伟大革命领袖高瞻远瞩的政治远见、坚定不移的革命信念、勇于开拓的非凡魄力、炉火纯青的斗争艺术、杰出高超的领导才能。他思想博大深邃、胸怀坦荡宽广，文韬武略兼备、领导艺术高超，心系人民群众、终生艰苦奋斗，为中华民族和中国人民建立了不朽功勋。

毛泽东同志属于中国，也属于世界。他不仅赢得了全党全国各族人民爱戴和敬仰，而且赢得了世界上一切向往进步的人们敬佩。毛泽东同志的革命实践和光辉业绩已经载入中华民族史册。他的名字、他的思想、他的风范，将永远鼓舞我们继续前进。

—— 摘录2013年12月26日，习近平总书记在纪念毛泽东同志诞辰120周年座谈会上的讲话

黄学禄◎著

毛泽东

成功的秘诀

中央文献出版社

数风流人物，还看今朝。

李敏

二〇二一年十月

毛泽东的女儿李敏为本书题字

奋进

李讷

二〇二一年九月廿四日

毛泽东的女儿李讷为本书题字

践行初心使命

著述党史育人

逄先知

原中共中央文献研究室主任逄先知为本书题字

目　录

前 言

20世纪是人类历史上充满传奇色彩的世纪，是革命的世纪，战争的世纪，对抗的世纪，图强的世纪，也是伟人辈出、星群灿烂的世纪。

20世纪造就了一位响彻东方、影响世界的历史巨人——毛泽东。他是伟大的马克思主义者，伟大的无产阶级革命家、战略家、理论家。他是中国共产党、中国人民解放军、中华人民共和国的主要缔造者，中国各族人民的伟大领袖。他以宏伟的巨笔挥就了如史诗般传奇的人生，他以超人的智慧和魄力改写了中华民族的历史，他以大无畏的英雄气概和无与伦比的革命胆略在人类历史上写下了光辉的篇章。

中国，是一个有五千多年历史的文明古国，是人类历史上唯一不曾有过中断的文明，在历史长河中，中华文明是一个伟大的奇迹。

自公元前221年开始，中国就以一个统一的多民族中央集权帝国制国家屹立在世界的东方。在以后漫长的两千多年，中国一直是当时世界上最发达的国家之一，并有着几段辉煌时期，包括汉朝、隋唐以至元代。公元13世纪达到了顶峰，中国成为当时世界最繁荣的文化及贸易中心，以指南针、造纸术、印刷术、火药和中医药等等众多发明，对人类文明的进步与科技发展有着重大贡献。

"普天之下，莫非王土；率土之滨，莫非王臣。"中华帝国长期的优势形成了巨大的文化优越感，根据中国封建社会的传统观念，"天朝上国"是世界文明的中心，中国皇帝就是"天下共主"。在相当长的历史发展进程中，中华文明独领风骚几千年，长期走在世界的前列，只是到了近代，由于故步自封和闭关锁国，跟不上世界发展的脚步，才逐渐落伍。

从1840年的鸦片战争开始，西方帝国主义列强用坚船利炮打开了清王朝的大门，逼迫中国签订了上千件不平等条约，中国被割去或分裂出去多达300多万平方公里的土地，被掠夺黄金白银数以亿计，中国逐渐沦为半殖民地半封建社会。那时的中国黑云密布，战乱频仍，山河破碎，民生凋敝。为改变中国落后挨打的局面，中国一代又一代的仁人志士进行了一次次探索，设想了一套套救国救民的方案，并采取许多革新或革命行动。如魏源提出的"师夷长技以制夷"，张之洞提出的"中体西用"，左宗棠、李鸿章等的"洋务运动"，康有为、梁启超推行的"百日维新"，以及孙中山领导的辛亥革命，等等，这些设想方案和运动都失败了，唯有以毛泽东为代表的中国共产党领导的中国革命最终获得翻天覆地的成功。

以毛泽东为代表的中国共产党登上历史舞台以后，开辟了中国历史惊天地、泣鬼神的波澜壮阔的壮丽征程。

自1927年毛泽东在党的八七会议上提出枪杆子里面出政权的论断之后，通过创建人民军队，进行人民战争，走农村包围城市的革命道路，仅用了22年时间，就打败了一切对手，推翻了压在中国人民头上的三座大山，彻底结束了自鸦片战争以来一百多年积贫积弱、内忧外患的悲惨命运，缔造了一个新中国，建立了人民当家作主的社会主义制度。这不仅是中国历史上，而且是整个人类历史上的划时代大事件。

以毛泽东同志为主要代表的中国共产党人，最伟大的历史功绩是把产生于欧洲的先进科学理论——马克思主义创造性地运用到中国这个农民占人口绝大多数的经济文化落后的东方大国，紧密结合中国实际，并吸取中华文明精华，创立了毛泽东思想，开辟了马克思主义中国化道路。毛泽东思想博大精深，它是一个完整的、系统的、内容极其丰富的科学体系，涵盖军事、政治、经济、文化、统战、外交、党建等多个领域。它具有颠扑不破的真理性特征，具有很强的说服力，又体现了新鲜活泼的为中国老百姓所喜闻乐见的中国风格和中国气派。这个理论培养了一代又一代中国共产党人，唤醒、教育和动员了亿万人民群众，凝聚和形成了排山倒海般改造和建设中国的无穷力量。

中国历史上有秦皇汉武唐宗宋祖和一代天骄成吉思汗等风流人物，但以文治武功论，毛泽东当之无愧地走在这些历史人物的前列，如果论及思想和精神领域的成就，毛泽东则可称为"千古一人"。毛泽东万余篇、两千多万字卷帙浩繁的著述，震古烁今。毛泽东思想不仅铸造了中国共产党的党魂、人民军队的军魂、新中国的国魂，重振重塑了中华民族魂，而且创立了一整套马克思主义中国化的话语体系，夺取和掌握了时代的话语权！

毛泽东是一位集大军事家、大政治家、大革命家、大战略家、大理论家、大史学家等等若干"大家"于一身，改变中国、影响世界的历史巨人。正如德国前总理施密特所说："毛泽东是世界历史发展的创造者之一，是给中国人民指出走向新的未来道路的人。"巴基斯坦前总理贝·布托说："毛泽东的名字将永远是穷人和被压迫者的伟大而正义的事业的同义语，是人类反对压迫和剥削的斗争的光辉象征，是对殖民主义和帝国主义的胜利的标志。"瑞典前首相帕尔梅说："毛泽东的作用不仅限于中国。他关于改造我们的生存条件的意志力量的思想对全世界都产生了影响。"英国将军奥特曼说："毛泽东是掌握打开这个时代军事奥秘之锁的全部钥匙的人。"南斯拉夫总统铁托说："毛泽东是站在巨人之上的超级巨人。"法国总统德斯坦把毛泽东看作是"人类思想的一座灯塔"。美国学者施拉姆说："毛泽东一直在为人类的最终命运战斗和操心。""百年之后，毛泽东仍是世界人民最为关注的思想家和军事家"。

以毛泽东为代表的中国共产党人，从建党的开天辟地，到新中国成立和社会主义事业蓬勃发展的改天换地，创造了让中国人民引以为豪的辉煌历史，实现了中国由弱到强、由衰到盛的伟大转变，为中华民族的振兴奠定了坚实基础，提供了根本保障。

毛泽东以自己的言行诠释了信仰的作用，以无可辩驳的成就彰显了精神力量，中国的一切胜利与发展都可以在信仰和精神里找到源头，未来的中国和中华民族的发展与强盛的密钥也藏在这里。

毛泽东思想是我们的党魂、军魂、国魂、民族之魂，是当今中华民族发展的精神支柱。毛泽东思想塑造了几代为中国人民的解放、为共产主义事业奋斗终生的不怕牺牲、身先士卒、顽强拼搏、勇往直前的共产党人和中华民族最杰出的优秀儿女和英雄群体，培育了中国共产党和中华民族最伟大的井冈山精神、长征精神、抗战精神、延安精神、西柏坡精神、抗美援朝精神、大庆精神、大寨精神、"两弹一星"精神、雷锋精神、焦裕禄精神，以及艰苦奋斗、自力更生精神，等等，毛泽东精神旗帜在中华大地上光耀千秋，是实现中华民族伟大复兴的瑰宝。

　　毛泽东虽然离开我们快半个世纪了，但他为中国人民、中华民族留下的最伟大最宝贵的遗产永存。他留下伟大的物质遗产，为改革开放、民族复兴奠定了坚实的物质基础。他留下伟大的精神遗产——毛泽东思想，是指引和激励中国人民继续前进的精神支撑和灵魂。他留下伟大的制度遗产——社会主义制度，是中国人民永远当家作主、过好日子的根本保证。

　　纵观毛泽东一生，他从一个闭塞的小山村走向世界的大舞台，从一个普通农家子弟到统率千军万马，横扫千军如卷席，成为叱咤风云、扭转乾坤、功勋盖世的历史巨人。

　　毛泽东何以成为历史巨人？一位国外研究者百思不得其解："毛，是个谜，区区十几个人，竟赤色了中国？毛，在赤色了的中国，有众多追随者。毛，是个谜。毛，让他的人民有一种自豪……"

　　毛泽东种种传奇经历，不得不让人倍感叹服，但人们不解的是，什么因素成就了毛泽东？他的超人智慧从何而来？他成功的秘诀在哪里？这是本书认真探讨的主题。

秘诀之一
敢于斗争的刚毅性格

一个人不能没有脾气，也不能没有个性，这是人的本性。纵观历史长河，大凡成功者，都有自己独特的性格，是他的性格锻造了历史。

毛泽东是一个极有个性的人，他自己曾经说过："在我身上有些虎气，是为主，有些猴气，是为次。"身上充满虎气的毛泽东，性格耿直、刚毅、执拗，认准一个真理，便坚定不移地坚持下去，绝不随波逐流，轻易放弃自己的主张。

1. 来自东方的施恩者

1893年12月26日，一个历史巨人诞生在群山环绕的湖南省湘潭县韶山冲，这位历史巨人，就是名垂千古的毛泽东。

韶山冲有许多传奇的故事。

相传远古时代，舜帝南下，由东城蒲坂（今山西芮城县西北）出发，过黄河，跨长江，漫游八百里洞庭，巡视苍梧之野（苍梧山即九嶷山，在今湖南境内），见山清水秀，松苍竹翠，就在这座山上休息，让跟随他的乐师演奏动听的韶乐，引来祥云翻卷，凤凰起舞，后人便把这座山叫作韶山。

这座山陡峭的顶峰叫韶峰，山间潺潺的小溪叫韶水，山脚下有一条狭长的谷地叫韶山冲。

南岳群山素有七十二峰之说，韶山便是其中之一。远远望去，韶峰高耸，群峦葱郁。据《长沙府志》记载，曾有韶氏三姐妹居山学道，游历韶山凤仪亭、仙女庵、胭脂井、石屋风、顿石门、塔岭霞、石壁泉、韶峰翠，为"韶山八景"。

曾有人写诗赞誉韶山："从来仙境称韶峰，笔削三山播天空。天下名山三百六，此是湖南一条龙。"

山麓中，一湾碧水绕山而淌；山脚下，几洼池塘前散落着不多的几户农舍。农舍大多依山傍水，掩映在山中松柏和樟树的簇荫之中，如果将大山的走势比成一条龙，那这里就像是这条巨龙颔下的一颗明珠。

韶山隶属湘潭县，位于湘潭与湘乡、宁乡三县交界处，东北距长沙180里，东南距湘潭90里。

公元1351年（元至正十一年），正值元朝末期，天下大乱。这年的五月，白莲教头领刘福通等杀白马黑牛誓告天地，在河南率众起义，占据朱皋，分别克罗山、光山、息县、确山等地，义军人人头裹红巾，打着红旗，故号"红巾军"。从此揭开了元末农民大起义的序幕。

刘福通率众起义后，全国各地尤其有白莲教活动的地方纷纷响应。

安徽的白莲教首领郭子兴在淮南起义，也号称"红巾军"，并攻占安徽濠州等州县。次年，朱元璋投奔郭子兴起义部队。

朱元璋是濠州钟离人，出身贫寒，17岁时，父、母、兄皆死于瘟疫，其孤独一人入皇觉寺为僧，后来又沦落淮西一带乞讨为生。他投奔郭子兴部队，勇敢善战，攻伐必克，屡建功勋，成为义军首领。

1363年，朱元璋率起义大军攻克湖南、湖北、江西等地区。就在攻克南昌、吉州、龙城县（今江西吉水县）时，青年农民毛太华参加了朱元璋队伍。这个毛太华就是湖南韶山冲毛氏家族的始祖。

1368年，朱元璋在南京建立了大明王朝，改元洪武，为洪武元年。

1381年（洪武十四年），朱元璋命傅友德、沐英、蓝玉三将军远征云南，明廷分云南为52府，由朱元璋义子沐英统领镇守。

毛太华以"百夫长"的身份随军征战云南，后又作为沐英部下戍边。因边陲地区没有汉族妇女，毛太华如许多下级军官一样，娶了当地一个姓王的少数民族姑娘为妻，先后生了四个儿子，取名毛清一、毛清二、毛清三、毛清四。

后来，毛太华到了退休年龄，要求告老还乡。因他戍边多年，立有军功，遂被批准偕妻儿迁回内地。于是，毛太华偕妻子和长子毛清一、四子毛清四内迁。他们被朝廷分配到湖南省湘乡县北门外绯紫桥居住，分得田产几十亩。数年后，毛太华夫妇去世，毛清一和毛清四迁移到湘潭县七都七甲，就是今天闻名天下的韶山冲。

韶山冲居住着毛、李、钟、周、邹、庞等七姓人家，以毛氏家族最为繁盛，人丁兴旺。

毛氏家族在韶山冲以务农为生，世代相传，约有五百年的历史。自毛太华第七代孙始修家谱，定下20代子孙的辈分。

毛泽东的曾祖父毛祖人，字四端，是毛氏家族第十七代传人。毛泽东的祖父毛恩普，字寅宾，号翼臣，生于1846年5月22日，卒于1904年11月23日，葬于韶山滴水洞大石鼓。祖母刘氏，生于1846年9月21日，卒于1884年5月20日，葬于韶山东茅塘。

毛泽东的父亲毛顺生是毛氏家族的第十九代传人。

毛顺生生于1870年10月15日，10岁时由父母做主与湘乡县唐家坨文芸仪之女文素勤订婚。文素勤在同族姐妹中排行老七，人称文七妹。文家与韶山冲只有一山之隔，相距10余华里，也以务农为业，家境富裕。文七妹18岁时与毛顺生结婚。

毛顺生的父亲毛恩普是个老实厚道的庄稼人，因为家境贫困，不得不把祖传的田产典当给别人，留给儿子的只是一身债务。

毛顺生为了替父亲偿还债务，被迫到湘军里当了几年兵，长了不少见识，也积攒了一些银钱，回乡后还清了债务，赎回了典出去的田产，又买了一些田产，家里拥有土地22亩。

在旧中国靠自身奋斗摆脱贫困的农民，大多克勤克俭，精明刚强。毛顺生就是这样一个生财有道、善于经营的人。他常挂在嘴边的一句话是："吃不穷，用不穷，人无计算一世穷。谁会盘算，谁就能过上好日子，不会盘算的人，给你金山银山也会受穷。"他除了种好自己的地之外，又集中精力去做稻谷、猪牛生意。他的妻子文七妹帮着他艰难打拼，一家人日出而作，日落而息，资本逐渐滚到两三千元，在小小的韶山冲可算是富裕户了。

1893年12月26日（清光绪十九年阴历十一月十九日），文七妹生下了第三个男孩（此前两个男孩儿都在襁褓中夭折）。此时的文七妹担心这第三个孩子能不能长大，于是她抱着新生儿到山中的一个尼姑那里，哀求这位尼姑帮助照看这个婴儿。这位出家人拒绝了，说这孩子很结实，不必担心养不活。七妹听罢，抱起婴儿赶到娘家，在距娘家不远的地方，有一块高约12米的巨石，巨石上建有一座很小的庙，庙里供奉的是观音菩萨。观音在佛教里是一位仁慈的神。七妹在这个庙前停留下来，向观音做了祷告，求菩萨把这个刚出生的孩子收为养子。

根据古老的风俗，给新生儿取名时，父母最好是征求算命先生的意见。毛顺生也不例外。算命先生告诉他，这个孩子命里缺水，因此孩子的名字必须有一个与水有关的字。算命先生的建议恰好与毛家的字辈序列相吻合。毛顺生儿子这一代字辈是"泽"，这个"泽"字，左边是三点水，"泽"有两层含义：其一，它有潮湿和滋润万物的意思；其二，它还有"上善若水"和"施恩于人"的意思。至于孩子名字的第二个字，毛顺生选择了"东"字。两个字合起来就是"泽东"，它所具有不同凡响的美好寓意是：来自东方的施恩者。

在取这个正式名字的同时，依照习俗，这个孩子还有一个非正式的名字，为孩子取的第二个名字是"咏芝"，"芝"是"芝兰"的意思，属于兰花的一种。这样一来，这个孩子就有了响亮优美的第二个名字："被赞颂的兰花"。不久这个名字改动了，因为缺少算命先生所说的那个"水"字。最终定下来的第二个名字"润芝"，意思是"带着露水的兰花"。"芝"字有时候也被写成"之"。"之"的意思是他或者他们，也就是所有的人。

这样"润之"的象征性意思就是给人类带来恩泽的救星。"泽东""润之"这两个名字意为"润泽华夏，恩惠东方"，毛泽东的母亲还给他取了一个小名，叫"石三伢子"，意在祈盼他免遭灾祸，如磐石般坚强。这个石三伢子，按毛氏族谱是第二十代传人。有了这三个名字护佑，毛泽东的父母才放心。

毛泽东长得像他母亲，天庭饱满，大而睿智的眼睛，十分逗人喜爱。

文七妹于1896年4月3日生了泽民，1905年9月25日生了泽覃，还生过两个女儿，都夭折了。

1912年韶山出现大旱灾，毛顺生远房族弟毛尉生将自己的女儿菊妹子过继给顺生夫妇做女儿，菊妹子那年7岁，取名毛泽建。

毛泽东自6岁起就开始跟着父母亲干活。他的任务是放牛、打猪草。儿童时代的毛泽东干起活来肯动脑筋、找窍门。放牛时他把邻近的放牛娃召集起来，分成两班，一班负责看牛吃草，另一班到山上采野果子，第二天轮换。采到的果子按人分配，剩下的用绳子拴起来吊在树上，比赛弹跳力，谁跳起来够着野果子就归谁，这样大家玩得开心，牛也放了，也玩游戏了。

作为从小参加劳动的农家子弟，毛泽东对穷苦农民非常同情，经常去帮助他们干活。有一年秋收季节，打下来的稻谷在稻场里晒着，突然天下起了大雨，大家都忙着收自己的谷子，而毛泽东却跑到一个佃户老大娘家里帮着收谷子。他父亲生气了，而毛泽东说，人家家里穷，人手少，还要交租，损失一点儿不得了，咱们家里谷子多的是，损失一些不要紧。

1902年春，过了正月十五元宵节，毛泽东开始上学了。到离家不到200米的南岸私塾先生邹春培的学馆里受启蒙教育。邹先生50多岁，把毛泽东引到写着"大成至圣先师文宣王孔子之位"的神龛前作揖磕头，行完大礼，笑嘻嘻地对入学的家长毛顺生说："令郎有朝一日，定会名登高科，光宗耀祖。"毛顺生说："种田人家的子弟，不希望功名利禄，只要算得几笔钱，记得几笔账，写得几句往来信札，就要得了。"

毛泽东天资聪颖，有过目不忘之才，很快就过了识字关，一年后就学《论语》了。

在南岸私塾后面，住着邹四阿婆一家。宅旁种了一片果园，种了桃树、梅子树数十株，每到果子成熟时，学馆的伢子们就来偷果子吃，邹四阿婆费了很大的劲守护着。有一天，下课的铃刚刚响过，毛泽东和几个小伙伴见邹四阿婆没在树下做针线，像猴子一样敏捷攀上树枝，摘那熟了的果子，连吃带往兜里装。邹四阿婆从屋里出来，举着一根竹竿子，大喊一声："你们这些小泥鳅，看我不打断你们的腿。"众学童跳下树枝就跑，邹四阿婆紧追一个大个子孩子，边追边数落："好呀，石三伢子，你竟带领这帮孩子来偷果子，我非逮住你交你爹治你不可！"毛泽东对邹四阿婆做了个鬼脸，跳进一条河里跑掉了。

时值盛夏，有一天，天气炎热，上完两堂课后，先生叫大家温习，自己回家办事去了。念了一会儿书，毛泽东提议："天气这么热，咱们洗个澡再念吧！"会游水的孩子纷纷响应，跟毛泽东出了校门就到了河边，扑通！跃入水中。先生回来看见学生赤身露体在河里游泳，以为不雅，要惩戒他们。毛泽东站起来申辩说："圣人是允许下河里洗澡的。"邹先生闻之一愣，怒斥："毛泽东，你说，圣人在哪个地方说过可以下河洗澡？"

毛泽东回答："'子在川上曰，逝者如斯夫'。川上不就是河里吗？孔夫子都下河洗澡，我辈圣人子弟为何不能？"

老先生一听，想起确实有这样一段书，自然又感到自己下不了台，一时就散了学，跑到上屋场找到毛顺生说："你家泽东了不得啦，他的才学比我高，我教不了他啦！"

毛顺生听说儿子带头闹学，还敢跟先生顶嘴，当即火冒三丈，他放下手中的农活，跑到私塾，捡了一根楠竹竿子，看见毛泽东正和同学们往家里走，劈头盖脸打来，毛泽东回头就跑。父亲追不上他，就发狠跺脚道："你敢回来，我非打死你这个没王法的东西。"

毛泽东的反抗意识由此产生，他采取离家出走的办法，就决定去县城。但是他毕竟才11岁，没出过远门，也不知道县城在哪里，结果在山里迷了路，转了三天三夜，还没走出韶山冲。儿子没回家，做父亲的也着了慌，托人帮助四处寻找。在离家八里远的地方，毛泽东被一个砍柴老人碰见，被送回了家。毛顺生见儿子被人送回来了，自然是感激不尽，送走了老人，对儿子再也没有责打。毛泽东到了学堂，邹先生态度也缓和了。

不久，毛泽东转学到私塾先生毛宇居的书馆，读四书五经。这些被认为是儒家的经典。毛泽东博闻强记，应对如流，先生从难要求他，经常对他加大课业量。一天，毛宇居先生外出办事，临行前规定学生在课堂背书，不许外出。先生刚走，毛泽东就背着书包爬到后山摘毛栗子，回到课堂上，给每个同学送上几颗，给先生讲桌上也放了一份。毛宇居先生回来了，不仅不领情，还责问："谁叫你们到处乱跑？"毛泽东说："闷在屋里头昏脑涨，死记硬背也记不住。"先生手拍戒尺，说"放肆"。先生知道背书难不倒他，便心生一计，把毛泽东叫到院子里，指着一口井说："我叫你赞誉这井。"这时同学们都来到院子里看先生怎样惩治毛泽东。只见毛泽东围井口转了两圈儿，说道：

> 天井四方方，周围是高墙。
>
> 清清见卵石，小鱼圈中央。
>
> 只喝井里水，永远养不长。

这敏捷的才思和深刻的讽喻，给先生和同学们留下了难忘的印象。先生毛宇居暗暗称奇，认为这孩子有曹子建七步成诗之才。

1906年，13岁的毛泽东提出停学务农，在家自学看书。毛泽东的本意是不受约束地在家读一些杂书野史。父亲说："我原来就没有指望你去考秀才、举人，现在又废除了科举，再读也没有用，田里活儿忙不过来，你回来也好。"

毛泽东辍学在家，白天跟家中雇请的长工一起干活儿，犁田、插秧、割谷、砍柴、挑粪、喂猪，样样活儿都干，还常跟长工争着抢重活儿干，养成了山区农家子弟的本色：吃苦耐劳，勤快朴实，不怕艰难，对农民的疾苦也有很深的体会。这期间，他对父亲的严厉管教也感受很深，后来他回忆说：“父亲是一个严格的监工，看不得我闲着，如果没有账记，就叫我去干农活。他性格暴躁，常常打我和两个弟弟。”“他的严厉态度大概对我也有好处，这使我干活非常勤快，使我仔细记账，免得他有把柄来批评我。”

做父亲的期望儿子将来能像他一样，成为生财有道的精明人。一旦发现儿子行为不合自己的准则，便用高压手段来管教，父子的冲突不可避免。对毛泽东来说，却形成了他最初的反抗心理。

1910年秋天，父亲毛顺生打算把17岁的儿子毛泽东送到湘潭县城一家米店当学徒，就在这个时候，他向父亲提出要继续上学。在亲戚和邻居的劝说下，父亲毛顺生同意了。

毛泽东选中的学校是东山高等小学堂。这不是一所普通的学校，它虽然也教经书，却主要实行“新法教育”，讲授包括地理、历史和自然科学在内的现代课程，教学方法也是欧洲式的。该校坐落在邻县湘乡的一个名叫东山的村子里，距韶山约有50里路。

到东山高等小学堂读书这一决定，对毛泽东的一生无疑具有历史转折意义。可以想象，如果毛泽东听从了父亲的意见，去做米店的伙计的话，毛泽东就不是日后的毛泽东了。

毛泽东入学的时候已经17岁了，这是他平生第一次离开家乡。一路陪着他的，是比他年长9岁的表哥文运昌。事实上文运昌当时已是这个学校的学生。正是在这位表哥的怂恿下，毛泽东才选择了这所学校。

毛泽东离开闭塞的韶山走向外面更广阔的世界，这是他人生历程中的第一次转折，他激动的心情是可以想象的。临行前，他写了一首诗夹在父亲每天必看的账簿里。诗的内容是：“孩儿立志出乡关，学不成名誓不还。埋骨何须桑梓地，人生处处是青山。"那时的他，已经有了经天纬地、青史留名的志向。

毛泽东在东山小学堂总共学了7个月。1911年初，他决定去湖南省会长沙报考那里一所中学。他带着东山小学一位老师的推荐信和很少的行李，徒步走了120里路，前往那个尚不熟悉的大都市。他就是这样告别了孩童和少年时光，离开了东山学堂，迈向了一个充满未知风险的新世界。

"嚼得菜根，百事可做"，这8个字是1913年秋末冬初，毛泽东在湖南第一师范学校读书所作的课堂笔记"讲堂录"中所写。其意为只要能吃苦、吃得了苦，那么世界上的任何事情都可以去做、去完成。

短短的8个字，不仅概括了毛泽东的刚毅性格，同时也反映出他耐于吃苦、乐于吃苦、寄希望于日后或将来、胸怀大志而因条件所限甘于吃苦的远大抱负。

毛泽东的父亲毛顺生是一个吃苦耐劳、节俭、善于积聚的普通农民，作为一个精明的农夫，他一生想的是通过自己的辛苦经营，不断扩大手中掌握的土地规模，走向发家致富的道路，有这样一个父亲，出生在这样一个家庭，对毛泽东来说，很容易成为湖南乡间的财主，或成为绅士这样的人物。

然而，毛泽东没有走上这条在很多人眼中都认为是合情合理的人生道路。他讨厌父亲的自私自利、刻薄、"敛财"，他同情穷人的苦难。因此，父子俩常常在这些问题上发生争执。

当儿子同情贫苦村民、为他人干私活、助人为乐时，便受到父亲的指责。附近一姓毛的农民，曾收定金把自己的一头猪卖给了毛顺生。过几天毛顺生让儿子去赶猪时，猪价已经上涨，这个卖猪的农民有些后悔，埋怨自己运气不好。毛泽东听了后，自作主张，退回定金，觉得不应"赚心灵不安的钱"，没有把猪赶回来，只收回了预付的定金，父亲很生气，骂他不会办事。

毛泽东11岁那年，毛顺生的堂弟毛菊生家境贫困，不得不将自己赖以活命的7亩水田典卖，毛顺生不但没有帮助堂弟渡过难关，反而乘机把7亩水田买过来。当毛泽东和母亲文七妹持反对态度时，毛顺生狠狠地说："管他兄弟不兄弟，我是用钱买的，是天经地义的事。"母子俩劝说无效，引起了毛泽东对父亲的不满。

有一年旧历年关，父亲让毛泽东去收一笔卖猪的账，他收回钱后在回家的路上碰见几个衣衫褴褛的穷人，就私自做主，拿出一部分钱给了这些乞讨的人，回到家里惹父亲生气，挨了一顿责骂。

许多事情积累起来，毛顺生和儿子毛泽东结下了思想疙瘩。1906年的冬至这一天，毛顺生设酒席请生意场上的朋友，吩咐13岁的毛泽东帮着招待客人。毛泽东不愿做这些事，父亲生气了，当着客人的面，说儿子"又馋又懒"，为子不孝。毛泽东不服气，当场顶撞起来，说"自己干大人一样的活，为什么说我懒，我又不吃鱼、不吃鸡，为什么说我嘴馋"。父亲见他顶撞，就要打他，他就从家里跑出来，到一个水塘边，以父亲再逼近一步就跳水塘相威胁，父亲怕他真的跳进塘里，就不打他了，但要毛泽东下跪认错，亲友也在一旁劝说。毛泽东见父亲让步了，知道自己占了上风，心想也要给父亲一点面子，就提出条件："只要你不打我，我可以单腿下跪。"父亲问："为什么单腿下跪？"毛泽东回答："身体受之父母，另一条腿属于母亲，只能跪一条腿。"父亲无话可说，只好接受儿子单腿下跪，终于平息了这场风波。

事后，毛泽东悟出一个道理：自己反抗，父亲就会软下来，自己要是妥协，反而招来更严厉的打骂。这一点，从毛泽东的革命生涯中体现得淋漓尽致，那就是不怕权威，敢于抗争。

毛泽东对父亲最大的"不孝"，大概要算他抗拒成亲。

14岁那年，父亲包办给他娶了一个比他大4岁的媳妇罗氏。农家娶大几岁的儿媳，是为了给家里增加一个劳动力。少年的毛泽东没有娶妻的想法，对这桩婚事坚决不承认，也从未和罗氏"圆房"。父亲很生气，说他不孝。按封建规矩，"不孝有三，无后为大"，不遵父母之命成亲，耽误传宗接代，是列在第一位的不孝行为。

为这事父子俩没少怄气，父亲要打他，他就引经据典："父慈子孝"，只有"父慈"，才能"子孝"，可见父慈在先，子孝在后，哪有父不能慈而子孝的道理呢？罗氏嫁到毛家，只是尽儿媳之责，帮助婆婆操持家务，缝补浆洗，成为婆婆的助手。

因罗氏身体瘦弱，常回娘家小住。1910年2月11日，罗氏病逝，时年21岁。

与父亲不同的是，毛泽东的母亲文七妹是一位心地善良、性情温柔、勤俭持家、慷慨厚道的女性。她待人接物，极富同情心，每到灾荒年月，常背着丈夫送米给逃荒的穷人。平时还虔诚地带着幼年和少年时期的儿子毛泽东去寺庙烧香拜佛，把"积德行善""因果报应"一类的信念灌输给孩子。

毛泽东9岁时和母亲讨论过用什么办法能让父亲也信佛的问题。毛泽东15岁那年，母亲病了，他专程到过南岳衡山进香许愿。当时，他未必懂得多少佛教的道理，但母亲的言传身教，使毛泽东从小就同情贫弱，乐于助人。

毛泽东童年的时候，对母亲十分依恋，从小便跟着母亲前屋后屋地做着能做的事。在母亲的影响下，毛泽东在私塾读书时，见一个家境贫困的同学没有带饭，就把自己的饭菜分一部分给他吃。因而，每次放学回家以后，毛泽东便是一副饥饿之相。起初，母亲以为儿子饭量增大了，所以就让多带些，结果还是如此。当母亲问及原因的时候，儿子就照直说了，母亲欣然赞许他的举动。从此，总是多给他带些饭菜。在一个大雪纷飞的早上，毛泽东在上学的路上，遇到一位穿着单薄的年轻人，冻得打哆嗦，便立即脱下自己的一件衣服让他穿上。直到第二年春天，母亲发现儿子少了一件夹袄，一盘问，儿子把事情告诉了母亲，母亲点了点头，没有责备儿子。

类似这样的举动，开始是母亲"为头"，儿子参加；后来则是儿子在母亲影响下自觉行动，这是慈母美德的延伸与发展。

正是母亲的这种影响，使毛泽东从小就和贫苦大众的心连在一起，关心他们，体贴他们，并立下为劳动人民翻身求解放的大志。所以，他的一生，始终是为劳苦人民奋斗的一生。

毛泽东对母亲的情感很深。1918年夏，他从长沙赴北京前夕，十分挂念在外婆家养病的母亲，特地请人开了一个药方寄给舅父。次年春他返回长沙，便把母亲接到省城里就医。

1919年的10月15日，母亲患病逝世，终年52岁。毛泽东非常悲痛，日夜兼程从长沙赶回韶山为母亲守灵，并含泪写下一篇情义深长的《祭母文》。他这样追念母亲："吾母高风，首推博爱。远近亲疏，一皆覆载。恺恻慈祥，感动庶汇。爱力所及，原本真诚。不作诳言，不存欺心。……洁净之风，传遍戚里。"

母亲的言行举止，给了少年毛泽东留下极为深刻的印象，为他指明了做人的原则和标准。毛泽东曾对同学们说，世界上有三种人：损人利己的人；利己而不损人的人；损己而利人的人。我的母亲就属于第三种人。

毛泽东在他母亲"损己利人"高尚道德潜移默化的影响下，一生把"助人为乐"的道德原则逐渐转化成为自己内心的坚定信念，并用这种内在信念去支配自己的行为，到后来就逐渐升华到"为人民服务""毫不利己，专门利人"的崇高境界。

母亲去世之后，毛泽东把父亲接到长沙住了一段时间。父亲后来对儿子的态度有很大转变，不再干涉儿子的事了，并在经济上继续给予资助，毛泽东很是感激。父亲毛顺生于1920年1月23日患急性伤寒病去世，时年50岁。

1937年11月，毛泽东接受美国记者斯诺采访，谈到少年时代家境情况时说：

"这时我家有15亩田地，成了中农，靠此每年可以收60担谷子。一家五口人一年共吃35担——即每人7担左右，这样每年还有25担剩余。我的父亲利用这些剩余，又积蓄了一点资本，后来又买了7亩地，这样我家就有'富'农的地位了。

"我父亲还是一个中农的时候，就开始做贩运谷子的生意，赚了一些钱。他成了'富'农之后，就用大部分时间做这个生意了。他雇了一个长工，还叫孩子们和妻子都到地里干活。我6岁就开始干农活了。我父亲做生意并没有开铺子，他只是从贫苦农民那里把谷子买下来，然后运到城里卖给商人，在那里得到个高一些的价钱……"

毛泽东还接着说："我家分成两'党'，一党是我父亲，是执政党。反对党由我、母亲、弟弟组成，有时连雇工也包括在内。可是在反对党的'统一战线'内部，存在着意见分歧。我母亲主张间接打击的政策。凡是明显的感情流露或者公开反抗执政党的企图，她都批评，说这不是中国人的做法……在我们家里，辩证的斗争在不断地发展着。"

家庭内部的冲突，父亲的暴躁性格，母亲的懦弱无助，所有这些不可能不对这位未来革命者的个性产生影响，使他逐渐成长为一个充满激情和自尊的"反叛者"。用他女儿李讷的话说，他的性格之倔强不亚于她的爷爷。实际上，这对父子性格确实非常相似。父亲对他的蔑视在少年毛泽东心中唤醒了为自己的权利而战的强烈冲动。在中国，湖南人以性格直率、火暴著称。故而不妨说，毛泽东顽强刚毅的个性既有家庭渊源，又有地域和文化方面的根源。

一个人的个性气质的培养在幼年时期非常重要，尤其是6岁以前。毛泽东出生在湖南一个条件并不差的农村家庭，母亲善良、温柔，但父亲有些严厉。心理学家告诉我们，父母性格差异越大，对孩子的影响也就越大，孩子的包容度和学习能力就越强。作为长子，毛泽东从小就懂得担当，而相对优越的家庭条件保证了他可以读书。这方方面面的原因造成了毛泽东非同常人的自信和成功。

正是这样一个典型的严父慈母构成的家庭，塑造了独具特质的毛泽东。父亲强悍、孤傲、坚忍、不屈的性格和专横、自私、刻薄的行为磨砺着毛泽东；母亲善良、温和的性格和无私、大度、富有同情心的品质同样影响着毛泽东。毛泽东的性格正是在父母亲的交互磨合中塑造出来的。父亲给他棱角，母亲给他柔情。他既抛弃了父亲自私的一面，又留下了父亲坚韧强悍刚毅的一面。他既接受了母亲无私的一面，又抛弃了母亲逆来顺受的一面。这些为他立志要改造整个社会埋下了种子。后来他意识到，他斗争的对象不应当是父亲，父亲不过是一个普通的农民，勤劳、节俭。父亲的自私是为了他的家人，是为一家之私。他毕生要与之斗争到底的，不是像父亲这样的人，而是一个社会制度，是许多可恶的人。新中国成立之后，毛泽东曾多次与堂弟毛泽连谈及了这一思想斗争的过程。

他说，旧社会那种私有制，使兄弟之间也不顾情义。我父亲和二叔是堂兄弟，买二叔那7亩田时，就是只顾自己发财，全无兄弟之情，怎么劝说都听不进去。我后来思考这些事，认清只有彻底改造这个社会，才能根绝这类事，于是下决心寻找一条解救劳苦农民的道路。

青少年时代的毛泽东意识到："唯有反抗才有出路"。参加革命后，他更加深刻地认识到："哪里有压迫，哪里就有反抗"，"压迫愈重，反抗愈烈"。他的反抗精神表现为不畏强暴、不畏权贵，为革命事业的胜利，敢拉皇帝下马。

1919年底，毛泽东第二次进京，住在老师杨昌济家里。这时，毛泽东与杨开慧建立了恋爱关系，并有了"定情"的标志。杨昌济语重心长地对女儿说："润之是大才，这一点我早就看准了，他的冲天豪情，绝世抱负，都是我生平之所未见，能够教出这样一个学生，是爸爸一生最大的成就——可也正因为如此，他并不见得是个能给人带来幸福的伴侣！"

还说："没有人比我这老师更了解润之，他的心太高，个性太强，他太执着、太倔强，给自己肩上担负的责任太大太重，他就像一团烈火，熊熊燃烧，或许能成就惊天伟业，但也必须为此一往无前，并不惜个人的一切——包括他的家庭！"

还说："润之的将来，会牺牲很多很多，跟这样一个人相爱相守，将来付出的也会太多太多，甚至会多到一个俗世中的女人难以承受的地步。开慧，爸爸知道，你平时胆子小，可要认准的事，谁也拦不住你。爸爸今天跟你说这些，也不是强求你非要听爸爸的话。选不选润之，你自己做决定。爸爸只是希望你，真的做好这个准备，愿意为了润之，为了这份感情牺牲将来的一切吗？爸不需要你的回答，由你自己做这个回答。"

杨昌济同女儿杨开慧说的这番话，可以说是对毛泽东性格的真知灼见。

1920年1月17日，一代名士杨昌济不幸在北京逝世。

1920年冬，在杨开慧母亲向振熙老人筹办下，毛泽东与杨开慧在湖南第一师范附小的教师宿舍结婚了。他们的结婚，一没嫁妆，二没坐花轿，三没办酒席。家具什物全是旧的。木格子窗下摆着一张方桌，几张方凳。旧式的床上，挂着白夏蚊帐，被褥枕头也都是杨开慧日常用的。只是窗前摆了几株山茶花，为新房增添了无限的生机和喜悦。

2. 捉虱子

美国作家韩素音曾对毛泽东性格作了一番生动的描述："他既是一个通晓古今的学者，又像一个农民一样平易近人；他讲究卫生，却又经常一支接一支地吸烟；他十分幽默，可又非常严肃认真；既坦率，又精明；既老实朴素，又决不会上当受骗；既简单，又复杂；他细致周到，明察秋毫，可又衣着随便，不修边幅；他具有成就大事业的耐心，而又一旦需要当机立断时，绝不坐失一分一秒。"

毛泽东性格是无产阶级革命家的共性和中国农民的特性的奇妙结合，又是战士的共性和文人的特性的奇妙结合。这种奇特、超常所蕴含的丰富感情和所爆发的巨大力量，使毛泽东在中国大地和世界舞台上纵横驰骋，叱咤风云，摧枯拉朽，建立盖世功勋。

1936年7月初，美国著名记者斯诺冒着生命危险进入陕甘宁革命根据地，进行实地采访。他到了中共中央所在地保安以后，多次与毛泽东长谈，对毛泽东的性格作了深刻描述：

"毛泽东是一个令人极感兴趣而复杂的人，他有着中国农民质朴纯真的性格，颇有幽默感，喜欢憨笑，生活简朴，平易近人。有些人可能以为他有些粗俗，然而他天真质朴的奇怪品质同锐利的机智和老练世故结合起来。他在谈话时毫不拘束，不介意做一些粗俗的举动。有一次在窑洞里，他感到很热，于是毫不犹豫地脱下自己的长裤和上衣，然后轻松地坐到椅子上，他非常简单地解释说：'好的，太热了。'他躺在椅子上，漫无约束，谈话嬉笑怒骂，海阔天空。这就是我们明白他为什么喜欢在夜里办公，穿着睡衣在卧室里召见政治局领导人，甚至接待来自世界上的国家领导人。

"毛泽东还是一位精通中国旧学的有成就的学者，他博览群书，对哲学和历史有深入的研究，他有演讲和写作的才能，记忆力超乎常人，专心致志的能力不同寻常，个人习惯和外表落拓不羁，但是对于工作却事无巨细都一丝不苟，精力过人，不知疲倦，是一个颇有天才的军事和政治战略家。许多日本人都认为他是中国现有的最有才干的战略家，这是令人很感兴趣的事。

"毛泽东的生活和红军一般战士没有什么两样。做了10年红军领袖，千百次地没收地主、官僚和税吏的财产，可他所有的财物却依然是一卷铺盖，几件随身衣服——包括两套布制服。"

一次，斯诺同毛泽东在保安窑洞里访谈的时候，那里的条件相当艰苦，因为是黄土高原，天旱缺水，人们很难有洗澡搞卫生的条件。那是毛泽东第一次接见外国记者。当时，两人坐在院子里，沐浴温暖的阳光，毛泽东一边与斯诺谈天说地，一边很自然地解开裤腰带，在裤子里捉虱子，把吸满血的虱子用手指甲挤破，挤得啪啪直响。这个美国人把这种不拘小节的情节看作是一种魅力。心想：这个人好潇洒呀。

斯诺第二次见到毛泽东是在傍晚的时候。毛泽东光着头在街上行走，一边走一边和两个年轻的农民谈着话，还不停地在打手势。斯诺起先还认不出是毛泽东，后来等别人指出才知道。他想，南京政府虽然悬赏25万大洋要他的首级，可是他都毫不在意地和行人一起行走。

毛泽东在斯诺的印象中，是一个有深邃感情的人。他记得当毛泽东谈到已牺牲的同志或回忆到少年时代湖南由于饥荒引起的大米暴动中发生死人事件的时候，眼睛是湿润的。

毛泽东似乎一点也没有自大狂妄的征象，但个人自尊心极强，他的态度使人感到在必要的时候，有一种当机立断的魄力。

毛泽东曾经多次同斯诺进行长时间交谈，向他说明中国共产党和中华苏维埃政府的内外政策。

3. 会当水击三千里

游泳，是毛泽东的一种终生爱好。他特别喜欢到大江大河大海中去游泳。全国著名的长江、湘江、珠江、邕江、钱塘江、渤海、密云水库、韶山水库等都留下他那矫健的身影，铭记着这位伟人乘风破浪的雄姿。

1956年首次畅游长江至1966年，他在武汉长江畅游达18次。特别是1966年，他已73岁高龄的时候，还横渡长江，历时65分钟，游程15公里。他在长江游泳的感觉是"胜似闲庭信步"。游完后，他对周围的同志说："长江别人都说很大。其实，大，并不可怕！美帝国主义不是很大吗？我们顶他一下也没啥。所以，世界上那些大的东西，其实并不可怕。"他还提出要在"更立西江石壁"的三峡激流里嬉水，只是没有得到中央的同意。

1958年8月1日，毛泽东在中南海游泳池会见苏联领导人赫鲁晓夫，毛泽东穿着游泳衣，一会儿下泳池游一会儿，一会儿上来披上浴衣和这位领导人谈一会儿话。赫鲁晓夫不喜欢游泳，也不会游泳，完全被动地拖到游泳池边看他游泳边听他谈话，自然会感到很不舒服。这就是毛泽东的性格。

1960年6月，斯诺再次与毛泽东相见时，问："你在延安的时候，你曾告诉我，渴望到美国一游，看看大峡谷和黄石公园。现在还有这个兴趣吗？"毛泽东说："我仍希望在不太老之前，到密西西比河和波达麦多河中畅游一番。但这是一厢情愿，我想你不会反对，华盛顿就可能反对。""如果他们同意呢？"斯诺问。"如果那样的话，我可以在几天之后就去，完全像一个游泳者。我们不谈任何政治，在密西西比河游泳。"毛泽东回答。

毛泽东为什么喜欢游泳？一方面是在锻炼身体，另一方面如他所说，其实游泳里面有哲学。这反映了毛泽东的一贯性思维特征。他把在风高浪急的大江大河里游泳，视作向大自然的挑战，是对性格的锤炼。

20世纪60年代，毛泽东还向全国人民发出号召："游泳是同大自然做斗争的运动，你们应该到大江大河中去锻炼。"

毛泽东哪怕在他晚年病魔缠身时，也要到游泳池里搏击一番。游泳池是他苦其心志、劈波前进性格的写照。

1974年10月，他已经是81岁高龄了，抱病最后一次回到长沙，虽然不能再到湘江里击水，却到湖南省游泳馆里游了5次，每次半个小时左右。他虽然重病缠身，走路要人搀扶，但到游泳池里，却又恢复了那种自如的体态，看不出是一个病人。那是他一生中最后一次游泳。

毛泽东生命的最后10年，就是在中南海游泳池里度过的。"游泳池"成了他最后10年的住处和代称。"自信人生二百年，会当水击三千里。"这是毛泽东写下的充满激情和浪漫的诗句，是他向大自然挑战的一种性格写照。

4. 我吃鱼，鱼也吃我

毛泽东也像普通人一样爱发脾气、开玩笑。有时发脾气，就像天真无邪的孩子赌气一样。

一次，毛泽东吃完饭准备去看演出，卫士李银桥急忙打开车等他过来上车。可是，毛泽东立在台阶上不走了，一手叉腰，一手指着李银桥突然喊道："李银桥，你是干什么的？"

他喊声很大，一脸愠色。李银桥心中纳闷："什么事啊？怎么突然发起脾气了？"想着，便急忙朝台阶上迎，毛泽东也朝台阶下走。李银桥搀扶他坐到车里。他不时吮吮嘴唇，既不看李银桥，也不说话，反正是不高兴，生闷气。

坐到位子上，李银桥帮他擦好眼镜，给他戴上，替他理顺衣服，他仍然嘟着嘴不理李银桥。直到戏开始了，他才忘了生气，静心看戏了。

戏结束后，回来的路上，李银桥小声问："主席，今天出什么事了，你生气了？"毛泽东嘟着嘴，翻李银桥一眼："还说呢，把我的嘴都烫坏了……"

原来，毛泽东吃罢饭漱口，水太烫，把嘴烫伤了。是一位警卫员没试水温就端上去。以往李银桥都是试过不烫不凉再送上去，毛泽东已经习惯了，接过来就是一大口，这次他又是一大口，马上喷出来，可也烫得不轻。但他朝李银桥喊了那么一嗓子，气就消了。

生活中的毛泽东不乏幽默，也常开坑笑。

毛泽东一生喜欢吃鱼，而且吃鱼无数。有一次他对护士长吴旭君说："我在世时吃鱼太多，死后就把我火化，骨灰撒到长江里喂鱼。你就对鱼儿说：'鱼儿呀，毛泽东给你们赔不是来了。他生前吃了你们，现在你们吃他吧，吃肥了你们好为人民服务。'这叫物质不灭定律。"当然，这是毛泽东幽默之言，也是他对待人生的态度。

有一次游长江时，李银桥照顾毛泽东换好游泳裤后，自己也换了游泳裤。他发现，毛泽东在打量他。

"银桥啊，你也已经比较伟大了，发展下去就比我伟大了。"毛泽东说得一本正经。李银桥愣住了，不明白毛泽东为什么这样说，甚至有点不安。毛泽东忽然拍拍李银桥的肚皮："你肚子大了啊，快跟我媲美了！"

李银桥笑了，往回收肚子。

毛泽东又拍拍他的肩膀："你直起腰来，背不要驼着，否则也快随我了呢……"

毛泽东有些驼背，李银桥也有点驼背，忙挺胸收腹说："岁数不知不觉就大了，可我是做不出主席的贡献了。"

"才而立之年就这么泄气，我老了，你还是有前途的。"

这，就是既普通又伟大的领袖毛泽东。

在战争年代，毛泽东常因一些看法不同的问题，与性格倔强的妻子贺子珍发生争论。毛泽东对贺子珍说："你是铁，我是钢，碰到一起响叮当。"后来毛泽东又告诉他女儿李敏，他们之间的辩论经常以吵架收场。每当出现这种情况，毛泽东常常以武力"威胁"，以自己的"政治权威"试图压服贺子珍。他连吼带骂，威胁说要把这个不听话的妻子开除出党，给她"口头处分"。但首先开口求和的人通常也是他，他制服不了贺子珍，最后也就妥协了，这就是他的性格。

毛泽东历来言谈行动随心所欲，不受约束。但是，随着新中国的成立，住进了中南海，从早到晚日理万机，为了安全，他不再像过去在延安、西柏坡时期那样，到处走走。对此，他曾经长叹一口气，发牢骚说："我都快成了笼子里的老虎了，一点自由也没有，不能随便外出，不能随便看戏，不能随便干我想干的事情，整天是这个警卫，那个警卫，我干什么非得你们那么多人同意吗？"对此，毛泽东有时不免要做一些"反抗"和"叛逆"——瞅准机会数次脱身，进行私访性的调查研究。

一天，经时任公安部部长罗瑞卿、公安部第九局局长汪东兴精心安排，在一个春光明媚的上午，身边工作人员跟着毛泽东去北京东郊田野散步。

远远地看到前面有一草亭，毛泽东就向着草亭方向走去。近前，见到一位老农，年纪70多岁，正赶着一头骡子拉着水车灌溉水田。毛泽东走上前去与老农打招呼，问他姓名、年龄、何村人、家庭人口、收入状况、今年收入如何、村里干部如何，等等。毛泽东一边聊天一边前去帮助大爷料理牲口。过了一段时间，大爷抬起头来，打量着毛泽东，并看了看立在旁边的人群，心里想着这可能是县里或市里派来检查生产情况的干部，便心存怀疑地问道："你们是城里来的吧？"毛泽东回答说："是的，我们是从城里过来的。"这次私访算是对毛泽东的一次解脱。

1956年秋，毛泽东在北京隆重欢迎印度尼西亚总统苏加诺访华。苏加诺在京逗留一周期间，毛泽东同他进行了多次友好会谈，双方就国际局势和双边关系问题交换了意见，增进了友谊，加深了了解。苏加诺结束在京行程后，10月6日，毛泽东又亲自到机场为他送行。

这一次，毛泽东乘机斗胆"违规"了一次。待外宾的飞机起飞后，从机场返回中南海的路上，毛泽东对卫士说："咱们找个饭馆吃饭。"于是他随同卫士李银桥擅自"溜"进了一家小饭馆，美美地吃了一顿羊肉泡馍。毛泽东在大口品尝着美食的同时，还时不时地跟人们拉家常，暗自进行着调查研究。他不爱吃羊肉，但他满意这个环境，他环顾这个饭馆，仿佛他又是一个普通的学生，一个普通的老百姓了，终于可以自由地呼吸街上的空气了。

"文革"期间，毛泽东的老战友和身边的工作人员非常担心毛泽东的安全。有一年国庆节，毛泽东吃完饭，兴致很高，对身边工作人员说："到天安门看放烟花去！"车开到纪念碑东南角的礼花燃放点，毛泽东就下来了。参加晚会群众围上毛泽东，高呼"毛主席万岁"，把当时陪同的张玉凤、吴旭君、吴连登、周福明等六七个工作人员给挤散了。后来叶剑英担心毛泽东的安全，对汪东兴说："我们为了毛主席的安全，要给毛主席做一套防弹服。"汪东兴说："叶帅，你还不知道主席的脾气，我劝你还是别做。"叶剑英说："不，我们为了毛主席的安全，一定要做。你的任务就是我做好以后，送到毛主席那里去。"

不久，汪东兴抱着做好的防弹服到中南海游泳池毛泽东的住处。毛泽东正在书房看书，见汪东兴抱着一包什么东西，就问："你今天又送什么东西来了？"汪东兴说："受叶帅之命，为了主席的安全，给您送一套防弹服。"毛泽东把书放下，很严肃地说："你们是怕人民群众，你们拿去穿，我毛泽东不穿。坏人想搞我搞不了，人民是不会搞我的。"毛泽东的判断来源于他长期以来与人民群众缔结的血肉关系。

5. "一切反动派都是纸老虎"

美国著名记者爱泼斯坦访问过毛泽东，给他的印象是：毛泽东的性格渗透着深沉的严肃性和俚俗的幽默，忍耐和决断，思想和行动，自信和谦逊。他和记者相处的方法是独特的。他从不给你一次半小时或一小时的访问。他要不就是干脆不见你，要不就是抽出半天工夫。他答复问题非常详尽，刺激你和他辩论，然后再加解释，直至他确实知道你不但明白他的论点，而且明白他引以为立论根据的事实和见解为止。

日本内阁总理大臣大平正芳访华时，先后两次受到毛泽东的接见。他对毛泽东的印象是：毛泽东是一位无限深邃而豁达的伟大思想家、战略家。他非常真诚坦率，谈起话来气势磅礴，无拘无束，富于幽默感，而且使人感到和蔼可亲。

毛泽东的刚毅性格表现为一个"斗"字。他在1916年12月的一篇日记中写道："与天奋斗，其乐无穷！与地奋斗，其乐无穷！与人奋斗，其乐无穷！"他的一生就是与各种黑暗落后的势力战斗的一生。他身上有一股充斥天地之间的阳刚之气、浩然正气，任何魑魅魍魉在他面前最终都会"万怪烟消云落"。

1945年4月24日，毛泽东在党的七大上作报告时，讲到党的独立自主路线和对国民党实行又团结又斗争的政策时说："权力是争来的，不是送来的。这个世界上有一个'争'字，我们的同志不要忘记了。有人说我们党的哲学叫'斗争哲学'。榆林有一个总司令叫邓宝珊的就是这样说的。我说，你讲对了。自从有了奴隶主、封建主、资本家，他们就向被压迫的人民进行斗争，斗争哲学是他们先发明的。被压迫人民的'斗争哲学'出来得比较晚，是他们逼出来的，那是斗争了几千年，才有了马克思主义。

放弃了斗争，只要团结，或者不注意斗争，马马虎虎地斗一下，斗得不恰当，不起劲，这是小资产阶级软弱性的表现。"

邓宝珊（1896—1968）是同盟会会员。抗日战争时期任晋陕绥边区总司令，驻守榆林。20世纪30年代，唯物辩证法思潮席卷全国，成了全国哲学界主流。受此影响，邓宝珊读了一些马克思主义的书。1939年，他路过延安，毛泽东同他进行了长谈。谈话中，他对毛泽东说："共产党的哲学就是斗争哲学。"此话给毛泽东留下了深刻的印象。他认为，邓宝珊的说法是正确的，故在党的七大上的讲话中肯定"斗争哲学"的提法。

毛泽东的"斗争哲学"思想主要来自于五四新文化运动，来自于时代精神。19世纪末20世纪初，达尔文进化论传入中国，风靡思想界。"五四运动的总司令"陈独秀大力提倡斗争精神，坚决反对调和论。他说：国人须知，奋斗乃人生之天职。"世界一切战场，人生恶斗，一息尚存，决无逃遁苟安之余地。"新文化运动主将之一的李大钊也说："青年之文明，奋斗之文明也，与境遇奋斗，与时代奋斗，与经验奋斗。"受时代精神的感染，血气方刚的青年毛泽东，要毁旧宇宙，得新宇宙，以改造中国和世界为己任。

毛泽东在转变成马克思主义者后，便以阶级斗争观察中国社会并全力投入社会革命。作为革命家的毛泽东强调斗争是必然的，不仅毛泽东如此，马克思也很崇拜斗争。马克思女儿曾问马克思："你认为人生最大的幸福是什么？"马克思回答："斗争！"这已是人所共知的。1880年，美国一位记者在英国兰兹格特海边采访马克思。记者问这位革命家和哲学家的问题是："人生的最高法则是什么？"马克思望着咆哮的大海，用深沉而严肃的语调回答："斗争。"

列宁也曾说过："我的命运就是连续不断地战斗。"

"矛盾的斗争性是绝对的，同一性是相对的"，这是客观的辩证法。因此，讲辩证法，讲矛盾，讲革命，就得讲斗争，离开了斗争，就无所谓辩证法，无所谓革命。

毛泽东思想是在斗争中诞生并发展的，是"破"中求"立"。"破"的是反动、黑暗、错误，"立"的是大道、光明、正确，贯穿其中的是马克思主义的世界观和方法论，坚定的理想信念和全心全意为人民服务的宗旨。

毛泽东藐视一切强权，顶天立地，从不低头，凡涉及国家主权、民族利益，寸步不让，从不知屈服、畏惧为何物。

近代以来，先后有过4个全国性的政府，即清政府、北洋政府、国民政府和中国共产党领导的中华人民共和国政府。前三个政府有一个共同的特点，就是惧怕世界列强，都在世界列强的威逼下与之签订了一系列丧权辱国的不平等条约，把国家搞得支离破碎。而新中国成立之后，毛泽东领导的人民政府，不仅很快就废除了历史上中国与世界列强签订的所有不平等条约，而且与敌视新中国的世界列强进行了长期不屈不挠的斗争，实现了中国大陆的空前统一，不仅大长了中国人民的志气，而且在世界上树立了中华民族敢斗敢赢的威武形象，赢得了广泛的赞誉。

但是，许多人只知道毛泽东讲过"共产党的哲学就是斗争的哲学"，却不知道毛泽东还多次讲过"和为贵"。毛泽东讲"和为贵"有两种情形：第一种是为了国家、民族的利益，国内各阶级、各党派捐弃前嫌，停止内战，一致对外。第二种是指人民内部要讲团结、讲友爱，不要进行无原则的派别斗争。

1945年8月28日，毛泽东赴重庆谈判，下了飞机后，他和周恩来、国民党军事委员会政治部部长张治中同坐一辆车。在车上，张治中对毛泽东说："润之先生，住处给你安排好了，住在接待美国人的招待所里，那个地方好，设备齐全。"毛泽东摇摇头："我是中国人，怎么能住进招待美国人的地方呢？随便安排一个地方好了，总不会比延安差吧！"张治中又说："那就住黄山别墅吧，不行的话，山洞林园也行，很幽静，也是蒋主席的意思。"

毛泽东朝张治中笑了笑："你是国民党的政治部长，政治这个东西，有时候是很任性的，在延安我已经跟你打过招呼，到了重庆以后，国民党的车子不坐，国民党的房子不住，所以呀，我还是去我们的八路军驻渝办事处，住在那里更方便呢！"

这就是毛泽东的性格气质。

在重庆同蒋介石谈判期间，代表美国政府的赫尔利，从谈判一开始就在幕后操纵，极力维护美、蒋利益，一心想压服毛泽东。他看到蒋介石斗不过毛泽东时，便从幕后跑到前台，挤进谈判会场。他俨然以中国救世主的姿态出现，凶相毕露，指责毛泽东提出的和平建国方针是一大堆具体问题，是对国民党进行刁难，是不想要和平的。

面对赫尔利的无理指责，毛泽东拍案而起："中国人的事，中国人自己来办，别人无权干涉！"

赫尔利当众挨了毛泽东一棒，无法再继续参与国共谈判。这时，美国政府也发现赫尔利是个无能之辈，于是不得不撤掉他的驻华大使职务。9月22日，赫尔利离开重庆，灰溜溜地回美国去了。

毛泽东十分欣赏"敢于反潮流"的鲁迅先生。他说鲁迅敢于挑战不合理的习俗与制度，敢于毫不留情地批判和抨击中国旧文化的痛点。

毛泽东在《新民主主义论》中这样评价鲁迅："他是中国文化革命的主将，他不但是伟大的文学家，而且是伟大的思想家和伟大的革命家。鲁迅的骨头是最硬的，他没有丝毫的奴颜和媚骨，这是殖民地半殖民地人民最宝贵的性格。鲁迅在文化战线上，代表全民族的大多数，向着敌人冲锋陷阵最正确、最勇敢、最坚决、最忠诚、最热忱的空前的民族英雄。鲁迅的方向，就是中华民族的方向。"五个"最"，让鲁迅成为无产阶级革命文化的一面旗帜，飘扬在中华民族文化的最高峰上。

毛泽东以政治远见、斗争精神和牺牲精神总结"鲁迅精神"，要求共产党人学习鲁迅"横眉冷对千夫指，俯首甘为孺子牛"的态度和立场。

在长期的革命斗争中，毛泽东磨炼出一种坚强的意志和性格特征。他特别倔强，不畏艰险，不怕困难，从不服输，敢于斗争，勇于奋斗；他敢于打破陈规陋习，走向一个新天地；他敢于与反动势力斗，谋求自由、平等、和平；他敢于亲赴重庆，深入虎穴；他敢于"宜将剩勇追穷寇，不可沽名学霸王"；他敢于说"一切反动派都是纸老虎"，藐视帝国主义；他敢于顶住"北极熊"，说"土豆烧熟了，再加牛肉，不须放屁"；他敢于冲破教条主义的框框，不唯上，不唯书，创新理论，探求真理。毛泽东就是这样，具有一种叛逆性格和超凡的意志力。

毛泽东确实智慧过人，胆量过人，精力过人，勇气过人。

对于毛泽东独特的人格魅力，基辛格在第一次见到毛泽东时就感受到："他身上发出一种几乎可以感觉得到的压倒一切的魅力。""毛泽东的确发出力量、权力和意志的颤流。"

毛泽东的这种魅力，来自于他精深博大的思想、无与伦比的伟业及其独具特色的人格。

毛泽东一辈子不知道什么是害怕。他从来不把敌人放在眼里。他认准的真理，认定的目标就会全力以赴，排除万险，去争取胜利。

1946年初，美国进步女记者斯特朗从旧金山来到上海转往北平，接着乘军调部的飞机到达延安采访。她在延安住了几个星期，同各界民众和中共许多领导人广泛接触，对中国共产党的政策和解放区的情况有相当的了解。

8月6日下午，毛泽东在居住的杨家岭接见了斯特朗，并回答了斯特朗询问的许多问题。他谈话的中心点，就是"一切反动派都是纸老虎"。毛泽东列举俄国沙皇和德国的希特勒、意大利的墨索里尼以及日本帝国主义的例子，来说明一些反动力量从表面上看是强大的、可怕的，但从长远的观点看，从本质上看，"真正强大的力量不是属于反动派，而是属于人民"。

当斯特朗问到对美国使用原子弹的看法时，毛泽东爽朗地回答："原子弹是美国反动派用来吓人的一只纸老虎，看样子可怕，实际上并不可怕。"原子弹当然是一种大规模屠杀的武器，"但是决定战争胜败的是人民，而不是一两件新式武器"。

斯特朗不太理解："打仗不靠武器？"

毛泽东说："战术上，武器当然重要，但从战略上看，武器并非决定因素，最终的决定因素在于人，在于民心所向。你们美国的前总统卡尔文说过，'一个政党是否真正有力量，就看它能否接近民众'，蒋介石政府统治这么多年，经济衰退，政治腐败，富者更富，穷者更穷，整个政权的腐朽已经深入骨髓，即使是盘尼西林也治不好。现在又与人民利益背道而驰，冒天下大不韪发动内战，一个不为人民服务的政权，一个反人民利益而动的政权，就算可以一时统治人民，但绝不可能永远骑在人民头上。这样的反动派，无论他有多少兵力、多少武器，都必将被人民抛弃，所以我们不怕他。"

　　毛泽东最后又谈到蒋介石发动的这场大规模内战的前景。他十分坚定地告诉斯特朗："拿中国的情形来说，我们所依靠的不过是小米加步枪，但历史最后将证明，这小米加步枪比蒋介石的飞机加坦克还要强些。虽然在中国人民面前还存在着许多困难，中国人民在美帝国主义和中国反动派的联合进攻下，将要受到长时间的苦难。但是这些反动派总有一天要失败，我们总有一天要胜利。这原因不是别的，就在于反动派代表反动，而我们代表进步。"

　　毛泽东关于"一切反动派都是纸老虎"的论断，关于"小米加步枪比蒋介石的飞机加坦克还要强些"的论断，一提出来，立刻传遍国内外，深入人心，产生了人们意想不到的巨大力量。1960年，斯特朗在《一个现时代的伟大真理》这篇文章中，怀着深厚的感情回忆起这次谈话。文章说："毛主席是14年前在延安时说帝国主义和一切反动派都是纸老虎的。现在已成为有历史意义的历史名言了。""毛主席的一针见血的语句，渊博的知识，敏锐的分析和诗人的想象力，使他的谈话成为我一生中听到的最有启发性的谈话。"

6. 不管风吹浪打，胜似闲庭信步

　　毛泽东的成功源于他的自信。毛泽东的性格展现出他的自信。

　　1948年的冬天，经过两年多的艰苦奋战，解放军与国民党军队的强弱对比已经发生了逆转，但战争还是艰难的。然而，毛泽东却在西柏坡作出令人震惊的论断：原本预计用5年时间打倒国民党反动派，现在估计只需要1年左右即可解决。

　　就在辽沈战役结束后不久，11月18日，毛泽东一天连发三份电报催促林彪提前入关，完成对傅作义的包围。这是个极其冒险的举动，因为傅作义拥有60万部队，是华北野战军的3倍，弄得不好，会被吃掉。周恩来、朱德劝阻过，林彪犹豫过，但毛泽东力排众议，通知林彪行动。最终，解放军以小的代价换得了平津战役的胜利。

从这个大胆决策不难看出毛泽东的自信，并且这种自信贯穿了他的一生，从不因处境不同而改变。

在井冈山时期革命处于低潮时，当行军打仗人困马乏时，吃不上喝不上，许多人悲观失望，毛泽东坚信"星星之火可以燎原"，并用诗一样的浪漫语言预感革命高潮的到来："它是站在海岸遥望海中已经看得见桅杆尖头了的一只航船，它是立于高山之巅远看东方已见光芒四射喷薄欲出的一轮朝日，它是躁动于母腹中的快要成熟了的一个婴儿。""敌军围困万千重，我自岿然不动"，反映出他的自信。

在长征途中，几十万国民党军围追堵截，他写下了"红军不怕远征难，万水千山只等闲""三军过后尽开颜"的诗句。

1939年，国民党反动派发动反共高潮，数十万大军封锁陕甘宁地区，停止对八路军的一切供给，边区军民财政经济十分困难，面临吃不上饭、穿不上衣的境况，毛泽东果断作出决策，号召军民开展大生产运动，自己动手，丰衣足食，终于粉碎了敌人的阴谋，渡过了难关。

1941年1月，蒋介石发动第二次反共高潮，制造皖南事变，致使新四军损失9000多人。新四军军长叶挺被扣押，副军长项英被害。

事件发生后举国震惊。

如何处理这一事件，国内、党内仁者见仁，智者见智。

这是对中国共产党的严峻考验。

毛泽东审时度势，决心针锋相对，以斗争求团结。

事变当天，毛泽东发表谈话，揭露国民党的反共阴谋，抗议反共暴行，严正宣告：亲日派反共降日的计划即便实现，中国共产党和中国人民也有责任、有能力来收拾时局，决不能让日寇和亲日派横行到底。

1941年1月20日，中共中央军委宣布重新组建新四军军部，任命陈毅为代理军长，刘少奇为政委。

毛泽东的坚决态度，给全党以信心。

中国共产党的坚决斗争，给蒋介石以沉重打击；不可一世的蒋介石，陷入了空前的孤立和被动的窘境。

王稼祥曾说："'皖南事变'的处理，我们坚持有理、有利、有节的原则，获得了全国人民的同情和支持，博得了国际舆论的声援，使国民党顽固派在政治上陷入了十分孤立的地位，不得不知难而退。"

任弼时说："军事守势，政治攻势。我们不得不佩服老毛的惊人胆识，高超的对敌斗争的艺术，蒋介石的第二次反共高潮终于被我们击退了！"

在处理皖南事变过程中，毛泽东对共产国际的指示也不盲从。众所周知，中国共产党从成立时起就是共产国际的一个支部，所有军政大计都要听从共产国际。以王明为代表的"左"倾教条主义，更是将共产国际的批示奉为圣旨，言听计从。由于共产国际对中国的国情并不了解，因此，其指示有正确的，也有不正确的，甚至还有错误的，一切照搬照抄，必然造成失误。这已经为历史所证明。

毛泽东成为中国共产党的领袖后，情况有所改变，他对共产国际的指示，主张从中国的实际出发，正确者从之，不正确者弃之。在处理皖南事变时，毛泽东的这一态度非常坚定。

皖南事变后，中共中央忍无可忍，决定立即结束政治上的温和态度，发动"政治上的全面反攻"，在"军事上准备一切必要力量粉碎其进攻"。但是，共产国际和苏联为了让蒋介石牵制日本，避免苏军被两面夹击，主张息事宁人，反对中国共产党对蒋介石采取尖锐对立的政策。

但是，毛泽东考虑问题更多的是从中国实际出发，而不会屈服外来的压力。所以，他对共产国际的指示不盲从照搬，而是从整个事业出发，从当时的情况出发，制定正确的政策。实践证明，毛泽东的政策和策略是正确的。

毛泽东在任何时候任何情况下，都以民族大义和人民利益为重，面对外部压力从不退让，从不屈服，迎难而上，积极抗争。

1945年8月，蒋介石邀请毛泽东去重庆谈判，名为国共和谈，实际是三国四方的美蒋苏三方对中国共产党一方的引诱与施压。8月14日，即南京政府与苏联在莫斯科签订《中苏友好同盟条约》的同一天，蒋介石就致电毛泽东，邀其到重庆谈判。接着，苏联也敦促中国共产党通过国共和谈实现战后"和平建国"，希望中共效仿法共，走议会道路，就是"交枪""当官"的议会道路。国共谈判的核心问题就是要不要交出人民武装和抗日根据地。而这两条，是毛泽东坚决不退让的原则立场。

毛泽东在重庆43天，达成了"双十协定"。这个协定，是双方妥协的结果，但就蒋介石来说，要消灭共产党的目的没有妥协，就毛泽东来说，最终推翻国民政府也没有让步。

1949年初，美国看到蒋介石政权岌岌可危，便扶持李宗仁上台，妄图通过"谈判"求得"划江而治"的局面。毛泽东早已看透了美蒋的企图。要是"划江而治"，分而治之，肢解中国，中国的统一就遥遥无期。

毛泽东坚决不受美蒋的欺骗，发出"将革命进行到底"的号召，发出"打过长江去，解放全中国"的动员令，彻底粉碎美蒋的阴谋，避免了"南北朝鲜""东西德国"分裂的局面。对此，李宗仁1965年7月回国后曾回忆说："要是当时确立'划江而治'的话，将会给国家民族犯下不可饶恕的历史性错误。"

1949年8月，新中国成立前夕，美国政府发表敌视中国人民的白皮书，毛泽东对此给予有力反驳。他从8月14日到9月16日，连续写了《丢掉幻想，准备斗争》《别了，司徒雷登》《为什么要讨论白皮书？》《"友谊"，还是侵略？》和《唯心历史观的破产》等五篇评论文章，痛斥美国在中国推行的侵略政策，揭露美国出钱出枪，蒋介石出人，替美国打仗杀中国人，借以变中国为美国殖民地的侵略政策。

毛泽东还指出："我们中国人民是有骨气的。许多曾经是自由主义者或民主个人主义者，但在美帝国主义及其走狗面前站起来了。闻一多拍案而起，横眉怒对国民党的手枪，宁可倒下去，不愿屈服。朱自清一身重病，宁愿饿死，不领美国的'救济粮'。"

新中国成立后，面对美国等西方国家的长期封锁，毛泽东更是"不管风吹浪打，胜似闲庭信步"，他掷地有声地说："多一点困难怕什么？封锁吧！封锁十年八年，中国的一切问题都解决了。中国人死都不怕，还怕困难吗？"

"东风吹，战鼓擂，现在世界上谁怕谁，不是人民怕美帝，而是美帝怕人民。"美帝国主义看起来是个庞然大物，其实是纸老虎。

1950年6月，朝鲜战争爆发，美国一方面派遣第七舰队驶入台湾海峡，一方面纠集17个国家组成"联合国军"入侵朝鲜，总计出兵51.3万人、坦克2400辆、战机4000架、各型火炮5万门，同时动用美国海军第1、2、3、7四支舰队，以排山倒海之势杀向朝鲜，将侵略战火烧到中国边境。在美国看来，这样现代化的庞大战斗集群，任何一个国家，哪怕当时的苏联也不敢与之交手。

毛泽东英明果断地作出抗美援朝的重大决策，这是积极应对外部挑战和压力的英明之举。他说："我们对朝鲜问题，如果置之不理，美帝必然得寸进尺，走日本侵略中国的老路，甚至比日本搞得更凶。它要将三把刀插在我们的身上，以朝鲜一把刀插在我们的头上，以台湾一把刀插在我们的腰上，把越南一把刀插在我们的脚上……我们抗美援朝就是不许它的如意算盘得逞。'打得一拳开，免得百拳来'。"

1950年10月5日，毛泽东主持召开中央政治局扩大会议，决定出兵朝鲜。

随后，由周恩来主持召开军委扩大会议，决定以什么名义出兵问题。

开始研究，想用"支援军"的名义出兵。经过征求多方面的意见，最后决定以"志愿军"的名义出兵。自古讲究"出师有名，名不正则言不顺"。毛泽东赞成以"志愿军"名义出兵。他说："我们不是跟美国宣战，不是国与国宣战，我们是人民志愿的么，是民间的事儿，人民志愿去朝鲜，帮助朝鲜人民的，不是国与国的对立。"出师有名，则战无不胜。

10月8日，毛泽东签发命令：由彭德怀挂帅出征，为中国人民志愿军司令员兼政治委员。

1950年10月19日夜，首批志愿军13兵团4个军3个炮兵师共26万人，从安东（今丹东）、长甸河口、集安（今属吉林）三个口岸，在没有空军掩护的条件下，雄赳赳、气昂昂地渡过鸭绿江，秘密进入朝鲜战场。

抗美援朝战争，是立国之战，是一场百年雪耻之战，1900年，八国联军洗劫了天津、北京，对中国人民犯下了滔天罪行。50年后，中国人民志愿军在朝鲜打败了两个"八国联军"，打出了国威军威，打出了中国在世界的大国地位，为中国和平发展奠定了基石，也锻造出伟大的抗美援朝精神。

抗美援朝，充分展现了毛泽东高瞻远瞩的政治智慧和战略眼光，高超卓越的军事谋略和指挥艺术。

抗美援朝的胜利，让全世界看到了一个真正站起来、英雄威武的新中国。

不畏强势，敢于抗争。1949年12月16日，毛泽东到达莫斯科与斯大林举行第一次会谈，到1950年2月14日签订《中苏友好同盟互助条约》，差不多有整整两个月的时间。在订不订新约这个主要问题上，一开始，毛泽东与斯大林之间发生根本分歧，相持近半个月。在涉及国家主权和民族利益的重大问题上，毛泽东从不让步，不论对谁，即使对享有至高无上的领袖地位的斯大林，也不例外。

毛泽东有一个强烈而鲜明的性格，凡是他认准要做的事，不达目的决不罢休，谁也阻挡不了。在毛泽东的坚持下，加上其他因素，斯大林终于改变了观点，同意签订新的条约和其他新的协定。

毛泽东在坚持原则的前提下，又善于作必要的妥协和让步。在中长铁路谈判中，苏方最初不愿交还，中方坚持，最后苏方同意归还中国。但在归还前的过渡时期内共同经营的股额问题上，中方作出了让步，最后达成协议。

20世纪50年代末，毛泽东在回顾中苏会谈这段历史的时候，说过这样一段话："斯大林这个人，看情形他是可以变的。签订中苏条约，我们在那里待了几个星期。他开头很不赞成，到后头我们坚持两次，最后他赞成了。可见一个人有缺点的时候，就是斯大林这样的人，他也不是不可以变的。

"斯大林还是可以跟人家妥协的。我们跟他就有不同意见，我们要订中苏条约，他不要订。等到他答应订了，我们要中长铁路，他就不给。但是老虎口里的肉还是可以拿出来的。

"我在莫斯科和斯大林谈判中苏条约问题，中长铁路、合股公司、国境等问题时，我的态度是：第一，你提出，我不同意的要争；第二，如果你一定要坚持，我可以接受，但保留意见。这是因为我顾全社会主义利益。"

毛泽东对第一次访苏取得的成果是很满意的。这次访苏，维护了中国的民族尊严和国家主权，提高了中国的国际地位，用条约的形式将中苏友好合作的关系固定下来。这对巩固新生的中华人民共和国政权，为新中国迅速恢复国民经济、迎接大规模的经济建设的新时期创造了前所未有的良好外部条件。同时，在国际上，也产生重大影响，引起了有利于社会主义与和平力量的变化。

1957年10月，毛泽东第二次访问苏联。这时，中苏关系已经出现裂痕。赫鲁晓夫领导下的苏共以"老子党"自居，其大国沙文主义处处表现出来。毛泽东不吃这一套，与之进行了针锋相对的斗争。

在一次宴会上，赫鲁晓夫说："要是每个劳动者的碗里都有土豆烧牛肉，我看就到了共产主义了。"赫鲁晓夫自认为很幽默，不无得意之色。毛泽东不以为然地说："共产主义如果是烧牛肉，那我宁愿要红烧猪肉。"这里就可以看出毛泽东那种不畏权贵的性格。

当然，同赫鲁晓夫的斗争远不止这些，这只是发生在闲谈中的冲突。一旦涉及中国的主权问题，毛泽东就更不客气了。赫鲁晓夫企图用原子弹威胁一下毛泽东，毛泽东说"原子弹不过是纸老虎"，表明中国共产党领导的中国人民战胜包括使用原子弹在内的一切侵略的决心。

20世纪50年代末60年代初，中国面临严峻的形势。全国经历三年困难时期，土地歉收，人民生活困难。

这期间，苏联赫鲁晓夫为实现其"苏美合作，主宰世界"的全球战略需要，来华访问，先后提出并坚持在我国领土上共同建立、共同拥有"长波电台"和"联合舰队"，企图从军事上、政治上控制中国。毛泽东一听就火了，拍了桌子，对赫鲁晓夫说："你把整个中国都拿去算了。"跟赫鲁晓夫翻了脸。不久，苏联又要我们放弃台湾，并要求释放在中国的美国罪犯，遭到了中国的坚决抵制。

1959年6月，苏联单方面撕毁中苏双方1957年10月签订的关于国防技术协定，拒绝向中国提供某些核技术的样品及其生产技术资料。

1960年7月16日，苏联对中国发出照会，单方面决定要在1960年7月28日至9月1日的一个月内，全部撤回在华的1390名苏联专家，并向中国逼债。

当时，中国欠苏联的各项借款含应付的利息，共计折合人民币52亿元（其中60%以上是抗美援朝战争中我国借支的武器等军事物资的贷款和利息）。按照原文协议，这些债务于1965年全部还清。中国人民有志气渡过难关，把所有欠苏联的债务于1964年提前一年还清了。

　　毛泽东当时承受很大压力，便对身边的卫士们说："有人趁火打劫，落井下石，想逼我们屈服。没有骨头的国家是不敢顶的，你们敢不敢顶？"卫士们回答说："敢顶！"毛泽东说："好，他越压我们越敢顶。"

　　后来，毛泽东同美国朋友斯诺回忆起这些事时说："苏联从来瞧不起中国人，也瞧不起许多国家的人民，他们认为，只要他们一句话，大家都会服从。他不相信，也有不听话的，其中一个人就是鄙人。"

　　"风雨送春归，飞雪迎春到。已是悬崖百丈冰，犹有花枝俏。俏也不争春，只把春来报。待到山花烂漫时，她在丛中笑。"

　　1961年12月，毛泽东面对国际共产主义运动发生的重大挫折，面对中国遇到的困难，写了这首词，使人们看到的是，在恶势力面前，如梅花一样，不怕严寒，不畏强暴，傲视百丈冰雪，巍然屹立、毫不动摇的威武雄姿。这就是毛泽东的形象，就是中国共产党和中国人民的形象。

　　20世纪50年代末60年代初，毛泽东多次谈到不怕鬼的问题。这是为什么呢？国际上掀了一股反华浪潮。苏共不仅攻击我们党的政策，还单方面撕毁协议，撤走了全部援华专家。美国伙同一些国家加大封锁中国的力度，精心制造反华包围圈。

　　1959年4月25日，毛泽东在最高国务会议上讲到《聊斋志异》中的一则故事："有个书生晚上读书，有个鬼吓他，从窗口伸进舌头来，这个书生不慌不忙，拿起笔把自己的脸画成大花脸，然后也把舌头伸出去，两个人就这么对峙着，你看着我，我看着你，最后那个鬼只好悻悻地走掉了。"

　　他说："《聊斋志异》的作者告诉我们，不要怕鬼，你越怕鬼你就不能活，它就要跑进来把你吃掉。我们不怕鬼，什么威胁都不怕……"之后，毛泽东在接见外宾时又讲起这个故事，并说："今天世界上鬼不少。""经验证明鬼是怕不得的。越怕鬼就越有鬼，不怕鬼就没有鬼了。"

毛泽东还亲自命题，让中国科学院文学研究所编一本《不怕鬼的故事》，这本书于1961年2月出版，成为影响一代人不怕鬼的生动"教科书"。

敢于向外来压力说"不"，这是毛泽东坚定的原则性、斗争性，既源于他强烈的民族自尊心，又源于他必胜的革命信心。

毛泽东用无所畏惧的思想和行动，为全国人民锻造出不信邪、不怕鬼的铮铮铁骨，使新中国展现出敢于斗争、敢于胜利的英武形象。

1962年10月，中印边境自卫反击战大获全胜的时候，毛泽东说："我们之所以能够战胜所有强大对手，首先因为在战略上敢于藐视一切敌人，把强大的敌人视作纸老虎、死老虎、豆腐老虎。"他甚至轻松地说："不管对待地球上的任何敌人，我们都能把它整下去！过去我们同4个敌人打过仗，打败了蒋介石，抗日战争打败了日本，抗美援朝打败了美国，这一仗又打败了印度。"

毛泽东指出的上述四个敌人，可以说是世界上具有代表性的战争对手。蒋介石很强大，是中国的独裁统治者，全国那么多大军阀，谁也打不过他。他有400万军队，而且有美国人撑腰，给他提供各种现代化武器。日本军队武器精良，训练有素，还有武士道精神，战斗力很强，堪称亚洲第一。美国军队比前两个更强大，是第二次世界大战的战胜国之一，手里有原子弹，是世界上最现代化的军队，但是在毛泽东眼里，美国只不过是纸老虎。

1969年的中苏交恶，苏联在中苏边境陈兵百万。苏联是超级大国，连老美都畏惧三分。不论在国力上，武器装备上，都强过中国多少倍。按说，一边是超级大国美国的包围圈，一边是超级大国苏联的大兵压境，中国危在旦夕，手足都快无措了。

然而，为了弹丸之地的珍宝岛，面对苏联军队的挑衅，中国大炮响了，把苏军开进珍宝岛的重型坦克打沉江底……为什么？没别的，只为一个立世原则：人不犯我，我不犯人，人若犯我，我必犯人！

勃列日涅夫接到失败的电报后，召开紧急军事会议，先后撤掉了隶属于苏联远东集团军的1位元帅（坦克装甲诸兵种元帅）、3名大将、4名中将、24名少将，抓捕了远东红旗134师（主力师）营以上全部军事主官。

珍宝岛反击战的胜利，使中国人再一次扬眉吐气。

敢同恶鬼争高下，不向霸王让寸分。毛泽东曾说："不管你是苏军、印军还是美军，只要你敢来，中国就敢与你们打，打出一个真理来。"

毛泽东曾风趣地说："敌人越凶越不要怕它，美国凶不凶？可是，在朝鲜一打，就像赶鸭子一样，几个星期就把美国人赶了几百公里，从鸭绿江赶到三八线以南去了。最后，在1953年，我们在三八线上突破321公里的防线，美国人吓倒了，马上签字。那么厉害，有那么多钢的美国人，也只得如此。"至于当时入侵我国西藏的印度军队，对中国人民解放军来说，算不了什么强敌，但那一仗是在对印军有利的特殊高原地区打的，西藏远离内地，交通不便，后方保障十分困难，而且印军的装备略占优势。这一仗能否打好，把握并不是很大，结果顺利地打胜了。

所以到这时，毛泽东才说出不管对付地球上任何敌人都可以把他整下去这样的话。这句话听来似乎有点轻松的味道，但当你细细品味，就觉得它具有气吞山河的分量。

1972年2月，美国总统尼克松来华访问前夕，在机场停机坪两侧矗立两块巨大标语："打倒美帝国主义及其一切反动派""全世界人民团结起来打败美帝国主义及其一切走狗"。

2月21日，尼克松从空军一号专机走下停机坪，当时中美两国没有建交，整个机场没挂双方国旗，也没有铺红地毯，没有欢笑场面，现场气氛严肃，只是客人身后有两块醒目的标语牌。

1963年1月8日，毛泽东曾写了一首充满革命乐观主义精神和抱定共产主义事业必然胜利坚定信念的《满江红·和郭沫若同志》词。词中表达了他对无产阶级革命事业崇高的使命感和神圣的责任感，表露着他敢于斗争、敢于胜利的伟大胆略和宏伟气魄。

满江红·和郭沫若同志

小小寰球，有几个苍蝇碰壁。嗡嗡叫，几声凄厉，几声抽泣。蚂蚁缘槐夸大国，蚍蜉撼树谈何易。正西风落叶下长安，飞鸣镝。　　多少事，从来急；天地转，光阴迫。一万年太久，只争朝夕。四海翻腾云水怒，五洲震荡风雷激。要扫除一切害人虫，全无敌。

毛泽东一生坚守三项"铁律"。一不睡软床。革命战争年代，毛泽东一直睡木板床，实在没有木板，就把门板拆下来当床睡。二不喜欢碰钱。从不过问自己有多少钱，是视钱如粪土的伟人。三不穿西装。新中国成立初期，有一个不成文的国际惯例，在外交场合，各国领导要穿黑色西装迎接外国领导人，但毛泽东却态度坚定的回绝所谓"规矩"，外国的规矩凭什么要中国人遵守。

　　毛泽东以这样的傲骨，用一个中国人特有的方式和风貌征服了列强、征服了世界。

　　毛泽东的三个"不"是伟人铁骨铮铮、高洁无畏的见证，是带领中国人民不怕困难、不图享受、不畏强权的三条"铁律"。

　　一个人的思想主要是由时代的经济、政治及文化决定的，不承认这一点，就背离了历史唯物论。此外，一个人的思想也与他的气质、性格有一定的关系，若否认这一点，就会把历史唯物论简单化，就会千人一面，显不出每个人的个性特色。

　　"性不好束缚""好独辟蹊径"的性格贯穿于毛泽东的一生，渗透在他的思想、行动的各个方面。与他朝夕相处的卫士、保健医生直观地感到："毛泽东从来不愿事事循规蹈矩，不愿束缚他的个性，正如他的书法一样，信笔写来，不拘俗套，洋洋洒洒，飘逸豪放，自成风格。""他盼望挑战，他的一生不曾停止挑战应战。这是他性格的基础和核心。""性不好束缚""好独辟蹊径"的刚毅性格是毛泽东成功的一个内在因素。

　　在毛泽东的个性特点中，除了"性不好束缚"以及由此引申的"奋斗""挑战""自信"等气质外，还有一个极为重要的性格是：厌恶特权，向往平等。毛泽东是农民的儿子，民主革命时期，又长期辗转在农村，进城后一直保持着农民的生活习惯，生活简朴，粗茶淡饭，厌恶等级、特权，希望尽快废除等级制度，实现平等。这方面的性格与第一个性格一样，对他晚年的思想和行动有重大影响。

　　黄河三门峡段，汤汤大水中屹立着一块巨石，相传是大禹治水时留下的镇河石柱，被称为中流砥柱。

　　这种屹立于激流而不倒的形象，激励着古往今来的仁人志士。每逢国家危难、民族危亡，中流砥柱就成为一种绝不屈服、绝不低头、绝不妄自菲薄的精神坐标。毛泽东就是中国共产党人"中流砥柱"性格的杰出代表。

秘诀之二
坚定不移的革命信仰

信仰是一面旗帜，是一种精神，是一种理想，是一种目标。从根本上来说，信仰是一个民族、一个国家、一个政党的生命力、向心力和凝聚力。心中有信仰，脚下有力量，前进有方向。

信仰的力量是神奇的，共同的信仰凝聚在一起，足能撼天动地。

毛泽东是共产党人信仰马克思主义的楷模和主心骨。他有着开天辟地的元气，一切为民的正气，荡涤污垢的胆气，藐视强权的豪气，求真自信的壮气，敢于胜利的勇气，文武韬略的才气，这些气质来自他坚定的革命信仰，这些气质是催人奋进的精神动力，是成就事业的法宝。

1. 大本大源：马克思主义

毛泽东的成功在于找到了马克思主义的信仰，对终身事业矢志不渝的认定、艰苦卓绝的奋斗和百折不回的坚守。

马克思主义是人类历史上划时代的先进思想，它揭示了资本主义必然灭亡，共产主义必然胜利的历史规律，指引了人类社会的发展方向，是劳动人民翻身解放的思想武器，是指导人民革命和人民解放的理论基础。

毛泽东是怎样接受马克思主义的呢？又是怎样义无反顾地走上革命道路的呢？

青年时代的毛泽东最大的人生愿望和职业梦想，是"一心想当教员"。早年在填写《少年中国学会会员终身志业调查表》时，在"终身欲从事之事业"一栏，他郑重地填写了"教育事业"。

1936年7月16日，他在延安接受斯诺采访时谈到1913年春报考师范学校的初衷时说，"当时，我也在认真地考虑自己的'前途'，我差不多已经作出结论，我最适合于教书"。

1919年4月，毛泽东在周世钊的推荐下被长沙修业学校高小部聘为历史教员。作为人生中的第一份正式职业，毛泽东终生对自己的"小学教师"生涯极为珍视，引以为豪。

新中国成立后，毛泽东仍念念不忘、津津乐道于自己曾是一名"小学教员"。特别到了晚年，他尤其喜欢与人谈论自己小学教员和小学校长的那段经历。

1959年4月26日晚，毛泽东在中南海怀仁堂会见智利作家罗哈斯时说："我过去是小学教师，但没有继续教下去，因为政治局势不容许我教下去。现在回想起教书时的情况还很高兴。"

进一步还原毛泽东的出身，我们会发现，毛泽东出生在一个正在走上坡路的农民家庭。他的父亲毛顺生是个既吃苦耐劳又善于积聚的普通中国农民。作为一个精明的农夫，他一生最大的事业就是通过自己的辛苦经营，不断扩大手中掌握的土地规模。有这样一个父亲，出生在这样一个家庭，毛泽东本来是很容易成为一个湖南乡间的财主或者绅士这样的人物的。

然而，毛泽东没有走上这样一条很多人眼中都认为是合情合理的人生道路。他讨厌父亲的"敛财"，他同情穷人的苦难，他不安于家乡的闭塞，他要走出乡关，阅尽青山，拯万民于水火，救苍生于倒悬。诚如他的挚友兼论敌梁漱溟先生晚年所言："毛主席这个人，我跟他接触很多。他是雄才大略，那是很了不起的。并且他没有什么凭借，他不是原来就有势力的一个人，他都是单身一个人。他的家在韶山，我去过两次，他进修的地方，我都去看，他读书的地方，他家乡的人，我们都见到。他十五六岁还在乡里种地，这么样一个光身一个人，居然创造了一个新中国，实在是了不起，实在是了不起！"

"天将降大任于斯人"，毛泽东从一个农家的孩子到成为小学教员，到走上革命道路，直至成为一代人杰、伟大的革命家，是有一个过程的。

1936年，毛泽东在陕北窑洞里同斯诺谈到他个人经历时说："我是从农村生长出来的孩子，小时候读过私塾，读过孔孟的书，也信过神，母亲生病也去求过神佛保佑哩！旧社会的东西对我产生过影响。有段时间受到梁启超办的《新民丛报》的影响，觉得改良主义也不错，想向资本主义找出路，走西方富国强兵的路子。"

他回忆说："我的思想是自由主义、民主改良主义、乌托邦主义和旧式的自由主义，抱有一些模糊的热情，但是我是明确地反对军阀和帝国主义的。""俄国十月革命一声炮响，马列主义传入中国，我才接受马克思主义。"他还说："哪有什么生而知之的圣人呀！我也是逐步认识社会，走革命道路的，最主要的是向社会学习，向群众学习。"

辛亥革命前夕，毛泽东到长沙求学，这里是晚清以来新旧斗争特别剧烈的地方。在这里，他第一次读到同盟会会员宋教仁、于右任主编的《民主报》，并成为它的热心读者。

毛泽东从《民主报》上看到黄花岗72名革命党和爱国志士起义阵亡的消息，深为感动。从这里，毛泽东知道了孙中山领导的同盟会的革命纲领，并进行了仔细研究。他的热情开始由康梁变法转变到了孙中山资产阶级革命派身上。

不久，毛泽东写了一篇充满激情的文章，公开贴在学校大门口的墙壁上，第一次发表了自己对国家大事的主张：推翻腐朽的清王朝，组建国民政府，把孙中山请回来做新政府总统，康有为任国务总理，梁启超任外交部部长。毛泽东这一主张说明他还没有放弃对康梁的钦佩。但由主张立宪到主张推翻清王朝、废除封建帝制到建立共和制，表明毛泽东的思想已经发生了重大转折，正在迅速地向资产阶级民主主义转变。

1911年10月10日，以武昌起义为标志爆发了辛亥革命。新成立的湖北军政府派代表到长沙，要求湖南革命党立即起义响应。长沙革命党人于10月24日发动武装起义，成立了湖南军政府。毛泽东随即剪掉辫子从军入伍，在新军第二十五混成协第五十标第一营左队当了一名列兵。在军营里，他最早从《湘江新闻》上看到"社会主义"这个新名词。他满怀兴趣地读了有关"社会主义"的文章，并收集了几种"社会主义"的小册子。他还和士兵们讨论过这个问题。

1912年元旦，孙中山在南京就任临时大总统，向中外正式宣布中华民国临时政府成立，实行共和体制，国家纪年改用公历，以1912年为中华民国元年。

2月12日，清政府被迫接受了"优待条件"，清朝皇帝宣布"退位"，并公布了"退位"诏书。

2月15日，中国民族资产阶级革命的"胜利果实"被北洋军阀袁世凯所篡夺，"选举"袁世凯为第二任中华民国临时大总统，随后南京临时政府被迫解散。

大清王朝已经垮台，革命似乎已经过去。毛泽东决定脱离军队，留在长沙继续求学读书。

这年春天，毛泽东考取省立高中学校，读书半年感到满足不了他自己的求知欲望，自动退学寄居在长沙新安巷的湘乡会馆里，每天到省图书馆自修。在这里他阅读了严复译的名著《天演论》等，进一步接受了"尊今叛古、尊民叛君"的进化论思想，事后他回忆说："这是我学习历史最有价值的半年。"

毛泽东对新鲜事物的敏感和对真理的执着追求，使他受到以社会主义面貌出现的无政府主义影响，特别是俄国克鲁泡特金的无政府主义在中国的流行，使他产生了相当的兴趣。

无政府主义倡导"互助论"，强调互助是生物界和人类发展的普遍规律。人类可以通过"互助"进入"各尽所能、各取所需"的共产主义社会，从而达到无政府、无国家、无军队、无法律、无强权、无命令、无家族、无私产，人人自由，个个平等的理想社会。毛泽东对这一理论产生了极大的兴趣。后来他回忆说："我读了一些关于无政府主义的小册子，很受影响。我常常和来看我的一名叫朱谦之的同学讨论无政府主义和它在中国的前景。在那个时候，我赞同许多无政府主义的主张。"

1913年至1918年，毛泽东在湖南第一师范学校读了5年半。这正是第一次世界大战和中国军阀混战的年代。湖南三次为北洋军阀统治，成为南北拉锯的战场，课堂也是不平静的。毛泽东是一个特殊的学生，仍以自修社会科学为主。他十分重视理想与道德的力量，讲究"立志""修身"的理学精神，同时又重视经验、重视实际、重视行动、重视"知行合一""即知即行"的经世致用的实践精神。

毛泽东在第一师范学习期间，他的出众才华得到老师的充分肯定，也得到同学们的公认。

1917年6月，一师开展德智体优秀人物互选活动。毛泽东不仅在"教品""自治""文学""言语""才具""胆识"六项中得的总票最多，而且"胆识"（冒险进取、警备非常之类）一项，唯他独有。

1917年8月，湖南第一师范最后一个学年将要开始时，毛泽东给自己十分敬佩的老师黎锦熙写了一封长信。或许，那就是青年毛泽东成为伟人毛泽东的起点，一个平凡到伟大的分水岭。

毛泽东在信中，分析了他自己对时局的看法：

"欲动天下者，当动天下之心，动其心者，当具有大本大源！今日变法，俱从枝节入手，如议会、宪法、总统、内阁、军事、实业、教育，一切皆枝节也。枝节亦不可少，惟此等枝节，必有本源。"

一个普通农民家庭出身的孩子，一个身无长物的大龄师范生，一个毕业后连饭碗都不知道哪里找的年轻人，竟然立下"动天下"的志向，这无疑是一个惊世骇俗的"狂妄"想法。

黎锦熙读信后，在当天日记中极为感慨地写道："下午，得润之书；大有见地，非庸碌者……不愧为大器量之人！"

毛泽东的确目光如炬，一语中的。当时的中国改良主义、自由主义、社会达尔文主义、无政府主义、实用主义、民粹主义、工团主义等各种主义和思潮，"你方唱罢我登场"，但都没能改变中国的面貌。

分析时局，毛泽东认为，变革中国的方子开了不少，但都是头痛医头，脚痛医脚的做法，"俱从枝节入手"而"本源未得"，没有抓住病根。对于当时的军阀政客，毛泽东认为他们"胸中茫然无有"，"如浮萍无根"，只剩"手腕智斗"。

彼时的毛泽东虽有万丈雄心和粪土万户侯的自信，但字里行间还是流露出迷茫苦闷的情绪，因为他尚未找到"大本大源"。

如毛泽东信中所说："十年未得真理，即十年无志；终身未得，即终身无志。"当时，他因未得大本大源之道，而心中茫然。两年后，五四运动期间，毛泽东心心念念的大本大源之道开始明确起来。

有感于国家的危亡和追求个人进步，毛泽东和同窗好友蔡和森等人于1918年4月成立了"新民学会"。学会的宗旨为"革新学术，砥砺品行，改良人心风俗"。1920年，该学会的宗旨又改为"改造中国，改造世界"，学会会员最多达80余人。

1918年10月19日，毛泽东在一师毕业，他率领准备赴法国勤工俭学的十几名湖南青年来到北京，这年他25岁，正值风华正茂的年龄。

在此之前，他还没有出过湖南，这是他第一次走向外面的世界，这也是他应恩师杨昌济之召，进京准备参加北大校长蔡元培等倡导的赴法国勤工俭学活动而来的。

杨昌济是毛泽东在湖南第一师范学校时的伦理学老师。这位杨老师曾留学日本、英国、德国10余年，获得博士学位。他学识渊博、师德高尚、诲人不倦。他以教书育人为天职，贯通古今、融合中外，传播西方各种流派的政治学说和伦理观点，传授中国古典学术思想和历史知识，鼓励学生做一个公平、正直、坦荡、无私、品德高尚、有益社会的人。

他的博学和师德对毛泽东影响极深。他对毛泽东也最为看重，认定毛泽东有许多特质，是一个特殊的学生："资质俊秀，殊为难得"，是农家出身的异才，将来必能担栋梁之任。向毛泽东推荐陈独秀主编的《新青年》杂志，鼓励他参加蓬勃兴起的新文化运动。

1916年夏，毛泽东在第一师范读书的时候，利用暑假离开长沙，徒步40多里到板仓看望恩师杨昌济。

杨昌济深感欣慰地对毛泽东说："看到你们这一代人的成长，我很欣慰。但是，要寻求新思想，开辟新道路，任重而道远啊！光靠一个人的理想和勇气，是远远不够的。要团结更多志同道合的人，联合广大的民众，并且要有不怕牺牲的精神、坚韧不拔的毅力、超人一等的智慧，同时要有健康的体魄，这些都是至关重要的。"毛泽东点头应道："学生将铭记老师的教诲。"

杨昌济的教诲，对毛泽东的立志走向、人生观价值观的形成起了十分关键的作用。

1918年初，杨昌济应北大校长蔡元培之邀，到北大任哲学教授。这年6月，毛泽东从一师毕业，面临生活出路的选择。杨昌济写信让毛泽东进京，并通过蔡元培校长的关照，安排毛泽东在北大图书馆任助理员。他的顶头上司就是图书馆主任李大钊。这种安排对毛泽东一生来说是十分关键的。后来毛泽东回忆说："我在李大钊手下担任北大图书馆助理员的时候，曾经迅速地朝着马克思主义方向发展。"

当时，北大是新文化运动的中心，名师荟萃，各种思潮波翻浪涌，交流激荡，这种纷纭繁复、高潮迭起的情景，使毛泽东耳目一新，振奋不已。在这里有机会接触许多思想激进的人物，和许多新的思想。

毛泽东所在的北大图书馆，是日后创建中国共产党的两位巨人"南陈北李"同在的一座楼。左边是陈独秀的办公室，右边是李大钊的办公室。陈、李都是新文化运动的先锋，也是五四运动的领军和核心人物，被人们誉为"北大红楼两巨人"、"照古今"的"日月双星"。

怀着救国志气的青年毛泽东在这里开始走向成功之路，得益于李大钊的言行的深刻影响。李大钊是中国介绍和讴歌俄国十月革命的第一人，他把马克思主义初步介绍到中国，使毛泽东如饥似渴地学习着这些学说。

1918年11月，毛泽东在天安门广场亲耳聆听了李大钊的演讲《庶民的胜利》。

11月15日，李大钊的这篇演讲稿和另外一篇文章《布尔什维克的胜利》刊登在《新青年》杂志上，从而使毛泽东十分具体详细地学到马克思主义。

1919年2月，李大钊在《晨报》发表了《青年与农村》的文章。文中热切地号召青年到农村去："……我们中国是农国，大多数的劳工阶级是那些农民。他们若不解放，就是我们国民全体不解放。""……在都市漂泊的青年朋友们，你们要晓得，都市上有许多罪恶，乡村里有许多美好。""……青年们，走向农村去吧！"

这篇文章，很少有人注意到，其实这篇文章影响了毛泽东一生的革命生涯。以后毛泽东对待农民革命问题的描述基调和情感都与这篇文章如出一辙。

1949年3月，毛泽东在从西柏坡进京"赶考"的路上，他无限感慨地对身边工作人员回忆说："30年了，30年前，我为了寻求救国真理而奔波，吃了不少苦头，还不错，在北京遇到了一个大好人，就是李大钊同志。在他的帮助下，我才成为一个马克思主义者……可惜呀！他已经为革命献出宝贵的生命。他是我真正的好老师，没有他的指点和教导，我今天还不知道在哪里呢！"

在北大图书馆里，毛泽东第一次见到他仰慕已久的新文化运动领袖陈独秀。

当时，陈独秀主编的《新青年》杂志，猛烈地批判封建意识形态，并拥有大批青年读者，毛泽东就是其中的一员。

"他是五四运动时期的总司令，整个五四运动实际上是他领导的。"毛泽东1945年以这样崇敬的口吻，高度评价陈独秀在"五四"时期的历史功绩。

毛泽东追随陈独秀的足迹就是从阅读《新青年》开始的。

1917年3月，在湖南一师就读的毛泽东将《体育之研究》一文投向《新青年》。这篇文章以其畅快淋漓的文风，逻辑严密的章法，博得了陈独秀的赞赏，他将全文发表在《新青年》杂志上。有了这种渊源，毛泽东见陈独秀也就没有障碍了。而毛泽东谦逊诚恳的态度，又给陈独秀留下了美好的印象。两人在北大图书馆见面时，陈独秀夸奖他那篇文章写得好，特别是"盖天地推动而已"的观点，有创见。毛泽东与陈独秀来往密切，也就有了日后两人在上海的多次见面，也就有了陈委托毛泽东在湖南建党，也就有了毛泽东在建党初期的地位不断上升。

毛泽东在北大图书馆期间，经常去旁听他感兴趣的课程，尤其是参加北大哲学会和新闻学研究会以及"平民教育演讲团"的活动，使他认识问题的水平得到很大提高。在此期间，他拜访过新文化运动的知名人士胡适、蔡元培等人，同他们讨论各种新思潮的问题。他还结识了邵飘萍、谭平山、张国焘、邓中夏等。

1919年3月12日，毛泽东为了送蔡和森等赴法国留学的同学，离开北京去了上海，尔后回到了湖南。毛泽东第一次进京的生活就结束了。

这段时间的经历对于毛泽东的一生都起了决定性作用。

1919年五四运动爆发，这是中国近代史上一个伟大而进步的转折时期。一切阶级、阶层、党派和个人，都在这个时期受到严峻的考验。

毛泽东在五四运动期间，他在创办的《湘江评论》创刊宣言中说："世界什么问题最大？吃饭问题最大。什么力量最强？民众联合力量最强。什么不要怕？天不要怕，鬼不要怕，死人不要怕，官僚不要怕，军阀不要怕，资本家不要怕。"他提倡平民主义，主张用民众的力量反对强权，用民众联合的方法，向强权者作持续的"忠告"。

1919年7月，毛泽东在《湘江评论》第二期，发表了《民众的大联合》。这篇雄文是在大激动、大思考、大无畏的状态下写出来的。全文气势逼人，观点犀利，文采飞扬，特别是其中几句名言引人关注。

"我们知道了！我们觉醒了！天下者我们的天下。国家者我们的国家。社会者我们的社会。我们不说，谁说？我们不干，谁干？刻不容缓的民众大联合，我们应该积极进行。"

"只要民众联合起来，世上之事都极易为。"

"我们中华民族原有伟大的能力！压迫愈深，反动愈大，蓄之既久，其发必远，我敢说一句怪话，民众若能大联合，他日中华民族的改革，将较任何民族为彻底，中华民族的社会，将较任何民族为光明。"

此时的毛泽东，一扫之前的迷茫，思想变得异常坚定起来，认定民众大联合是中国社会改造的根本方法。

事实证明了毛泽东的预判，在落后国家的革命中，中国共产党领导的革命最为彻底，正因为最彻底，才有了天翻地覆的变化。

这一革命实践，进一步坚定了他的理想信念，标志着毛泽东伟大革命生涯的开始，也是他开始接受马克思主义的关键所在。

1919年12月至1920年4月，毛泽东第二次来到北京。此时俄国十月革命在中国的影响更加扩大，马克思主义的传播日趋广泛，马克思主义经典著作的中文译本也相继出版，研究马克思主义的团体陆续建立，这使得毛泽东有更多的机会进一步接触马克思主义。

1920年4月，毛泽东离开北京，5月5日到达上海。在上海期间，他第二次拜访陈独秀，两人进行了对毛泽东一生具有重大影响的交谈。他后来同斯诺谈话时说："在上海和陈独秀讨论了我们的组织问题，谈到改造湖南促进会的一些计划。在谈话中自然谈到了马克思主义的问题。"又说："我第二次去上海的时候，和陈独秀讨论了我读过的马克思主义书籍。陈独秀谈了他自己信仰的那些话，在我一生中可能是关键性的这个时期，对我产生了深刻的影响。"

陈独秀经历了五四运动的洗礼和对马克思主义、俄国十月革命经验的学习思考，经过近一年的紧张、激烈、复杂、痛苦的思想斗争，终于在1920年初，抛弃了他曾信仰、鼓吹过的"法兰西文明"——资产阶级民主主义，转变成为马克思主义者。

在政治上，陈独秀过去热衷于资产阶级民主共和制度，如今他说资本主义代替封建主义也不过"少数人得着幸福"，"主张实际的多数人幸福，只有社会主义政治"。如何实现社会主义政治？陈独秀接受了俄国革命后实行的无产阶级专政的理论："我承认用革命的手段建设劳动阶级（即生产阶级）的国家，创造那禁止对内对外的一切掠夺的政治、法律，为现代社会第一需要。"同时宣布："我们相信世界上的军国主义造成的无穷的罪恶，现在是应该抛弃。"

从陈独秀当时的思想状况及发表的这些言论来看，他对毛泽东"说他自己信仰的那些话"，大概就是这些内容。这对陈独秀来说，是十分重要的，是他几十年奋斗后思想重大转折的产物，这对于刚刚阅读许多马克思主义书籍，苦苦思索还未得到要领的毛泽东来说，无疑是起了"茅塞顿开""画龙点睛""心有灵犀一点通"的作用。所以毛泽东说，"他的那些话在我一生中可能是关键性的这个时期"，还说陈独秀对他的影响"超过任何人"。

毛泽东谈到这年夏天，他读了三本书，表明自己信仰马克思主义，到冬天完成了向马克思主义者的转变。

1919年7月21日，毛泽东在《民众的大联合》一文中，第一次提到了马克思。毛泽东何时成为马克思主义者的时间也是很清楚的。1936年，毛泽东在同斯诺谈话时说："有三本书特别深地铭刻在我的心中，建立起我对马克思主义的信仰。我一旦接受了马克思主义是对历史的正确解释以后，我对马克思主义的信仰就没有动摇过。这三本书是：《共产党宣言》，陈望道译，这是中文出版的第一本马克思主义的书；《阶级斗争》，考茨基著；《社会主义史》，柯卡普著。到了1920年夏天，在理论上，而且在某种程度的行动上，我已成为一个马克思主义者了，而且从此我也认为自己是一个马克思主义者了。"毛泽东敬仰马克思、信仰马克思主义从此开始了。

毛泽东说："要把马克思主义当作工具看待，没有什么神秘，因为它合用，别的工具不合用。资产阶级的唯物主义不合用，只有马克思的历史唯物主义，就是辩证唯物主义，运用到社会问题上成为历史唯物主义，才合用。马克思创立了许多学说，如党的学说、民族学说、阶级斗争学说、无产阶级专政学说、文学艺术理论等等，也都应当当作合用的工具来看待。"

毛泽东强调："马克思列宁主义来到中国之所以发生这样大的作用，是因为中国的社会条件有了这种需要，是因为同中国人民革命的实践发生了联系，是因为被中国所掌握了。"

2.《新青年》与中国共产党

毛泽东与陈独秀交谈并且接受马克思主义世界观后，思想和行动发生了重大转变。他不再满足新民学会的组织，开始受陈独秀的委托，筹备湖南的共产党组织，于是两人同时成了中国共产党的创始人，为党的诞生作出了特殊的贡献。两人之间的关系，在师生的基础上，又加上一层革命工作中的同志关系和党组织内部的关系。

毛泽东5月在上海期间，陈独秀在列宁派来的共产国际代表维经斯基等人的指示下，开始发起筹建中国共产党，并且不久在上海成立了早期党组织。他们决定，通过派人、通信等方法，与北京、武汉、广州、济南、长沙、东京、巴黎等地的社会主义者联系，建立各地的共产党组织。正如毛泽东所说，当时各地同湖南的情况一样，在陈独秀主编的《新青年》影响下，都有一批激进的民主主义者并且正在转变为社会主义者，还成立了相应的团体。"这些团体的大多数，或多或少是在《新青年》影响下组织起来的。"

"被这个杂志和五四运动警醒起来的人，后来有一部分进了共产党。这些人受陈独秀和他周围一群人的影响很大，可以说是由他们集合起来，这才成立了党。"毛泽东因此指出："他（指陈独秀）与周围的一群人，如李大钊同志等，是起了大作用的……我们是他们那一代人的学生。五四运动，替中国共产党准备了干部。"这段话表明，当时中国共产党包括各地党组织是在陈独秀等人的指导影响下创建起来的，湖南党组织也不例外。

毛泽东从上海回到长沙，做了4件事：

第一件事，筹备文化书社。他说："没有新文化就没有新思想，没有新思想就没有新研究，没有新研究就没有新材料。湖南人现在脑子饥荒实在过于肚子饥荒。青年人嗷嗷待哺。文化书社用最迅速最简便的方法介绍中外各种新书杂志，以作为青年及全体湖南人研究的材料，因此而有新思想新文化的产生。"名为传播新思想新文化，实为宣传马克思主义。

第二件事，成立"俄罗斯研究会"。为了掌握真正的马克思主义和俄国革命经验，李大钊在北京、陈独秀在上海建党过程中都成立了"马克思主义研究会""社会主义研究社"等组织，以团结真正的马克思主义者。于是毛泽东也在长沙发起组织"俄罗斯研究会"，自任研究会的书记干事。研究会成立不久，毛泽东派任弼时、萧劲光等6人到上海外国语学校学习俄语，然后赴莫斯科东方大学深造。

第三件事，成立湖南社会主义青年团。陈独秀十分支持毛泽东发展青年团的正确方针。他在广州特地写信给毛泽东，要求在湖南大力发展社会主义青年团。

第四件事，与各种非马克思主义思想决裂。首先清除带有空想社会主义色彩的"工读主义"。其次是抛弃无政府主义。毛泽东认为，要建立马克思主义政党，必须开展思想斗争。他在当时给会友的一封信中指出："中国坏空气太深太厚，吾们诚哉要造成一种有势力的空气……要有一种为大家共同信守的'主义'，没有主义，是造不成空气的。""主义比如一面旗子，旗子立起来了，大家才有所指望，才知道往那里靠拢。"

毛泽东之所以在短短的时间里走完从相信孔夫子到民主改良主义，再到激进的革命主义，再到马克思主义者的全部路程，这与他立志救国救民，与他执着追求真理，始终站在时代前列，不断进取的精神息息相关。

1920年8月初，陈独秀在上海建立了第一个共产党早期组织，并受小组的委托致函各地的马克思主义者，组建共产党早期组织。

毛泽东收到陈独秀、李达的来信后，正式接受委托。1920年11月，长沙的共产党早期组织秘密成立。至此，毛泽东在思想上和行动上都成为一个完全的马克思主义者。

毛泽东作为党的重要创始人，将自己创建长沙党的早期组织认定为入党时间。

毛泽东1920年加入中国共产党，完成了自己一生事业的定位。从此，他矢志不移，直到1976年离世。

长沙共产党早期组织成立后，采纳蔡和森此前"事项秘密""潜在运动"的来信建议，常以群众团体和文化书社，俄罗斯研究会名义，从事马克思主义的宣传活动。还向长沙《大公报》推荐马克思主义文稿。

1921年6月，毛泽东接到要他到上海参加中国共产党第一次全国代表大会的通知，这次大会标志着中国共产党正式成立。

毛泽东出席党的一大后，回到长沙继续从事宣传马克思主义，发展共产党组织等活动。

1923年6月12日至20日，中国共产党第三次全国代表大会在广州召开，毛泽东以湘区党的代表身份出席会议，并被选为中央局成员。

毛泽东从一个地区党的领导者进入共产党的领导核心，这时他30岁，刚好是而立之年。

1924年1月20日，是一个很重要的日子。在孙中山主持下，国共两党，同处于广东高等师范学校的礼堂内，参加国民党第一次全国代表大会。毛泽东被指定为章程审查委员之一。在会上他多次发言，就组织国民政府、出版及宣传、设立研究会等问题发表意见，还对国民党内的右派观点申明了自己的主张。

毛泽东在会上的表现，受到孙中山和一些国民党人士的注意。30日上午，选举国民党中央执行委员和候补委员时，孙中山亲自拟定了一个候选人名单，交大会表决，其中就有毛泽东。他被选为国民党中央候补执行委员。

1925年3月12日，党的四大召开不到两个月，孙中山在北京逝世。国共两党组织各界群众，广泛宣传孙中山的三民主义革命精神，形成大规模的宣传活动。

接着，五卅运动席卷全国，把大革命推向高潮。同时，国民党内左派和右派也进一步分化。

以1925年8月国民党左派领袖廖仲恺被暗杀为标志，国民党内部逐步形成以蒋介石、戴季陶、胡汉民为代表的新右派。这就使国共两党合作关系更加复杂化。

1925年11月21日，毛泽东在填写《少年中国学会改组委员会调查表》中，阐述了他的政治信仰："本人信仰共产主义，主张无产阶级的社会革命。惟目前的内外压迫，非一个阶级之力所能推翻，主张用无产阶级、小资产阶级及中产阶级左翼合作的国民革命，实行中国国民党之三民主义，以打倒帝国主义，打倒军阀，打倒买办、地主阶级（即与帝国主义军阀有密切关系之中国大资产阶级及中产阶级右翼），实现无产阶级、小资产阶级及中产阶级左翼的联合统治，即革命民众的统治。"

1925年9月，国民政府在广州成立，主席汪精卫因政府事务繁忙，不能兼国民党中央宣传部长职务，于10月5日推荐毛泽东代理宣传部长。毛泽东主编由国民党宣传部出版的《政治周报》，随后又在广州主办第六届农民运动讲习所。这段时间，国民党的宣传工作出现了生气勃勃的局面。

这时候，国民党内部右派势力公开提出取消共产党员在国民党的党籍，解除共产党员在国民党内担任的职务，大造反苏、反共，反对联俄、联共、扶助农工三大政策的舆论。

1926年1月，国民党在广州召开第二次全国代表大会。毛泽东以中央候补执行委员的身份出席。会前，他被指定为大会资格审查委员会五位成员之一，为国民党中央起草了《中国国民党对全国及海外全体党员解释革命策略之通告》，严厉批评国民党右派的言论和行为。在大会上，毛泽东作了国民党一大以来的《宣传工作报告》。他还参与起草《宣传决议案》和《党报决议案》。

大会278名代表中，共产党和国民党左派占了绝大多数，使会议得以继续坚持联俄、联共、扶助农工的三大政策，对国民党的右派分子分别给以党纪处分。

这次会议上，毛泽东再次当选国民党中央候补执行委员。中常会批准毛泽东继续代理宣传部长。

国民党第二次代表大会结束后的两个月，蒋介石制造了"中山舰事件"。3月20日，他无中生有地说共产党人私调中山号军舰要劫持他离开广东，借此逮捕了代理海军局长、共产党员李之龙，在广州实行戒严，监视和软禁大批共产党员，解除工人纠察队的武装，包围苏联领事馆。

此时，毛泽东已察觉蒋介石的野心，便同周恩来、陈延年、李富春等人对情况进行分析，认为黄埔军校有500多名共产党员，在广东的革命军6个军中，5个军的军长和蒋介石有矛盾，而蒋的第一军中政治骨干大部分是共产党员，共产党还掌握了一个叶挺独立团，从力量上看是可以对蒋介石进行反击的。只要态度强硬，国民党左派也会支持。

这些建议未被陈独秀和苏联顾问采纳。当时正率苏联观察团在广州访问的依文诺夫斯基也不同意，在上海的中共中央也主张妥协。

"中山舰事件"后不到两个月，蒋介石就在国民党二届二中全会上借口避免"党内纠纷"，提出一个《整理党务案》，规定共产党在国民党省、市以上高级党部执行委员的人数不得超过三分之一，共产党员不能担任国民党中央各部部长。

根据《整理党务案》，1926年5月25日，担任国民党中央领导职务的一批共产党员林伯渠、谭平山、毛泽东等停职。毛泽东离开代理国民党宣传部长的位置。此后，他以主要精力从事农民运动。

这时的蒋介石当上国民党中央组织部长兼军事部长，随即又当上国民党中央常务委员会主席和国民革命军总司令，一手控制了国民党和国民党政府、国民革命军的大权。

1926年5月至1927年4月，在国共两党合作条件下，进行了一场反帝、反军阀的北伐战争。

在国民革命军的8个军中，第四军内的共产党员最多，叶挺独立团是其中战斗力最强的一支部队。独立团一出师，就立下引人注目的赫赫战功。

从1926年7月1日发布北伐宣言起，到10月10日北伐军攻占武昌，前后约3个月，收复湖南、湖北，歼灭吴佩孚主力10万余人。两湖战争结束后，北伐军集中兵力于江西、福建战场，从9月开始，经3个半月的作战，收复江西、福建两省，歼灭孙传芳主力10万人。尔后，挥师北进，转入浙江、江苏、安徽三省作战，以摧枯拉朽之势，在3个月的时间里，全歼孙传芳残部，占领长江中下游。从此，北洋军阀的反动统治面临崩溃。国民革命军的力量大大增强，革命军总数达22万人。

北伐战争的胜利，人民群众的支援是重要保证。当时，毛泽东被任命为中共中央农民运动委员会书记。他主持制定了"目前农运计划"，强调农民运动支援北伐战争，主要集中北伐必经之路的11个省全面展开，保证北伐战争的胜利。

军队中的政治工作对北伐军迅速取胜也起了重要作用。

北伐出师前，在周恩来主持下，已经建立起北伐军总政治部和各级政治部，共产党员作为骨干大都分配到各军负责政治工作。为保证北伐的胜利，中共中央明确指出：政治工作的主要任务，是宣传国共合作，宣传反帝反封建，改革部队旧的军阀制度，扶助地方群众，并通过多种渠道加强北伐意义的宣传和对政工干部的教育训练。

1926年6月下旬，北伐军总政治部主任邓演达主持召开战时政治工作会议，周恩来、恽代英、李富春、林伯渠等许多共产党员参加并作重要报告，为制定北伐政治工作方针、任务和工作条例，创造了有利条件。此外，还制定了《北伐军最近宣传大纲》，筹建了北伐军宣传队。北伐出师后，各级政工人员大张旗鼓地开展宣传工作，为保证北伐战争的胜利发挥了重要作用。

蒋介石利用北伐军总司令的职务，掌握了军事、民政、财经大权，收编大批倒戈的军阀部队，迅速扩大了自己的地盘和武装力量。这时，国民党军队总数达22万人，作为北伐军总司令的蒋介石，成为中国最大的实力派人物。

蒋介石感到自己羽翼已经丰满，大权在握，他仇视共产党和工农运动的反动面目日益公开化，他取得的地位和权力对中国革命构成了极大的威胁。

1927年3月，瞿秋白等中央领导人察觉蒋介石阴谋后，在武汉主管宣传工作，对报纸舆论导向提出三条方针：第一，揭露蒋介石反共分裂阴谋；第二，大造工农群众运动的声势，宣传革命道理；第三，鼓舞士气，作继续北伐的舆论动员。可是，这些意见被陈独秀压制了。陈独秀把党内的反蒋主张视为极大危险，幻想以退让求团结，幻想通过国民党左派来控制蒋介石。他的这一右倾错误，终于未能控制时局的陡然逆转。

3. 二月来信 · 九月来信 · 古田会议

1927年4月12日，蒋介石发动了反革命政变，大肆逮捕屠杀共产党员和革命群众，使中国革命遭受重大损失，陷入低潮。

大革命失败的教训，使毛泽东难以忘怀，他在党的八七会议上站起来总结大革命失败的教训，批判陈独秀的右倾错误，突出地强调："以后要非常注意军事，须知政权是由枪杆子中取得的。"

八七会议之后，毛泽东根据党中央的决定，以特派员身份返回湖南，组织领导湘赣边界的秋收起义，这对他个人来说，是一个艰难的开头，对中国共产党来说，则是一个胜利的起点。

在毛泽东领导下，举行了秋收起义，中国共产党开始有了工农革命军第一军第一师。

1927年10月，毛泽东领导秋收起义部队上了井冈山，创建了以井冈山为中心的第一个农村革命根据地，点燃了以农村包围城市、武装夺取政权的星星之火，这在中国革命史上具有划时代的伟大意义。

然而，当时的中共中央却不这样看。就在毛泽东率领起义部队到文家市的当天，中央临时政治局在上海召开扩大会议，认为毛泽东"停止攻打长沙"是"临阵脱逃"，是"农民意识"。因而给毛泽东以严厉的批评和处分。

根据中央的指示，1928年3月，中共湘南特委派来一位"钦差大臣"周鲁到井冈山。他批评毛泽东"行动太右"，"烧杀太少"。宣布取消前敌委员会，改组为师委，书记何挺颖，毛泽东任师长，师委只管军队中党的机关，对地方党的事不能过问。实际上撤了前敌委员会书记毛泽东之职。周鲁还把临时中央开除毛泽东临时政治局候补委员的处分，错误地传达为开除毛泽东党籍。于是，毛泽东成了"党外人士"，连党的会议也不能参加。

一个党的创始人，党的高级领导人之一，突然之间，莫名其妙地被开除党籍。对很多人来说，可能是很难接受的，有的人也可能因此而消沉；有的人也可能会因此自暴自弃、一蹶不振，可毛泽东泰然处之，他坚信自己没有错。他服从组织决定，当起了师长，他说："上级要我当师长。但是，本人军旅之事，未之学也。可是，中国有句俗话，一个篱笆三个桩，一个好汉三个帮。三个臭皮匠凑成诸葛亮。我们有这么多的战士，这么多的干部，大家都来当参谋长，都来当师长，群策群力，不愁打不好仗。"

革命的乐观主义感人至深，全然感觉不到这是一个受打击的人讲的话。

1928年4月，朱德、陈毅与毛泽东在井冈山上会师。这给井冈山革命根据地带来了生机，也给毛泽东带来了转机。此时，党中央恢复了毛泽东的中央委员职务。

但好景不长，仅过了一年，1929年4月3日，从上海秘密交通线送来了一封长信，使毛泽东又一次陷入了进退维谷的境地。这就是著名的"二月来信"。"二月来信"要求"将红军的武装力量分成小部队的组织，分散在湘赣边境各乡村中进行和深入土地革命"。同时，"决定朱、毛同志离开部队来中央工作"。"因为朱、毛两同志留在部队中，目标即大，徒惹敌人更多的注意，分编更多不便。"中央还强调："两同志接到中央决定后，不应图一时群众的依依不舍而忽略了更大的更艰苦的责任，应毅然地离开部队，速来中央。"

接到这封信，毛泽东的心情十分沉重。他深知这不利于红军和根据地的发展。他于4月5日代表前委致函中央，表示了不同意见。

一开头，毛泽东直率地指出，中央来信"对客观形势及主观力量的估量都太悲观了"，"我们感觉党在从前犯了盲动主义极大的错误，现时却在一些地方颇有取消主义的倾向了"。毛泽东强调，一年多的实践证明，"分兵以发动群众，集中以应付敌人"是成功的经验，同时，毛泽东还在信中提出：如果需要朱、毛二人改换工作，建议派刘伯承和恽代英来接替。毛泽东的这封信写得入情入理、有根有据，充分表现了他的政治勇气，也体现了他的战略眼光。

"二月来信"在红四军中传达后，有些人便利用"二月来信"要求朱、毛离开红四军，明确提出要毛泽东交出军权。尤其是从苏联学习回来的刘安恭来到苏区，他抓住毛泽东不赞成中央关于分散红军的策略等问题，说毛泽东不服从中央指示，自创原则，由此进一步挑起党内斗争，助长了党内思想上的分歧，造成了红军思想上的混乱，使争论复杂化。在这种情况下，毛泽东不得不请求更换前委书记。为了克服红四军中各种非无产阶级思想，他抗争过、焦虑过。由于他对一些干部要求过严，批评毫不留情，方法有时也有失妥当，因而有些人对他有意见。

就在红四军党的第七次代表大会上，有的人指责毛泽东搞"家长制"，要求更换前敌委员会书记的人选。在选举红四军前委书记时毛泽东落选，陈毅当选为前委新的书记。毛泽东被迫离开部队，到中共闽西特委指导地方工作。

1929年8月29日，中共中央政治局在上海开会，听取陈毅关于红四军全面情况以及朱德、毛泽东之间争论的情况汇报，决定由政治局常委兼中央军事部长周恩来、政治局候补常委李立三以及陈毅组成委员会，起草一封指示信（即"九月来信"）由陈毅带回，作为红四军"统一思想、分清是非"的依据。

在指示信中，强调支持红四军前委的领导，维护毛泽东的领导地位和威信。要求红四军加强团结，努力同敌人斗争，实现红军所担负的任务。

根据中央指示，陈毅派人请毛泽东回红四军前委主持工作。

12月28日至29日，红四军第九次党代表大会在古田召开，史称"古田会议"。

会议首先由陈毅传达中共中央9月18日的来信，肯定了毛泽东关于"工农武装割据"的思想，指出中国革命的特征是先有农村红军，后有城市政权；肯定了坚持党的一切权力集中前委是正确的；批评了红四军中的极端民主化倾向；要求红四军前委加强政治思想教育工作，纠正一切不正确倾向。

会议通过了《中国共产党红军第四军第九次代表大会决议案》（即古田会议决议）等全部由毛泽东起草的八个决议案。

决议指出：中国的红军是一个执行革命的政治任务的武装集团，它必须服从党的领导，树立无产阶级思想，纠正单纯军事观点、极端民主化、绝对平均主义、主观主义、个人主义、流寇思想等错误观点；要担负起宣传群众、组织群众、武装群众并帮助群众建设革命政权等项任务；并且必须在军内外建立正确关系，对敌军采取正确政策等。

古田会议决议标志着毛泽东建军思想的成熟，解决了思想建党、政治建军的问题。会议改选了前敌委员会，毛泽东重新当选为红四军前敌委员会书记。古田会议是人民军队铸魂成功的标志。

1930年9月，在中共六届三中全会上，项英担任中共苏区中央局代理书记、中革军委主席。毛泽东当选为中央政治局候补委员、中央苏区中央局委员、中央革命军事委员会副主席。

这期间，全国苏区最多时，总面积超过16万平方公里，相当于如今河南省的面积。其中，在毛泽东、朱德的正确领导下，红军转战赣南、闽西地区，先后粉碎了蒋介石的三次大规模"围剿"，中央革命根据地扩大到28个县，总面积8.4万平方公里，人口达454万，是中央红军的鼎盛时期，它与鄂豫皖和湘西苏区遥相呼应，如同红色的火焰，在国民党统治的腹地形成了燎原之势。

1931年11月7日，苏联十月革命14周年纪念日，中国共产党人创立的第一个全国性红色政权——中华苏维埃共和国临时中央政府，在江西瑞金宣告成立。毛泽东当选为第一任中央执行委员会主席兼人民委员会主席。从此开始，毛泽东被人们尊称为"毛主席"了。

瑞金城外的叶坪，是临时中央政府的办公地。一座谢氏祠堂用木板隔成15个房间，装下了红色政权的整个首脑机关。毛泽东对他的"内阁"成员们说："我们的办公室，主要应该在田间地头，在军队战场，在实际工作中。在我们苏维埃政府里，只有人民公仆。"

"苏区干部好作风，自带干粮去办公，脚穿草鞋干革命，夜走山路访贫农。"这首至今仍在传唱的《苏区干部好作风》，就是当年中央苏区的真实写照。

新生的红色政权不仅让农民获得了土地，还让农民从精神上翻了身，第一次知道什么是选举，什么是民主，什么是做自己的主人……

毛泽东率先用公仆标准要求自己。按照规定，毛泽东这一级的领导人办公可以点三根灯芯。但每当看到油灯里有三根灯芯，毛泽东总要灭掉两根。新中国成立初期，小学课文中，曾有一篇叫作《一根灯芯的故事》的课文，讲的就是这个故事。

红色政权还特别组织了反腐败突击队和反腐败群众法庭，让一切有损公仆形象的行为随时曝光。年轻的红色政权以她的亲民爱民和清正廉洁，赢得了人民群众的真心拥护。

4. 信仰的力量

正当红军取得三次反"围剿"胜利之后，以王明为首坐镇上海的中央，8月30日《给苏区中央局并红军总前委的信》送到苏区。这封信原则肯定中央苏区的工作外，着重指责苏区的严重错误在于缺乏明确的阶级路线与充分的群众工作；指责苏区中央和红军不够巩固，工人运动不发展；还指责毛泽东狭隘经验论、富农路线，因为毛泽东主张给地主、富农以出路，不赞成"地主不分田，富农分坏田"的政策。认为毛泽东贯彻中央方针不力，于是派任弼时、王稼祥、顾作霖等到苏区指导工作。

他们来到苏区，按照王明的旨意，于1931年11月初，在瑞金主持召开中央苏区党组织第一次代表大会，史称"赣南会议"。毛泽东以苏区中央局代理书记身份出席会议。

赣南会议从思想、政治、军事和组织四个方面否定毛泽东的正确路线和政策，推行王明"左"倾教条主义，把毛泽东排斥在中央苏区和红军的领导岗位之外。

毛泽东因此失去了苏区中央局代理书记职务。

不仅如此，他们还取消了红一方面军总前委，这实际上撤销了毛泽东红一方面军总前委书记的职务。随后又撤销了红一方面军总政治部，代之以中央革命军事委员会。毛泽东担任的红一方面军总政委的职务也随之撤销。

这样就剥夺了毛泽东的军权。

毛泽东只剩下中华苏维埃共和国中央执行委员会主席和人民委员会主席的职务。

从形式上看，毛泽东系苏维埃共和国元首与最高行政机关首脑，但在军事斗争压倒一切的年代里，这些职务实际上是闲职。

此时，毛泽东的心情并不舒畅，他所要做的只是到叶坪不远的东华山养病。人虽在山上，心仍在山下，他不断看书、看报纸，记挂着山下新生的中华苏维埃共和国的命运。

这时的红军正在执行临时中央攻打中心城市赣州的战斗任务。一月有余，久攻不克，损兵折将。周恩来不得不派出项英前往东华山，请毛泽东下山解围。毛泽东听项英介绍赣州前线的战况后，立即下山。此后，在周恩来再三坚持和力争下，苏区中央局于1932年8月初同意任命毛泽东为红一方面军总政委。

1932年10月，主持中央苏区工作的项英等在宁都小原召开苏区中央局全体会议，史称"宁都会议"。会议指责毛泽东对中央"夺取中心城市"方针"消极怠工"，是"上山主义"，把毛泽东提出的"诱敌深入"说成是"守株待兔"，最终形成了残酷斗争、无情打击，使王明"左"倾教条主义路线占了上风。会议决定再次解除毛泽东红一方面军总政委的职务，由周恩来负指挥战争全责，毛泽东仍留前方助理。

毛泽东明白，在这种情况下，他已无法再继续工作，所以提出请病假要求，会议当即批准他到后方疗养，必要时到前方。

会后，毛泽东到闽西长汀福音医院边疗养边工作。

当周恩来看望和安慰毛泽东时，毛泽东明确表示："军事工作我还愿意做，前方何时电告便何时来。"

他对革命的前途仍持乐观态度。他一边忙于政府工作，一边关注前方的战事。

1933年1月，中共临时中央迁入苏区，26岁的博古是王明指定的中共临时中央政治局总负责。他年轻气盛，但对中国革命的实际情况缺乏了解。

博古的到来，使苏区根据地潜伏着巨大危机，也使毛泽东的命运雪上加霜。

博古，1907年生于江苏无锡的一个书香世家，家境清贫。幼年读书，17岁开始编辑《无锡评论》，18岁加入中国共产党，19岁被派往莫斯科中山大学学习。23岁回国任全国总工会宣传干事、团中央组织部部长，1931年4月任团中央书记。5个月后直升中共临时中央负责人。

博古是个书生，年纪轻、资历浅、没业绩，脱离国情，不接地气，根本没读懂马克思列宁主义。当时连中央委员都不是，一步登天就担任党的最高负责人，是被王明等人推上他担当不起的总负责岗位上的。

博古在白色恐怖的上海入主中央之时，毛泽东脚踏实地，已经在井冈山和赣南、闽西的山沟沟里形成一套理论，带出一支部队，打出一片天下，开辟一块地盘，成为这里的精神领袖和领导人。

博古担任临时中央总负责人之前，从未与军事沾过边，到达中央根据地以后，一味依赖军事顾问李德，把红军指挥权托付给了这个不懂中国国情的德国人。

李德，1900年9月28日出生于德国慕尼黑，父亲是个会计，母亲是个教师。第一次世界大战中他应征入伍上了前线。1919年4月加入德国共产党。1924年任德共秋林吉亚秘密委员会第二书记。1926年被捕，1928年4月越狱逃往苏联，后被送往莫斯科进行从列兵到团指挥员的训练。1929年入伏龙芝军事学院深造，1932年毕业。根据博古的要求，李德担任红军的顾问。

博古认为，宁都会议对毛泽东的"错误思想"批判得还不够狠，贯彻王明路线不力。于是，他对执行毛泽东路线的罗明、邓小平、谢维俊、毛泽覃、古柏等人进行了猛烈的批判，企图进一步消除毛泽东在中央苏区和红军中的影响。

紧接着，博古又免除了毛泽东人民委员会主席的职务，由张闻天出任。这样，毛泽东就仅仅保留中央执行委员会主席职务。

在战争年代，失去了军权，就失去了对革命的领导权。丧失了军权，任何政治路线和军事路线将无法付诸实施。因此，毛泽东当时的心情异常复杂和沉重，他的许多行之有效的正确主张不被认可。

在这些日子里，毛泽东仍表现得十分从容沉着。他坚持原则，决不放弃自己正确的符合实际的主张。他以大局为重，不搞非组织活动。他以对革命事业高度负责的精神，凭借他的中华苏维埃共和国中央执行委员会主席和中央革命军事委员会委员的身份，以全部的心血和精力投入组织苏区的经济建设工作。

毛泽东无论在井冈山创立革命根据地还是在中央苏区战斗实践中，为了坚持真理，抵制错误路线和主张，多次受到错误路线的排斥并几次被迫离开红军领导岗位，多次被撤销党内和军内职务。此时的毛泽东，无论是心理承受能力，还是对付挫折的方法，都已达到常人难以理解的程度。

但毛泽东在身处逆境的时候，仍表现出坚韧不拔的勇气和毅力。他十分赞同泡尔生的幸福观："无抵抗则无动力，无阻碍则无幸福"，认为这是"至真之说，至彻之言"。他特别欣赏司马迁的那段话："文王拘而演周易，仲尼厄而作春秋，屈原放逐，乃赋离骚，韩非囚秦，说难孤愤……"

所以，对于弱者，逆境是无法逾越的障碍；而对强者，它能激发人的斗志，砥砺人的品行，坚定人的信仰。

毛泽东超人的忍耐力、无比的自信力、对共产主义事业坚定不移的信仰力，成就了他自己，也成就了中国共产党。

新生事物的出现，往往伴随着质疑，中国共产党也曾经是如此。毛泽东说，"马克思主义、共产党从开始就是挨骂的"，中国共产党从成立以来，"不晓得挨了多少次骂"。

毛泽东指出，"自古以来，没有先进的东西一开始就受欢迎，它总是要挨骂"，即便"一万年以后，先进的东西开始也还是要挨骂的"。在毛泽东看来，很多时候少数人的意见反倒是正确的，特别是先进事物出现的初期，真理往往掌握在少数人手里。

1975年6月，毛泽东在会见外宾时说，过去"美国人骂我们比希特勒还要希特勒，蒋介石骂我们是共产主义土匪"。这是"木秀于林，风必摧之。堆出于岸，流必湍之。行高于人，众必非之"，"人不被人骂不好"。

毛泽东认为，只要坚持真理，只要符合民众利益，越是被骂，越证明共产党人的伟大和正确。

美国作家史沫特莱曾说，"尽管毛泽东时常面临各种各样的批评甚至诬蔑谩骂，但他在逆境时刻，始终展示出精神上的卓尔不群"，"像骡子样倔强，有一种钢铁般的自傲和坚毅贯穿他的性格。从根本上说，对事物发展规律的准确把握和对真理始终不渝的坚持"，是毛泽东这种坚毅和自信的根源所在。

遵义会议是历史上的重大转折，全党将认识统一到毛泽东的正确路线上来，确立了毛泽东在党和红军中的领导地位，使中国革命转危为安。

自建党、建军到遵义会议，十几年的不平凡的经历，给毛泽东留下了刻骨铭心的印象。他在1962年1月举行的扩大的中央工作会议上回顾这段历史时说：

> 至于三次"左"倾路线时期，给我的各种处分、打击，包括"开除党籍"，开除政治局候补委员，赶出红军，有多少次呢？记得起来的有20次。比如，不选作中央委员；不给发言权，不给表决权；撤销一切职务，如中央农民委员会书记、党代表（井冈山时期）、前委书记等。

对一个意志薄弱的人，这样的处分和打击，别说20次，就是一次也足将他击倒。

毛泽东面对挫折，没有退缩，没有消沉，而是愈挫愈坚，愈挫愈勇，这正是他取得成功的重要因素。

5. 赶考，任重道远

毛泽东革命生涯中，他最担心也最忧虑的是中国革命能不能进行到底？会不会像李自成那样，胜利了，进城了，崩溃了，这是他长期思考的重大问题。

早在1944年3月，抗日战争由战略相持转入战略反攻，中国人民正全力以赴夺取最后的胜利。为迎接胜利，推动斗争，郭沫若在纪念李自成领导农民起义300周年的时候，撰写了《甲申三百年祭》的文章，以历史唯物主义的观点精辟地分析了这次农民大起义失败的惨痛教训。3月19日，《甲申三百年祭》在重庆《新华日报》上发表，连载4天。4月，《群众》杂志刊载了柳亚子《纪念三百年前的甲申》、翦伯赞的《桃花扇底看南朝》、鲁西良的《明末的政治风气》等一组纪念明王朝灭亡的文章，配合《甲申三百年祭》，形成一股舆论风潮。

李自成是陕西米脂人，幼年时替地主放过羊，当过骑卒和士兵，1629年他参加起义军，后来在闯王高迎祥的部下当了闯将。1635年，高迎祥等13家72营的首领，在河南荥阳开会，商量对官军围攻的对策，大伙采纳了李自成的计划。这不仅显示了李自成的才能，改变了起义军分散作战的方法，而且更为重要的是把明末农民战争推进到一个新的阶段。

1636年高迎祥战死，李自成继承了闯王的名号。他带领起义军转战四川、河南等地，队伍很快扩展到90万人。他带领的起义军走到哪里，就宣布哪里"三年免征"或"五年不征"，所到之处"杀牛羊，备酒浆，开了城门迎闯王，闯王来了不纳粮"。李自成受到广大人民群众的热烈拥护与支持。此后两年内，李自成的队伍发展到百万人左右。

1644年4月，李自成带领起义军攻破北京城，推翻了明王朝的封建统治。李自成当时是从德胜门进入北京城的，在他当年进军的路上，如今建立了一座李自成英姿勃发、眺望京城的骑马雕像。

李自成率兵势如破竹地进了紫禁城的太和殿，直接坐到崇祯皇帝的龙椅上，改国号为"大顺"。从这时起，就埋下了失败的种子。

这时政权初建，真是百废待兴，有多少百姓需要安抚，有多少守边御敌的军政大事需要去做，可李自成此时的心思都用在黄袍加身当皇帝上了。

几十万大军进城后，贪图享乐、骄奢淫逸、纪律废弛、人心涣散、作风蜕变，他麾下权力最大的当数一文一武。

文的是牛金星。他这时忙的是"筹备登基大典"、招揽门生、开科选举，甚至"往来拜客，遍请乡党"，俨然一个太平宰相。

武的是刘宗敏。他则忙于抢掠明朝降官、搜刮赃款，也称"挖浮财"，对不肯交钱的就严刑杀戮。最荒唐的是，他听说山海关守将吴三桂的爱妾陈圆圆是个倾国倾城的绝色美人，就把吴三桂的父亲吴襄绑来拷问，逼他交人，最后虽然得到了陈圆圆，却逼反了吴三桂。起初吴三桂准备归顺李自成，走到半路上听说自己的爱妾已被刘宗敏所夺，"冲冠一怒为红颜"，决定引清兵入关。

牛金星、刘宗敏、李自成等起义军首领被胜利冲昏了头脑，私欲膨胀，结果上行下效，全军大小头领也都各显神通，强占民宅，掠夺金银财宝，纵情声色犬马，沉浸于灯红酒绿之中，军队纪律涣散，很快走向失败。

一场农民运动，由盛到衰，从成功到失败，从顶峰跌落谷底，只用了短短40天时间。李自成打了18年的仗做了18天的皇帝。这天翻地覆的40天，也是自取灭亡的40天。可谓："其兴也勃焉，其亡也忽焉。"

"生于忧患，死于安乐。"在延安，熟读史书的毛泽东阅读了郭沫若《甲申三百年祭》这本仅仅30多页的小册子，分析时局，不仅对李自成的失败有了更清醒的认识，更对中共党内提出了引以为戒的警示，决定作为延安整风运动的学习材料印发高级干部学习。

1944年4月12日，《甲申三百年祭》刚刚发表20多天，毛泽东便在延安高级干部会议上专门指出："我党历史上曾经有过几次表现了大的骄傲，都是吃了亏的。近日我们印了郭沫若论李自成的文章，也是叫同志们引为鉴戒，不要重犯胜利时骄傲的错误。"

当毛泽东在延安号召党的高级干部认真学习《甲申三百年祭》的时候，蒋介石国民党政府则认为这篇文章是"影射当局"，不惜组织人员以《中央时报》为阵地发起了对郭沫若"围剿"。

从对《甲申三百年祭》的态度来对比，有识之士已经作出了准确的判断。在政治上、军事上相互角力的国共双方，延安的毛泽东虚怀若谷，不断自省。而重庆的蒋介石则是掩耳盗铃，盲目自大，实则双方胜负已不言自明。

1949年3月5日，毛泽东在西柏坡召开的中共七届二中全会上，要求全党在胜利面前不要当李自成，要保持清醒头脑，在夺取全国政权后经受住执政的考验，提出了"两个务必"——"务必使同志们继续地保持谦虚、谨慎、不骄、不躁的作风，务必使同志们继续地保持艰苦奋斗的作风。"

毛泽东还当着中央和各大区的一些领导同志说，新中国快要成立了，我们这些人将来都要上历史的，不能像李自成那样，一进城就变了。

1949年3月23日，毛泽东、朱德、刘少奇、周恩来、任弼时五位书记，率中共中央机关离开中国共产党最后一个农村指挥所——西柏坡，进驻北京。

北京，作为中国数代王朝的都城，有着3000多年的悠久历史。传说中的帝尧时代建立的都邑，叫作"幽都"，就在北京这个地方。战国时代的燕国，在北京城外广安门以北和白云庵一带，建立自己的国都——蓟。秦始皇统一六国后，蓟城就成了秦国的四十六郡之一。一直到唐朝末叶的1100多年，这里都是商业中心，也是一个军事重镇。

辽国占据蓟城，把它定为陪都，称为南京（又叫燕京）。金朝取代辽后，于1153年迁都燕京，改名为中都。元朝建立后，将这里定为首都，改名为大都，这里成了全国的政治经济和文化中心，并享誉海内外。

1403年，明朝永乐皇帝朱棣把明朝首都从南京迁至大都，改名为北京。明朝统治者重建了这座城市，铺设了多条宽阔的大街，建起了气势宏大的宫殿建筑群。

这个宫殿区的正式名称叫"紫禁城"。在中国，紫色被视为权力的象征。永乐皇帝还下令在北京城的南面建起了瑰丽无比的天坛，这是帝国君主们向上天祈祭的场所。

1644年清朝统治者入关以后，仍定都北京，并在城外的西北郊建了一座夏宫，这座美丽精致的宫殿坐落在圆明园的中心，圆明园占地面积达350公顷。可惜在第二次鸦片战争的1860年，入侵北京的英、法联军野蛮地洗劫并烧毁了整个圆明园。后来慈禧太后拒绝重建圆明园的建议，而是在圆明园的旁边建了一处富丽堂皇的避暑宫殿群即颐和园。

位于北京中心的天安门，始建于1417年，是明朝皇城的正门。当时叫"承天门"，取皇帝"承天启运""受命于天"之意。清顺治八年（1651年）改建后，承天门始称天安门。在封建王朝的统治下，天安门成了禁地。明清两代，除了皇帝贵族可以出入，百姓不准过往。天安门在当时的主要用处，是国家每逢庆典，如新皇帝登基、册封皇后等，在此举行"颁诏"仪式。

在古老的天安门的历史上，也有过被侮辱和被损害的年月。八国联军的炮火打坏了天安门的华表。日寇"建设大东亚秩序"

的招牌，也曾钉在天安门上，天安门默默地矗立在凄冷的寒风中，怒视着帝国主义的耀武扬威，记录下豺狼的疯狂叫嚣。

北京这座历史名城对毛泽东来说，既熟悉又陌生。毛泽东青年时期，为了寻找改造中国的道路和方法，曾于1918年、1919年，先后两次到达北京，从李大钊等人那里接触到马克思主义，这为他一生的革命道路奠定了精神方向。三十年后进北京，不是来求学问的，而是来建设一个新社会，此时他心潮起伏、感慨万端。

1949年3月25日，毛泽东乘车出发的时候，对身边工作人员说："进京赶考去。"周恩来接着话题说："我们都应当考及格，不要退回来。"毛泽东凝视车队将要开往的方向，坚定地说："退回来就失败了，我们决不当李自成，我们一定要考个好成绩。"由此可见，毛泽东对李自成的印象是多么深刻，对李自成的历史教训又是何等重视。他最大的担心就是一些人进城后被"糖衣炮弹"击中贪图享受，革命意志衰退。

赶考，在旧时的中国，对一个读书人来说，十年寒窗苦读，成败一朝赶考。赶考是改变一个人的命运，改变一个家庭甚至一个家族的命运的机会。进京赶考是人生的大事件，金榜题名是家庭的大事变。当时，对中国共产党来说，自1921年成立，已经28年，历尽千辛万苦，历经千难万险，血雨腥风，血流成河，无数优秀儿女为中国人民的解放事业献出了宝贵生命，胜利来之不易啊！

赶考，谁都希望要考个好成绩。

现在，谁来考中国共产党人呢？

毛泽东心里明白，是人民，也是国内外的反动派和敌人；是历史，也是现实和未来——他们都在出题，考验着中国共产党人。也正因此，毛泽东念念不忘郭沫若写的这篇《甲申三百年祭》。现在，自己进京赶考的时刻到了，他要重温一遍，再用李自成进京的殷鉴警醒自己。

　　赶考之路，任重道远。毛泽东对此有着非常敏锐的警觉和清醒的忧思。进京赶考，是在获得胜利之后的考验：第一，应该建立一个什么样的国家，这是个大问题；其次，怎样建立一个国家，这是一个更大的问题。用老百姓的话说，就是"打江山"和"坐江山"。现在，江山是"打"下来了，如何"坐"呢？如何坐稳呢？这是摆在毛泽东和中国共产党人面前的一道难题。五千多年的中国历史乃至马克思主义都没有也不会给出现成的标准答案，更何况现实的世界依然有着意料不到的变化。

　　"打江山易，坐江山难。"这是中国的老话，毛泽东用"进京赶考"来形容夺取政权。由此看来，对"赶考"二字的理解，以及在未来国家政权建设的设想上，毛泽东都显示出了远见卓识的历史观。

　　毛泽东语重心长地对身边工作人员说："我们进城后还要建立新中国政府，很多人要在政府当官。不管当多么大的官，做什么样的工作，都是为人民服务，都是革命工作，都需要努力奋斗，把我们伟大的祖国建设得繁荣富强。"他还说："进城后还要有纪律作保障。军队向前进，生产长一寸，加强纪律性，革命无不胜。你们要守纪律，谁也不准违犯纪律。"

　　毛泽东明确指出："夺取全国的胜利，这只是万里长征走完了第一步。""中国革命是伟大的，但革命以后的路程更长，工作更伟大，更艰苦。"建设国家、治理国家的路还很长，更艰苦，更伟大。而要想考一个好成绩，不仅要敢于斗争，更要敢于胜利；不仅要一切为了人民，更要依靠人民；不仅要善于破坏一个旧世界，更要善于建设一个新世界；不仅要继续保持谦虚谨慎、不骄不躁的作风，更要继续保持艰苦奋斗的作风。

回望历史，中国共产党从革命党到执政党，无论经历的那段艰苦创业的岁月有多长，必须清醒："赶考，进京以后，这场考试至今还没有结束，这将是一场贯穿几代人甚至几十代人的跨世纪大考。"

世界上的大多数民族，他们的精神世界一直以来是被三大宗教——佛教、基督教和伊斯兰教，以及五花八门各种小教统治着的。而由多个族群组成的中华民族整体上从来没有过一个统一的信仰。

中国历代农民起义要么装神弄鬼，要么创立一个什么宗教，都是企图用某种邪说把民众煽动起来。

但毛泽东不是这样，他和中国共产党给予中国人民的不是一个遥不可及的难圆之梦，而是实实在在的利益，是以完全彻底地为人民服务，赢得人民的信任，成为人民的信仰。

信仰就是这样建立的。共产党信仰为人民服务，人民信仰共产党领导，拥护共产党，加入共产党，在党的引导下为正义事业而奋斗！

信仰是一种向心力，是一种凝聚力，是一种战斗力，也是一种生产力，从根本上说，信仰是一个民族、一个政治组织的生命力。

毛泽东的伟大之处，就是把共产党和各族人民的信仰，聚焦在马克思列宁主义的旗帜上，聚焦在毛泽东思想的旗帜上，聚焦在全心全意为人民服务的宗旨上。

毛泽东以自己的言行诠释了信仰的作用，以无可辩驳的事实激活了亿万人民群众精神的力量。美国作家协会主席索尔兹伯里采访长征后这样写道："阅读长征的故事使我感到，人类的精神一旦被唤起，其威力是无穷无尽的。"而长征正是中国共产党、人民军队的信仰和灵魂的真实写照。

黑格尔说：国家建立在思想之上。他所说的"思想"，是信仰或称意识形态。一个国家、一个民族乃至一个人什么时候信仰丧失，丧钟什么时候敲响。这一点我们可以看看罗马帝国的兴衰历史。

公元前27年，罗马崛起为横跨欧亚非三大洲的大帝国，却随着帝国地位奠定、巨额财富的涌入及外部观念的融入而逐渐被侵蚀。亚细亚战争"第一次把青铜卧床、贵重床罩、地毯以及其他亚麻织物输入罗马。于是，在宴会上出现了演竖琴的歌女，也出现了帮助主人消闲的其他娱乐形式，而宴会本身也开始用极其精密的计划和很大的费用来布置"。在世界"条条大路通罗马"的时候，罗马民族内部却竟无一条小路通人心。曾经质朴、高尚的时代精神沉沦了。

成功之后的罗马帝国失去了更大的追求目标，轰鸣的战车渐渐停滞，迷失在物欲之中。贪图享受之风弥漫朝野，与此相伴的是普遍性的贪污贿赂和全民腐败，原有的政治道德体系轰然崩塌。"追求官职的人坐在广场上，跟前的桌子上放着钱，用它无耻地收买民众。"任何一个读史者对此都能意识到"内部腐败，已腐蚀着一个长期优越民族的生命力"。罗马帝国于公元395年走向分裂，分裂后的东西罗马分别于公元476年（西罗马）、公元1453年（东罗马）彻底灭亡。

中国国民党为什么败给了中国共产党？因为它失去了信仰。它把三民主义当经念而不是当事做，行动上走向反人民的立场。因此，与人民为敌，与正义为敌，必然失去了一切。

1947年6月1日，蒋介石在南京向他的高级将领作重要讲话，题目是"国军将领的耻辱和自我反省"，对一年的所谓"剿匪"进行检讨。他说："比较敌我的实力，无论从哪一方面而言，我们都占有绝对的优势，军人的装备、作战的技术和经验，匪军不如我们，尤其是空军、战车以及后方交通运输工具，如火车、轮船、汽车等，更完全是我们所独有。一切军需补给，如粮食弹药等，我们也比匪军丰富十倍。重要的交通据点、大都市和工矿资源，也完全控制在我们手中。"讲到这里，蒋介石呷了一口水，干咳了两声，清了清喉咙："更重要的是强大的美国给我们作后盾，美国援助的各种物资源源不断地运来。按说无论从哪个方面的实力来比较，共产党绝对打不过我们。但是恰恰相反，剿匪已经茌苒一年了，我们不但尚未把匪军消灭，而且不能使匪军事告一段落，这究竟是什么缘故呢？共军何以能用劣势装备，而且毫无现代训练的部队，来击败我们整师整旅的兵力？其原因何在？"蒋介石连问几个为什么，他自己的答案是："主要的不在物质方面，而是在士气精神方面。"

蒋介石还找到了失败的另一个原因，那就是信仰的危机。国民党军士气衰落，在很大程度上反映在广大官兵的信念发生了动摇，对战争前途丧失信心。为此，蒋介石专门作了一次以"恢复信心、信仰最高统帅"为题的讲话。

他说："现在一般高级将领不把剿匪当作我们生死攸关的一件事，这种现象，已经是我们失败的征兆。然而，我认为最危险、最痛心的一件事还不在此，而是现在一般高级将领对于统帅的信仰，可以说完全丧失了。我亲口说的话，亲手订的计划，前方将领不仅不遵照执行，而且嫌我麻烦，觉得讨厌，说委员长老了，过了时代，好像家庭里的一个老头子，唠唠叨叨，什么都管，尽可不必重视。"说到这里，蒋介石猛然抬高嗓门："这就是一切失败的总因！对于统帅的信心如果不恢复，那我们今后作战不仅不能胜利，而且还要陷入更悲惨的境遇，大家都要当共军的俘虏。"蒋介石越说越激动，哽咽了一下，再也说不下去了。

他还说："现在我们大多数高级将领精神堕落，生活腐化，革命信心根本动摇，责任观念完全消失。尤其使我痛心的是，这几年有许多受我耳提面命的高级将领被捕受屈而不能慷慨成仁，许多下级官兵被匪军俘虏，编入匪部来残杀自己，而不能相继反正，这真是我们革命军有史以来前所未有的奇耻大辱。"

国民党相当一部分高级将领，在抗日战争时期为民族作出了贡献，他们是能打仗的，是誓死不屈的，这样的事例很多。可是，在解放战争中，被人民解放军的普通战士，甚至民兵摁在地上活捉的国民党高级将领——少将级别以上的就有260多人，包括杜聿明、黄维等人。还有很多的高级将领不是在战场上被俘虏的，而是化装逃出了战场，已经走出一百多里地了，居然被我们的民兵抓住了。

解放战争打到中后期，许多国民党军将士都开始疑惑，自己究竟为什么而战？共产党的部队越打人越多，有的连队百分之七八十的是"解放战士"，什么叫解放战士？就是自愿加入我军的国民党军的俘虏兵。辽沈战役打廖耀湘兵团，在野地里俘虏了国民党士兵17万人。这么多俘虏兵怎么办？就在野地里用松树条搭个门，上面贴上三个字"解放门"，愿意跟着共产党部队参军的从"解放门"里走过来，不愿意的从门外边走，给两块大洋的路费。

最后三分之二的国民党士兵从门里走过来，我们的干部在门口握手欢迎。

蒋介石把自己奉为国民党的信仰本身就是个笑话，因此国民党内部信仰危机是必然的，各自为政，相互倾轧，争功诿过，见死不救，各保实力，腐败堕落也是必然的，这是国民党失败的重要原因。

共产党人在信仰的问题上，是坚守还是动摇，从来都是一块"试金石"，在困难和挫折面前动摇乃至背叛信仰，实质就是出卖灵魂的"人格分裂"。张国焘就正是丧失信仰的反面典型。作为中共一大的主持人，党的早期领导人之一，又是党内受过列宁接见的人，他却野心膨胀，争权夺利，危害中央，后来竟叛党投敌。张国焘的人生悲剧，正是丧失信念、背叛信仰的结果。

与之相对的是，在向"世界新文明之曙光"奔走的人群中，有出身豪门的少爷小姐，有山野乡村的农家子弟，有满怀激情的青年学生，有离经叛道的知识分子，有一无所有的产业工人，不同的人生轨迹，共同的理想信念，让他们凝聚在同一面信仰的旗帜下，勇往奋进以赴之，殚精瘁力以成之，断头流血以从之，在信仰的"试金石"前书写了壮丽的人生诗篇。

人是要有一股精神的，而精神中最重要、最强大的是信仰，血雨腥风的斗争中如此，和平建设时期亦然。

6. 打赢一场不流血的战争

新中国成立以后，毛泽东一直在思考这样一个问题，一个政权的瓦解往往是从思想领域开始的。思想防线一旦溃破，其他防线也就很难守住。帝国主义正是妄图以思想防线为突破口，对新中国实行和平演变。

毛泽东反对和平演变的战略思想渊源于马克思主义。

马克思、恩格斯在总结巴黎公社经验时，特别是在《法兰西内战》一文的导言中，就提出要防止社会公仆变为社会主人的思想。用现在的语言讲，无产阶级夺取政权后，如果无产阶级官员从社会公仆变为社会的主人，这就是一种政权性质的和平演变。

列宁作为领导社会主义革命取得胜利的第一个实践者，在俄国十月革命胜利后不久，就极其敏锐地洞察到帝国主义分子妄图和平演变社会主义国家的危险，并在1920年3月29日召开的俄共（布）第九次代表大会上，鲜明地、尖锐地提出了警惕、防止和反对"和平地瓦解苏维埃政权"的任务。那时，面对刚刚建立起来的世界上第一个社会主义国家，全世界的帝国主义分子都意识到，从此，资本主义一统天下的局面将一去不复返了，社会主义逐渐取代资本主义的伟大历史进程就此起步，而两种不同社会制度之间的斗争和较量也由此开始了。

所以，苏维埃政权在地平线上刚一出现，各帝国主义国家就迫不及待地联合起来，同俄国国内的反动势力相勾结，妄图通过武装颠覆，将新生社会主义政权"扼杀在摇篮里"。这是他们硬的一手。遭到失败后，他们即考虑用软的一手，妄图"和平地瓦解苏维埃政权"。

针对这种情况，列宁在俄共（布）第九次代表大会上明确指出："现在我们面临一个极复杂的任务：在流血的战线上获胜之后，还要在不流血的战线上获得胜利。这场战争更加困难，这条战线是最艰巨的战线。我们向全体觉悟工人公开说明这一点。我们打赢了火线上的那场战争之后，还要打一场不流血的战争……"

这就是毛泽东提出反对和平演变的思想渊源。

毛泽东站得高、看得远，深谋远虑，最早向全党发出警惕西方敌对分子搞和平演变的警告，同时提出反和平演变的伟大战略任务。

1949年3月召开的中共七届二中全会上，毛泽东极具远见地提出，在全国胜利以后，我们党要站住脚，要维持并巩固革命政权，必须同帝国主义和一切反动派进行各种斗争。斗争将采取公开的和隐蔽的多种方式，要对付不拿枪的敌人。他预见到，资产阶级"糖衣炮弹"和"捧杀"将是无产阶级革命队伍面临的主要危险。

时隔不久，当1949年8月美国政府发表《中美关系白皮书》和艾奇逊致杜鲁门的信，明确表达要把复辟的希望寄托在中国的"民主个人主义"的拥护者身上后，毛泽东即亲自撰写了《丢掉幻想，准备斗争》等五篇评论文章，揭露美帝国主义的侵略本质和玩弄的各种阴谋，教育中国人民尤其是对帝国主义存在某些幻想的人士，丢掉幻想，准备斗争。毛泽东的这些评论文章，揭开了同美帝国主义和平演变战略进行斗争的序幕。

直至20世纪50年代国际国内发生一系列事件，特别是抗美援朝战争胜利和苏共二十次代表大会否定斯大林之后，毛泽东毅然决然地把反和平演变提到了红色政权永不变色的高度来对待。

1949年7月30日，美国当时的国务卿艾奇逊致信总统杜鲁门，承认国民党失败已成定局，要把今后在中国的希望寄托在受过教育的资产阶级民主个人主义者身上。他建议美国政府"对于中国目前和将来一切朝着这个目标的发展"，"都应得到我们的帮助"。这可以说是美国政府对中国实行和平演变战略的开端。几天后，这封信连同《中美关系白皮书》于8月5日由美国政府发表。

美国前国务卿杜勒斯是和平演变政策的最积极的鼓吹者和推行者。他关于和平演变的言论最为系统和富有代表性，在20世纪50年代初期美帝国主义对朝鲜武装侵略节节失败的形势下，杜勒斯开始鼓吹用"和平的方法""解放"社会主义国家。

1953年1月15日，杜勒斯再次提出：用"和平的方法"解决社会主义制度下"被奴役的人民解放问题"，并称之为西方资产阶级对社会主义国家的"解放政策"。

1954年1月，他在纽约外交政策协会的演说中，又一次提出要把"遏制政策"改为"解放政策"，要促使东欧等社会主义国家和平演变。

1956年2月，赫鲁晓夫在苏共二十大上所作的全盘否定斯大林的秘密报告，立即被帝国主义分子抓住了，作为和平演变社会主义国家的契机。

5月15日，杜勒斯在记者招待会上说："有迹象表明：在苏联内部有较大的自由主义力量"，"如果这种力量在苏联内部继续发展，而且声势日大的话，那么，我们就可以认为，也有理由希望，在十年或者一代人期间里，我们可以达到我们政策的伟大目标"。

1956年6月、10月，波兰、匈牙利事件先后发生，杜勒斯备受鼓舞，认为改变社会主义国家的颜色是可能的，于是更加拼命鼓吹和平演变战略。

1958年10月下旬，杜勒斯在台湾待了3天，回美国后立即发表谈话，扬言要用"和平方法"改变中国大陆的社会主义制度，声称美国的外交政策要使中苏集团内部的政府政策加速演变，西方"要用和平手段取得胜利"。他在白宫发表了一项声明，宣称"中国共产主义是一个致命的危险"，声称要继续与中国人民为敌，支持蒋介石集团对大陆搞颠覆活动，并扬言要"用和平方法使全中国得到自由的精神"。

杜勒斯之所以积极鼓吹和推行和平演变战略，除了有深刻的国际背景外，在社会主义国家内部确实存在着发生和平演变的一些因素。

1958年11月18日，杜勒斯在美国教会全国会议上发表演说称："国际共产主义在它单一的、独裁的、纪律严格的制度中有许多有利因素。但是，它也有许多重要的弱点，面临着许多困境。对于共产主义来说，除了它也必然要变化之外，没有什么'必不可免'的东西，使它发生变化的力量已经发挥了作用。"

杜勒斯的这套和平演变战略，深得后来成为美国总统的肯尼迪的赞赏。1960年肯尼迪当上总统后，明确提出促使苏联、东欧演变的"和平战略"，同时提出用灵活反应战略代替艾森豪威尔—杜勒斯时期的"大规模报复"战略，因为这时美国已失去独揽核武器威慑力量的绝对优势。

1960年1月17日，美国参议院外交委员会发表研究报告，强调美国应当采取坚持不懈的积极行动来"摧毁"社会主义思想体系，并以西方生活方式加以渗透，认为这是和平演变的基本手段。

1963年肯尼迪遇刺，约翰逊继任美国总统。他继承了肯尼迪的和平演变战略，继续采取同苏联、东欧缓和的政策。同时，约翰逊考虑改变孤立中国的政策，谋求同中国建立关系。1966年7月，约翰逊就亚洲和中国问题发表声明，宣告美国要坚持同中国大陆进行人员交流的政策。

1968年尼克松就任总统后，更加系统地发展了和平演变战略。

从以上看出，自第二次世界大战后，美国政府在战争和"遏制"政策屡遭惨败的情况下，开始制定用"和平的方法"战胜共产主义的政策。经过20世纪50年代的艾奇逊、艾森豪威尔，到杜勒斯达到系统化，又在整个60年代经过肯尼迪、约翰逊、尼克松更加完善。他们不但进一步发展了杜勒斯的和平演变思想，更重要的是采取了一些相应的措施，明确提出具体策略，并加强了宣传攻势，利用现代化传播工具对社会主义国家加紧宣传渗透。这一切表明，与社会主义敌对的国际势力原先只是作为辅助使用的和平手段，这时已经发展成为具有系统理论的和平演变战略，并不遗余力地疯狂推行。

1956年苏共二十大，特别是匈牙利事件的发生，促使毛泽东把反对国际敌对势力的和平演变战略提到了日程上予以充分注意。他认为，国际上发生的这些事件，是国际反动势力发起的一次反共反人民的世界性风潮，是社会主义国家内部的反动派同帝国主义者互相勾结，利用人民内部的矛盾，挑拨离间，兴风作浪，企图实现他们的阴谋。为了防止我国发生类似的事件，毛泽东进行着深入的思考和探索。

1959年12月初，毛泽东在杭州召集有关人员讨论国际形势及对策问题。他在《关于国际形势讲话提纲》中除了谈到敌人的策略外，还谈到和平演变策略。他说："和平旗子，文化往来，人员往来，准备用腐蚀、演变的方法消灭社会主义。这是敌人的第二手。保存自己，消灭敌人，是我们的基本原则。"

1964年以后，毛泽东更加关注防止和平演变问题。

他指出：帝国主义说，对于我们的第一代、第二代没有希望，第三代、第四代怎么样，有希望。帝国主义的讲话灵不灵？我不希望它灵，也可能灵。从这次讲话以后，毛泽东在不同的场合，对不同的对象，又多次讲过这个问题。他警告人们说，我们国家也不太平，还有被和平演变的危险。

毛泽东一向认为，"外因是变化的条件，内因是变化的根据。外因通过内因而起作用。"他说：堡垒最容易从内部攻破，帝国主义推行的和平演变战略能不能得手，关键在于社会主义国家的共产党如何，特别是它的领导层是否坚持马克思主义。为此，他一再提出，要警惕出修正主义，尤其要警惕中央出修正主义。

毛泽东于1964年5月15日至6月17日在北京举行的中共中央工作会议上的讲话，专门讲到如何防止出修正主义的问题。他说："苏联出了修正主义，我们也可能出修正主义。"他讲到如何防止出修正主义，怎样培养和造就无产阶级革命事业的接班人问题。他提出五条，第一条就是"要教育干部懂得一些马列主义，懂得多一些更好，就是说要搞马列主义，不搞修正主义"。

1964年1月，毛泽东曾在一份总结报告上加写了一段话："如果我们和我们的后代不能时刻提高警惕，不能逐步提高人民群众的觉悟，社会主义教育工作做得不深不透，各级领导权不掌握在真正的马克思主义者手里，而被修正主义者所篡夺，则我国还可能走一段资本主义复辟的道路。"他在对批评苏共中央的公开信进行修改时，加了这样一句话："苏共领导的修正主义和分裂主义，是国内资产阶级因素泛滥和增长起来的产物。"

他在1964年同一个外国代表团谈话时说："什么叫修正主义？就是资产阶级的思想、政治、经济、文化。"这年8月他在一次谈话中还说："修正主义上台，也就是资产阶级上台。"所以他特别重视反对修正主义，提出要警惕出修正主义，特别是要警惕中央出修正主义。他认为，中央出修正主义是最危险的。

1964年，毛泽东第一次明确提出要整党内走资本主义道路的当权派。1965年8月，他在一次讲话中说：领导人、领导集团很重要，许多事情都是这样，领导人变了，整个国家就会改变颜色。

毛泽东认为，经济建设不能不问政治方向。社会主义经济同资本主义经济不同，它不能自发地发展，必须在无产阶级政党的领导下，在社会主义国家的组织下，沿着正确的道路顺利进行。而无产阶级政党领导人民搞经济建设的目的，就是为实现共产党人的最高理想、最终目标——经过社会主义到达共产主义。因此，进行社会主义建设，必须以无产阶级政治为统帅，必须向广大干部群众进行坚定正确的政治方向的教育。只有这样，才能保证经济工作和其他工作不走到邪路上去。

毛泽东历来主张要有坚定的政治方向。早在延安时期，他在一次讲话中说："共产党历来提倡坚定正确的政治方向……这种正确的政治方向，是与艰苦奋斗的工作作风不能脱离的，没有坚定正确的政治方向，就不能激发艰苦奋斗的工作作风；没有艰苦奋斗的工作作风，也就不能执行坚定正确的政治方向。"

毛泽东反复强调："一定要批判不问政治的倾向。一方面要反对空头的政治家，另一方面要反对迷失方向的实际家"，"不注意思想和政治，成天忙于事务，那会成为迷失方向的经济家和技术家，很危险"。"只要我们的思想工作和政治工作稍微一放松，经济工作和政治工作就一定会走到邪路上去。"毛泽东的这些话，充分体现出他作为共产党人对共产主义理想的忠贞，体现出他把坚持无产阶级政治既作为把握社会主义建设的方向，又作为保证社会主义经济建设的成功二者统一起来的深刻的辩证思想。

在这个问题上，邓小平有极其深刻的论述。他说："一定要让我们的人民，包括我们的孩子们知道，我们是坚持社会主义和共产主义的，我们采取的各方面政策，都是为了发展社会主义，为了将来实现共产主义。"他还说："我们一定要经常教育我们的人民，尤其是我们的青年，要有理想。为什么我们过去能在非常困难的情况下奋斗出来，战胜千难万险使革命胜利呢？就是因为我们有理想，有马克思主义信念，有共产主义信念。我们干的是共产主义事业，最终目标是实现共产主义。这一点，我希望宣传方面任何时候都不要忽略。""我们这些人的脑子里是有共产主义理想和信念的。要特别教育我们的下一代、下两代，一定要

树立共产主义的远大理想。一定不能让我们的青少年做资本主义
腐朽思想的俘虏，那绝对不行。"

毛泽东的一生是争取和捍卫人民主权的一生。他一生最痛恨
骑在人民头上的官僚。保持党和政权不变色，已成为毛泽东晚年
思想挥之不去的最重要、最根本的情结。

1965年，毛泽东回井冈山时，深情地回忆起在井冈山斗争牺
牲的同志们。他说，他一回到井冈山，就仿佛又看到了他们年轻
的面孔。他们都是有着坚定信念和不怕牺牲的好同志。他们牺牲
的时候才二十几岁。

这时，毛泽东的思想又回到了苦涩的岁月，但他的目光却投
向了未来。他深切地思考和担心：千百万革命先烈用鲜血换来的
属于人民的大好江山，是否会因为我们队伍的特权思想的增长而
变色？

他说，一想到为建立红色政权而牺牲的好青年和好同志，我
们就担心今天的政权。他以苏联为例，说苏联党内有特权集团和
官僚集团。他们掌握了国家的关键部门，为个人谋取了大量的政
治和经济利益。普通党员和普通人没有权利。

据毛泽东的护士长吴旭君回忆，毛泽东曾经跟她说："我
提出防止资本主义复辟问题"，这不是为我个人，是为将来这个
国家，这个党，将来改变不改变颜色，走不走社会主义道路的问
题。我很担心，资本主义复辟，"以前许多先烈们毕生付出的一
切就付诸东流了"。"我没有私心，我想到中国的老百姓受苦受
难，他们是要走社会主义道路的。所以我依靠群众，不能让他们
再走回头路。""建立新中国死了多少人？有谁认真想过？我是
想过这个问题的。"

由上可见，作为一个执政的无产阶级政党的领袖，毛泽东

不断观察和思考新兴的社会主义社会现实生活中的问题，极为关注艰难缔造的党和人民政权的巩固，高度警惕资本主义复辟的危险，为消除党和政府中的腐败和特权、官僚主义现象，进行不断的探索和不懈的斗争，并最终发动了"无产阶级文化大革命"。由于对社会主义社会的建设发展认识不清楚，由于"左"的错误在理论和实践上的累积发展，很多社会主义建设的正确思想没有得到贯彻落实，最后酿成了内乱，使党、国家和各族人民遭到新中国成立以来时间最长、范围最广、损失最大的挫折。

但是，即使在这样的形势下，晚年的毛泽东为共产主义事业奋斗的信念依然无比坚定，关心社会主义祖国前途命运的决心依然无比强烈。

据说，晚年的毛泽东曾放声大哭。毛泽东为何放声大哭、满脸泪水？这要从国医大师唐由之为毛泽东做眼科手术发生的一切说起。

1975年7月23日，夜里10点，唐由之主刀为毛泽东做眼科白内障手术。手术按预想的顺利完成。

唐由之说："主席，手术已经好了。"

正沉浸在音乐中的毛泽东有些意外："已经好了？我还当没有开始做呢。"

手术顺利完成后，为了防止感染和出血，那天晚上，唐由之就睡在毛泽东的外间走廊的一个沙发上。

毛泽东睡了一小觉就醒了，唐由之随即进去。毛泽东问："谁来了？"张玉凤说是唐大夫，毛泽东吟诗相迎：

> 岂有豪情似旧时，花开花落两由之。
>
> 何期泪洒江南雨，又为斯民哭健儿。

毛泽东对唐由之说："这首诗是当年鲁迅悼念杨杏佛写的，

里面有'由之'的名字呢。"

唐由之十分激动说："主席，请你送给我吧！"

毛泽东说："好！"他"盲写"了这首诗，欣然签下自己的名字后，把这首诗送给了唐由之。

现在唐由之手里的是复印件，原件已存到了军事博物馆。

手术之后，唐由之没有离开毛主席，而是陪伴了一段时间。

白内障手术后不久，毛泽东就能够自己看文件看书了。

有一天，忽然听到在书房里看书的毛泽东哭起来了，哭得浑身颤抖、满脸泪水、泣不成声。

唐由之一看这场景，不知怎么办好，他只见毛泽东捧着书放声大哭，赶快去制止："主席，你不能哭，手术眼睛要哭坏的！"哭了好一阵毛泽东才平静下来。

到底毛主席看到了什么，才会如此伤心，以致哭这么长时间？

唐由之发现毛泽东读的是一首词《念奴娇·登多景楼》。

这首词中有这样几句话引发毛泽东痛苦难抑。词中开篇写：

> 危楼还望，叹此意，今古几人曾会？鬼设
> 神施，浑认作，天限南疆北界。一水横陈，连岗
> 三面，做出争雄势。六朝何事，只成门户私计！

"多景楼"，现在还有，就在江苏镇江市北固山甘露寺内。面临长江，景点众多，所以叫多景楼。

这首词是南宋的爱国诗人陈亮写的。南宋统治者各自为私计，不敢出兵打仗，恢复中原大片河山。陈亮曾多次向皇帝上书，要求北伐中原，不仅没有被皇帝采纳，反而两次遭到诬陷进入大牢。陈亮便以这首词借古讽今。

这首词的大意是：登楼极目四望，不觉百感交集，可叹自

己的这番心意，古往今来，又有几人能够理解呢？镇江一带的山川形势极其险要，简直是鬼斧神工。这样险要江山却不被当作进取的依托，而是都看成天设的南疆北界。镇江北面横贯着波涛汹涌的长江，东、西、南三面都连接着起伏的山岗。这样的地理形势，正是进可以攻，退可以守，足以与北方强敌争雄的形胜之地。六朝的旧事，原来全不过是为了少数私家大族的狭隘利益打算罢了！

"六朝何事，只成门户私计！"这最后一句，无疑牵出了暮年毛泽东的无限感慨。毛泽东担心，他走后，有些人不顾百姓死活，只为"门户私计"。毛泽东一生热爱人民，心系百姓，把自己当作人民意志的化身，为人民的事业，他一家牺牲了六位亲人没有流过泪，可他真的担心身后"私欲泛滥"，信仰不存，老百姓的民生没有人过问。他还担心，他走后，党会不会变质，党的干部尤其是高级干部会不会一心一意为自己谋私利，使伟大、光荣、正确的党丢掉全心全意为人民服务的本色，最终被人民所抛弃。

毛泽东是中国共产党人坚守信仰的楷模，以他毕生的精力，以他超凡的雄才大略，以他敏锐的政治远见，为这个党、这个国家和这个民族的独立自主、繁荣富强，建立了丰功伟业。他的言行无时无刻不在警示着每一个共产党员，不在给每一位共产党员和人民大众起着示范作用。

历史证明，坚定马克思主义信仰需要巨大的勇气乃至牺牲，在建党后的28年里，无数革命先烈为坚守信仰献出了生命。据统计，新中国成立之初，全国有名可查及家属受到优抚待遇的烈士有370多万人。

毛泽东是中国共产党人执政的压舱石，也是共产党人的定星盘、主心骨，更是共产党人赢得未来的关键所在。美国《时代》周刊在报道许多学者总结人类一千年历史时评价毛泽东："他给全世界造成了意义深远的影响，这就是未来的希望。"

毛泽东的成功，在于他对终身事业至死不渝的认定、艰苦卓绝的奋斗和百折不回的坚守。

毛泽东多次说过："我这一辈子，惟有主义之争，其他的什么都可以放弃。"

毋庸讳言，不论社会怎么发展，不论经济怎么繁荣，即使中国成为世界头号经济强国的时候，如果放弃了对理想对信仰的追求，社会主义国家同样会走向沉沦和没落。在当今世界价值多元的历史条件下，只有坚守理想信仰，才能始终挺立时代潮头，永远立于不败之地，奏出气壮山河的辉煌凯歌。

正如梁启超所说："信仰是神圣，信仰在一个人为一个人的元气，在一个社会为一个社会的元气。"人无信仰不立，党无信仰不存。因此，中国共产党人必须让马克思主义的崇高信仰深扎灵魂深处。

探寻中国共产党辉煌历程背后的奥秘——是信仰，为中国人民谋幸福，为中华民族谋复兴是信仰！

探寻毛泽东成功的背后——是信仰，是"环球同此凉热"的共产主义信仰！

秘诀之三
博览群书的求知欲望

毛泽东一生酷爱读书。据260卷本的《毛泽东读书集成》披露，毛泽东一生读书超10万册，批注过的书刊有3000多部。2013年香港出版的52卷本《毛泽东全集》，收录了毛泽东的文章10862篇，2015万多字。仅以此为据，毛泽东读书、写书的数量都为世界罕见。毛泽东以顽强的毅力，独特的读书艺术，获得了超乎寻常的渊博精深的知识，他吸取古今中外文化宝库中的精华，运用和播撒于中国革命和建设的伟大实践。

"知识就是力量"。只有掌握了知识，用知识武装起来的人，才真正具有时代的气魄和胆识，才能获得成功，这是毛泽东走上成功的经验总结。

丰富的文化知识，扎实的理论功底，使毛泽东看问题比别人更高明，分析问题比别人更透彻，写的文章更具有理论震撼力，发表演说既风趣幽默，又有巨大的号召力……

美国著名记者斯诺总结说：毛泽东对中国现状和中国历史的渊博知识，为实现远大的志向奠定了深厚的学问基础，也是他能够战胜对手的一张重要王牌。

1. "读书要为天下奇"

毛泽东是伟大的革命家，也是知识渊博的大学问家。

孜孜不倦的读书生活伴随着毛泽东的一生，这和他的革命生涯、超人的智慧紧紧联系在一起。

古人云："工欲善其事，必先利其器。"毛泽东自青年时代起就立志要做大事，发誓要"翻天揭地，改造社会"。为此，他从青少年起就发奋读书，在学海中遨游，在书山上攀登，从书本中吸取知识，也从书本中增长才干。

毛泽东非书香门第出身，但酷爱读书，把读书看作人生第一需要，他曾说过："饭可以一日不吃，觉可以一日不睡，书不可以一日不读。"

少年时代的毛泽东，在私塾学堂的6年时间里，接触的是孔孟之道。他读了《三字经》《百家姓》《增广贤文》《幼学琼林》这些普及读物。年纪稍大一些，他在私塾读《孟子》《论语》《左传》《大学》《中庸》《公羊春秋》等儒家经典。个性强烈的毛泽东并不喜欢读这些拗口难懂、枯燥无味的经书，但是由于他有着过人的记忆和理解力，对这些经书仍然学得很好。后来他回忆说，"我过去读过六年孔夫子的书"，"还读了《四书》、《五经》，都背得，可是不习惯，那时候很相信孔夫子，还写过文章"。不可否认，这"六年孔夫子"，培养了毛泽东"鉴古知今"的爱好，使他对中国传统文化了然于胸，帮助了他后来娴熟地对这些文化"古为今用"。

1906年（清光绪三十二年）秋季，尚未走出湘潭县的毛泽东再次转学，到了井湾里的私塾就读，在这里他开始接触了自命为"革命军中马前卒"的革命先驱者邹容的小册子《革命军》，以及陈天华写的《警世钟》和《猛回头》，思想开始向反封建、反压迫、反侵略的方向激进。

在这期间，毛泽东特别喜欢读的中国古典小说《水浒传》《三国演义》《西游记》《精忠传》和《隋唐演义》等，他对这几部书中所描写的诸多人物形象充满了由衷的钦佩和赞叹。诸如《水浒传》中的晁盖、武松、鲁智深，《三国演义》中的曹操、刘备、赵云，《西游记》中的孙悟空、哪吒，《精忠传》里的岳飞、岳家军，《隋唐演义》里的秦琼、李世民等。他不喜欢《水浒传》中的林冲，说他"逆来顺受"；也不喜欢《三国演义》中的关羽，说他"过于骄横"和"感情用事"；更不喜欢《精忠传》里的宋高宗，说他"只为自己的皇位而忘却了自己的父亲和哥哥"；尤其不喜欢《隋唐演义》里的李密，说他"胸无大志"，为人"不忠、不孝、不诚、不信"，惯于"投机取巧"和"出卖朋友"……

1910年，毛泽东在湘乡县立东山小学堂读书，这时，毛泽东的心思不在读经书上，而经常到学校藏书楼借阅中外历史、地理书籍。对中国古代尧、舜、秦始皇、汉武帝的业绩极其仰慕，读了许多关于他们的书，同时也读了不少外国历史和地理。从同学那里借来一本《世界英雄豪杰传》，被书中描写的华盛顿、林肯、拿破仑、彼得大帝、威灵顿、卢梭、孟德斯鸠等人物的事迹感染，他认为，中国也要有这样的人物，我们应该成为他们那样的人。

在东山学堂期间，读了表兄文运昌借给的关于康梁变法的书报，其中有梁启超主编的《新民丛报》。毛泽东对这些书报反复阅读，看得非常用心，并写有批语。这时，毛泽东并不反对君主制度，只是反对君主专制而赞成君主立宪制，希望康有为、梁启超那样的维新派进行改革。他崇拜康有为和梁启超。

1911年春，毛泽东以优异的成绩考入了湘乡县驻省中学，这是他第一次坐轮船到长沙。

在省城长沙，他有生以来第一次看到报纸——《民主报》。

这是一份宣传民族民主革命的报纸，主编于右任。

1912年春，他以第一名的优异成绩考入了湖南省立第一中学。后来他觉得这所学校课程太浅，内容陈旧，诸多校规烦琐，与其在这里读死书，不如独自看书学习。当年秋天，他主动退了学，到省立图书馆博览群书。

他在这个图书馆里，第一次看到了一幅世界地图，世界之大令他震惊！中国原来如此之大，世界原来如此之大！

在这段时间里，毛泽东广泛阅读了中外文学、历史、地理、哲学等书籍，特别是读了资产阶级的社会科学、自然科学的代表著作。诸如亚当·斯密的《原富》、达尔文的《物种起源》、孟德斯鸠的《法意》、赫胥黎的《天演论》、卢梭的《民约论》、斯宾塞的《逻辑》，还读了不少浪漫主义的诗歌、小说、日本的《源氏物语》及古希腊的传说故事，他习惯地写了不少读书笔记、心得体会。

1913年春，毛泽东考入湖南省立第一师范学校。第一师范是与第四师范合并的学校。这所学校是一所新型的学校，对毛泽东的一生有十分巨大的影响。

毛泽东在一师前后5年半时间，他充分利用一师这个读书的优良环境，坚持自学为主，博览群书和重点攻读相结合。他通读中国历史，从先秦诸子百家到明清时代的著作，从二十四史到长沙府志，他都一一研读，司马光的《资治通鉴》和顾祖禹的《读史方舆纪要》，他更是精熟。同时，他还广泛涉猎了古今名著，打下了深厚的学问基础。后来，他回忆起这段岁月，感慨地说："我忘记了疲劳，忘记了饥饿和寒冷，贪婪地读，猛烈地读。正像牛闯入了人家的菜园子，初次尝到了吃菜的味道，就拼命地吃个不停一样。"

毛泽东在一师期间，正是中国社会从传统走向现代的巨大社会转型时期，也是中国命运发生急剧颠簸的年代。清王朝被推翻了，亿万人民期待的共和来了，但是民族却没有赢得独立、民主和进步。正是在这样时代背景下，毛泽东开始逐步明确读书的目的，并因此开始逐步树立救国救民的志向。

在一师，对毛泽东影响较大的老师是杨昌济、徐特立、黎锦熙、方维夏和袁吉六等。

这几位老师的思想品德、学识、形象对毛泽东一生产生非常大的影响，对毛泽东人生价值观的形成起到十分重要的作用。

毛泽东熟读经书，对中国古代士大夫"修身、齐家、治国、平天下"的大志，以及"自天子以至于庶人，壹是皆以修身为本"的思想十分赞赏。

1915年9月27日，他在给友人的一封信中写道："吾人立言，当以身心之修养、学问之研求为主。"为达到此目的，他全身心地投入书的海洋之中，接受新知识，探求新思想。他在读严复翻译的《天演论》时，深深地被书中宣扬的打破封建束缚，蔑视传统权威，斗争、自强、自立的思想所影响和感染。

那时的毛泽东常说："读书要为天下奇，即读奇书，创奇事。"

作为伟大的革命家、战略家和理论家的毛泽东，风云一生，书剑双修。所谓"剑"者，不单是指军事，还包括对书本的运用之妙，以及思想和实践的力量。读书既然是为了磨剑、亮剑，以"创奇事"，当然就不能漫无边际地阅读，那样倒会削弱思想和实践之"剑"的力度。何为奇书，选择什么样的书，摆在了毛泽东面前。

中国的历史，本就是一部英雄史、精英史。毛泽东读历史读到什么程度？他在19岁的时候，第一次听说《御批历代通鉴辑览》这本历史书。这本书上起伏羲氏，下至明亡，共116卷，几乎是中国古代史籍中记事时间最长的一部编年通史，被称为"万世君臣的政治教科书"。而毛泽东在19岁的时候就通读完了整套书，而且看得爱不释手。中国的《二十四史》，很多人可能连一本都没有完整读过，毛泽东不仅全部读完，还作了非常详细的批注。

在毛泽东的一生中，湖南第一师范是个重要阶段，5年半的读书和求学生涯，是青年毛泽东人生难得的岁月。在这段岁月中，他广泛涉猎、潜心古籍，但汗牛充栋的古籍押上一生也读不完。于是他在给好友萧子升的一封信中开列了应该读的77种书。很可惜的是，至今没有查到这77种书的书单。中央文献出版社曾出版过一套《毛泽东读书集成》，一共有259卷，收录了一千多种书籍，光是看看目录就让人眼花缭乱，但其中很多书，毛泽东都是反复精读，有些线装本的书甚至连线都翻断了。他爱读自己佩服之人的书。毛泽东曾说："愚于近人，独服曾文正。"曾文正就是曾国藩，毛泽东当年读《曾国藩家书》到废寝忘食的地步，至今在韶山的毛泽东纪念馆里还珍藏有一套木刻本《家书》，每卷扉页上都有毛泽东手书的"咏芝珍藏"笔迹。咏芝者，润之也。

曾国藩曾经写过一首《爱民歌》，第一条是"扎营不贪懒，莫走人家取门板"，后来毛泽东制定的"三大纪律八项注意"，第一条也是上门板。他看书是为了解决根本问题。毛泽东读历史、读哲学、读文学、读报纸，不只是出于消遣或者兴趣，而是为了参透这个世界的本源。

到底是什么造就了贫富，是怎样形成了分化？面对这所有的丑陋、苦难与痛苦，如何才能改造这个社会？沧海横流，江河日下，谁才能挽狂澜于既倒，扶大厦之将倾？

毛泽东在投身革命去奋力"创奇事"后，便把读书、择书当作必不可少的工作。根据他留下的文字或当事人的一些记载，可归纳出他阅读、推荐和编拟的有27个书目。这27个书目，少则3种，多则100种以上，涉及上千种书。这还不是毛泽东一生阅读的全部。他逝世后，在中南海住地的藏书达9万多册，都是新中国成立后根据他的需要陆续配置的。还有，他当学生时记的"讲堂录"所载老师讲授或要求课余阅读的书籍，等等。

最可"奇"者，不在择读之量，而在择读的内容和效果。毛泽东的择读，排在前三位的是哲学、马列和文史。但那些与他的实践活动关系不大的书籍，他同样也阅读很多。

择书而读的动力，不外两个：实践倒逼和兴趣所致。一个由行而思的激发，一个由内而外的延伸。毛泽东择书阅读的重点，都折射出他当时集中处理的现实要务或特别感兴趣的问题。

如果说毛泽东的阅读生涯有过苦恼的话，那是上井冈山后的一段时间里无"奇"书可读。这种局面一直到1932年4月红军打下福建漳州，才得以改善。毛泽东在漳州一所中学图书馆里挑选出几担书运回苏区，其中有列宁的《两种策略》和《"左派"幼稚病》以及恩格斯的《反杜林论》。读这些书，使毛泽东在风云路上，涵养着内功和见识，逐步实现思想升华。

1933年，他将《两种策略》这本书送给彭德怀，附信说："此书要在大革命时读，就不会犯错误。"不久又向彭德怀推荐《"左派"幼稚病》："你看了以前送的那一本书，叫作知其一而不知其二；你看了《"左派"幼稚病》才会知道，'左'与右同样有危害性。"

毛泽东说这些话时，正是他遭受打击、靠边赋闲、心里苦楚无人领会的时候。他的实践创新不被看重，还被戴上"狭隘经验论"的帽子，被说成"山沟沟里出不了马列主义"。心里憋了一口气的毛泽东，是带着《国家与革命》和《反杜林论》走上长征路的。

到了陕北，毛泽东迎来了阅读的黄金期。他不断写信给国统区的同志，要他们购书带回陕北。1936年秋，毛泽东同时收到两批书，一批书来自上海，是鲁迅病中托冯雪峰转送的；一批书来自北平，是一个叫王林的人购买带到陕北的。1965年，毛泽东在一次谈话中说："最困难的时候，王林同志给我带来了些好书。"在延安，他还托人买了两套蔡东藩著《历朝通俗演义》；范文澜送给他一套《笔记小说大观》。

当时毛泽东择读的重点是军事与哲学。他后来回忆说："到陕北，我看了八本军事书。""还看了苏联人写的论战略、几种兵种配合作战的书等等。看了克劳塞维茨的，还看了日本的《战斗纲要》，看了刘伯承同志译的《联合兵种》"。初到陕北，他集中阅读军事书籍，不仅是因为制定军事战略是全面抗战的第一要务，更在于他下决心总结革命战争的经验教训。

1937年1月13日，毛泽东和中共中央领导机关从保安迁到延安。到延安后，他挤出不少时间，不分昼夜，发奋攻读了不少马克思主义的哲学书籍。现在保存下来的毛泽东在这个时期读过并作过批注的哲学书籍就有：西洛可夫、爱森堡等所著的《辩论唯物论教程》，米丁主编的《辩论唯物论与历史唯物论》（上册）等。他在前一本书上所写的批注达一万二千多字，在后一本书上所写的批注有两千六百多字。批注的内容大致有4类：原著内容的提要；对原著内容的评论；结合中国实际情况所发的议论；对原著中一些理论观点的发挥。他的这些旁批，后来就逐步发展成为他的光辉著作《实践论》。

在此期间，毛泽东还阅读了艾思奇的《哲学与生活》等多种哲学著作。为什么如此集中读哲学？他1937年8月同郭沫若谈话时道出原因："抗日战争有许多新情况、新问题要研究，没有理论武器不行。"

毛泽东发奋研究哲学，根本上还想总结土地革命时期的经验教训。因为只有掌握理论工具，占领思想制高点，才能揭示饱读马列著作的教条主义者为何犯"左"倾错误。他读《哲学选辑》写的批语中，道出一个刻骨铭心的结论："一切大的政治错误没有不是离开辩证法唯物论的。"什么样的思想方法才是对的呢？大道至简。毛泽东把他读哲学所获得的，概括为八个字：实事求是，对立统一。

作为一名卓越的政治家，毛泽东追求的是掌握"工具"来认识和改造世界。

他择读军事和哲学，并结合中国革命的实践进行思考，在1941年以前他写的《中国革命战争的战略问题》《实践论》《矛盾论》《论持久战》《新民主主义论》，既是对土地革命经验教训的总结，也是对抗日战争规律的揭示，还有对思想方法的澄清和标举，有对于整个新民主主义革命的分析和阐述，接连不断地向党内吹来与教条主义迥然相异的思想新风。

2. 读书—思考—实践—开拓

1939年，毛泽东说过一段话："我们队伍里也有一种恐慌，不是经济恐慌，也不是政治恐慌，而是本领恐慌。过去学的本领只有一点点，今天用一些，明天用一些，渐渐告罄了。好像一个铺子，本来东西不多，一卖就完，空空如也，再开下去就不成了，再开就一定要进货。"所谓"进货"，就是读书。从延安整风开始，他向党内领导干部推荐书，先后推荐了4批书。主要有《"左派"幼稚病》《联共（布）党史简明教程》，以及党的一些现时文件。他还从《鲁迅全集》中找出《答北斗杂志社问》，列入整风学习的文件，以期改变党内之风。

他对抗大教职工的学习抓得很紧，在一次会议上他对大家说："我们要来一个读书比赛，看谁读的书多、掌握的知识多，只要是书，不管中国的、外国的、古典的、现代的、正面的、反面的，大家都可以涉猎……"

1939年召开党的六届六中全会期间，他对满身征尘的贺龙和徐海东说："谁不读《三国演义》《水浒传》《红楼梦》，谁就不算中国人。"以此来激励将帅们多读书。

1945年党的七大期间，毛泽东先后4次向党内干部推荐马列著作，每次都有特定的背景。在七大上推荐《共产党宣言》《社会主义从空想到科学的发展》等5本书，是为了迎接抗战胜利后的新局面，打牢马列主义的基础。

在1949年党的七届二中全会上他推荐12本书，其中有《列宁斯大林论社会主义建设》和苏联列昂节夫的《政治经济学》等，其用意是：共产党人不应该只是善于破坏一个旧世界，还应该善于建设一个新世界，为此要学习新的本领。

1954年1月，毛泽东主持起草新中国第一部宪法时，为初稿出来后便于中央领导层讨论，开列了一个中外宪法书目，要求阅读。这是让中央领导层第一次大规模研读各国宪法。同时也说明，"五四宪法"并非凭空产生。

1958年3月，毛泽东在成都召开的中央工作会议期间，从古代诗词中挑选出65首作品，编成小册子发给与会者。有人不理解，毛泽东解释："我们中央工作会议，不要一开会就说汇报，就说粮食产量怎么样，要务点虚，要务虚与务实结合"，"要拿一点时间来谈谈哲学，谈谈文学，为什么不行呢？"其意在于使会议气氛活泼一些，思路开阔一些，思想解放一些。

毛泽东有针对性地向领导同志推荐书目。他让许世友读《红楼梦》，是想让这位将军增加点"文气"；他让江青读李固的《遗黄琼书》，是告诉她"人贵有自知之明"；他让王洪文读《后汉书·刘盆子传》，则是提醒他，凭资历、能力，你做党的副主席还不够格，若不学习长进，早晚要像刘盆子一样倒台。这些推荐，蕴含着他的期待和良苦用心。

1963年，毛泽东又推荐30本书，这与当时让全党深入总结中国社会主义革命和建设的实践经验有关。

1964年5月，他在一次听汇报时说："现在被书迷住了，我这一辈子想把二十四史都读完。现在还在读《南史》《北史》。《旧唐书》比《新唐书》好，《南史》《北史》又比《旧唐书》好些。《明史》看了我最生气。明朝除了明太祖、明成祖不识字的两个皇帝搞得比较好，明武宗、明英宗还稍好些以外，其余都不好，尽做坏事。特别是后期当上进士的，没有一个干好事的。"

毛泽东读古书，有一个基本观点，是贯彻始终的，这就是历史唯物主义的观点。在中国很多古书里，历代农民起义运动及领袖人物，大都被当作"贼""匪""盗""寇"，任意贬斥。但毛泽东则给他们以很高的历史地位。毛泽东读中国史书，比较喜欢看人物传记，包括农民起义领袖传记。陈涉、吴广、张角、张鲁、王仙芝、黄巢直到李自成等的传记，他是常要看的。他认为，在中国封建社会里，只有农民的阶级斗争、农民的起义和农民的战争，才是历史发展的动力。

他在1958年12月武昌会议期间阅读了《三国志》的《张鲁传》，先后写了两大段文字，重申并发表了许多重要观点。他说："历代都有大小规模不同的众多的农民革命斗争，其性质当然与现在马克思主义革命运动根本不相同，但是有相同的一点，就是极端贫苦农民广大阶层想平等、自由，摆脱贫困，丰衣足食。"又说："我国从汉末到今一千多年，情况与天地悬隔，但是从某几点看起来，例如，贫农、下中农的一穷二白，还有某些相似。汉末北方的黄巾运动，规模极大，称为太平道。在南方，有于吉领导的群众运动，也是道教。在西方（以汉中为中心的陕南川北地域），有五斗米道。史称，五斗米道与太平道大都相似，是一条路线的运动。又称张鲁等五斗米道，'民夷便乐'，可见大受群众欢迎。""中国从秦末陈涉大泽乡（徐州附近）群众暴动起到清末义和拳运动止，二千多年中，大规模的农民革命运动几乎没有停止过，同全世界一样，中国的历史，就是一部阶级斗争史。"

毛泽东酷爱阅读中国传统的典籍文化、口碑流传的民俗文化，还有湖湘文化、康梁变法的改良文化以及西方的进化论，等等，其中《二十四史》是他尤为重视的巨著。1952年，他购置了清乾隆武英殿版《二十四史》，从此，这部书陪伴了他24年，无论在北京还是外出考察，无论在办公室还是在列车、飞机上，他夜以继日、手不释卷地刻苦阅读研究，其中有些史册和篇章反复研读多次，并留下大量批语。

这部书记载了从传说中的黄帝时代到明崇祯长达4000年的历史，约4000万字，是一部史料极为丰富的历史巨著。

毛泽东晚年喜读《智囊》，有一段讲唐太宗李世民用兵之道的略谓："唐太宗尝言自少经略四方，颇知用兵之要。每观敌阵，则知其强弱，常以吾弱当其强，强当其弱。彼乘吾弱，奔逐不过数百步，吾乘其弱，必出其阵后反而击之，无不溃败。善用孙子之术也。"对此，毛泽东写了一个批语，并对唐太宗、朱元璋的军事才能有所评价。他说："所谓以弱当强，就是以少数兵力佯攻敌诸多大军。所谓以强当弱，就是集中绝对优势兵力，以五六倍于敌，一路之兵力，四面包围，聚而歼之。自古能军无出李世民之右者，其次则朱元璋耳。"

毛泽东有关这方面的批语还有如"先退后进"，"中间突破"，"有强大的战斗后备队"，"攻魏救赵，因败魏军，千古高手"，"胡柳坡正面突破不成，乃从东西南大打迂回，乘虚而入，卒以成功；契丹善用诱敌深入作战，让敌人多占地方，然后待机灭敌"，等等。毛泽东用中国历史上的战争事例说明中国革命战争的战略战术问题，这在《毛泽东选集》中屡见不鲜。

《资治通鉴》是毛泽东颇感兴趣、百读不厌的另一部历史巨著。全书从东周到五代十国，记录16个朝代的兴衰成败，贯穿1362年历史，总计294卷。毛泽东一生阅读、圈点17遍，并多次向人推荐。

毛泽东对中国著名的古典小说，用历史唯物主义的观点，提出许多新鲜见解。例如，他说，《东周列国志》写了很多国内斗争和国外斗争的故事，讲了许多颠覆敌对国的故事，这是当时社会的剧烈变化，在上层建筑方面的反映。这本书写了当时上层建筑的复杂尖锐的斗争，缺点是没有写当时的经济基础、当时的社会经济的剧烈变化。他认为在揭露封建社会经济生活的矛盾，揭露统治者和被压迫者的矛盾方面，《金瓶梅》是写得很细致的。

毛泽东把《红楼梦》看作是一部描写封建大家族衰亡和封建社会阶级斗争的小说，给予高度评价，充分肯定了小说描写的主要人物贾宝玉对封建制度的叛逆性格。同时又指出，书中的两位主角贾宝玉和林黛玉对现代青年来说是不足为训的。贾宝玉不能料理自己的生活，连吃饭穿衣服都要丫头的服侍；林黛玉多愁善感，常好哭脸，瘦弱多病，只好住在潇湘馆，吐血，闹肺病。我们不需要这样的青年，我们今天需要的是有活力、有热情、有干劲和坚强意志的革命青年。

毛泽东在看完《西厢记》后说，红娘是个有名的人物。她是个青年，是个奴隶，为了成全别人，自己受拷打，不屈服，反过来把老夫人责备了一顿。你们说，究竟是红娘学问好，还是老夫人的学问好？他希望人们不要小看地位低的年轻人。他还风趣地对别人说：演《西厢记》我就不能当红娘，只能当那个老夫人。红娘还是由咱们的周总理担任。《西厢记》写得好！莺莺和张生不简单，违犯了那个时候的婚姻法。看来，毛泽东对红娘这个人物是评价不低的。

毛泽东为什么说演不了红娘？这可能是被红娘这个人物的个性所折服，原因有三：一是红娘视陈规旧习如粪土，敢于冲破封建礼制，冒着被拷打的风险为有情人牵线搭桥，充分表现了她"牺牲我一个，幸福两个人"的奉献精神。二是红娘的机智聪明一次次化干戈为玉帛，曲中每句对白或唱词都闪烁着智慧的光芒，突显了这位年轻女性大胆泼辣、善于公关的不俗表现。三是红娘虽位卑却敢负责，她灵活处世的风格给毛泽东极大的震撼，她左右逢源的协调能力征服了毛泽东。他觉得，红娘考虑问题的细致程度，为人处世的机智灵活，只有周恩来可有一比，连自己都要退避三舍了，所以他曾谦虚地说：如果演《西厢记》自己当不了红娘。

毛泽东对于凡是在历史上起过进步作用，具有革新思想和革命精神的，都给以程度不同的肯定和评价。他推崇和赞赏战国时代的伟大爱国诗人屈原，唐朝中期实行政治改革的二王（王伾、王叔文）、八司马（柳宗元、刘禹锡、韩泰等八位名士），明朝那位大胆揭露假道学的思想家李卓吾，清朝地主阶级的改革派魏源、龚自珍、林则徐，维新派康有为、梁启超、谭嗣同，资产阶级革命家章太炎、邹容、陈天华等，很爱读他们的著作和传记。

1958年1月12日，他在一封信里写道："我今晚又读了一遍《离骚》，有所领会，心中喜悦。"《离骚》是一篇杰出的浪漫主义作品，反映了诗人屈原强烈的爱国主义热情，对于光明的理想的追求，以及不屈不挠的斗争精神。正是这些，吸引着毛泽东，从青年时代直到晚年。

在宋词作家中，毛泽东崇尚苏东坡和辛弃疾。苏东坡在艺术风格上开创了词坛上的一个重要流派——豪放派。苏词气势磅礴，豪迈奔放，一扫晚唐五代词家柔靡纤弱的气息。辛弃疾继承了苏东坡的豪放的风格，又熔铸了南宋初期爱国诗人的战斗传统。《四库全书总目提要》说辛弃疾词"慷慨纵横，有不可一世之概"，是很确当的。辛弃疾在许多方面超过了苏东坡。

毛泽东读诗词的范围非常广泛，能全文背诵的诗词不计其数。在唐宋八大家中，毛泽东最喜欢柳宗元的散文，柳文同他的诗一样，清新、精细、寓意含蓄、富有哲理。柳宗元是一个革新派，具有进步的政治主张，又有朴素的唯物主义思想，这些进步的思想反映在他的作品里，更增添了柳宗元的光辉。相对来说，毛泽东对韩愈的评价差一些。他认为，文学作品包括诗，不要把话说尽了，而韩愈的文章和诗就是把话讲完了。

毛泽东通过潜心阅读大量的中国史书、古典小说、诗词曲赋等各种形式的文学作品，不仅批判地汲取了丰富的思想营养，也在文风上吸收了它们的优良传统。所以，他能够成为一代杰出的诗人和语言大师，写出大量文字优美、词汇丰富，说理透彻、气势磅礴，融古代语言于白话文之中，具有中国的民族形式和民族气派的马克思主义著作，也是很自然的了。

毛泽东阅读宗教经典，既作为哲学问题来研究，也当作群众工作问题来看待。他说："我赞成有些共产主义者研究各种教的经典，研究佛教、伊斯兰教、耶稣教等等经典。因为这是个群众问题，群众有那样多的人信教，我们要做群众工作，我们却不懂得宗教，只红不专。"

1963年12月30日，毛泽东在一个文件上写了一个批语，说："对世界三大宗教（耶稣、回教、佛教），至今影响着广大人民，我们却没有知识，国内没有一个由马列主义者领导的研究机构，没有一本可看的这方面的刊物。""用历史唯物主义观点写的文章也很少，例如任继愈发表的几篇谈佛教的文章，已如凤毛麟角，谈耶稣教、回教的没有见过。不批判神学就不能写好哲学史，也不能写好文学史和世界史。"再以科学技术为例，从各门自然科学、自然科学史，直到某些技术书籍，毛泽东也广泛涉猎，而对生命科学、天文学、物理学、土壤学最有兴趣。

1951年4月中旬的一天，毛泽东邀请周世钊和蒋竹如到中南海做客，曾对他们说："我很想请两三年的假学习自然科学，可惜，可能不容许我有这样长的假期。"毛泽东常说，一个人的知识面要宽一些。

1958年9月，张治中陪同毛泽东一起外出视察工作。有一天，在行进的列车上，毛泽东正在聚精会神地看一本冶金工业的书。张治中诧异地问他："你也要钻研科技的书？"毛泽东说："是呀！人的知识面要宽一些。"毛泽东经常用这句话教育在他身边工作的同志，不论是做秘书工作的，做警卫工作的，还是做医护工作的。1957年10月，他亲笔写信给他的秘书林克，要他"钻到看书、看报、看刊物中去，广收博览，于你我都有益"。

毛泽东曾说过一段很精彩的话："有了学问，好比站在山上，可以看到很远很多的东西，没有学问，如在暗沟里走路，摸索不着，那会苦煞人。"毛泽东所以能够站得高一些，看得远一些，战略眼光宽广一些，成为一个杰出的革命家、思想家、战略家，一个重要的条件，就是他有渊博的学问和丰富的知识。对于这一点，凡是与毛泽东作过长谈的人，包括外国的一些学者、记者和政界人士，都是非常钦佩的。

毛泽东读书强调"积学贵有恒"。他在青少年时期就养成了用功读书、持之以恒的良好习惯。在长沙求学时他曾写过一副自勉对联："贵有恒，何必三更起五更眠；最无益，只怕一日曝十日寒。"这副对联充分体现了毛泽东对"积学贵有恒"方法的称道。后来，他曾教育广大干部，"读书贵在坚持，坚持数年，必有好处"。这是他对"读书贵有恒"方法的肯定。

毛泽东读书提倡书要反复读，要"三复四温"。他对自己喜欢的书，总是一遍又一遍地研读。《共产党宣言》他就看了一百多遍。仅《红楼梦》他收藏了20余种不同的线装本，反复阅读多遍。

毛泽东读书的一大特点是"不动笔墨不读书"。他记笔记的方法很特别，他很少用笔记本，而是把自己读书的心得体会，读到的精言妙句都批注到书本的字里行间。有人对他读过的书籍进行整理，从毛泽东在湖南一师读过的法国人泡尔生著的《伦理学原理》一本书中，毛泽东批注达12000多字。在《毛泽东哲学批注集》中，他留下了27604个字，这些批注，是他读书心得的真实记录。

美国作家波尔克说："读书而不思考，等于吃饭而不消化。"

毛泽东读书特别善于学思结合。尤其是他在读史书时，不仅要反复阅读书上的内容，同时还要研究当时的历史背景、时代特征、作者生平、写作动机等。他以自己的价值观、人生观、世界观来品评事件人物，从中鉴取兴亡之道，总结为政方略，悟出新的思想和观念。由于他善于学思结合，故而能以特有的智慧在书海中自由翱翔。

毛泽东读书离不开问。"学问、学问"，一要学，二要问。毛泽东在读书问题上，甘当小学生，学习孔夫子的每事问。他每次到农村调查，都是满腔热情，手写口问。读书看报遇到不懂的问题就向人请教。1952年，毛泽东看了地质学家李四光关于石油地质的报告，其中有个"山字型"构造他不懂，一次会议上碰到李四光他就开门见山地请教，让李四光给他作个解释。这种谦虚的精神让李四光很受感动。

读书—思考—实践—开拓，以至读书、读书、再读书，思考、思考、再思考，实践、实践、再实践，开拓、开拓、再开拓，毛泽东沿着这条路线不断攀登，这是他成为一个伟大的思想家、理论家、学问家，并获得成功的有效途径。

毛泽东曾留下力道甚足、意味甚深的名言："学习的目的，全在于运用。"所谓"运用"就是通过阅读来满足个人或社会实践的需要。由此，把毛泽东为什么阅读这个问题，放到他一生的大事业、大追求行程中来理解，答案或更具体。着眼于现实实践，围绕中心工作，是毛泽东阅读的需求主线。但也不能说他的阅读，都是为了实用，是实用主义的。他看了不少"闲书"，看政治家不必去关注的"杂书"，体现的是个人兴趣和书斋乐趣。比如，他喜欢读《茶花女》，喜欢看古人随笔和各种笑话，等等，就看不出与工作实践有直接关系。事实上，这类阅读也不是全然无用，有消遣养心、增智达情、积累知识、开阔视野之效，只是在事功方面不立竿见影罢了。

毛泽东作为中国共产党人的读书典范，给人的启发赫然醒目，即读书学习的世界必须要有三根柱子来支撑。一根叫"无信不立"，所谓信，就是信念、信仰、信心；一根叫"无学难为"，所谓学，就是学问、认识、本领；一根叫"无实必败"，所谓实，就是实际、实践、实事。

建设马克思主义学习型政党，最可靠的保证，还是这三根柱子。即读书学习，一是"立信"，否则，会得精神"软骨病"，人就站不住；二是"问学"，否则，就难以提升认识和改造世界的能力；三是"求实"，否则，所学就不能够运用于实践，很难把事情干成。

晚年的毛泽东，身体衰老了，视力减退了，但读书学习的精神丝毫未减，追求知识的欲望不见低落。

1973年，他在大病恢复后不久，还同科学家杨振宁谈论物理学的哲学问题。

1974年，他以极大的兴趣，同李政道讨论"对称""宇称不守衡"这些深奥的物理学问题。他还说："很可惜，我年轻时，科学学得太少了，那时没有机会学。不过，我还记得年轻时非常喜欢读汤姆生的《科学大纲》。"

1975年春，毛泽东在杭州住了两月有余，主要是治疗眼疾。但毛泽东嗜书如命，属于"宁可食无鱼，不可日无书"之人，于是，根据他的要求，给他借来了中国现代文学名著《创业史》、西方文学名著《飘》《红与黑》《基度山恩仇记》，主要是为了给身边工作人员讲授文学史和世界文学史时所用。此外，毛泽东还让给他借来《辛弃疾集》《全宋词》和《全唐诗》。

一天，毛泽东精神状态较好，兴致勃勃地给工作人员背诵了辛弃疾的《破阵子·为陈同甫赋壮词以寄》：

> 醉里挑灯看剑，梦回吹角连营。
>
> 八百里分麾下炙，五十弦翻塞外声。
>
> 沙场秋点兵。
>
>
> 马作的卢飞快，弓如霹雳弦惊。
>
> 了却君王天下事，赢得生前身后名。
>
> 可怜白发生！

然后，毛泽东还逐句作了解释。

这一年，他的视力有所恢复后，又重读《二十四史》，重读鲁迅的一些杂文，还看过《考古学报》《历史研究》《自然辩证法》等杂志，并提出给他印大字本《化石》杂志和《动物杂志学》。

1976年，他还要英国人李约瑟著的《中国科学技术史》（一至三卷）。根据当时为毛泽东管理图书的徐中远的记载，毛泽东要的最后一本书是《容斋随笔》，这是毛泽东一生比较喜欢的一部有较高价值的笔记书。

知识就是力量，知识就是财富，知识就是境界。

一个人的精神发育史，应该是一个人的阅读史，而一个民族的精神境界，在很大程度上取决于全民族的阅读水平，也决定着这个国家的未来。一个爱读书的民族才是最有希望的民族。

人们熟知，毛泽东酷爱读书，读书随着他度过了一生，成为他生活中不可分割的一部分。

在古今中外的政治家、革命家当中，像他那样酷爱读书，读那样多的书的，恐怕不多。

他曾说过（那是1939年他46岁的时候）："年老的也要学，我如果再过10年死了，那么就要学9年零359日。"毛泽东实现了自己的诺言，直到1976年病逝，从没有中止读书。他最后的读书时间，有记录可查，是1976年9月8日晨，也就是临终前一天的5时50分，是在医生抢救的情况下读的，读了7分钟。毛泽东离开人世间的那一刻，也就是他的读书生活结束的时刻。

1977年4月，周扬对采访者说："我和毛主席接触的时间很多，我们谈鲁迅的功劳，一个是对社会的了解深刻，一个是丰富的历史知识。这两条是很厉害的。主席的伟大也是这两条，其他的许多革命家就不如他……王明这个人也读了些书，但读了不能用，关键就在这个问题上。"

毛泽东的才能和智慧，是付出了艰辛的劳动换取的，是毛泽东丰富的革命实践经验的升华和结晶，是毛泽东一生勤奋好学、博览群书结出的硕果。

毛泽东认为鉴古可以知今，读史可以使人明智。他在1939年5月曾指出，"古人讲过，'一人不通古今，马牛而襟裾'，就是说：人不知道古今，等于牛马穿了衣裳一样。什么叫'古'？'古'就是'历史'，过去的都叫'古'，自盘古开天地，一直到如今，这个中间过程就叫'古'。'今'就是现在。我们单通现在是不够的，还须通过去。延安的人要通古今，全国的人要通古今，全世界的人也要通古今，尤其是我们共产党员，要知道更多的古今。通古今就要学习，不但我们要学习，后人也要学习"。毛泽东不仅自己孜孜不倦地学习历史典籍，对中国传统文化的研究有很深的造诣，而且教育全党也要学习研究历史。

读书对人的影响，既有助于立言，又有益于境界的提升和胸怀的开阔，还有利于智慧的增长和才能的提高。著名学者朱永新认为："一个人的精神发育史实质上是一个人的阅读史，而一个民族的精神境界，在很大程度上取决于全民族的阅读水平。"也就是说：一个爱读书的民族，必定是一个文化素质高的民族；一个爱读书的人，也必定是一个文化素质高的人。

周恩来曾说："毛主席很喜欢攻读古书，现在做文章、讲话常常运用历史经验教训，运用得最熟练。"

毛泽东在抗大讲授矛盾统一法则时大量引用古代文化典籍和历史故事，以说明深刻的科学道理。如：他在讲到中国与外国的关系时说："物必先腐也，而后虫生之，人必先疑也，而后谗入之，这是苏东坡的名言。'内省不疚，夫何忧何惧'，这是孔夫子的实话。"在论述矛盾特殊性时他引用孙子的"知彼知己，百战不殆"，和唐朝人魏征的"兼听则明，偏信则暗"的格言以及《水浒传》上宋公明三打祝家庄的故事，以说明在分析矛盾时切忌主观性、片面性。在谈到矛盾同一性时，他除了多次引用"相反相成"之外，还引用"祸兮福所倚，福兮祸所伏""爱而知其恶，恶而知其美""良药苦口利于病，忠言逆耳利于行"等名言。毛泽东这样做，使得他的哲学思想生动活泼，亲切易懂，具有鲜活的中国作风和中国气派。

"实事求是"，"惩前毖后，治病救人"，"知无不言，言无不尽"，"言者无罪，闻者足戒"，"凡事预则立，不预则废"，"任人唯贤"，"百家争鸣"，"多谋善断"，等等，这些言简意赅的古语，被毛泽东发掘出来，为群众所掌握，有的成为我们党所遵循的思想路线，有的成为党内组织生活的原则，有的成为处理人与人之间关系的规范，有的则是党的某一方面的工作方针或具有普遍意义的工作方法。

1959年3月的一天，中共中央书记处书记、中国人民解放军总参谋长黄克诚带中央驻西藏代表张经武、西藏军区司令员张国华和总参谋部作战处处长雷英夫到武汉去向毛泽东报告处理达赖集团在拉萨发动全区性的武装叛乱事件，毛泽东把大家留下来吃饭。席间，毛泽东情绪很高，分别给大家敬酒。毛泽东当时有点感冒，他有了小病小灾不大吃药，但相信酒可以治感冒，于是破例干了几杯。

乘着酒兴，毛泽东论析《三国演义》《红楼梦》《西游记》《水浒传》四大名著。上下几千年，纵横几万里，讲得众人忘记酒菜，听得如醉如痴。

忽然，毛泽东考起作战处处长雷英夫来了，望着他问道：

"英夫啊，你是洛阳人，我问你个问题。"

"主席，我不过是在洛阳上过学，其实我是孟津人。"

雷英夫这样说，一是担心回答不出毛泽东提出的问题，二是毛泽东曾在一次会议开始前戏称雷英夫是"洛阳才子"，流传开来，弄得雷英夫很不好意思。雷英夫说自己不是洛阳人，也是敬请主席不要再叫他"洛阳才子"的一个办法。

"噢，孟津人，但孟津也归洛阳管嘛！"毛泽东随口接上，"那我换一个问题问你。武王伐纣到孟津去过几次？每次都干些什么事？"

雷英夫一听愣神了，自己虽然看过《三国演义》《红楼梦》《封神演义》等古典小说，可正史读得很少。与其讲点道听途说加猜测的话，不如听他老人家慢慢讲故事。他知道毛主席的知识惊人地渊博，没有他谈不了的话题，而且谈得总是那么明白具体，且能给人以启迪。

"主席，我只读过《封神演义》一类的小说，听过民间传说和唱戏，都是七零八碎的，没有研究过您提的问题。我只好交白卷，还是请主席给以指点。"

毛泽东用手指着雷英夫，开玩笑地说："洛阳才子回了孟津老家就交白卷吗？"

毛泽东又一次谈起雷英夫害怕提起的"洛阳才子"，其他三位同志也都笑着看雷英夫。

雷英夫也不好意思地笑了，然后就聚精会神地聆听毛泽东的讲解。

"武王到你们孟津去过两次。"毛泽东左手伸出两个指头，"一次是公元前1027年，这是第一次去。各路诸侯齐聚孟津，商量伐纣，大家基本都同意，武王很能干，看到决战的条件不够成熟。首先，商纣王内部腐败了，但还没有烂透，还不到马上垮台的时候，同时，纣王的兵力也比武王强大得多。武王看地形时发现，过黄河的准备工作还没搞好。争取人心还需要多做一些工作。直到快要出兵了，伯夷、叔齐不是仍然反对出兵，结果出走了吗？所以武王下决心收兵回去做准备。做了哪些准备呢？有文有武、有精神有物质，还要造舆论，统一思想，要搞统一战线，他也是很讲究出师有名的。他还要广揽人才，积聚粮草，打造兵甲，练兵布阵，准备舟楫，并用40多条船架起了黄河大桥，用了两年时间做了充分准备。这样到了公元前1029年，武王又从潼关出兵到孟津，政治上发宣言，军事上搞突然袭击，集中兵力打歼灭战，瓦解敌军士气，在朝歌南的牧野一仗打败了商纣。你们都是搞军事的，中国历史上这么大的事，特别是像武王伐纣这样伟大的战争，应该好好研究研究。"

听完毛泽东的讲述，雷英夫敬佩之极，禁不住长叹一声："唉，我这个孟津人，实在是不够格，连孟津的事都不知道，真是惭愧。""这就太过谦了。"毛泽东看雷英夫面有羞色，对雷英夫一伸手，望望大家说，"是才子也不能事事都知道嘛，所以要不断地学习，活到老学到老，千万不要骄傲。"

历史是毛泽东与人交谈的重要话题。1949年5月，他与柳亚子先生同游颐和园时，曾兴致勃勃地谈起慈禧太后、海军和颐和园的联系。毛泽东说："慈禧太后用建海军的钱，建了一个颐和园，当时来说，这也是犯罪。现在看来，就是建了海军，也还是要送给帝国主义的。建了颐和园，帝国主义拿不走，今天人民也可以享受，总比他们挥霍了要好呀。"这番辩证的广论，令柳亚子非常折服。毛泽东还与许多历史学家交朋友，书信往来，切磋学术。他与郭沫若的友谊长达半个世纪，对郭的历史研究给予高度评价："你的史论、史剧大有益于中国人民。"

3."草头将军"

毛泽东是语言大师。他常运用形象的、看得见摸得着的事物去表达、解释一些深奥的道理，把抽象的"理"变成形象的"理"，把原则化为具体，把枯燥化为有趣，使听众如察其形、如闻其声、如见其人、如临其境。

1927年9月，秋收起义失败后，毛泽东在浏阳文家市，对被打散后又重新集结起来的队伍作了一次讲话，他指着身边的大水缸说："蒋介石反动派现在的力量还很大，就好比一口大水缸；我们工农武装现在的力量还很小，就好比一块小石头。'水缸'样子很大，但经不起'石头'一击。只要我们咬紧牙，挺过这一关，我们这块'小石头'，总有一天会打碎蒋介石这个'大水缸'。"这里的"小石头"和"大水缸"都是工农出身的战士所熟悉的，他们听了后很容易理解，也最愿意接受。

　　毛泽东在延安时，有一次到红军大学给学员作关于和平解决西安事变问题的报告。有人问："如果蒋介石不谈判，不接受张学良、杨虎城的抗日主张怎么办？蒋介石心狠手辣，毫无信义，放了他，他还会抗日吗？"毛泽东说了这样一段话："你们看，陕北的毛驴很多，毛驴驮了东西是不愿上山的，但是陕北老乡让毛驴上山有三个办法，一是拉、二是推、三是打。蒋介石是不愿意抗战的，我们就采取对毛驴一样的办法，拉他、推他、实在不行就打他。当然喽，要拉得很紧，推得有力，打得得当，驴子就被赶上山了，西安事变就是这样。国共合作一致抗日是大势所趋，但驴子是会踢人的，我们要提防它。这就是既联合又斗争。"毛泽东用形象、生动、风趣的语言，把道理讲得有声有色，使听者口服心服。

　　毛泽东讲话是运用形象语言的典范。他经常使用人们熟悉的形象语言来阐述深奥的道理，如用"星星之火，可以燎原"，来说明革命力量由小到大的发展趋势；用"早上八九点钟的太阳"，来赞美朝气蓬勃的青年；用"妇女能顶半边天"，来说明妇女在社会发展中的地位和作用；把空话连篇的党八股讥讽为"懒婆娘的裹脚，又长又臭"；等等。

　　毛泽东谙熟历史典籍，促成他待人接物别具一格的风格。他能从你的名字、籍贯上很机敏地联系到历史，表现出他特有的幽默和诙谐，使与之初次相识的人顿生亲切、轻松之感。

　　1940年3月底，他第一次接见从苏联归来的师哲，见师哲有些紧张拘谨，便话锋一转，问他是哪里人，一听说师哲是"韩城人"，马上接着说："噢，你和司马迁是同乡。"一句话，宛如一只灵巧的手，打开了师哲的话匣子。事后，师哲回忆说："毛泽东初次和我谈的这些话，使我感到他明达开朗，学识渊博，思路开阔，博古通今……他善于理论联系实际，这也是他知识渊博，经验丰富，对于事物了如指掌，永远立于不败之地的奥秘所在。"

1943年春，毛泽东第一次见到薄一波时，为了记住薄一波的名字，他反复念道："如履薄冰，如履薄冰……"当得知薄一波是山西定襄人后，立即说："汉文帝的母亲也姓薄。她的弟弟叫薄昭，汉文帝曾被立为代王，建都在你们山西中部。"类似情况，不可胜数。这种独特的谈话方式，风趣的语言，使初次见到毛泽东的人，无不惊叹他广博的历史知识，也为见到毛泽东感到轻松愉快。

毛泽东运用语言艺术的最大特点，就是充满了幽默智慧，他喜欢在对方的名字上做文章，善于望"名"生义。

1945年在重庆谈判期间，毛泽东向文艺界的部分名流作了一次生动的演讲。演讲结束后，有人问毛泽东："假如谈判失败，国共全面开战，毛先生有没有信心战胜蒋先生？"毛泽东回答："国共两党的矛盾，是代表两党利益的矛盾，至于我和蒋先生嘛……"

"蒋先生的蒋，是将军的'将'字头上加一棵草，他不过是一个草头将军而已。"说完，毛泽东豪迈地笑了笑。有人不怀好意地问："那毛……"不等那人说完，毛泽东不假思索地说："我的毛字不是毛手毛脚的毛字，而是一个反'手'。意思是说代表大多数中国人民根本利益的中国共产党，要战胜代表少数人利益的国民党，易如反掌。"毛泽东的绝妙解释，一语中的，恰到好处，顿时博得满堂喝彩。

有一次在延安干部会上，毛泽东讲到反对官僚主义问题时说："官僚主义的特点主要是脱离群众。"他随口念了一首旧辞书上咏泥神的诗，用泥塑木雕的神像来比喻官僚主义者。他说，除了三餐不食这一点不像外，官僚主义者的其他方面都很像神像："一声不响，二目无光，三餐不食，四肢无力，五官不正，六亲不靠，七窍不通，八面威风，久（九）坐不动，十分无用。"毛泽东用咏泥神的诗，来讽刺官僚主义者的特点，既形象又生动，使干部听了后很受教育。仔细琢磨真还有点相似，这比用一大套理论去说教还有效。

正如郭沫若所说："听了毛主席的讲话，好像热天吃了冰激凌，又好像疲倦时喝了一杯热茶。"

4. 枪杆子，笔杆子

毛泽东是博览群书的典范，也是光照史册的文章大家。他的实践和思想，集中体现在他的文章里。毛泽东写的文章，立意高远，豪放大气，文采飞扬，形成了独特的风格。他的许多名篇对中国社会作了鞭辟入里的分析，对中国革命作了引领时代的描绘，对中华民族的未来作了辉煌灿烂的构想。他的文章，不仅激励同时代的中国共产党人和广大中国青年，今天读来，同样让人感受到一代伟人的精神力量。

毛泽东的文章首先在磅礴凌厉的气势。陆游说："汝果欲学诗，功夫在诗外。"文章之势，是文章之外的功夫，是作者的胸中之气、行事之势。势是不能造假的，得有大思想、真见识。古今文章家大致可分为两种，一是纯文人，一是政治家。纯文人之文情胜于理，政治家之文理胜于情。理者，思想也。写文章，说到底是在拼思想。

只有政治家才能总结社会规律，借历史交替、风云际会、群雄逐鹿之势，纳雷霆于文字，排山倒海，摧枯拉朽，宣扬自己的政见。毛泽东属于这一类。他的文字不是用笔写出来的，而是全身心社会实践的结晶。劳其心，履其险，励其志，成其业，然后发而为文。文章只是他事业的一部分，如冰山之一角，是虎之须，凤之尾。

毛泽东知识渊博，他的文章用典丰富。作为共产党的领袖，他对革命理论、传统知识和革命实践三样皆通。特别对中国的典籍烂熟于心，还能结合当前实际翻新改造。

他在《为人民服务》这篇文章中，引用中国古时候历史学家司马迁的话"人固有一死，或重于泰山，或轻于鸿毛"。为人民利益而死，就比泰山还重，替法西斯卖力，替剥削人民和压迫人民的去死，就比鸿毛还轻。这是在革命战士张思德追悼会上的讲话，作为领袖，除表示哀悼之外，还要阐明当时为民族大业牺牲的意义。他一下子拉回两千年前，解释我们这个民族是怎样看待生死的。司马公有言，自古如此，一下子增加了文章的厚重感。司马迁的这句话也因他的引用有了新的含义，更广为流传。

毛泽东的文章是通俗幽默与典雅完美的结合。毛泽东是乡间成长起来的知识分子，又是战火中锻炼出来的领袖，他在学生时期就受过严格的古文训练，又在长期革命生涯中，与工农兵在一起。所以，他的文章典雅与通俗共存、朴实与幽默互见。他讥刺党八股像"懒婆娘的裹脚，又长又臭"，"只有死死板板的几条筋，像瘪三一样，瘦得难看，不像一个健康的人"。可谓漫画高手。他在延安文艺座谈会上，讲到文化的重要性时说："我们有两支军队，一支朱德总司令拿枪的军队，一支是鲁迅总司令拿笔杆子的文化军队。"

1939年7月7日，是七七事变两周年纪念日，他对即将上前线的师生讲话，以《封神演义》故事作比："当年姜子牙下昆仑山，元始天尊赠了他杏黄旗、四不像、打神鞭三样法宝。现在你们出发上前线，我也赠给你们三样法宝，这就是统一战线、武装斗争、党的建设。"这是比喻手法，只借"三样法宝"的字面同一性。1957年，他在莫斯科共产党代表大会上说："现在的世界形势是东风压倒西风。"这是借《红楼梦》里林黛玉的话，与原意无关，只借"东风、西风"这两个字意，显得开阔、轻松，而寓意很深。

毛泽东的文章是一门独立的艺术，细读他的文章，特别是独特的语言风格是可自立为一门一派的。

毛泽东把笔杆子用到出神入化的程度。他把笔杆子提到同枪杆子同等重要的地位。他手中的笔是扭转乾坤的神笔，他的一支笔强过千军万马，胜过任何先进武器。他的一篇《湖南农民运动考察报告》吹响了一个阶级推翻另一个阶级的号角。他的一篇《星星之火，可以燎原》让迷茫者看到光明。他的一篇《论持久战》，奠定了抗日战争的最后胜利。他的一篇《将革命进行到底》，激励全党、全军、全国人民捣毁了蒋家王朝。他的一篇《别了，司徒雷登》，大灭了帝国主义威风，大长了中国人民的志气。他的一篇《全世界人民团结起来，打败美帝国主义及其一切走狗》，凝聚了第三世界反帝的力量。更有一篇《为人民服务》，昭告了共产党和人民军队的宗旨和使命。

读过毛泽东"老三篇"的人，都会感受到他的文章，语言简洁、通俗、生动，记忆犹新。

"老三篇"是毛泽东在抗日战争期间写下的三篇经典之作——《为人民服务》、《愚公移山》、《纪念白求恩》的统称。

"……为人民利益而死，就比泰山还重"；"要做一个高尚的人，一个纯粹的人，一个有道德的人，一个脱离了低级趣味的人，一个有益于人民的人"；"下定决心，不怕牺牲，排除万难，去争取胜利"。

"老三篇"文章短小精悍、简明深刻，有人物、有故事，道理讲得通俗易懂，入情入理。这三篇文章凝聚了中国共产党的灵魂，解决好"我是谁""为了谁""依靠谁"的问题。

"老三篇"中的《为人民服务》是1944年9月毛泽东在中央警卫团一个普通战士张思德的追悼会上的演讲；《纪念白求恩》是1939年12月毛泽东为八路军政治部、卫生部于1940年出版的《诺尔曼·白求恩纪念册》而撰写；《愚公移山》是1945年6月毛泽东在中国共产党第七次全国代表大会上致的开幕词。

"老三篇"的光辉思想是当时全国人民的行动指南、力量源泉，对人们的精神境界和人生品格产生了不可估量的影响。

"老三篇"中的主人公——张思德、白求恩、老愚公，也成为全国人民心目中的偶像，激励着无数的中国人，流血牺牲，前仆后继，鏖战图强。

"老三篇"不"老"，"老三篇"历久弥新，永远是中国人精神的"三宝"。

1947年10月上旬，毛泽东在陕北神泉堡起草了《中国人民解放军宣言》，第一次响亮地提出了"打倒蒋介石，解放全中国"的口号，提出了"联合工农兵学商各被压迫阶级、各人民团体、各民主党派、各少数民族、各地华侨和其他爱国分子，组成民族统一战线，打倒蒋介石独裁政府，成立民主联合政府"这一政治纲领。他审定以人民解放军名义公布的政治口号，突出了"打倒蒋介石"和人人"有地种""有粮吃""有衣穿""有屋住""有工作""有书读"等反映人民要求的内容。《中国人民解放军宣言》由新华社向全国、全世界公布，第一次郑重提出"打倒蒋介石，解放全中国"的口号，立即在举国上下以至国际社会上引起了巨大的轰动。

须知，打天下不仅要靠枪杆子，也要靠笔杆子，治天下更要靠笔杆子。

毛泽东极力赞赏和高度评价鲁迅一生用犀利的笔锋，同旧势力斗争的精神。

1936年10月19日，鲁迅在上海去世，毛泽东向鲁迅夫人许广平女士致唁电。唁电说："中华民族失去最伟大的文学家，热忱追求光明的导师，献身于抗日救国的非凡领袖。"告全国同胞和全世界人士书指出："他没有一个时候不和被压迫的大众站在一起，与那些敌人作战。他的犀利的笔锋，完美的人格，正直的言论，战斗的精神，使那些害虫毒物无处躲避。""鲁迅先生在无论如何艰苦的环境中，永远与人民大众一起，与人民的敌人作战，他永远站在前进的一边，永远站在革命的一边。他唤起了无数的人走上革命的大道，他扶助着青年们，使他们成为像他一样的革命战士，他在中国革命运动中立下了超人一等的功绩。"

5. 看千古词人共折腰

毛泽东一生与诗词相伴。自学生时代，就极为喜欢欣赏和研读诗词。

他的诗词不是矫揉造作，不是附庸风雅，而是真本性、纯天然的风雅，是大气度、雄万端的风雅。他的诗词中既有"我失骄杨君失柳"的柔肠，又有"为有牺牲多壮志"的豪情；既有"坐地日行八万里"的浪漫，又有"引无数英雄竞折腰"的慨叹。

毛泽东早年在湖南安化拜访一位老先生，老先生写了一副上联摆在桌子上："绿杨枝上鸟声声，春到也，春去也。"毛泽东随即写出下联："清水池中蛙句句，为公乎？为私乎？"其语中的内涵让老先生顿然亲近有加。

　　毛泽东一生创作诗词百余首，他研读、批注的诗词千余首。有人从他中南海书房的诗册中整理出一份他研读的诗词目录，这份目录收录的仅是毛泽东研读诗词时圈阅批注过的，包括古今中外429位诗人的作品，总计诗词曲赋1590首。其中诗1180首，词378首，曲12首，赋20首。从其范围看，中国历史各个朝代的诗集及历代诗人的作品他都广泛涉猎过。从中国最早的一部诗歌总集《诗经》和战国时代的《楚辞》，汉魏、晋、南北朝、唐、宋、金、元、明、清等历代诸家的诗词曲赋，直到鲁迅的诗作，毛泽东几乎都巨细靡遗地阅读过。

　　毛泽东作为具有诗人气质的政治家，有一种"死犹未肯输心志"的可贵品格。毛泽东的全部著作中诗词占很大比重。发行数量庞大的毛泽东诗词不仅版式繁多，而且对其作注解研究、赏析之类的相关著作亦颇多。统计起来，国内出版的有关毛泽东诗词的书籍，各式版本有470余种，按其内容大致可分为原著、注释、手迹、歌曲、字帖、刻石、诗画等七大类。毛泽东的诗词气势博大、恢宏，有一泻千里之势，给人以壮美的感受。他被世界公认为"中国的伟大诗人"。

　　毛泽东一生不但创作了大量诗词，而且留下许多墨宝，成为近现代攀上狂草高峰第一人。

　　1999年新世纪来临之际，《中国书法》杂志和几家媒体举行了一次评选"百年十大书法家"活动，通过专家评选和无记名投票，毛泽东被评为第五名。排列在吴昌硕、林散之、康有为、于右任之后，与沈尹默并驾，排在沙孟海、谢无量、齐白石、李叔同之前。

　　郭沫若曾诗赞毛泽东"泰山北斗，诗词余事"，诗词是毛泽东的余事，书法对于毛泽东就是余事的余事。

毛泽东颇为喜欢读诗、评诗。诗有婉约、豪放两大流派，他更喜欢豪放一派。

毛泽东在叱咤风云的一生中，扮演的是豪迈雄壮的浪漫诗人和独领风骚的领袖，他的人格意志、浪漫情怀、巨人意识决定了他不喜欢伤感、哭哭啼啼的诗歌，而特别欣赏那些气势雄壮、豪拔奇诡、慷慨悲壮的作品。因此，他对屈原、曹操、李白、李贺、辛弃疾、苏东坡、岳飞等人的诗都十分喜爱。对《楚辞》尤其是对《离骚》，毛泽东一生都非常热爱，他为诗中的浪漫主义风格、爱国主义情操和不屈不挠、追求光明与理想的精神所吸引、所感染。

毛泽东喜欢曹操的诗，认为曹操是个了不起的政治家、军事家，也是个了不起的大诗人。他喜欢曹诗的气魄雄伟、慷慨悲凉，这种精神引起毛泽东的强烈共鸣。

毛泽东喜欢李白的诗，称李白"文采奇异，气势磅礴，有脱俗之气"。他欣赏李白那种不畏权贵，不崇拜偶像，追求个性解放的精神。

毛泽东还喜欢李贺、李商隐的词。在词人中，他喜欢辛弃疾，每当读辛弃疾的词时，常常为其中的爱国主义精神叫好。这些既是毛泽东审美情绪的反映，更是他革命精神的写照。

毛泽东在欣赏、阅读诗词的同时，常常发些议论来论诗论人。能透过诗的背后透彻了解作诗的人，及其诗作的产生环境。更多地融入历史意识、政治意识和哲学意识，他善于从诗中读出政治和哲学，以获取可资借鉴的政治经验。不仅能从诗中读出政治，更善于从诗中嗅出阶级斗争的味道；不仅善于从诗中考证出当时的社会历史状况和当朝政事，还善于分析诗人诗作的产生环境，以及诗人本身暴露出来的思想倾向，从诗中得到启迪。

声音之道，与政通矣。毛泽东能从诗中读出政治和哲学的关键之一，在于他把诗与现实政治紧密结合起来。诗常常成为他用来表达内心政治意愿的方便工具。"九州生气恃风雷，万马齐喑究可哀。我劝天公重抖擞，不拘一格降人才。"这是毛泽东1955年春在一篇文章中引用清人龚自珍的诗，这首诗贴切地表达了毛泽东企盼中国在这"一穷二白"的纸上写上最新最美的文字，画上最新最美的画图的强烈愿望，期待中国劳动人民振奋精神，起来做主，展开一个社会主义的经济革命、政治革命、思想革命、技术革命、文化革命的积极主张。

1961年10月，毛泽东书鲁迅诗一首赠日本朋友："万家墨面没蒿莱，敢有歌吟动地哀。心事浩茫连广宇，于无声处听惊雷。"这是他鼓励日本友人敢于斗争，并寄希望于日本人民革命的胜利。毛泽东还引用过清代张英的诗句，"万里长城今尚在，不见当年秦始皇。"来表明国与国之间和平共处的重要；以王勃的诗句"海内存知己，天涯若比邻"，来说明中国与一个"远隔千山万水"的欧洲国家的友谊。

1958年在武昌召开中共八届六中全会期间，应邀为全会演出的著名粤剧演员红线女请求他题词，毛泽东欣然挥笔写下鲁迅诗句"横眉冷对千夫指，俯首甘为孺子牛"相赠，诗中寄托了他对文艺工作者坚持文艺工作为工农兵服务方向的希望，亦体现了使文艺成为教育团结人民、打击敌人的一贯主张。

1935年10月，日本侵华已愈演愈烈，毛泽东决定率红军主力东渡黄河，开辟新区，壮大队伍，筹集资金，对日作战。

1936年1月下旬，为给红军东征开辟道路，毛泽东亲率100多人，冒着严寒，晓行夜宿，于2月5日来到黄河西15公里处的清涧县袁家沟村。

适逢冬季连降大雪，毛泽东在袁家沟村的次日即2月7日，查看东渡黄河地形时，积雪盖地足有两尺多深。毛泽东站在白雪盖地的黄土高原，见万里河山为冰雪所封，极目远眺，一片苍茫，遂有感而发。当晚回到袁家沟居住的窑洞，点燃蜡烛，凝神遐思，仿佛把全身融入洁白晶莹的冰雪世界，挥毫疾书，一口气写下雄冠千古的不朽名篇《沁园春·雪》：

> 北国风光，千里冰封，万里雪飘。望长城内外，惟余莽莽；大河上下，顿失滔滔。山舞银蛇，原驰蜡象，欲与天公试比高。须晴日，看红装素裹，分外妖娆。　江山如此多娇，引无数英雄竞折腰。惜秦皇汉武，略输文采；唐宗宋祖，稍逊风骚。一代天骄，成吉思汗，只识弯弓射大雕。俱往矣，数风流人物，还看今朝。

抗战胜利后，为了争取国内和平，毛泽东于1945年8月28日从延安飞抵重庆，同蒋介石进行谈判。在重庆的43天中，毛泽东除主持谈判外，还与社会各界朋友进行了广泛接触。

8月30日，到达重庆的第三天，毛泽东在重庆桂园寓所，宴请柳亚子、沈钧儒等知名人士。

席间，柳亚子赠送毛泽东七律一首：

> 阔别羊城十九秋，重逢握手喜渝州。
> 弥天大勇诚能格，遍地劳民战尚休。
> 霖雨苍生新建国，云雷青史旧同舟。
> 中山卡尔双源合，一笑昆仑顶上头。

这首七律中，柳亚子将毛泽东赞为孙中山与马克思之"双源合"，认为国之前途系于其一身，称毛泽东"弥天大勇"。当柳亚子得知毛泽东作有《长征》诗，便向他索句。毛泽东遂将《沁园春·雪》相赠，并在随函中写道："初到陕北看见大雪时，填过一首词，似与先生诗格略近，录呈审正。"柳亚子一看，顿时被其中所蕴含的壮阔情怀和风云气象所深深折服，每每读之都不免击节赞叹。同年10月14日《沁园春·雪》公开发表于重庆《新民晚报》，引起轰动。一时间，重庆乃至中国的舆论界都为之倾倒，骚人墨客，纷纷填词唱和，蔚然成风。据粗略统计，从1945年11月起至1946年2月，重庆等地的国内报刊发表《沁园春·雪》和词共有30余首。

《沁园春·雪》使人领略了毛泽东那气吞山河、独步古今的胸襟气魄，还能让人感到这不但打赢了国共两党的文坛政治大战，而且成为中华诗词宝库中前无古人、后无来者的千古绝唱；更能使人们从毛泽东及其领导的中国共产党身上，看到中国的光明和希望。

柳亚子先生给这首词极高的评价，他认为这首词是"看千古词人共折腰"的杰作。这首词之所以引起轰动，能得到如此高的评价，是因为毛泽东以其雄伟的气魄，豪迈瑰丽的语言，礼赞了祖国壮丽山河，从一个侧面批判了封建主义，宣告了只有无产阶级才是代表国家前途和光明未来的真正民族英雄。

在近代历史上，柳亚子先生是一位有名的人物，以诗文名传天下。他比毛泽东年长6岁，生于苏州吴江。1905年加入国学保存会，后至上海加入光复会、同盟会，曾任孙中山总统府秘书，国民党中央监察委员，上海通志馆馆长，是坚定的民主主义者。1941年因反对蒋介石制造的皖南事变被开除国民党党籍，亡命香港。太平洋战争爆发后，才从香港回到广西桂林。1944年9月12

日，由桂林来到重庆，柳亚子同周恩来、董必武十分要好，往来甚多。他积极参加抗日民主运动，经常写诗、填词，歌颂共产党，痛斥国民党。1949年出席中国人民政治协商会议第一届全体会议。新中国成立后，任中央人民政府委员、全国人大常委会委员。1958年6月21日，柳亚子与世长辞，留下了7000多首诗词。郭沫若评价他："有热烈的感情，豪华的才气，卓越的器识。"

柳亚子先生和毛泽东相识于1926年5月，在广州召开的国民党二届二中全会上，当时毛泽东以共产党员的身份任国民党中央宣传部代理部长，柳亚子则是国民党中央监察委员。在这次会议上，毛泽东坚定的革命立场受到与会的何香凝、柳亚子等人的支持。从那时起，柳亚子先生和毛泽东就顿觉投缘，相互认定为是志同道合的革命战友了。

1929年柳亚子先生在上海作《存殁口号》一诗，诗中写道：

神烈峰头墓草青，湖南赤帜正纵横。

人间毁誉原休问，并世支那两列宁。

"两列宁"一语，诗人在诗末自注为："孙中山、毛润之。""神烈峰头墓草青"，即指南京紫金山中山陵所在地，而"湘南赤帜正纵横"则表达了柳亚子对毛泽东领导的工农武装斗争的热情赞扬。

在诗中，柳亚子将毛泽东和孙中山并列，把他俩都比作中国的列宁。1929年，在毛泽东尚未成为共产党领袖之时，柳亚子先生竟能给予毛泽东如此之高的评价和赞扬，需要何等的慧眼与胆识。从现存的史料来看，这是最早讴歌毛泽东的诗。

列宁是苏联之缔造者与伟大领袖。"两列宁"之喻，意即只有这两个人能担当起统领中国的神圣历史使命。其时，孙中山已去世。"两列宁"只剩其一，可见柳亚子对毛泽东的评价之高，他无疑是预见毛泽东将成为中国领袖的第一人。

三年后，柳亚子以凌云笔意又写了一首歌颂毛泽东的诗。

1932年，蒋介石亲自指挥30万重兵，向毛泽东领导的红色根据地发起大规模的第三次"围剿"，不但没有消灭红军，反而遭到惨败。在得到红色革命力量不断发展、根据地不断扩大的消息后，柳亚子备受鼓舞，欢喜若狂，欣然挥笔，写下了《怀人四截》。其中第一首写道：

> 平原门下亦寻常，脱颖如何竟处囊。
>
> 十万大军凭谁握，登坛旗鼓看毛郎。

诗中"毛郎"，诗人自注"毛润之"。柳亚子运用平原君和毛遂的典故，讴歌根据地反"围剿"的胜利，表达自己对毛泽东的敬仰之情。

1949年2月底，柳亚子应毛泽东电邀由香江北上，3月18日到达北京。两天后，毛泽东从西柏坡到京，柳亚子、沈钧儒、陈叔通等迎接，随后陪毛泽东一起检阅了军队。

当天晚上，毛泽东邀请柳亚子等到香山双清别墅赴宴。

柳亚子因与毛泽东再次重逢，感慨良多，回到家里当天晚上写了三首七律，其中一首道："二十三年三握手，陵夷谷换到今兹。珠江粤海惊初见，巴县渝州别一时。延水鏖兵吾有泪，燕都定鼎汝休辞。推翻历史三千载，自铸雄奇瑰丽词。"

3月28日柳亚子写了一首《感事呈毛主席》的诗，向毛泽东发牢骚，说要回家隐居。诗曰："开天辟地君真健，说项依刘我大难。夺席谈经非五鹿，无车弹铗怨冯驩。头颅早悔平生贱，肝胆宁忘一寸丹！安得南征驰捷报，分湖便是子陵滩。"诗中引用了战国时孟尝君门下食客冯谖因不满孟尝君给他的待遇发泄怒气的典故，借以发泄自己的不满。

4月29日毛泽东写了一首《七律·和柳亚子先生》的诗："饮茶粤海未能忘，索句渝州叶正黄。三十一年还旧国，落花时节读华章。牢骚太盛防肠断，风物长宜放眼量。莫道昆明池水浅，观鱼胜过富春江。"诗中毛泽东则引用了东汉初年严光不愿出来做官，而隐居在浙江富春江钓鱼的典故来规劝柳亚子不要回家乡吴江，留在北京参与建国工作比回家乡隐居要好得多。

很快，柳亚子旧文人的思想得到转变，对即将诞生的新中国投入极大的热忱，并参与了开国大典，当选为中央人民政府委员。这一年，柳亚子又作《拟民谣二首》，其一云："太阳出来满地红，我们有个毛泽东。人民受苦三千年，今日翻身乐无穷。"

1950年10月1日国庆大典，当天晚上，怀仁堂举行国庆歌舞晚会。由西南各民族文工团、吉林省延边文工团、内蒙古文工团联合演出。毛泽东邀诗友一同观看文艺表演和烟火晚会。恰好柳亚子也在观看。毛泽东见了他，一时兴起，当场建议柳亚子填一首词，用以纪念各民族大团结盛况。柳亚子得毛泽东之命，立即填了一首《浣溪沙》词云：

火树银花不夜天，弟兄姐妹舞翩跹，歌声唱彻月儿圆。

不是一人能领导，哪容百族共骈阗？良宵盛会喜空前。

毛泽东听罢，非常满意。柳亚子却趁机提议："是否主席也来一首呢？"

毛泽东微笑着，只得说："柳老有请，自然也得来一首了。"于是，毛泽东也填了一首《浣溪沙》，题为《和柳亚子先生》，前有小序，云："一九五〇年国庆观剧，柳亚子先生即席赋《浣溪沙》，同步共韵奉和。"词云：

长夜难明赤县天，百年魔怪舞翩跹，人民五亿不团圆。

一唱雄鸡天下白，万方乐奏有于阗，诗人兴会更无前。

　　毛泽东和柳亚子先生是中国近代诗坛上耀眼的双子星，诗词创作和诗词交往，把两个人紧紧地联系在一起。他们两人在性格和气质上存在着共同点：一个是具有诗人气质的政治家，一个是具有政治家气质的诗人，两人多次诗词唱和，结下了长达三十余年的诗词情缘，留下了一段千秋佳话。

　　毛泽东的诗词具有雄伟的气势和多变的风格，堪为一绝。著名诗人贺敬之称赞毛泽东的诗词是"中国悠久诗史上风格绝殊的新形态的诗美"。

　　毛泽东所作的诗句大概能分为三个阶段：

　　第一阶段是他参加革命之前所作的诗词。此时的毛泽东尚处于年轻的学生时期，他写的大部分诗都是赠别诗和咏志诗，充满了年轻的朝气。

七古·咏蛙

　　独坐池塘如虎踞，绿荫树下养精神。

　　春来我不先开口，哪个虫儿敢作声。

　　此诗作于1910年，显露出他血气方刚的赤子之心，还有初生牛犊不怕虎的勇气。通过对青蛙的描写，表现出了毛泽东救国救民的迫切渴望。

　　第二阶段是毛泽东加入革命和战争所作的诗词。此时的诗词非常写实，这些诗有着振奋人心的力量，见证着中国的一个又一个胜利。

　　1935年2月25日凌晨，中革军委下达作战命令，拿下娄山关，再战遵义城。2月27日，红军占领遵义城。28日晨，红军在城南红花岗、老鸭山与国民党军激战，歼灭吴奇伟59师、93师大部，并将敌赶到乌江以南。

　　娄山关一战是红军长征以来取得的第一次大捷。这次战役的胜利，使红军摆脱了被动局面，粉碎了蒋介石企图在川、滇、黔边区全歼红军的梦想。

2月28日傍晚时分，毛泽东来到云海苍茫的娄山关。此时，正值农历的早春季节，娄山关千峰万仞，重崖叠峰，寒风呼啸，松涛阵阵，战场上硝烟尚未散尽，血迹未干，远处传来的军号低沉而悲壮。此情此景，毛泽东感慨万端，抒发出长征中最为悲壮的诗篇《忆秦娥·娄山关》：

> 西风烈，长空雁叫霜晨月。霜晨月，马蹄声碎，喇叭声咽。　　雄关漫道真如铁，而今迈步从头越。从头越，苍山如海，残阳如血。

在霜天残月的意象中，诗人抒发了征途寒苦、战斗曲折的凝重心情。通过对残阳余晖洒满群山万壑的壮美景色的描写，表现了红军跨越一切雄关险隘的豪情壮志，又喻遵义会议后中国革命步入正确轨道，重新迈步向前。

1935年10月7日，红军在宁夏六盘山的青石嘴击败了前来堵截的敌骑兵团，扫清了障碍，摆脱了追敌。当天下午一鼓作气，翻越六盘山。

六盘山处于宁夏南部的黄土高原之上，是渭河与泽河的分水岭，山路曲折险狭，平均海拔2300米以上，山势高峻。面对西部的高天白云，清朗秋气，南飞的大雁，毛泽东一抒胸中情怀，写了《清平乐·六盘山》词作：

> 天高云淡，望断南飞雁。不到长城非好汉，屈指行程二万。　　六盘山上高峰，红旗漫卷西风。今日长缨在手，何时缚住苍龙？

这首词既抒发了毛泽东及其率领的中国工农红军不畏艰难险阻，胜利完成长征的英雄气概，又表达了誓将革命进行到底的雄心壮志。此诗写景、抒情工整分明，流畅自然。诗人的视角由近及远，情感由喜悦到激昂，结构紧密，又不显拥挤，语言浅近清新，耐人寻味。

1935年9月下旬，毛泽东写了一首《七律·长征》的诗：

> 红军不怕远征难，万水千山只等闲。
>
> 五岭逶迤腾细浪，乌蒙磅礴走泥丸。
>
> 金沙水拍云崖暖，大渡桥横铁索寒。
>
> 更喜岷山千里雪，三军过后尽开颜。

这首诗形象地概括了红军长征的战斗历程，热情洋溢地赞扬了中国工农红军不畏艰险、英勇顽强的革命英雄主义和革命乐观主义精神。毛泽东的长征诗，雄浑壮丽，大气磅礴，读后犹如重温了那段艰苦卓绝、光耀人寰的不平凡的经历。

七律·人民解放军占领南京

> 钟山风雨起苍黄，百万雄师过大江。
>
> 虎踞龙盘今胜昔，天翻地覆慨而慷。
>
> 宜将剩勇追穷寇，不可沽名学霸王。
>
> 天若有情天亦老，人间正道是沧桑。

此诗写于1949年4月23日，全国内战已经进入尾声，国民党军队全面溃败，描绘百万雄师渡江解放南京的宏伟场面和解放南京胜利后的喜悦。

第三阶段是毛泽东在新中国成立后的诗词。此时毛泽东写的诗词更是无拘无束，自由自在，题材也从革命战争变成了身边的生活。大事小情只要诗兴到了，都会作诗一首，下面我们来欣赏一首：

水调歌头·游泳

> 才饮长沙水，又食武昌鱼。万里长江横渡，极

> 目楚天舒。不管风吹浪打，胜似闲庭信步，今
> 日得宽馀。子在川上曰，逝者如斯夫。 风
> 樯动，龟蛇静，起宏图。一桥飞架南北，天堑
> 变通途。更立西江石壁，截断巫山云雨，高峡
> 出平湖。神女应无恙，当惊世界殊。

此诗作于1956年6月，此时的中国社会主义革命和社会主义建设都取得了伟大的胜利。毛泽东在武汉期间，三次畅游长江，抒发豪情，写下此诗。这时的毛泽东有"闲庭信步"的宽馀之乐。随后借用一句"逝者如斯夫"，将这一份宽馀带上了历史的纵深感。把千里江山玩于掌股之间，改天换地轻而易举。

1964年春，毛泽东写了首《贺新郎·读史》的词，是其一生读书，尤其是读中国历史书的艺术性的总结，充满诗情画意及历史唯物主义的特点：

> 人猿相揖别。只几个石头磨过，小儿时节。铜
> 铁炉中翻火焰，为问何时猜得？不过几千寒
> 热。人世难逢开口笑，上疆场彼此弯弓月。流
> 遍了，郊原血。 一篇读罢头飞雪，但记得
> 斑斑点点，几行陈迹。五帝三皇神圣事，骗了
> 无涯过客。有多少风流人物？盗跖庄蹻流誉
> 后，更陈王奋起挥黄钺。歌未竟，东方白。

这首词翻译成白话文就是：与猿拱手作别进化到了原始社会的人类犹如呱呱坠地，再经过磨石为工具的石器时代人类进入了少儿时期。炉中火焰翻滚，那是青铜时代，也不过就是经过了几千个春夏秋冬。纵观历史，也如人这一生多半忧愁而少开怀。放眼历史，尽是征战杀伐刀剑疆场。这大好河山，哪一处没有战争没有流血。一部历史读罢，我已满头白发，我自己的人生也走到

了暮年。回顾起来不过是那些同样的事情一再发生，什么王侯将相功名利禄，有多少人为其白首执迷。那些所谓的英雄人物难道是真风流？我看不尽然。盗跖、庄蹻、陈胜、吴广这些敢于揭竿而起挑战统治者的权威的人，那才是真豪杰。词未写完，天已破晓。天亮了，人民翻身了。

毛泽东的这首词从人类诞生一直写到现在，纵横几百万年的悠久历史，而着墨仅仅115个字，如大写意的国画，用笔不多，却挥洒自如，意境、情趣、神韵俱备，把读者带进了滚滚向前的历史长河，与之共悲欢。

这是一首以政治家的气魄、诗人的才华、史学家的渊博、理论家的思辨发出的吟唱，大气磅礴，吞吐烟云，雄盖古今，为中外文坛有史以来所罕见之大手笔。

秘诀之四
克敌制胜的军事韬略

军事领域，是毛泽东一生最光辉、最精彩的一个活动领域。仅在土地革命战争和解放战争时期，毛泽东组织指挥和参与的战役战斗就达240余次之多，尚存的从1927年到抗美援朝战争时期亲手撰写的军事论著和指挥战役战斗的文电达6000余篇，600多万字。

1963年12月，毛泽东在一次与外国友人谈话时说过这样的话：我这一辈子就是在打仗中过的，共打了22年。从没有打仗的决心到有打仗的决心，从不会打仗到学会了打仗。在军事这个大舞台上，毛泽东导演了许多出奇制胜、用兵如神的活剧，展现了"横扫千军如卷席"的全无敌气概和高超绝伦的战争指导艺术。

1. "逼上梁山"

20世纪60年代，正是亚非拉许多国家的民族革命风起云涌的时候，不少国家或政党的领导人到中国来"取经"，他们除了向毛泽东请教武装斗争的方法外，还常常问起毛泽东是怎样成为战争大师的？

毛泽东的回答基本上是四个字——"逼上梁山"。

他总是说："像我这样一个人，从前并不会打仗，甚至连想也没有想到过要打仗，是帝国主义、蒋介石强迫我们拿起武器。"

还说："1921年成立中国共产党，我们就变成共产党员了，那个时候我们也没有准备打仗。""我是一个知识分子，一个小学老师，也没有学过军事，怎么知道打仗呢？是蒋介石搞白色恐怖，把工会、农会都打掉了，把5万共产党员杀了一大批，抓了一大批，不让我们活了，一下子把我们打入地下。七逼八逼，逼着我们拿起枪来上山打游击。"

毛泽东在五四运动时期，对暴力革命是颇不以为然的，他在《湘江评论》创刊宣言里倡导的是呼声革命、面包革命、无血革命，不主张大扰乱，不主张炸弹革命、有血革命。

那么是谁逼着毛泽东走上工农武装割据、农村包围城市，最后夺取城市这样一条中国革命的正确道路呢？是谁真正教会毛泽东认识"枪杆子"的重要性呢？是蒋介石。

蒋介石从一个名声并不大的参谋人员变成黄埔军校校长，变成国民党的党魁，变成蒋委员长、民国"总统"，他战胜一个个对手，成为中国社会首屈一指的独裁人物，靠的是枪杆子。

1927年4月12日，握有兵权的蒋介石在上海发动反革命政变，大肆逮捕和杀害共产党员和革命群众。

4月18日，蒋介石在南京另组国民政府，宣布武汉国民政府、国民党中央的一切决议为非法，公开通缉鲍罗廷、陈独秀、谭平山、林伯渠、徐谦、吴玉章、于树德、杨鲍安、彭泽民、毛泽东等共产党人和国民党左派193人。7月15日，武汉国民政府汪精卫决定反共反苏，实行"宁汉合流"。

从此，国民党蒋介石从共产党的朋友变成共产党的对手，在这种危急的形势下，共产党内一片惶惶，思想相当混乱，在大革命时期习惯于公开或半公开活动的各级党组织难以适应这种局势，不知道下一步该怎么办。

4月27日，中共第五次全国代表大会在武昌召开。会议接受共产国际第七次代表大会关于中国问题的决议，批评了陈独秀的右倾错误，通过《政治形势与党的任务决议案》等决议，这些决议强调要争取领导权，但没有提出切实可行的具体措施。

毛泽东参加了大会，被选为中央候补执行委员。会上，他是候补代表，只有发言权，没有选举权。

此时，毛泽东感到一场劫难来临，而党的五大却不能改弦易辙，自己的主张又不被以陈独秀为代表的中共中央理解。他独自徘徊在武昌蛇山的黄鹤楼前，面对滔滔奔涌的长江，赋诗句表达他内心的忧虑：

> 茫茫九派流中国，沉沉一线穿南北。烟雨莽苍苍，龟蛇锁大江。 黄鹤知何去？剩有游人处。把酒酹滔滔，心潮逐浪高！

后来，毛泽东曾解释这首诗中说到的"心潮"：1927年大革命失败时的心情苍凉，一时不知如何是好。

6月17日，中共中央军事部长周恩来根据湖南情况在中央常委会上提出湖南暴动计划，被共产国际代表罗易拒绝了，不轻易发火的周恩来气得和他大吵一场。

7月4日，毛泽东出席中共中央政治局扩大会议，他在发言中提出，农民自己的武装必须保留，必要时可以上山，"上山可造成军事势力的基础"。"不保存武力则将来一到事变，我们都即无办法。"

"上山"，作为一条出路，被毛泽东突出地提了出来。

1927年8月1日，以周恩来为书记的中共中央前敌委员会，在南昌率领国民革命军贺龙、叶挺部两万余人起义，打响了武装反抗国民党反动派的第一枪。李立三在两年多后说："南昌暴动在革命史上有它的伟大意义，在广大群众没有出路的时候，全国树出新的革命旗帜，使革命有新的中心。"但这次起义也有深刻的教训，没有直接到当地农村中去发动和武装农民，实行土地革命，建立农村根据地，而是按照中共中央计划南下广东夺取海口，准备在取得外援后攻打大城市，结果失败了。

2."枪杆子里面出政权"

1927年8月7日，毛泽东出席在汉口秘密举行的中央紧急会议暨中国共产党历史上有着重大转折意义的八七会议。会议在共产国际代表帮助下，总结了大革命失败的教训，坚决批判了以陈独秀为代表的右倾投降主义错误，确定了实行土地革命和武装反抗国民党反动派的总方针。首次提出枪杆子里面出政权论断的毛泽东当选为中共中央临时政治局候补委员。

在八七会议上，毛泽东以亲身经历，从国共合作时不坚持政治上独立性、党中央不倾听下级和群众意见，抑制农民革命，放弃军事领导权等四个方面批评陈独秀的右倾错误，并对会议确定的总方针提出了独到见解。

关于军事工作，毛泽东尖锐地指出："从前我们骂孙中山专做军事运动，我们恰恰相反，不做军事运动专做民众运动。蒋（蒋介石）唐（唐生智）都是拿枪杆子起家的我们却不管。"他着重强调："以后要非常注意军事，须知政权是由枪杆子里取得的。"这是一个对中国革命有着极其重要意义的论断。

恩格斯说过："要明确地懂得理论，最好的道路是从本身的错误中，从'痛苦经验中'学习。"毛泽东所以能在八七会议上提出"政权是由枪杆子里取得的"这个重要论断，正是从大革命失败的血的教训中总结的。

当然也是毛泽东从中国几千年的历史中得出的结论。一部中国的历史几乎就是一部战争史。特别是从中国近代以来，列强侵略、农民战争、革命党人起义、军阀混战的历史中，毛泽东感悟到，中国的事历来是有枪为大，"谁有枪谁就有势，谁枪多谁就势大"。

最先给中国革命带进军事的是孙中山，最先给中国政治带进枪杆子的是袁世凯，最先把枪杆子用到炉火纯青地步的是蒋介石。

孙中山一次次地武装起义、筹款、购买武器、组织会党，然后组成革命团体，艰难地策划与发动起义，这是他革命活动的主要组成部分。

蒋介石一次次事变，"中山舰事件"、四一二反革命政变，一次次驱除、屠杀、"围剿"共产党人，战胜一个个对手，靠的是什么？靠的是枪杆子。

"枪杆子里出政权"，这是毛泽东从中国国情、从敌我双方力量对比中总结出来的，是中国革命特点之一，也是为中国革命选择的唯一出路。

用枪杆子对付枪杆子意味着什么？意味着共产党人要拿起武器，开展武装斗争。在中国离开武装斗争，就没有共产党的地位，不可能完成任何革命任务。这不是任何人主观意愿所能决定的，是国民党、蒋介石实行的白色恐怖下不得不作出的选择，是蒋介石用枪杆子逼着共产党人也要拿起枪杆子同他进行斗争。用毛泽东的话说：这叫"逼上梁山"。

1927年9月9日，震惊全国的湘赣边界秋收起义爆发。湖南省委组织铁路工人破坏了长沙至岳阳和长沙至株洲的铁路。工农革命军第一师师部在修水率第一团宣布起义，但没有来到铜鼓与第三团会合，而是单独向平江方向推进。战斗打响前，去武汉报告工作的卢德铭回到部队，就任工农革命军第一师总指挥。10日夜，安源工农武装和矿警起义，组成工农革命军第一师第二团，向萍乡方向前进，这就形成了三路分别向平江、浏阳、萍乡推进的态势。毛泽东兴奋地写下了《西江月·秋收起义》：

军叫工农革命，旗号镰刀斧头。匡庐一带不停留，便向潇湘直进。　　地主重重压迫，农民个个同仇。秋收时节暮云愁，霹雳一声暴动。

当时全国革命形势趋于低潮，反动军事力量在各地都大大超过革命力量。从湘赣边界来说，群众没有充分发动起来，本身就很薄弱的兵力又分散使用，各自为战，行动并不统一，进攻目标都是湖南的中心城市长沙。这个计划本来是难以实现的，还由于起义前夕收编的黔军邱国轩团突然叛变并从背后袭击，部队受到巨大损失。第三团进攻浏阳时，因力弱而失利。第二团在攻克醴陵、浏阳县城后，因国民党军集中优势兵力反攻，部队全部溃散。毛泽东看到这种情况，当机立断，改变原有部署，下令各路起义部队停止进攻长沙，退至浏阳文家市集中。这时工农革命军第一师已由原来的5000人锐减到1500余人，受到严重挫折。

9月19日，毛泽东在文家市里仁学校主持召开有师团主要负责人参加的前敌委员会会议，讨论了工农革命军今后的行动方向问题。他指出单靠工农革命军的现有力量是不可能攻取长沙的，断然决定放弃攻打长沙，把起义军转移到敌人统治力量薄弱的农村山区，寻找落脚点，以保存革命力量，再图发展。

起义军前敌委员会会议结束后，毛泽东在文家市里仁学校操场上，向全师指战员宣布了行动方向的决定。他满怀信心地说，现在中国革命没有枪杆子不行，有枪杆子才能打倒反动派。这次武装起义受了挫折，算不了什么！胜败乃兵家常事，我们当前力量还小，还不能去攻打敌人重兵把守的大城市，应当到敌人统治薄弱的农村去保存力量，发动农民革命。我们现在好比一块小石头，蒋介石反动派好比一口大水缸，但总有一天我们这块小石头一定要打烂蒋介石那口大水缸。毛泽东这个讲话，大大鼓舞了刚刚受到严重挫折的起义军的士气。

起义军在文家市住了两天，便沿湘赣边界南下，在行军途中接到宋任穷从江西省委带回来的信件，得知罗霄山脉中段的宁冈有一支我党所领导的武装，有几十支枪。这以前，毛泽东在安源张家湾会议上曾听王兴亚谈到这个情况，现在又得到了证实，但详细情况不是很清楚。

9月29日，起义军连续行军，长途跋涉，翻过山口，来到永新县三湾宿营。这里群山环绕，追敌又被摆脱，又没有地方反动武装，比较安全。部队在村里住了五天。毛泽东在这里召开前敌委员会扩大会议，决定对部队实行整顿和改编。

改编的主要内容是：第一，把已经不足一千人的部队缩编为一个团，称工农革命第一军第一师第一团。下辖一、三两个营，还有特务连、卫生队、军官队、辎重队各一个，共有700多支枪。改编时，毛泽东宣布愿意留的则留，愿走的发给路费，将来愿意回来的还欢迎。第二，全军由党的前敌委员会统一领导。各级部队分别建立党的组织：班排设小组，支部建立在连队，营、团建立党委；连以上设党代表，由同级党组织的书记担任。部队的一切重大问题，都必须经过党组织集体讨论决定。第三，在部队内部实行民主制度，官兵平等，待遇一样，规定长官不准打骂士兵，士兵有开会说话的自由，连以上建立士兵委员会。士兵委员会有权参加部队的行政管理和经济管理，官长要受它的监督。

三湾改编是毛泽东的一大创举，具有重大的历史意义。实行这一举措，改变了旧式军队的一套制度和习气，初步确立了党对军队绝对领导的新式军队的基本模式和优良作风；纠正了农民的自由散漫习性，树立了革命军人应有的组织纪律观念。毛泽东这一惊人改革，显示了极大的魄力和领导才能。历史证明，三湾改编是建立党指挥枪新型人民军队的伟大开端，在中国人民解放军的建军史上是一座重要的里程碑。

罗荣桓元帅回忆说：秋收起义后的三湾改编，是"我军的新生，正是从这时开始，确立了党对军队的领导。如果不是这样，红军即使不被强大的敌人消灭，也只能变成流寇"。

整编后，毛泽东向部队全体人员讲话说："没有挫折和失败就不会有成功。贺龙两把菜刀起家，现在当军长，带了一军人。我们现在不只两把菜刀，我们有两营人，700多条枪，还怕干不起来？现在我们人是少了，但是很精干，大有希望。"毛泽东指出："敌人在我们后面追，放冷枪，没有什么了不起，大家都是娘生的，敌人有两只脚，我们也有两只脚，大家都是起义出来的，一个可以当敌人十个，十个可以当一百个，最终我们还是要战胜他们的！"

毛泽东率领工农革命军从三湾出发很快到了井冈山。

井冈山地处湘赣边界、罗霄山脉中段，这里崇山峻岭，地势险要，森林茂密，只有几条羊肠小道通往山里，进可攻，退可守，对于弱小的工农革命军来说，这里的确是一个理想的落脚点。

井冈山自古就是一个土匪聚集、"山大王"占山为王的地方。当时有袁文才、王佐两支绿林式的农民武装，各有一百五六十人。

工农革命军要想在井冈山落脚，就要做好争取这两支农民武装的工作。经过毛泽东再三说服感化和送给他们枪支，袁文才、王佐两支武装最终归顺了毛泽东，合编为工农革命军的一个团。这个问题的解决，标志着毛泽东在井冈山站住了脚。

毛泽东在井冈山落脚之后，积极开展游击战争，打了一些胜仗，但因缺乏经验，也打了一些败仗。1927年11月中旬，工农革命军第一团第一营由宁冈西进，击溃茶陵县靖卫团，占领茶陵县城；12月底，敌人一个团来进攻，与敌人激战一天多，虽然杀伤了一些敌人，自身伤亡也很大，被迫撤出战斗，退回宁冈。

1928年1月中旬，敌军一个团向井冈山发动第一次"进剿"，对井冈山地区的革命斗争有很大威胁，针对这种情况，毛泽东在遂川召开前委和万安县委联席会议，总结了前期井冈山地区开展游击战的经验，提出了"敌来我走、敌驻我扰、敌退我进"的十二字游击战原则，要求大家用这个原则对待敌人的进攻。在毛泽东提出的十二字游击战原则基础上，万安县委又提出了一个，"坚壁清野，敌来我退，敌走我进，敌疲我扰，敌少我攻"的与敌人搏战二十字策略。按照这些作战原则和策略，取得了多次战斗胜利，连续打退敌人四次"进剿"。

1928年春，朱德、陈毅率领南昌起义余部发动湘南暴动后，于4月28日到达井冈山，同毛泽东会师。会师后，两支部队合编为工农革命军第四军（一个月后，中共中央指示改称为红军第四军），朱德任军长，毛泽东任党代表，王尔琢任参谋长。全军编为4个团即第28团、第29团、第31团、第32团，总兵力6000余人。这四个团，战斗力较强的主力部队有两个团，一个是第28团，另一个是第31团。第28团是由南昌起义部队组成的，这个团的老底子是北伐劲旅叶挺独立团为基础形成的，有2000多人近千支枪，训练有素，装备齐全，有战斗经验，战斗力强。第31团是毛泽东从秋收起义带出来的，有2000多人，武器装备也比较好。该团因受到毛泽东亲自培养教育，政治素质好，组织纪律性强。第29团是由湖南暴动的农民组成的。第32团是由袁文才、王佐的部队改编组成的。

朱毛红军会师是中国工农红军发展史上一件大事。朱德的到来，大大增强了井冈山革命根据地的力量。此后，红军采用毛泽东的游击战术，连续取得多次战斗的胜利。

4月底，毛泽东率领红军第31团阻击敌人，掩护朱德指挥第四军在黄坳歼灭敌人一个营，接着又在五斗江歼灭敌人一个团大部，然后乘胜追击，在永新城附近击溃敌一个营，一举攻占永新县城，打破了敌人第二次"进剿"。5月中旬，红军第28团运用伏击、袭击、追击等多种战法，歼灭进攻之敌一个团；乘胜第二次攻占永新城，歼敌第27师一部，击伤敌师长杨如轩，打破了敌人第三次"进剿"。

一个月后，敌人5个团再次进攻永新城，发动更大规模的"进剿"。毛泽东、朱德指挥第四军主力，在龙源口一带一举歼灭敌人一个团，击溃敌两个团，第三次攻占永新城，打破了敌人第四次"进剿"。

连续打破敌人四次"进剿"，三次攻占永新城，井冈山军民们喜气洋洋，兴高采烈。不仅打了胜仗，而且进一步丰富了游击战的经验。

1928年8月，湘、赣两省国民党军再次向井冈山大举进攻。红军英勇抗击将敌击退，毛泽东十分欣慰，乘兴写下著名诗作《西江月·井冈山》：

山下旌旗在望，山头鼓角相闻。敌军围困万千重，我自岿然不动。　　早已森严壁垒，更加众志成城。黄洋界上炮声隆，报道敌军宵遁。

看到红四军已在井冈山站住了脚，毛泽东以"岿然不动"的传神之笔，道出了他必将战胜对手的信念。

3. 十六字诀

毛泽东创建的井冈山革命根据地，因其规模较大，战斗较频繁（平均9天一次战斗），取得许多成功经验，所以产生"十六字诀"的战略思想。

毛泽东提出"十六字诀"游击战原则，最早的完整记载是1929年4月5日，红军第四军给中央的一封信。在这封信中有这样一段话："我们的战术就是游击战术。大要说来：'分兵以发动群众，集中以应付敌人'。'敌进我退，敌驻我扰，敌疲我打，敌退我追。''固定区域的割据和波浪式的推进政策。'"红四军给中央的这封信是由毛泽东起草的。

自从八一南昌起义后，全国共发生起义、暴动100多次，但真正成功的不多。在革命战争初期，许多高级干部只顾带领部队往前冲、打城市，很少有人像毛泽东那样，遇到挫折后冷静思考，从失败中总结经验，抓住关键性问题加以解决。因为那时红军几乎天天都在打仗，面对强敌，如果不从实际出发，没有好的战术，就不可能有效地保存自己，而且每天都有被敌人消灭的危险。

毛泽东之所以能够战胜对手，很重要的一条就是他善于从实际斗争中及时总结经验，并且把这些经验上升为理论，然后用这些理论去指导实际斗争。这就是他能够在中国革命战争一开始就成功地提出"十六字诀"的根本原因。

毛泽东提出"十六字诀"的深刻意义，在于它一下子抓住了问题的要害。对战争来说，它的要害是什么？要害就是看你如何把对手消灭，同时又看你能不能保存自己，这就是人们常说的"你死我活"。这四个字反映了战争的本质，它也是战争的基本原则。"十六字诀"之所以被人们看重并流传下来，可贵之处就在于它体现了"保存自己，消灭敌人"这个战争的基本原则。

毛泽东提出"十六字诀"是他在中国革命战争史上树立的一座丰碑，是他勇于探索的结果，为确立农村包围城市的革命道路创造了条件。

1928年12月1日，彭德怀率领平江起义后创建的红五军主力700多人，由湖南到达井冈山与毛泽东会师。会师后，红五军改编为红四军第30团，彭德怀任红四军副军长兼30团团长。

1929年1月14日，毛泽东、朱德率领红四军军部和第28团、第31团两个主力团和特务营共3600余人离开井冈山，到达赣南和闽西地区开辟新的革命根据地，留下彭德怀在井冈山坚守。

毛泽东、朱德率领红军主力下山后，蒋介石派兵紧追不舍。1月下旬，红军经半个月的连续行军作战，来到粤闽赣三省交界处的寻乌县圳下村休整时遭到敌人偷袭，经过激烈的战斗，冲出了的敌人包围圈。

自秋收起义以来，这是毛泽东又一次遇险。在这一年的夏秋之际，毛泽东又大病一场，两个多月不思茶饭，他自己取笑地对别人说，看起来我这个人命大，总算是走过了这道鬼门关。

当时国民党也似有所闻，曾多次发布毛泽东已死的消息。苏联首都莫斯科听到毛泽东死亡的误传，共产国际在《国际新闻通讯》上发表了1000多字的讣告："根据中国消息，中国共产党的奠基者，中国游击队的创立者和中国红军的创造者之一的毛泽东，在福建前线逝世。这是中国共产党、中国红军和中国革命事业的重大损失。"讣告赞扬说："毛泽东同志是被称之为朱毛红军的政治领袖，他在其领导的范围内，完全执行了共产国际六大和中共六大的决议。作为国际社会的一名布尔什维克，作为中国共产党的坚强战士，毛泽东同志完成了他的历史使命。"

这个讣告，虽然是因传闻失真而发，但却透露出一个不容忽略的事实：那就是毛泽东在中国共产党和中国革命中的重要地位，他不仅为国内而且也已为共产国际所承认。在此后的革命历程中，毛泽东虽然多次遭受"左"倾机会主义者的严重打击，但他们始终不敢置他于死地，与这一事实是有关联的。

在圳下村遭敌人突然袭击，使红四军处于不利的境地。但是毛泽东并没有因此而惊慌，他经过冷静思考之后，决定采取"骄而乘之"的策略，在敌"骄"上做文章。毛泽东判断，敌人因我连续败退，必然对我更加轻视，因此要利用彼强己弱的实情，以弱示弱，促使他骄之又骄，因麻痹而失去警惕，然后寻找机会反戈一击，打他个冷不防，使其因骄而败。

红四军在圳下村突围后，毛泽东、朱德率领部队突然转过头来，朝瑞金方向转移，似有回井冈山之意。此时，敌人误认为红军已经坚持不住了，前线国民党军第15旅旅长刘士毅向他的上司报告说："朱毛自寻乌附近被我重创后，即狼狈逃窜，现正分路堵截追剿，以绝根株。"

这时毛泽东已把追击之敌引诱至瑞金以北的大柏地附近，这里有一条十余里长的峡谷，两侧山高林密，道路曲折难行，是打伏击的理想战场，毛泽东和朱德商量之后，决定令各部队隐蔽两侧山林之中布下伏击口袋。

2月9日，正是农历大年三十，敌旅长下令宿营休息，各团到达驻地后，杀猪宰羊，买来好酒，大吃大喝，辞岁迎新。2月10日，蛇年初一，旅长刘士毅还在蒙头大睡时，闻报有红军偷袭。旅长下令各团应战，乘势追击，敌人两个团闯进红军设的伏击口袋。经过激烈战斗，红军把被围之敌两个团全部歼灭，俘敌团长以下800余人，缴获重机枪6挺、枪800余支、子弹6000余发，还有许多其他军用物资，旅长刘士毅带领残部逃回赣州。

大柏地一战，意义重大。从此红军变被动为主动，使整个赣南形势迅速好转。

毛泽东抓住这个难得的大好时机，迅速作出新的战略决策：放开手脚大干一场，在赣南胜利的基础上，向闽西地区进军，开展游击战争，建立红色政权，创建一个新的革命根据地。

1929年3月中旬，毛泽东率红四军进入闽西长汀县境内，连续打了几个胜仗，乘胜占领长汀县城，揭开了创建闽西革命根据地的序幕。

红军在长汀停留了半个多月，协助建立了地方党政组织，发展党员，创建了闽西第一个红色政权，随后放手在闽西、赣南20多个县的范围内迅速开展游击战争，大力发展地方党和群众组织，建立红色政权，实行武装割据。

4月初，毛泽东、朱德率红四军进驻江西瑞金，与从井冈山突围出来的彭德怀会合。毛泽东在于都召开红四军前委扩大会，决定彭德怀率红五军返回井冈山，恢复湘赣根据地。这样，可使闽西、赣南、湘赣三个根据地形成掎角之势，相互支援策应，扩大回旋余地。

精于反共之道的蒋介石，两个眼珠子早就盯上了毛泽东。即使他在同冯玉祥、阎锡山大战的时刻，他的心灵深处也一直在打毛泽东的主意，因为蒋介石早已从各方面的情报中了解到，毛泽东从1927年秋天的湘赣揭竿而起，上井冈山后不久就成了气候，在短短的三年时间内，他已经成为带领三四万军队的头目。更使蒋介石寝食不安的是，他早就风闻这个昔日当过小学教员，后来在国共合作时又当过国民党宣传部代理部长的毛泽东是个文韬武略、足智多谋的人物。蒋介石在这个时候已经意识到毛泽东将成为他反共独裁的主要对手，也是他统治中国的最大障碍。

于是蒋介石把"围剿"红军作为重点，而且把在赣南的毛泽东、朱德指挥的红一方面军作为首要目标。蒋介石认为，只要把江西南部的红军消灭，其他红军就不在话下了。他在南昌召集国民党高级官员开会说："赣南朱毛红军，乃众犯之首，出没无常，最难制服，此股一经扑灭，其余自易解决。"

正因为如此，蒋介石对赣南"围剿"极为重视，他于1930年12月中旬，亲自到南昌坐镇，集中11个师另3个旅及3个空军大队，共10万余人，特命第九路军总指挥鲁涤平为总司令，委任第18师师长张辉瓒为前线总指挥。战前蒋介石签发训令："此次围剿，以'并进长追'、'分进合击'之战术，从西、北、东三面合围，各路勇进当先，穷追不舍，直捣匪军巢穴，反复清剿，勿留后患。限3—6个月之内消灭朱毛红军。"

面对优势之敌即将开始的大"围剿"，红军用什么方法破敌，这是关系前途命运的重大决策问题。

对于这样重大的战略决策，毛泽东多次组织干部进行专题讨论。在讨论的基础上，毛泽东决定采取诱敌深入与"十六字诀"相结合的方针。

"诱敌深入"和"十六字诀"两者有着紧密的联系。诱敌深入，首先是有计划地退却，把敌人诱至自己预设战场，这就是"十六字诀"中的"敌进我退"。敌人进入根据地之后，根据地内的地方武装，用各种游击战法袭扰敌人，这就是"敌驻我扰"。当敌人被诱入预设战场而疲惫不堪时，红军集中兵力包围歼灭一部敌人，这就是"敌疲我打"。敌人一部或大部被歼灭后必然撤退，这时红军展开追击，再歼敌一部，这就是"敌退我追"。

从而可以看出，"诱敌深入"和"十六字诀"有着密切联系。红一方面军在小布召开的反"围剿"誓师大会上，毛泽东为大会写了一副对联。

上联是：敌进我退，敌驻我扰，敌疲我打，敌退我追，游击战里操胜算。

下联是：大步进退，诱敌深入，集中兵力，各个击破，运动战中歼敌人。

这副对联把"十六字诀"和"诱敌深入"糅合到一起，十分生动全面地表述了毛泽东的积极防御的战略思想。

1930年10月30日，红一方面军总前委召开会议，通过了毛泽东提出的诱敌深入的战略方针。11月1日，毛泽东、朱德签发了反"围剿"作战命令，诱敌深入到赤色区域之内，待其疲惫而歼灭之。

1930年10月31日，国民党军便开始了第一次大规模"围剿"。敌人分别从北、东、西三面成大弧形进攻之势。一路上人喊马叫、烟尘飞扬。国民党"围剿"前线总指挥张辉瓒，手持马鞭伫立高坡，威风八面，傲气十足，远方不断传来零星的枪声，不时有伤兵一拐一拐地向后方移动。

连日来，蒋介石10万人马往返奔波，寻找红军主力，却不见踪迹。敌人由于战线长，兵力分散，屡遭袭击，士气不振，转来转去，行动迟缓，对红军打破"围剿"十分有利。

当敌前线总指挥张辉瓒率大队人马进入毛泽东、朱德在龙冈山区布下的设伏口袋时，红军战士杀声震天，猛打猛冲，将张辉瓒活捉，他的师部和两个旅的人马一个不漏地全部被红军歼灭。

红军战士不顾疲劳，乘胜追击，两天后在东韶地区歼灭敌第50师3000余人。

1931年1月，红军转入进攻，在广昌、宁都、永丰、乐安、南丰五县境内消灭了地主武装，扩大了赣西南革命根据地。

这次反"围剿"作战，在5天内连续打了两个胜仗，连同其他的战斗，共打死打伤和俘敌1.5万多人，缴获各种武器1.2万余件，打击了敌人的嚣张气焰，振奋了人心，取得了大规模反"围剿"的作战经验。

红一方面军第一次反"围剿"作战，证明了毛泽东提出的诱敌深入的战略方针是正确的。

第一次较量毛泽东胜利了，蒋介石失败了。

毛泽东以十分欣慰的心情写下了《渔家傲·反第一次大"围剿"》这首词：

> 万木霜天红烂漫，天兵怒气冲霄汉。雾满龙冈千嶂暗，齐声唤，前头捉了张辉瓒。　　二十万军重入赣，风烟滚滚来天半。唤起工农千百万，同心干，不周山下红旗乱。

蒋介石不甘心第一次较量的失败，一个月后又策划对红一方面军第二次更大规模的"围剿"。

1931年2月，蒋介石任命其军政部长何应钦为"围剿"军总司令，纠集了20万人，比第一次"围剿"的兵力增加了一倍。这次蒋介石吸取了第一次"围剿"失败的教训，改变了原来的"并进长追"战略，转而实行"严密包围、慎重缓进、稳扎稳打、步步为营"的战略。何应钦临行前蒋介石向他交代："这次围剿朱、毛，要集中兵力，严密包围，以缓进为要旨；以主力分别由东、北、西三面进剿，一部由南面协剿；依稳扎稳打、步步为营之原则，严密封锁，逐渐紧缩包围圈，以避免被红军各个击破。"

红军经过第一次反"围剿"的胜利，诱敌深入的战略方针已经深入人心，毛泽东的威望在广大红军官兵和人民群众中进一步提高。

正在这时，苏区的领导结构发生了变化，中央决定在赣南成立苏区中央局，从上海派来项英代理书记，毛泽东、朱德、曾山为委员；成立中央革命军事委员会，项英任主席，朱德、毛泽东任副主席；撤销以毛泽东为书记的红一方面军总前委。中央这个决定，意味着毛泽东的实权被削弱，降为二三把手的地位，对最重大问题的决策不可能像以前那样顺手了。但是，项英刚从城市来到苏区，对红军的情况不熟悉，所以前线的作战指挥毛泽东仍起主要作用。

项英上任后，立即主持召开苏区中央局会议，讨论第二次反"围剿"的战略方针问题，会上出现了严重的意见分歧。项英等多数人认为敌军20万，红军只有3万，力量对比悬殊，寡不敌众，难以打破敌人的"围剿"，因此主张红军撤离根据地，躲避敌人的进攻。

另一种意见认为，在20万敌军严密包围的情况下，应当采取分兵退敌的方针，将红军分散到根据地外面去打游击战，把敌人引出根据地，以达到既能保障红军不受大的损失，又能保全根据地的目的。

毛泽东坚决反对这两种意见，他主张继续采用诱敌深入的方针，把敌人引到根据地内，依靠根据地的有利条件，集中兵力各个击破"围剿"之敌。他指出：撤离根据地不是好办法，那样会使红军失去依托；分兵退敌也不行，那样不但不能退敌，反而会给红军带来更大困难。毛泽东指出，敌人兵力虽然很多，但他们有许多弱点，如"围剿"军不是蒋介石的嫡系部队，指挥不统一，官兵不一致，没有当地人民的支持，地形不熟，给养运输困难等。红军虽然数量少、装备差,但上下团结,求战情绪高,群众条件好;可以利用有利阵地打击敌人。靠这些有利条件,能够以少胜多、以弱胜强。

尽管毛泽东的意见正确,可仅有朱德、谭震林等人的支持,还是处于少数,这时毛泽东提议扩大会议范围,请各军军长、政委、参谋长一起参加讨论。这些人多年随毛泽东转战沙场,亲眼目睹第一次反"围剿"诱敌深入的成功,所以他们赞成毛泽东的意见,毛泽东的主张由少数变成了多数而通过。

战略方针确定后,毛泽东、朱德率红一方面军主力15天横扫700里,从赣江东岸一直打到闽西北,五战五捷,歼敌3万余人,俘敌2万余人,缴获电台7部,击毙敌第6路军第5师师长胡祖玉,打破了敌人第二次"围剿"。

紧接着,红军乘胜转入战略进攻,解放了赣东、闽西北广大地区,扩大了革命根据地。

这次反"围剿"作战,在毛泽东诱敌深入战略方针的指导下,战胜了七倍于己的强敌,创造了红军战争史上"各个击破"歼灭敌人的范例。

第二次反"围剿"的胜利,是毛泽东在土地革命战争中战略指挥上的一个得意之作。他在5年后总结这次作战的经验时说:我军从富田打起,向东横扫,15天中走700里,打5个胜仗,缴枪2万余支,"痛快淋漓地打破了敌人'围剿'"。

第二次较量毛泽东又赢了,蒋介石再次输掉一局。

蒋介石在战后的一次军事会议上,摇头顿足、气急败坏地大骂部下无能。更可叹的是,战前他亲手创造的"稳扎稳打、步步为营"的战略,竟落得如此下场。

红军第二次反"围剿"刚一结束,蒋介石便到南昌召开军事会议，部署对红军第三次更大规模的"围剿"，他当着许多高官的面赌咒说："这次围剿，如果打不败毛泽东，不获全胜，我死也不回南京来了！"

这次他把他的嫡系部队5个师调到江西，作为"围剿"军的主力，连同原有和新调来的非嫡系部队，共有兵力23个师又3个旅，共30万人。另外还有5个空军大队，分驻南昌、樟树镇、吉安等机场，支援地面作战。

这次"围剿"蒋介石亲自担任"围剿"军总司令，任命何应钦为前线总司令，并聘请英、日、德国的军事顾问随军参与策划。

面对十倍于己的强敌，毛泽东仍然决定实行诱敌深入的战略方针。他用一部分兵力在地方游击队配合下，边打边退，迟滞敌人前进，主力迅速收拢集中，在赣南根据地隐蔽待机。

这时，蒋介石得到情报：红军主力正集中在兴国西北地区，于是他立即指挥十几个师跟踪包围。红军在群众的掩护下，秘密转移，使敌军多次扑空，20多天寻找不到红军主力部队。红军则在毛泽东和朱德指挥下，连打三个胜仗。

毛泽东神机妙算，虎略龙韬。蒋介石的几路大军被毛泽东牵着鼻子走，一会儿往西，一会儿往东，如此来回奔跑两个月，寻不着红军主力，一路还遭游击队袭击，官兵被拖得精疲力竭，士气低落，大骂上司指挥无能，内部混乱，战斗力下降。

随后，毛泽东、朱德率红军乘敌人转入退却时，令红军转入追击，先后进行了老营盘战斗、高兴圩战斗、方石岭战斗，共歼敌9000余人，缴获各种枪6500余支，迫击炮10门。

至此，红一方面军三次反"围剿"胜利结束了。这次作战两个多月，共歼灭敌人17个团3万余人。

第三次较量，毛泽东再次得胜，蒋介石又输了。

蒋介石离开南昌前对他的部下训话时哀叹道："我们十个人不能当一个人用，我们三十万兵，打不过他们三万兵。"他总算说了一句老实话。

经过三次较量，红军共歼灭国民党军7.5万人。红军自己数量不但没有减少，反而由原来不足3万人增加到4.5万人，并且使原来被分割的赣南和闽西两块根据地连成一片，形成以瑞金为中心的中央革命根据地，其范围扩展到了28个县，总面积达到5万多平方公里，人口250多万。

毛泽东提出的诱敌深入战略方针，直接作用在于打破了蒋介石三次大规模"围剿"，而对整个中国革命战争来说，有其更深远的历史意义。

通过运用这一战略方针，积累了丰富的作战经验，形成了适用于中国革命军队以后发制人为主要特征的积极防御战略，同时也形成了与之相适应的一整套作战原则。这些战略战术原则，成为毛泽东战胜对手的主要法宝之一。

4. 遵义会议

正当毛泽东率领红一方面军进行反"围剿"作战时，中国共产党于1931年1月7日在上海召开了六届四中全会。这次会议，对中国共产党和红军来说，是天大的不幸。在共产国际支持下，"左"得出奇的王明进入中央政治局，并在实际上掌握了中央领导大权。

王明在中央掌权以后，又把他在莫斯科的同学博古拉进中央，担任共青团中央书记。后来王明去莫斯科担任中共驻共产国际代表团团长，便把中央领导权交给与他气味相投的博古。

1931年9月下旬，成立了以博古为总负责人的临时中央政治局，博古一跃成为中央的最高领导。此后，王明在万里之外的莫斯科，以共产国际的大牌子指手画脚，遥控中共中央的活动。博古在王明的遥控下，忠实地贯彻执行其"左"倾路线，按他的旨意，从而使中国革命陷入深重灾难之中。

王明、博古等人十分明白，要想在中央推行他们那一套做法，必须排除与之相对立的毛泽东，因为这是他们最大的障碍。

自1931年10月起，在王明的操纵下，一步一步地剥夺了毛泽东在红一方面军的领导权。

1932年10月上旬，中共苏区中央局在江西宁都召开全体会议。会议决定，再次解除毛泽东红一方面军总政委的职务。在这种情况下，毛泽东明白已无法再继续工作，提出请病假的要求。会议当即批准他"到后方去休养，必要时到前方"。

毛泽东离开红军领导岗位后，红军第五次反"围剿"遭受惨重失败，被迫进行战略转移，欲到湘西与贺龙和萧克的红二、红六军团会合，在湘鄂川黔边界地区建立根据地。

这时，蒋介石已经判明，中央红军必然北出湘西，与红军第二、第六军团会合。于是，他急调其嫡系两个兵团近20万人，在红军北进的必经之路布下宽50公里、长100多公里的大纵深阻截阵地，在各要点构筑防御工事，张网以待。

红军强渡湘江时，付出了惨重代价，面对眼前又一个险境，如果按原计划北去湘西与二、六军团会合，势必要同比自己强大十几倍的强敌决斗，其后果不堪设想。于是毛泽东提议立即改变原定进军方向，到敌人力量薄弱的贵州去，争取主动，摆脱被动局面。毛泽东的意见，得到周恩来、朱德、王稼祥、张闻天等多数人的赞成。

1935年1月2日至6日，中央红军突破乌江之后，于7日占领黔北重镇遵义。1月9日，毛泽东、周恩来、朱德等率军委纵队进入遵义城。

遵义，北依娄山，南临乌江，是黔北政治、经济、文化的中心，是国民党黔军必守之地。

1935年1月15日，中共中央政治局扩大会议在遵义召开。参加会议的政治局委员有博古、周恩来、张闻天、毛泽东、朱德、陈云，政治局候补委员有王稼祥、邓发、刘少奇、凯丰，红军总部及各军团负责人有刘伯承、李富春、林彪、聂荣臻、彭德怀、杨尚昆、李卓然，还有中央秘书长邓小平、军事顾问李德及翻译伍修权共20人。

遵义会议尖锐地批评了"左"倾路线给中国革命造成的巨大损失，分析了第五次反"围剿"失败的主要原因。毛泽东指出：必须首先解决当前存在军事领导上的错误问题，其他问题可以暂时不作争论。

遵义会议增选毛泽东为中央政治局常委，他进入了党的领导核心。

遵义会议，在中国共产党的历史上，是一次具有里程碑意义的会议。它在中国革命的危急关头，用党内民主的方法，平稳地解决了党中央的领导权问题，结束了王明、博古"左"倾错误路线在中央长达4年之久的统治，确立了毛泽东在党中央和红军中的领导地位，从而挽救了党，挽救了红军。这次会议是中国共产党一次伟大的历史转折，也是中国革命战争一次根本性的战略转变。

遵义会议后，中央红军原本计划北上经川南进入川西北，同红四方面军会合。但事与愿违，遇到川军阻截，很难通过。毛泽东在分析川黔两省的敌情之后认为，不宜强行进入川南，否则将陷入腹背受敌的极大被动。他和周恩来商议后决定：放弃原计划，顺原路返攻黔北，杀一个回马枪。于是有了著名的"四渡赤水"之战。

这时中央红军只有3万人，共16个团，而面临的敌人却有150多个团，40多万人，力量悬殊。极度疲劳的红军，被敌情的重负压得喘不过气来，行军作战十分艰苦。但是这时由于有了毛泽东的正确指挥，全军上下情绪高昂，信心倍增。

四渡赤水之战，是毛泽东直接指挥进行的一次非常出色的运动战，毛泽东自称这是他平生最得意之作。红军从1月29日第一次渡过赤水河，到3月21日第四次渡过赤水河，经过近两个月的连续行军作战，共歼灭和击溃国民党军2个师又13个团。其中，仅二渡赤水，再夺遵义城，就歼敌1万多人，获得了辉煌的胜利。

在四渡赤水战役中，毛泽东把战法的灵活性发挥到了应对自如、出神入化的程度。他把出其不意、声东击西、避实击虚、诱敌而取之等历代兵家的奇正谋略，运用得淋漓尽致，非常成功。他根据敌情的变化，运用高度灵活机动的作战方法，从不利的战局中寻找有利的因素，利用敌人的错觉，大胆地变换作战方向，忽进忽退，忽东忽西，忽南忽北；有时走大路，有时走小路，有时走老路，有时走新路，神出鬼没，巧妙地穿插迂回于敌军重兵集团之间，调动、迷惑敌人，常使敌人措手不及，防不胜防。当发现敌人弱点时，立即抓住有利战机，集中兵力，歼敌一部，然后又迅速转移，摆脱强敌的跟追，在机动中创造新的战机。蒋介石这个对手被毛泽东弄得晕头转向，摸不清红军的虚实动向，不但没有能够围歼红军，反而被红军吃掉一大块。蒋介石惊恐地指示其部下："对飘忽不定之共军作战要慎重。"

3万红军与几十万敌人周旋于弯弯曲曲的赤水河两岸，从战略的被动中，牢牢地掌握了战役、战斗的主动权，取得了战略转移中具有决定意义的胜利。从而拯救了中国共产党，拯救了中央红军，保留了革命的火种，创造了近代军事神话。毛泽东曾经说过，四渡赤水战役，是他一生中的得意之笔。这个战役是长征史上最精彩神奇的篇章，也成为中国人民解放军战史中有名的指挥范例之一。

中央红军四渡赤水战役之后，毛泽东为了迷惑蒋介石，挥师南下直逼贵阳。毛泽东对周恩来说："咱们用这一招，如果能把滇军调出来，就是一个大胜利。"

果然不出毛泽东所料，正在贵阳督战的蒋介石，一下子被打进闷葫芦里，他不知毛泽东用的是"声东击西"之计，以为红军真的要进攻贵阳。为了自身的安全，蒋介石一面急调滇军前来保驾，一面令黔军火速向贵阳集中，同时命令守城部队，死守飞机场，保住通往机场的道路，并命令手下立即备好汽车、马匹，还要准备轿子、向导，以便万一机场被红军占领时，从小路逃命。

当毛泽东、周恩来、朱德获得这一消息时，三人哈哈大笑。毛泽东说："既然蒋委员长钻进了闷葫芦，那就叫他再往里钻一钻吧。"毛泽东、周恩来、朱德商量后，当即命令向贵阳前进的部队，用大部兵力继续逼近贵阳，同时用少数兵力虚张声势，东渡清水江，故意摆出全军即将渡江东进的姿态。

果然，蒋介石又上当了，他错误地判断红军又要返回湘西，与红二、红六军团会合。于是他急忙调动、部署部队防止红军东进。

乘敌军调动之际，毛泽东指挥红军突然急转直向西南，以每天120里的行军速度，向敌人兵力空虚的云南省急速前进，故意摆出要攻打昆明的架势，弄得昆明敌人手忙脚乱，仓促筑碉设防。而毛泽东的真实用意都是用虚晃一枪的办法，掩护红军主力北渡金沙江。

1935年5月9日，中央红军主力在皎平渡、洪山渡、龙街渡三个渡口抢渡金沙江。渡江后，立即破坏了沿江所有船只、渡口。等蒋介石醒过味来，再调兵追到江边，红军已经过江7天了，这时蒋介石只能望江叹息，悔之晚矣。

毛泽东同蒋介石这番斗计，蒋介石甘拜下风。几十万追兵被甩在金沙江以南地区，从而使红军得到了一次休整的好机会。

遵义会议后，毛泽东确实不负众望，在他的巧妙指挥下，4个月之内，连续取得四渡赤水、抢渡金沙江等具有战略意义的重大胜利，摆脱了蒋介石几十万大军的围追堵截，不但粉碎了敌人企图围歼红军于川黔地区的计划，而且还把蒋介石给戏弄了一番。

1935年5月12日，党中央在会理附近的铁厂村召开政治局扩大会议，史称"会理会议"。会议的主要任务是，总结遵义会议以来对敌战略方针的执行情况，确定中央红军下一步的战略任务，统一中央和红军高级领导人的思想认识，为克服更大的困难做好精神准备。

毛泽东在会上总结遵义会议以后的作战经验教训，对指挥上的一些问题作了自我批评。同时，他阐明了运动战的作战思想，提出中央红军下一步的战略任务：抢渡大渡河，翻越大雪山，实现同红四方面军的会合。

会理会议后，中央红军沿着会理至西昌的大道继续北进。为粉碎蒋介石企图围歼红军于大渡河南岸的计划，毛泽东提出，必须尽快越过大渡河，进入川西北地区。

1935年5月20日，中央军委下达命令："迅速北进，争取渡河先机。"命令要求各部队必须以神速、勇猛、果断的行动，消灭阻止红军前进的川军，抢渡大渡河。

大渡河，水深流急，两岸山形陡峭，地势险要。当年太平天国名将石达开率领数万大军曾经在此渡河失败，全军覆没。如今，蒋介石妄图在这里使毛泽东成为"石达开第二"。

1935年5月25日，红1军团第1师杨得志指挥的第1团17名勇士，在安顺场渡口，乘木船冒着敌人的猛烈火力，冲破激流骇浪，强渡成功。但这里只有4只木船，每只船每次只能渡40人，每只木船往返一次约一个小时，两天两夜才能渡过去一个团。几万红军都从这里渡河，至少需要十几天时间。这时追击的敌军已经渡过金沙江，正从后面追上来。

蒋介石为了制造"石达开第二"的奇迹，精心制订了一个"大渡河会战"计划：集中10万兵力，封锁朱毛红军于金沙江以北，大渡河以南，雅砻江以东地区，将其全部消灭。蒋介石对部下说："大渡河是太平军覆没之地，望各军、师长鼓励所部，速立功勋。"同时，蒋介石还命令大渡河北岸的川军各部，"加紧布防，严守勿怠，拆桥毁船，不使红军一兵一卒渡河北逃"。

在此危急情况下，毛泽东当机立断，决定红军部队由安顺场继续渡河，主力则沿大渡河右岸，以最快的速度抢占距安顺场320里的泸定桥。他要求部队必须在两天之内赶到。在安顺场已渡河的部队，沿左岸前进，两路夹河而上，直取泸定桥。毛泽东说，这是一个战略性措施，只有夺取泸定桥，红军的大部队才能通过大渡河，避免"石达开第二"的命运。

泸定桥，是清康熙年间建成的一座铁索桥，因敌人破坏，这时桥上只剩下9根碗口粗的大铁链，桥面上的木板已经被拆掉。北岸的泸定城，有川军一个团防守。

5月29日，红1军团先头部队第2师第4团在团长耿飚、政委杨成武的率领下，组成22名勇士的突击队，在连长廖大珠的带领下，冒着敌人的火力，在悬空的铁链上，一步一步向对岸爬行，边铺木板，边向对岸敌人射击，一举抢占了桥头堡。左岸前进的红军也及时赶到，形成两面夹击之势。经过两个多小时激战，将泸定桥守敌1个团歼灭，打开了中央红军北上的道路。22名勇士为中国革命立下不朽功勋。

6月2日，中央红军所属部队从泸定桥渡过了天险大渡河。这是遵义会议后，红军在毛泽东指挥下又一个关键性的成功行动。

过了大渡河，摆在红军面前的又一个拦路虎——大雪山。

1935年6月8日，中央军委向全军发出动员令：中央红军当前的任务是，用一切努力，不顾一切困难，取得与红四方面军的会合。要实现这一计划，必须翻越海拔4900米的夹金山。这座终年积雪的高山，山下绿树成荫，山上冰天雪地，气候变化无常，时而阳光明媚，时而暴风骤雪；空气稀薄，雪深路滑，人马行走十分困难。

6月17日，毛泽东手拄木棍，和战士们一起顶风冒雪向山顶攀登，经过一天的艰苦攀登，终于越过人迹罕见的夹金山。

1935年6月18日，毛泽东、张闻天、周恩来、朱德等中央领导人，在懋功县城与前来迎接的红四方面军第30军政委李先念会合。

两大主力红军会师后，总兵力达10万余人，极大地增强了战斗力，鼓舞了士气，同时也粉碎了蒋介石阻止两大红军会师，以便其各个击破的反共阴谋。这对于正处在困难中的毛泽东和他的战友们来说，是巨大的胜利。

中央红军和红四方面军在懋功会师时，摆在党和红军面前的首要任务，是正确制定统一的红军发展的战略方针。

中共中央到达川西北地区后，发现这里大多数是少数民族聚集地，高山深谷，交通不便，人口稀少，经济贫困，不利于红军的生存与发展，而在此以北的陕甘地区，地域宽阔，交通方便，物产较为丰富，汉族居民较多，又是帝国主义势力和国民党统治薄弱的地区，特别是邻近抗日斗争的前线华北。中共中央根据这种形势，主张红军继续北上，建立川陕甘革命根据地，以便在北方建立抗日的前线阵地，领导和推动抗日民族运动。而红四方面军主要负责人张国焘却主张红军向西退却到人烟稀少、少数民族聚居的新疆、青海、西康等地，以为这样可以避开国民党军队的强大军事压力。

为解决这个重大的战略方针问题，6月26日中央政治局在懋功北部的两河口召开会议。会上一致通过红军北上的意见，张国焘在会上也表示同意，可是会后他不听中央的，违背政治局的决定，仍坚持南下。

毛泽东、张闻天、周恩来等中央领导同志，为贯彻北上方针，避免红军内部可能发生的冲突，决定率领红一、三军团先行北上。穿过阴雾迷蒙、茫茫无际的草地，通过腊子口，翻越六盘山，于9月12日到达甘肃省迭部县俄界，在这里召开了政治局扩大会议。

毛泽东在会上作了关于今后战略方针及与张国焘争论的报告。他说：红军今后的战略方针是北进，但目前党中央只率一、三军团单独北上，力量不够，可以考虑先到甘东或陕北，进行游击战争，以便得到国际帮助，整顿、休养、扩大红军，创造根据地。张国焘的错误，是右倾分裂主义性质，目前还是党内斗争，现在不忙作组织结论，这有利于争取四方面军北上。

会议通过《中央关于张国焘同志错误的决定》。《决定》指出：张国焘与中央的争论实质是由于对目前形势与敌我力量的对比估计有原则的分歧：张国焘夸大敌人的力量，轻视自己的力量，以致丧失了在抗日前线的中国西北部创建新苏区的信心。张国焘有新的机会主义与军阀主义倾向。"这种倾向的发展与坚持，会使张国焘同志离开党。"

俄界会议对张国焘的处理，与后面张国焘的政治举措形成了鲜明的对照，表明了毛泽东在政治上的成熟。

张国焘这个人，在中共历史上算是一个有名的人物。他1897年11月出生于江西萍乡上栗县，在北京大学读书时参加五四运动，并加入共产主义小组，参与创建中国共产党的活动。

1921年7月，他出席中共第一次全国代表大会，当选中央政治局委员，任组织部主任。1922年初，代表中共出席俄国召开的远东各国共产党第一次代表大会，会见过列宁。1923年，参与领导京汉铁路工人大罢工。1924年被北洋军阀政府逮捕，变节自首，出狱后隐瞒其变节行为。1925年1月，被选为中共第四届中央执行委员会委员，并兼任中央军事部长。

1931年1月，张国焘在中共六届四中全会上被选为中共政治局常委，任中共鄂豫皖中央分局书记兼军事委员会主席，是红四方面军的一把手。由于他指挥错误，致使红四方面军第四次反"围剿"作战失利，退至川陕边区，后领导创建川陕苏区。因推行"左"倾冒险主义，于1935年3月擅自决定放弃川陕苏区，转移川西北。

1935年6月与红一方面军会师后，自以为人多枪多，要挟中央，分裂和危害党中央，拒绝红四方面军北上。

1935年10月5日，张国焘在大金县东北的卓木碉召集了高级干部会议，出席会议的军以上领导干部50余人。

会上，张国焘作了长篇发言。他说，红四方面军的南下是战略进攻，中央红军北上是被敌人的飞机大炮吓破了胆，是对革命前途完全丧失了信心，只有坚持南下，才能最后终止中央的退却。中央突然发展到"私自率领一、三军团秘密出走"，这样的中央已经是一个"威信扫地"的中央，一个失去"领导全党资格"的中央。

他在会上当众宣布他自己拟出来的"临时中央"和"中央军委"名单，并宣布："毛泽东、周恩来、博古、张闻天应撤销工作，开除中央委员及党籍，并下令通缉。杨尚昆、叶剑英应免职查办。"

当天，张国焘自封"主席"，以"中共中央、中央政府、中央军委、总司令部"名义对外发表文件。

当时，中国共产党是共产国际的一个支部，张国焘另立"中央"，推翻了共产国际认定的领导集体，未报共产国际批准，没经过党内选举，既在程序上不合法，又与中央领导核心为敌，同时也受到红军总司令朱德、总参谋长刘伯承、红四方面军总指挥徐向前及红二方面军领导人任弼时、贺龙的批评、抵制和反对，连张国焘的搭档、红四方面军政委陈昌浩也转变了态度。分裂不得人心，张国焘深感孤立，被迫同意北上，但是他率领南下红军遭受重大损失，1936年10月在延安受到批判。

1938年4月，张国焘借到西安黄帝陵扫墓名义，逃往西安，随后到武汉，投靠蒋介石，发表反共宣言，充当国民党特务。在他正式叛逃的第二天，中共中央宣布开除张国焘党籍。1949年张国焘寓居香港，后定居加拿大，1979年12月病逝于加拿大多伦多的老人院。

1936年10月，红二、红四方面军先后到达陕北。至此，红军三大主力胜利完成了震惊中外的长征。

红军长征是在极为险恶的战争条件下进行的，遭受了中外历史上罕见的艰难险阻。那时，"天上每日几十架飞机侦察轰炸，地下几十万大军围追堵截"，根本不容许红军有立足之地和喘息的机会。仅中央红军在历时一年多的长征中，进行了300多次战斗，几乎每天一次遭遇战；平均每天行军35公里以上；翻越18座山脉，渡过24条河流；突破了10个地方军阀的封锁包围，击败了数倍于己的国民党中央军的围追堵截；征服了雪山、草地等极端恶劣的自然环境。正是在这种千锤百炼的革命实践中，广大红军指战员的思想境界、意志品格、战斗作风、团结精神、纪律观念等得到极大升华并凝聚成伟大的长征精神。

红军长征是严峻的生死考验，可以说步步是险关，处处是绝境，时时有牺牲。各路红军长征出发时总人数为20.6万人，1936年10月，红军三大主力到达陕北会师时，仅剩5.7万人，15万红军将士牺牲在长征路上。平均每前进一公里就有3—4名红军战士倒下，平均每走一天，就有200多人献出生命。牺牲在长征路上的营以上干部400多名，牺牲的师以上干部80多名，红军到达陕北后，一度跟随红四方面军长征的朱德总司令在分别一年之后回到毛泽东身边，战友重逢，分外欣喜。这时的朱德正好50岁，毛泽东就要迎来43岁生日，而周恩来年仅38岁，正是人生年富力强的岁月。

经过长征的考验，他们已成为党和红军公认的领袖。在他们身后聚集着更多年轻的红军将领。

红军长征是用鲜血和牺牲写就的诗篇，是无与伦比的壮举，是中国共产党及其领导的工农红军创造的人间奇迹，是镌刻在中国人民心中不朽的丰碑，也是一座造就卓越人才的大熔炉。

2001年，美国《时代》周刊评选出从公元1000年到2000年影响世界的100个人和100件事，中国只入选了一人一事；一人是毛泽东；一事是毛泽东指挥胜利完成的长征。

一代人有一代人的长征，一代人有一代人的担当，中国共产党人的长征，永远在路上。

5. 既统一又独立的辩证关系

红军到达陕北之后，中共中央为了倡导和建立抗日民族统一战线，实现第二次国共合作作了不懈的努力。

1936年12月12日，张学良，杨虎城在西安华清池发动兵变，扣留蒋介石，以"兵谏"的方式逼蒋抗日。

中共中央审时度势，派周恩来赶到西安斡旋，西安事变和平解决，迫使蒋介石接受共产党提出的停止内战，一致抗日的正确主张。

从1935年11月到1937年5月，中国共产党的对蒋政策经历了"反蒋抗日""逼蒋抗日""联蒋抗日"和"拥蒋抗日"的四次转变，从而摆脱了陕北周边70万国民党军队的"围剿"和围困，使党和红军在"山重水复疑无路"的险境中，踏上了"柳暗花明又一村"的坦途。

1937年7月7日，日本侵略者制造了卢沟桥事变，致使中日战争全面爆发。在此期间，毛泽东、中共中央经过艰苦努力，实现了国共第二次合作。中国工农红军改编为八路军、新四军开赴抗日前线，抵抗日本侵略者。

蒋介石虽然迫于形势勉强同意国共联合抗日，仍然处心积虑地提防红军壮大，从给八路军和下辖几个师的番号就可以看出蒋介石的心机。

"第八路军"原为粤军李济深的部队，1929年3月21日，国民革命军第三次大整编时编为第八路军。后蒋介石为了拆散粤桂联盟，将李济深骗至南京汤山囚禁。于是，"第八路军"的番号为广东军阀陈济棠的部队所继承。但不久，因为陈济棠公开反蒋失败，其部队被蒋介石吞并，"第八路军"这个番号被蒋介石取消。由此看来，就是想红军也像李济深、陈济棠的部队那样，能被他控制，为他所用，最后被取消。

而115、120、129三个师的番号的授予，也同样有这种"含义"。这三个番号原属东北军。在土地革命时期多次参与对红军的"围剿"，基本上都是损兵折将、屡战屡败。这三个师都被裁掉番号撤销。在授予"八路军"番号时，却又把这几个师的番号找出来给了红军，想借此寓意红军会"打败仗，直至最后被他瓦解"。

但结果却完全出乎蒋介石的预料，八路军和115师、120师、129师的番号，不但丝毫没有给英勇的人民军队带来任何不利，反而成了共产党人领导全国人民抗战的著名标志，在中国共产党、毛泽东指挥下，在同日伪、国民党顽固派作战中所向无敌，不断发展壮大，抗战结束时总兵力超过100万人。

抗日战争是中国各族人民同仇敌忾、共赴国难，同野蛮的日本侵略者进行的一场旷日持久、气壮山河的斗争。

全国性抗日战争爆发后，有许多重大问题需要解决。其中，采取什么样的战略方针，是首先要解决的重大问题之一。

1937年8月22日至25日，中共中央在洛川召开政治局扩大会议。这次会议选出了新的中央革命军事委员会，由毛泽东任主席，周恩来、朱德任副主席。

从此，毛泽东开始以中央革命军事委员会主席的职务统率共产党的武装力量，指挥敌后抗日战争。这个组织上的举措，使毛泽东在遵义会议上确立的对红军的领导更加名正言顺，领导地位更加巩固。

毛泽东在洛川会议上所作的军事报告中指出，根据日本侵略者作战的特点，红军当前的战略方针是：独立自主的山地游击战。游击作战的原则是，游与击相结合，打得赢就打，打不赢就走，分散发动群众，集中消灭敌人。着重于山地，是考虑便于创造根据地，建立支撑点，便于长期作战，这是一个具有远见卓识的方针。

独立自主的原则，就是红军（后来的八路军、新四军）的一切调动、作战必须由中共中央和中央军委来决定，而不能由国民党决定。红军开赴抗日前线，应当根据战局的发展，选择有利的时机，分批进行，并且视情况有使用兵力的自由，有发动群众、创建根据地和组织抗日游击队的自由，有灵活执行战略规定的一切自由，国民党政府和当地国民党军队不得加以干涉。

8月4日，毛泽东致电准备赴南京参加国防会议的周恩来、朱德、叶剑英，提出了中国共产党关于国防问题的原则性建议。电报中说：对日军作战应当实行正规战与游击战相配合，游击战以红军与其他适宜部队及人民武装担任之，在整个战略部署下给予独立自主的指挥权；担任游击战之部队，依据地形条件及战况之开展，适当使用兵力。为适应游击战性质，原则上应分散使用，而不是集中使用。

为什么要强调"独立自主"、强调"自由"呢？

蒋介石之所以同意联合共产党进行抗日战争，固然有积极的一面，但也有不怀好意的一面，即企图把共产党领导的武装力量推向抗日的最前线，担负最艰难的作战任务，想借日军之手来消灭共产党的武装力量，毛泽东识破了蒋介石这种不可告人的险恶用心。

针对蒋介石的两面政策，中国共产党既需要利用其抗日的一面，与其搞统一战线、一致抗日，同时又要与反共政策进行斗争，在两党联合抗日中提高警惕，保持自己应有独立自主的权利。

正是出于这种全面的、战略性的考虑，毛泽东在洛川会议上关于国共两党关系问题的报告中尖锐地指出："我党在统一战线中必须坚持独立自主立场，保持无产阶级政治警惕性，切不可忘记蒋介石想通过抗日战争来取消或削弱共产党及红军的阴谋，必须保持党对红军的绝对领导。"

共产党只有在统一战线中保持应有的警惕性，才能够粉碎国民党想借"统一战线"来控制、削弱和吃掉共产党及红军的企图，才不致把国共合作变成两党混同，才不致被国民党"统一"，从而束缚自己的手脚。毛泽东指出：在执行独立自主原则的同时，还必须注意服从打败日本侵略者这个抗日战争的总目标。应当注意到，独立自主不是绝对的，而是必须在统一战线下的相对的独立自主。否则，也将妨碍统一战线，不利于全国抗日战争的顺利进行。

基于斗争的需要，毛泽东强调指出：必须处理好既统一又独立的辩证关系。只讲"统一"，过分地强调与国民党统一的一面，就会导致无原则的迁就、让步，犯右的错误；反之，只讲"独立"，过分地强调独立的一面，不顾抗日战争的大局，也会犯"左"的错误。

6.《论持久战》

抗日战争的最后胜利，证明毛泽东提出的独立自主的山地游击战略方针是正确的。这主要表现在中国共产党及其武装力量，在战争中不仅歼灭了大量日军，而且使自己得到发展壮大。

抗日战争打了10个月，毛泽东在延安发表了《论持久战》。

1938年5月，毛泽东在窑洞里，埋头写作，以至于棉鞋被火盆烤着了，他也浑然不觉。警卫员贺清华后来说："7天7夜不睡觉，就是铁人也熬倒了啊，主席当时真是拼了命了。"就是在这7天7夜里写出了《论持久战》。

在这篇著作里，毛泽东结合抗日战争的实践，全面、深刻地论述了为什么要进行持久战、什么是持久战、怎样进行持久战等重大战略问题。其核心思想，是有效地控制战争的进程，使之达到持久的目的。战争拖长一天，日军的压力就会增大一分，弱点也会多暴露一分，特别是其战线长，兵力不足等弱点都会暴露出来。而我方则会随着战争时间的延长、不断深入、广泛地动员人民群众，壮大军队，逐步提高作战能力，最终实现敌我优劣条件的根本转化而赢得战争的胜利。

但是持久战战略方针，并不是一个简单的"拖"字。拖是要拖的，不拖就不能持久。问题是怎么个拖法，其中是大有文章的。

毛泽东在《论持久战》中首先指出，要发扬人的自觉的能动性。他说，一切事情都是要人来做的，持久战没有人就不会出现。要做，就必须先有人根据客观事实，引出思想、道理、意见，提出计划、方针、政策、战略、战术等等一套办法，才能做得好。抗日战争是要赶走日本帝国主义，而其军队又很强，因此必须动员全国人民，发扬其抗日的自觉的能动性，才能达到目的。

毛泽东指出，战争的胜负，固然决定于双方军事、政治、经济、地理、战争性质、国际援助诸条件，然而仅有这些，只是有了胜利的可能性，它本身没有分胜负。要分胜负还须加上人的主观努力，这是指导战争和实行战争，这就是战争中的自觉能动性。

毛泽东说，因敌强我弱，日军寻求与我决战。我则避免对敌有利的决战，而选择对我有利的条件，集中优势兵力，与之进行有把握的战役或战斗的决战。这是抗日战争的上策。

毛泽东还指出："战争的伟力之深厚的根源，存在于民众之中。日本敢于欺负我们，主要的原因在于中国人民的无组织状态。克服了这一缺点，就把日本侵略者置于我们数万万站起来的人民之前，使它像一匹野牛冲入火阵，我们一声吼也要把它吓一大跳，这匹野牛就非烧死不可。"人民站起来了，军队和民众打成一片，这支军队便无敌于天下。

毛泽东的《论持久战》一书，当时在国内外产生很大反响。

《论持久战》刚一发表，周恩来就把它的主要内容向国民党高级将领白崇禧作了介绍。白崇禧非常欣赏，认为这是积小胜为大胜，以空间换时间，是克敌制胜的最高战略方针。白崇禧又向蒋介石转述，没想到这位毛泽东的老对手也十分赞赏。在蒋介石的支持下，由国民党军事委员会通令全国，作为抗日战争的战略指导思想。

一篇《论持久战》烛照抗战行程。

《论持久战》这本书，更大的作用在中国共产党及其领导的武装力量内部，其影响之深是前所未有的，它成为统一全党全军思想和行动的灵魂。

毛泽东领导的抗日战争，八路军、新四军共歼敌171万余人，其中歼灭日军52.7万余人，歼灭伪军118.6万余人，缴获各种枪69万余支（挺），各种炮1800余门，而且解放了近100万平方公里的土地，解放区面积从抗战初期的13万平方公里，发展到106万平方公里，扩大8倍多，解放区遍布19个省，在这些解放区内，建立了由共产党领导的人民民主政权；解放区人口由抗战初期的不足200万人，发展到1.2亿人，增长了60倍。后来，这些解放区成为打败国民党政权的依托。

十四年抗日战争，八路军、新四军和我党领导的抗日武装由小到大，由弱到强，不断发展壮大。到战争结束时，已从全面抗战前的9万多人发展到127万人，增长13倍，民兵从无到有，发展到260万人，并且用缴获的武器装备了自己，改善了武器落后的状况。更重要的是，八路军、新四军在毛泽东的正确战略方针指导下，经过抗战的艰苦锻炼，取得了丰富的作战经验，战略战术和技术水平大为提高，各级指挥员组织指挥战役、战斗的能力大大增强，战斗作风更加过硬，军队正规化水平也大为提高，成为一支不但能打游击战，而且能打运动战的强大军队。

正因为有了这样一支强大的军队，当抗日战争结束不到一年，蒋介石发动全面内战，向解放区大举进攻时，中国人民解放军能够信心百倍地立即投入新的战斗。

土地革命战争，毛泽东率领红军同国民党军队打了10年。全面抗战时期，毛泽东率领八路军、新四军同日本侵略者打了8年。这种广大而持久的战争，不但在东方是空前的，在整个人类战争史上也是空前的。毛泽东在同对手的较量中，从战争的实践中出神入化的军事指挥韬略和因此产生的理论得到根本的丰富和发展。

7. 山雨欲来

1945年8月15日，日本宣布无条件投降，抗日战争取得了最后胜利。然而，从抗战胜利前一天起，国民党总裁蒋介石连续发出三封电报，邀请共产党主席毛泽东去重庆谈判。中共中央判断，蒋介石发动内战的决心已下，这个电报不过出于两个目的：一个是借口，毛泽东不去重庆，将战争责任嫁祸于共产党；如果毛泽东去重庆谈判，就迫使共产党交出军队，然后予以消灭。另一目的，就是利用谈判拖延时间，以便调兵遣将抢占地盘。

在此期间，蒋介石先抢占沿海大城市，飞机运官，军舰运兵，美国派军舰和飞机为其紧急运送军队。首先抢占南方的广州、福州、上海，再抢占北方，9月13日登陆青岛，9月30日登陆天津，10月1日登陆秦皇岛，他在重庆坐镇。

身为共产党主席的毛泽东，对付蒋介石这一招，早就胸有成竹。他在去重庆前，就叮嘱身边的将领："你们在前方打得越好，我在重庆就越安全。"将领们不怕开打，立即奔赴前线部署。刘伯承、邓小平赶往山西，准备应对蒋介石可能发动的军事进攻。

这一时期，中共中央高度重视东北，东北曾是日军侵华的后方，是中国的重工业基地。毛泽东早就关注到东北这一战略要地。1945年8月12日，即苏联出兵东北的第3天，毛泽东就指示冀热辽军区司令员李运昌及所属4个地委书记和4位军分区司令员，组成东进工委和东进指挥部，率部分三路向东北进军。毛泽东赴重庆后，主持中央工作的刘少奇又送一批干部赴东北。9月14日，中央政治局讨论，决定把全国的战略重点放在东北，调山东、苏北、华北的部队迅速开赴东北。

毛泽东的谋略，则是变被动为主动。重庆谈判，面对蒋介石的假意邀请，来了个假戏真唱，赢得舆论的拥护。在重庆谈判过程中，国民党军在山西省南部的上党地区，向解放区进攻，晋察冀豫军区歼灭国民党军11个师及1个挺进纵队共3.5万余人，不仅解除了晋冀鲁豫解放区的直接威胁，而且有力地配合了重庆谈判，实现了"边打边谈，以打促谈"的预期。

对于抗战胜利后的中国可能出现新的战争危机，毛泽东早有预见，对蒋介石早有警惕。

毛泽东说：国民党怎么样？看它的过去，就可以知道它的现在；看它的过去和现在，就可以知道它的将来。蒋介石要坚持独裁和内战的反动方针，我们曾经及时地指明了这一点，以唤起人民对于内战危险的注意，使全国军民早有精神准备。

毛泽东指出："必须清醒地看到，内战危险是十分严重的，因为蒋介石的方针已经定了。蒋介石的方针，是要打内战。蒋介石对于人民是寸土必夺，寸利必得。我们呢？我们的方针是针锋相对，寸土必争。我们是按照蒋介石的办法办事。蒋介石总是要强迫人民接受战争，他左手拿着刀，右手也拿着刀。我们就照他的办法，也拿起刀来。"毛泽东的这些话，使中共及其军队保持了清醒的头脑，在内战到来之前，在思想上和物质上都做了充分准备。

内战开始前，蒋介石在国民政府发表讲话：

全面剿共一旦开始，毛泽东能撑多久，我给大家算个账就一目了然了。

第一，论兵力。经前一段时间裁汰老弱，我军现有总兵力430万人，都是经过了抗战洗礼，作战能力很强的精兵强将。反观中共，兵力总数不过120多万，其中大半是地方民兵和后方机关人员，有战斗力的正规军不过60万。

第二，论装备。我军有四分之一是全美械装备，四分之一是混合装备，剩下一半是日械装备。而共产党呢，能够装备齐全的部队才60来万，大部分还是东缴西获、配备不全的日械装备，这还罢了，最关键的是，我们有炮兵、坦克、海军、空军等齐全的现代化军兵种，毛泽东有什么？别说坦克、飞机、军舰了，连山炮都屈指可数，就靠些步枪、机枪、迫击炮。

第三，论经济基础。我们控制着全国几乎所有的大城市和主要交通干线，控制了全国75%以上的土地和70%以上的人口，控制着几乎全部现代工业。而中共呢，人少地少，除了哈尔滨，一个大城市都没有，经济靠农业，交通靠肩挑手提小推车，与我们相比，完全就是天壤之别。

第四，论外援。我们有美国作后盾，抗战胜利至今，不到一年里，美国已经向我们提供了十几亿美元的援助，比整个抗战时期还多出一倍，刚刚又以5亿美元的低价，把20亿美元的战争剩余物资卖给了我们。不仅如此，美国还为我们训练了各种技术军官15万人，重新装备了45个陆军师，为我们空军移交了936架飞机，131艘作战舰艇。而中共呢，唯一得到的，不过是苏联人离开东北时，给他们留下的那点日本关东军的武器。可惜呀，关东军的精锐早已抽调去了太平洋战场，留在东北的，都是些老弱病残和淘汰的破枪旧炮，连七五口径的小山炮，共军都当成最大的宝贝喽。

蒋介石最后说："故总结而言之，论人，我们与毛泽东是三点五比一；论枪，是五比一；论真正的实力，是十比一，二十比一都不止！"

8. 中原突围

1946年6月26日，蒋介石调集重兵，进攻中原解放区，随即迅速发动国民党全部兵力，向各解放区展开大规模全面进攻，全面内战就此爆发。

蒋介石首先使用他早已部署在武汉、郑州地区的8个整编师又2个旅，共30万人，在空军支援下，采用南北对进、东西堵击的战术，向仅有3万多人的中原人民解放军猛烈进攻。蒋介石狂妄地宣称：要在48个小时内消灭李先念的部队。

为什么蒋介石要先在这里下手呢？说来话长，中原解放区是抗日战争中李先念、郑位三、王树声、王震、王首道等领导创建的抗日根据地，位于鄂、豫、皖、湘、赣五省交界地区，发展到60余县，形成了对武汉市的战略包围态势。

抗日战争结束后，武汉成为国民党军进攻华北的战略枢纽。因此，蒋介石在全国内战爆发之前，就部署了20多个师包围和蚕食中原解放区，到内战前夕，大部分地区被国民党军侵占，仅剩下以宣化店为中心的罗山、光山、商城、新县、礼山之间的狭窄地区，方圆不足百里，面积不及原来的十分之一。地盘虽然不大，但是战略地位十分重要，正好卡在平汉铁路的咽喉上，等于在国民党北进的主要通道上安了一个钉子。所以，蒋介石集中强大兵力，企图先消灭中原人民解放军，扫除其进攻方向上的一个大障碍，打通进攻华北的通道。

蒋介石还有一个小算盘，他以为李先念的部队人数不多，孤立无援，早已经是摆在嘴边的一块肥肉，完全可以一口吞掉。他想先捡个便宜，来个旗开得胜，马到成功，以此作为吹嘘的资本，达到政治宣传上的目的。

可是，蒋介石哪里晓得，料敌如神的毛泽东对他的图谋早有防备，岂能让他轻易得逞。鉴于中原解放区的孤立无援，又处于敌人的重重包围之中，我军力量比较单薄，为了保存实力，毛泽东决定不同蒋介石争这一块地盘的得失，下一步如何行动，他早就胸有成竹。

1946年6月1日，即国民党军发动进攻的前25天，毛泽东致电李先念等中原部队领导："必须准备对付敌人袭击及突围作战，预拟突围后集中行动及分散行动两个计划。"6月19日，毛泽东再次致电李先念："蒋决定大打，你处须随时注意敌情，准备突围。"6月23日，即国民党军发起进攻的前3天，毛泽东又第三次发出急电："立即突围，愈快愈好，不要有任何顾虑，生存第一，胜利第一。今后行动，一切由你们自己决定，不要请示，避免延误时机，并保机密。"

中原人民解放军遵照毛泽东的指示，用一小部分兵力就地分散坚持游击战争，令皮定均带一个旅东进苏皖边区，以迷惑、吸引敌人。主力部队共2.5万余人，于6月底分两路向西突围，实现了战略转移。分路突围的中原人民解放军，在李先念、郑位三、王震的指挥下，经过两个多月的艰苦战斗和行军，战胜了优势敌人围追堵截，终于在七八月间，分别进到豫陕鄂地区和鄂西地区，在这两个地区创建根据地，组成了鄂豫陕军区和鄂西北军区。中原部队成功的突围行动，保存了自己的力量，并钳制了大量敌人，减轻了华北、华中解放区的压力。

9. "你打你的，我打我的"

国民党军继围攻我中原人民解放军之后，从1946年7月初开始，以进攻苏中、苏北和山东解放区为重点，先后向我各解放区发动全面进攻。蒋介石叫嚣："三个星期夷平苏北共区"，"半个月打通胶济线"。

在敌人疯狂进攻之下，人民解放军按照毛泽东关于先在内线歼敌的指示，冷静沉着，按既定战略方针，分别在各个战场上寻找歼灭敌人的有利战机。

在解放战争中流传着毛泽东一句名言，叫作"你打你的，我打我的"。这句话深入浅出，体现了毛泽东高明的作战指导艺术，这是毛泽东战略指导思想的精髓，是从哲学高度对毛泽东战略思想的总结，对整个解放战争的指导意义十分重大。他的意思是说，战争中不要被敌人的气势汹汹所吓倒，不要被敌多路进攻或援敌所干扰，不受多种复杂情况所迷惑，总之不要被敌人牵着鼻子走，要坚定自行，勇往直前，毫不迟疑地按照自己的既定方针，按照自己的预定计划，把握主动权，主动寻找好打之敌，集中优势兵力打好每一个歼灭战。

为了粉碎国民党的军事进攻，毛泽东指导我们党制定了各项方针政策。在政治上，坚持党的领导，放手发动群众，团结一切可以团结的力量，建立最广泛的人民民主统一战线。在军事上，毛泽东明确指出："战胜蒋介石的作战方法，一般是运动战。"他指导我军实行由抗日战争游击战向解放战争运动战的战略转变，实行集中优势兵力，各个歼灭敌人的作战原则和积极防御的方针，以歼灭敌人有生力量为主要目标，而不是以保守或夺取城市和地方为主要目标。

在蒋介石发动内战初期8个多月里，面对杀气腾腾扑来的国民党大军，毛泽东指挥我军放弃105座城市，消灭蒋介石71万军队，所用的方法，他在《中国革命战争的战略问题》中写得明明白白："《水浒传》上的洪教头，在柴进家中要打林冲，连唤几个

'来''来''来'，结果是退让的林冲看出洪教头的破绽，一脚踢翻了洪教头。"毛泽东用同样后发制人的方法对付蒋介石。

山沟里的毛泽东在琢磨南京城里的蒋介石，蒋介石也在日夜琢磨毛泽东。

蒋介石逐字逐句研读所有能找到的"共军"军事书籍和文件，要求前方各级将领认真学习，找出对付"共军"的办法，并不厌其烦地教导他的部下："今后剿匪的工作，斗志尤重于斗力"。一年后，他又提出新的军事战略。为了遏制"共军"的运动战而彻底集中兵力，他置全国作战重心于黄河、长江之间的地区，将原来分散部署的198万正规军组成10余个强大的"进剿"兵团，在中原地区放置7个精锐兵团。这些兵团全部机械化装备，以实现机动作战、以动打动，逼解放军决战的战略企图。

毛泽东面对咄咄逼人的对手，似乎退了一步。他说蒋介石在中原组织了许多机动兵团，企图同解放军决战，我们不急于同他决战，只要求华东、中野密切协同，打中小规模的歼灭战，歼敌40个旅左右，到条件成熟时再说。

一位美国记者对蒋介石与毛泽东这两个中国现代史上的风云人物作过有趣的描述：蒋介石像一根铁棍子，坚硬而有些僵化，更像一位循规蹈矩的军人；毛泽东则像一根湘竹，柔韧而又有些飘逸，像是一位放荡不羁的诗人。两人性格上的特点反映到军事指挥上，蒋介石用兵拘谨、保守、战法单一；毛泽东挥洒自如，多有神来之笔。

1946年秋的一天，美军观察团成员包瑞德离开延安回国，毛泽东、周恩来前来送行。包瑞德在延安住了三年，离别时，毛泽东从周恩来手中接了一包红枣说："我们共产党跟朋友讲交情讲义气，只可惜延安太穷，你们要走了，我毛泽东也拿不出个大义气，就一包延安狗头枣，路上带着吃，礼轻情意重嘛。"

包瑞德接过红枣，说："谢谢。我也衷心祝愿你们能够熬过这场战争。"

毛泽东说："战争挡不挡得住，将来自然会见分晓，我只拜托你老包帮一个忙，好不好？"

包瑞德："只要我能做到，你尽管说。"

毛泽东："你帮我们断案啊。"

包瑞德一愣："断案？"

毛泽东："在我们中国古代，也有一个老包（公），专门给人断案子的，断起案来铁面无私。我们那个老包是个黑老包，长得黑，你也姓包，不过是个白老包，也好，黑白分明嘛。你回去以后，记得把我们中国这个官司也断个黑白分明，告诉美国政府，还有美国人民，是谁在中国破坏和平，发动内战，好不好？"

包瑞德："你放心，回国后，我一定实话实说，绝不违背自己的良心。"

毛泽东："那就拜托你了。一路平安。"

10. 李德胜

1946年7月到1947年2月，内战打了8个月，蒋介石的军队被人民解放军歼灭71万，各个战场的进攻屡屡受挫。在这样的形势面前，蒋介石不得不于1947年3月放弃"全面进攻"的战略，改为"重点进攻"的方针，即放松其他战场的攻势，或转攻为守，而集中兵力于山东和陕北两个主要战场，企图首先消灭这两个战场的人民解放军，然后再转用兵力于其他战场。

蒋介石还有一个如意算盘，这就是攻占他蓄谋已久的战略目标——延安，以便捞到政治上的好处，为其低落的士气民心打一针强心剂。

这一次，蒋介石真的下了狠心，他集中了94个旅的兵力，分别进攻陕北和山东两个解放区，占其进攻解放区的总兵力的43%。

关于陕北、山东两个战场作战方略，毛泽东也自有锦囊妙计，他指示这两个战场的人民解放军，诱敌深入，集中优势兵力，抓住战机，逐批歼灭进攻之敌，为尔后转入战略进攻创造条件。

毛泽东在陕北的土窑洞里，运筹帷幄，彻夜不眠，从各战场的策应配合，到具体的作战方法，都布置得十分周详细密，就等着蒋介石来自投罗网。

2月中旬，蒋介石把胡宗南召到南京，面授机宜，几天后，蒋介石又飞到西安，亲自确定进攻延安的军事部署。

胡宗南是蒋介石的亲信、忠实门徒，也是得力干将，其部队装备精良，被蒋介石委以第一战区司令长官重任，长期坐镇西安，围困陕北解放区。胡宗南也早就想找机会在蒋介石面前露一手，现在机会来了，他披挂上阵，指挥34个旅25万人，从南、西、北三个方向进攻陕北解放区，其中15个旅由他直接指挥，从洛川、宜川向北进攻延安。

延安不是一般的城市，它是革命圣地，是全国人民向往的地方，是当时世界闻名的红色首都，中共中央在此已10多年。

当时陕北战场的人民解放军只有正规军4个旅和一些地方部队，共约2.5万人，处于绝对劣势。

1947年2月15日，毛泽东得到胡宗南要进攻延安的情报，多次召开会议研究对策。中共中央通过《解放日报》把"敌人进攻延安"的讯息告诉了边区人民。

为了保卫陕北解放区，毛泽东急调以王震为司令员的两个纵队，从晋绥军区西渡黄河，在彭德怀的统一指挥下同敌人进行战斗。同时，毛泽东决定，主动放弃延安，留一个空城给敌人，然后在延安以北山区同敌人周旋，逐步削弱其主力，最终夺取西北战场的胜利。

1947年3月17日，蒋介石命令胡宗南，首先用他的嫡系部队15个旅14万人，南北对进，同时出动45架飞机轰炸延安。

3月18日，延安的党政机关和人民群众已经疏散完毕，城里可以听到前线的枪炮声。工作人员再次劝毛泽东早一点走，可是他说："走那么早干什么，我还要在这里看看敌人是个什么样子的呢。"

毛泽东离开延安后，为了保密，化名李德胜。为什么用这个名字？毛泽东幽默地说："离开者，得胜也。"一年后果然收复了延安，获得了胜利。

离开延安，毛泽东发现许多人对主动放弃延安想不通。对此，他耐心地做了解释工作。他说："保住延安而不撤退的想法不高明。只有我军暂时撤离延安，诱敌深入，让敌人多占一点地方，背上包袱，我们才能轻装前进，在运动中寻机歼灭敌人。"为了深刻说明这个道理，他作了通俗的解释，他说："譬如有一个人，背个很重的包袱，里面尽是金银珠宝，碰见了个拦路打劫的强盗，要抢他的财宝，如果他舍不得暂时扔下包袱，手脚很不灵便，就打不赢他，就要被强盗打死，金银财宝也丢了。如果他把包袱扔掉，轻装上阵，那就动作灵便，能使出全身力气，跟强盗拼，把强盗打退、打死，最后也就保住了金银财宝。""我们是用延安换取全中国。""蒋介石打仗，是为了抢地盘。占领了延安，他好开会庆祝，我们就给他地盘。我们打仗，是要俘虏他的兵，缴获他武器装备，消灭他的有生力量，壮大自己。我们放弃延安，就是把包袱让敌人背上，敌人背上包袱走不动时，我们就大量地消灭他。"

毛泽东还说："蒋介石用几十万大军来占领延安，除了得到一点面子，还能得到什么？什么都得不到，这笔买卖是他划不来，不但划不来，延安他照样待不久，占不长。第一，我们延安全体居民可以坚壁清野，一口锅、一只碗、一双筷子、一粒粮食也不给他胡宗南，让他在延安待不住；第二，敌人进延安，是握着拳头进来的，到了延安找不到我们，他就得把手指头伸开，满陕北地找，那时候我们就能一根一根切掉他伸出来的手指头！所以，蒋介石要延安，给他就是，我们不但可以拿一座空城拖住他几十万兵，我毛泽东还可以跟大家拍个胸脯，不打败胡宗南，收回延安，我毛泽东绝不离开陕北！少则一年，多则两年，延安照样回到我们手里。不仅延安会回来，西安、武汉、南京、上海、北平统统都会回到我们手里，全中国都是人民的，都要回到人民手里，我们要拿一个延安，换回整个中国！"

1947年3月19日下午，国民党军胡宗南部队第1军第1师占领延安后，8月7日"美龄号"专机在延安简易机场降落，蒋介石踌躇满志携夫人以胜利的姿态来到延安。

蒋介石以一种自嘲的语气告诫随行人员：来而不往非礼也。两年前我邀请毛泽东到了重庆，今天我来到延安回访，可惜的是毛泽东没有邀请我，是我不请自来。他想来延安看一看这个神秘的地方到底是什么样子。

蒋介石和宋美龄在随行人员簇拥下视察了杨家岭、枣园、王家坪、抗大等地。

蒋介石在毛泽东住的院子里转了转，看到毛泽东亲自纺纱用的纺车。他问带来的当地农民："你见过毛泽东吗？"老农答：

"经常见，还在我家里吃过枣子。"蒋问："你送给他的？"老农答："没，他买的，给了俺钱。"问："毛泽东穿什么衣服、鞋子？"答："跟那些兵一样，穿旧衣裳，袖口还打着补丁。穿布鞋也有草鞋。"蒋又问他："还说了什么？"老农回答："他问我为啥陕北人不爱吃红辣椒？"问："你怎么回答？"答："俺说：吃了那家伙屁眼疼。"

蒋介石实在难以相信，无法想象，毛泽东何以在如此恶劣的环境中保持着旺盛的斗志？中共何以发展壮大成了现在这样的力量？怎么指挥着军队在全国的战场上与自己对抗？又是怎么样在这样的桌子上把文章写得既尖锐犀利又文采飞扬？蒋听得很仔细，提出许多问题，随行的胡宗南等人根本答不上来。

蒋介石在延安看到的一切都使他感到震惊。因为无论是抗大，还是政府机关所在地，所有都是十分简陋、破旧、低矮的窑洞，条件十分艰苦。他看到的一切，让他如芒在背、意气崩溃、怅然若失。

第二天，蒋介石就匆匆离开了这个让他心绪不宁的地方。

毛泽东在1947年3月18日撤离延安时对彭德怀说："蒋介石进攻延安，是搬起石头砸自己的脚，少则一年，多则两年，我们还是要回来的。"果然，历史按照世纪伟人所料，1948年4月22日，被敌人占了1年1个月零3天的延安，又重新回到了人民怀抱。

1949年，蒋介石败退到台湾，临走时他说："去延安是我这辈子最后悔的，注定了国军的失败。"

毛泽东撤出延安转战陕北，不过黄河，当时中央工作人员和警卫部队只有800人。

彭德怀率领西北人民解放军，在陕北战场上同胡宗南展开了众寡悬殊的较量。他巧妙地运用毛泽东指示的"蘑菇"战术，利用黄土高原的复杂地形和人民群众大力支持等有利条件，在游击队和民兵的配合下，与敌人盘旋打转，使敌人陷入疲劳、缺粮的困境。从3月25日至5月4日，一个多月内连续在青化砭、羊马河、蟠龙打了3个胜仗，歼敌1.4万余人，给敌人以沉重打击。这3个胜仗，被誉为西北战场的"三战三捷"，成为解放军战役指挥范例之一。

11. "生铁蛋"遭遇滑铁卢

陕北战场正在激烈战斗之时，在山东战场上，国民党军集中24个整编师共60个旅约45万人的兵力，在蒋介石的陆军总司令顾祝同指挥下，向鲁中山区发动进攻。

毛泽东指示陈毅、粟裕：对敌人的进攻不要性急，不要分兵，不要扰敌后路，不要天天同敌人接触，让敌人放手前进。

陈、粟按照毛泽东的指示，首先用一部分兵力进行临蒙路反击战和泰安战役，歼敌一个多师，然后诱敌深入，将主力后撤到蒙阴、新泰、莱芜以东隐蔽集结，待机破敌。

1947年5月10日，国民党军主力部队自汤头、蒙阴、新泰、莱芜之线，向北、向东跟踪追击。

陈、粟大军立即抓住向坦埠冒进的蒋军王牌中的王牌整编第74师，乘其孤立突出之机，集中主力部队，于5月14日发起孟良崮战役，将该师包围在狭小的山区内，经过三天激烈战斗，以百万军中取上将首级的胆魄，把该敌3万余人全部歼灭在孟良崮地区，气壮如牛的中将师长张灵甫被击毙。

这是改变山东战场局面的一个大胜仗。

整编74师是蒋介石卫戍部队，国民党军五大王牌军之首，全部美械装备，有美国军官训练，战斗力强。师长张灵甫是蒋介石的亲信，有名的少壮派，骄狂不可一世，蒋介石对他爱得不得了，昵称其为"生铁蛋"。

蒋介石在南京好几天打不起精神来。74师被歼灭，对他的打击太大了。他哀叹道：74师的覆没是最痛心、最惋惜的一件事。整编74师被歼灭后，国民党兵团司令汤恩伯因此被撤职。蒋介石不得不暂时停止对山东的重点进攻。

与此同时，人民解放军在其他战场进行了战略性反攻。晋冀鲁豫野战军进行了豫北攻势作战，歼敌4万余人，解放了豫北广大地区。

晋察冀野战军进行了正太战役、青沧战役、保北战役，共歼敌5万余人，解放石家庄周围及其以西广大地区。

在东北战场上，东北野战军于5月13日至7月1日发动夏季攻势作战，共歼敌8万余人，收复城市42座，进一步沟通东满、西满、南满三个地区的联系。

一年的激烈战争过去了，可把蒋介石和毛泽东各自的战略指导作个比较：

蒋介石的战略是：全面进攻，抢占地盘，寻求决战，速胜速决，要在三至六个月内消灭人民解放军，结束战争。

毛泽东的战略是：积极防御，以大量歼灭敌有生力量为主，不计一城一地得失；你打你的，我打我的；先弱后强，各个击破；不性急，不分兵，一切做持久打算。

毛泽东说：多歼灭敌人，是决定一切的关键。

经过一年的作战，人民解放军共歼灭国民党正规军97个半旅（师），约78万人，歼灭国民党非正规军34万人，共计歼敌112万人。其中，俘虏67.7万人，起义1.7万人。这一年，国民党的将级军官被击毙26名，被俘虏176名。这个数目使蒋介石焦虑不安，他痛心地说："前方高级将领被共军俘虏，以致影响整个战局。"他连声哀叹："这是我们最大的损失，最大的耻辱。"

1947年7月至9月，在毛泽东提出的外线进攻战略方针指导下，人民解放军在中原、华东、西北、华北、东北五大战场上，先后由战略防御转入战略进攻。

1947年7月1日，位于战略进攻主要方向上的晋冀鲁豫野战军，由刘伯承、邓小平率领4个纵队共12万人，突破蒋介石40万大军的黄河防线，并发起鲁西南战役，在不到一个月的时间内，歼敌4个整编师共9个半旅，约6万人，取得初战胜利。

随后，毛泽东及时果断地指挥刘邓大军千里跃进大别山，把战争引向敌占区打运动战，建立根据地。这是毛泽东独具匠心地布下的棋局。它从根本上扭转战局，使人民解放军由防御转为进攻。经过两个月的艰苦作战，共歼敌3万余人，解放县城24座，完成占领大别山的战略任务，从而在国民党的战略腹地插进了一把尖刀。

毛泽东导演的这一战略上的突变，蒋介石事先根本没有料到，因此他毫无准备，只能在惊恐中被动应付。

12. 十大军事原则

1947年12月下旬，毛泽东在陕西米脂县杨家沟召开中央会议（也称十二月会议），这是解放战争期间举行的一次具有历史意义的会议。会上，毛泽东作了《当前形势和我们的任务》的报告，这是一个纲领性文件，它在中国革命战争达到一个转折点的历史时刻，回答了怎样打倒蒋介石，怎样建立新中国的重大问题。

在报告的一开头毛泽东就说："中国人民的革命战争，现在已经达到了一个转折点。这即是中国人民解放军已经打退了美国走狗蒋介石的数百万反动军队的进攻，并使自己转入了进攻。"

毛泽东指出：人民解放军已经扭转了美国及其走狗蒋介石的反革命车轮，使之走向覆灭的道路，推进了自己的革命车轮，使之走向胜利的道路。这是一个历史的转折点，这是蒋介石的20年反革命统治由发展到消灭的转折点。这是一百多年以来帝国主义在中国的统治由发展到消灭的转折点。这是一个伟大的事变，这个事变之所以带着伟大性，是因为这个事变发生在一个拥有四亿七千五百万人口的国家，这个事变将必然地走向全国的胜利。

　　毛泽东作为一个有远见卓识的战略家，当战争发展到一个转折关头，一般人还看不到转折的来临和伴随而来的新问题时，毛泽东则能够更早地看清这一切，及时抓住关键性问题，并拿出办法，指明前进的方向。这是毛泽东的过人之处，也是他战胜对手的奥妙所在。

　　毛泽东在十二月会议上提出了著名的十大军事原则。他说我们之所以能够战胜蒋介石，在军事方面来说，是因为执行了正确的战略方针。我们的军事原则是：

　　　　（1）先打分散和孤立之敌，后打集中和强大之敌。（2）先取小城市、中等城市和广大乡村，后取大城市。（3）以歼灭敌人有生力量为主要目标，不以保守和夺取城市和地方为主要目标。（4）每战集中绝对优势兵力，四面包围敌人，力求全歼，不使漏网。（5）不打无准备之仗，不打无把握之仗。（6）发扬勇敢战斗、不怕牺牲、不怕疲劳和连续作战的作风。（7）力求在运动中歼灭敌人，同时注重阵地攻击战术，夺取敌人的据点和城市。（8）一切敌人守备薄弱的据点和城市，坚决夺取之。一切敌人有中等程度的守备而环境又许可加以夺取的据点和城市，则等候条件成熟时然后夺取之。（9）以俘虏敌人的全部武器和大部人员，补充自己。我军人力物力的来源主要在前线。（10）善于利用两个战役之间的间隙，休息和整训部队。毛泽东讲完这十条原则之后，接着说以上这些就是人民解放军打败蒋介石的主要方法。这些方法，是人民解放军在和国内外敌人长期作战的锻炼中产生出来的，并完全适合我们目前的情况。

从1928年毛泽东提出"十六字诀"，为中国革命战争的战略战术原则奠定了基石，到1947年毛泽东提出十大军事原则，整整20个春秋。在这20年的历程中，中国革命战争在毛泽东的正确战略指导下，不仅打败了所有比自己强大的对手，而且创造了一整套作战原则，这些原则中十大军事原则最具有代表性。

20年前，毛泽东提出"十六字诀"以后，在长期的战争实践中，他导演了一出又一出的战争活剧。然而，这些活剧都是以敌进我退为基础的，而且大部分带有浓厚的游击战色彩。到了20年后提出十大军事原则时，中国革命战争出现了历史性转折，开始了"我进敌退"的大规模的运动战与阵地战相结合的攻势战争。

从"十六字诀"到十大军事原则，都是毛泽东一贯坚持的作战指导方针和原则，它来源于战争实践，又经过长期战争的反复检验，证明是最有效的基本原则。它不仅是战役战斗的准则，也是战略指导原则。它不是一般意义的作战原则，而是毛泽东用以战胜对手的战略战术思想的集中体现。

十大军事原则的提出，标志着毛泽东指导中国革命战争的理论达到了一个新的高峰。十条原则，全文不过600字，然而它的内涵却十分丰富，而且充满了军事辩证法。它反映了毛泽东把歼灭敌人有生力量作为核心指导思想，把集中优势兵力、包围全歼敌人作为主要作战方法，他把敌军分为分散的、孤立的和集中的、强大的，运动的和防守的，守备薄弱的、中等的和坚固的，在此区分的基础上，规定了对敌军作战的不同原则。既要力求在运动中歼灭敌人，又要注意阵地攻击；既要把歼灭敌人放在每战集中优势兵力的基础之上，又要强调每战要有准备，要有把握，要发扬勇敢战斗、不怕牺牲、不怕疲劳和连续作战的作风。他把歼灭敌人与夺取和保守地方的关系，把夺取乡村与中小城市和夺取大城市的关系，把力求在运动中歼灭敌人与注重阵地进攻的关系，把俘虏敌人与补充自己的关系，把作战与休整的关系，都作了统一的决定，这就把客观条件与主观能动性，把原则性与灵活性辩证地统一起来了。

毛泽东在提出十大军事原则的同时指出："蒋介石和美国在华的军事人员，熟知我们这些军事原则。蒋介石曾多次集训他的将校，将我们的军事书籍和从战争中获得的文件给他们研究，企图寻找对付的办法。美国军事人员曾向蒋介石建议这样那样的消灭人民解放军的战略战术，并帮蒋介石训练军队，但是所有这些努力都不能挽救蒋介石的失败。从根本上说，这是因为我们进行的是革命的正义战争，有全国人民热烈拥护和坚决支持，而国民党进行的是反人民的非正义战争，必然遭到全国人民的坚决反对。"

十二月会议后，随着春天的来临，陕北战场的形势也发生了根本变化，蒋介石要捉拿毛泽东和驱赶毛泽东出陕北的企图已经彻底失败。这时，毛泽东觉得可以离开陕北了，于是他决定东渡黄河，到华北同刘少奇、朱德会合，以便于指挥即将到来的同蒋介石的战略决战。

13. 辽沈，淮海，平津

1948年3月23日，毛泽东和周恩来、任弼时率中央机关和解放军总部到达黄河西岸吴堡县的川口。毛泽东登上渡船，站在船尾向岸边送行的陕北乡亲们挥手告别，离开了他战斗13年的陕北根据地，从而也结束了转战陕北371天，在黄土高坡上指挥全国解放战争这一段富有传奇色彩的历程。

渡过黄河后，毛泽东对他的随行人员说："同蒋介石的这场战争可能要打60个月，前30个月是我们上坡，到顶，也就是说战争打到了我们占优势；后30个月，叫作'传檄而定'，那时候我们是下坡，有的时候根本不用打仗了，喊一声敌人就投降了。"毛泽东最后这句话，没过多久就得到了应验。

1948年5月26日，中共中央书记毛泽东、刘少奇、朱德、周恩来、任弼时率领中共中央、人民解放军总部进驻西柏坡。

西柏坡，原是一个普通的小山村，距离平山县城80公里，位于太行山麓、滹沱河北岸，有100多户人家，群山环绕，河两岸土地肥沃，稻麦两季，早在抗日战争时期，这里就是老革命根据地之一。毛泽东进驻西柏坡时，各战场的人民解放军正在继续向国民党军发起进攻。

1948年初，当人民解放军的战略进攻正在进行的时候，蒋介石已经感到形势不妙，那时他曾经确定了一个"尽可能坚守东北和华北、争取中原，大力经营华南、西南和台湾"的方针，根据这个方针，他确定了如下战略计划：

　　（一）东北方面，持久消耗，打击"共
军"，使其战力不能成长。（二）华北方面，
采取主动攻势，使华北之"共军"陷于孤悬分
离，截断其补给。（三）华中方面，是与"共
军"作战重心，要阻止"共军"继续扩大；要
编组有力而机动之兵团，穷追猛打，以歼灭
"共军"主力。

同时，蒋介石也决定实行"七分政治、三分军事"的总体
战略。

为了扭转败局，蒋介石于1948年8月3日至7日在南京召开了一
次军事检讨会议，全面检讨两年作战的经验教训，并制定新的战
略。这次会议是在非常秘密的情况下进行的。参加会议的是整编师
（军）以上高级将领。会议通过了如下决议案：

　　第一，军事应作久远之计。第二，对"共
军"应用歼灭战与消耗战。第三，华中主力全保
辽东、热河，以巩固东北，确保华北；黄河以南
各"绥靖"区国军配合地方武装，堵剿兼施，国
军主力则编组强大之进剿兵团，捣毁"共军"根
据地，猛烈追击，使成为流寇，然后依后备兵团
之增强，逼近"共军"于绝地而歼灭之。第四，
西北须建立以兰州为中心的独立作战地带，陕北
须建立一个骨干部队，支配战场，确保汉中，
并在四川和汉中及时建立一个坚强兵团，以应
陕甘之急需。第五，长江以南成立"绥靖"署、
"绥靖"区，培养地方武力，争取人力物力，
廓清"散匪"，俾总动员施之有利。

蒋介石的南京军事检讨会虽然不得不承认其战略的破产，但仍然过高地估计自己的力量，过低估计共产党的力量，仍然做着"进剿共匪、猛烈追击、使成流寇"的美梦。

1948年9月8日至13日，中国共产党在西柏坡召开中央政治局会议（亦称九月会议）。这次会议，对解放战争头两年的作战和其他工作进行全面总结，讨论并确定了毛泽东提出的解放战争第三年及其以后的战略方针和任务。

毛泽东在九月会议上提出："我们的战略方针是打倒国民党，战略任务是军队向前进，生产长一寸，加强纪律性，由游击战争过渡到正规战争，建军五百万，五年左右从根本上打倒国民党。为实现这一任务，必须每年歼敌正规军一百个旅（师）左右，这是解决一切问题的关键。"

周恩来说："五年左右从根本上打倒国民党的计划是根据两年来的经验，谨慎的估计，很有实现的可能。如果给蒋介石的打击很严重，加上其财政经济崩溃，内部倾轧，蒋介石可能垮得早些，胜利来得快些，我们也应有此准备。当然也有可能遇到曲折，如果美国出兵，困难要大些，时间就长一些。我们要估计到这些，不要因为胜利太快而没有准备，也不要因胜利推迟而不耐心。当然，今天还是争取五年胜利，因此要准备进行若干带决定性的大会战。"

毛泽东还提出，在解放战争第三年，各野战军的战略任务是：

（一）西北野战军，歼灭敌人12个旅，钳制西安的胡宗南集团，使之无法以更大兵力增援中原战场。（二）华北野战军第一兵团，歼灭太原阎锡山集团14个旅，攻克太原。（三）中原野战军，歼灭武汉白崇禧集团14个旅，攻克鄂豫皖三省若干城市。（四）华东野战军，歼灭徐州刘峙集团40个旅，攻克济南，夺取徐州，解放苏北、豫东、皖北若干大小城市。（五）华北野战军第二、第三兵团，歼灭北平傅作义集团12个旅，并配合东北野战军作战。（六）东北野战军在华北第二、第三兵团配合下，歼灭沈阳卫立煌集团及华北傅作义集团共35个旅，攻克北宁、平绥、平承、平保各铁路线除北平、天津、沈阳三点以外的一切城市。毛泽东还指示东北野战军：确立打你们前所未有的大歼灭战的决心，争取将卫立煌集团就地歼灭。

上面说的这些，就是大决战前夕毛泽东和他的对手蒋介石各自作出的战略抉择。蒋介石提出：要维持500万军队。毛泽东提出：要发展500万军队。蒋介石提出："转攻为胜"，完成"戡乱"。毛泽东提出要再用三年左右的时间推翻国民党的统治。一句话，就是毛泽东和蒋介石要进行决定胜负的战略决战了！

毛泽东在九月会议上提出，要敢于打前所未有的大歼灭战，敢于同国民党进行战略决战，要做到这一点，还需要闯过两关：一是能够在一次战役中歼灭敌军两三个兵团，几十万人；二是能够攻克10万人以上敌军守备的大城市。对于这个重大问题，在九月会议上经过充分酝酿讨论，首先在最高领导层达成了共识。刘少奇在发言中说："我们在战争中带有决定性的攻坚和大的会战，这两关没有过，过了这两关，问题就解决了。"邓小平在发言中也指出："前两年打胜仗，第三年是关键。困难确实有，真正带决战性的攻坚这一关还没有过。但困难可以在胜利中解决，军事胜利是决定性的环节。"

　　要攻克国民党10万人以上守备的大城市，从哪里开刀呢？当时有三个城市可供选择：一个是东北的长春，一个是华东的济南，再一个是华北的太原。在这三个城市中，太原似乎可以暂时不作考虑，因为当时敌我形势上不具备攻克太原的有利条件。在剩下的两个城市中，攻占长春的有利条件多一些。长春守敌有国民党正规军两个军，加上非正规军共10万人，防御工事坚固，号称"坚冠全国"，但守军内部矛盾很深，中央军、地方军，正规军、非正规军相互歧视，钩心斗角，守城两大主力之一的第60军是滇西地方军，军长曾泽生与解放军有秘密联系，而长春各种补给全靠空运，早已成为一座孤城。

　　打长春的计划本能实现，毛泽东从战略全局着眼，最终决定坚决攻克济南。

　　济南北依黄河，南靠泰山，西临运河，地势险要，易守难攻，是山东省政府、第二"绥靖"区司令部所在地，是津浦、胶济两条铁路的交会点，也是蒋介石赖以支援华东和华北两大战区的战略要地之一。国民党军若能固守济南，则南可保障徐州的稳定，屏障江淮，北可进出平津，连接华北。因此，蒋介石一直把它看作仅次于平、津、徐的战略要地。为确保济南稳固，早在一年多前，蒋介石就曾亲自到济南布置防务，向时任第二"绥靖"区司令的王耀武面授机宜，令其统领10万守军长期固守，不得有任何闪失。

　　在毛泽东眼里，济南是必得之城。他认为，要进一步改变华东战局，必须首先夺取这个战略要点。夺取济南后，既可以使华东野战军全力南进，直逼徐州，又可以使华东、华北两大解放区连成一片，有利于尔后大规模作战；同时还可以通过打济南获得攻克坚固设防城市的阵地进攻战经验，这对惯于打运动战的解放军来说至关重要。

1948年8月，毛泽东致电粟裕，如能在8、9两月攻占济南，则山东内线兵团可于10月南下，配合外线兵团打几个大仗，争取于冬春夺取徐州；同时又可利用攻济而迫使徐州敌军两个兵团北援，使敌分散，首尾不能相顾，利于我各个击破。

此时，华东野战军可谓兵强马壮，兵多将广，计有三个兵团13个纵队，再加特种兵纵队和两广纵队共35万人；此外还有华东军区所属部队及地方武装31万人，总共66万人。各部队在大好形势鼓舞下，士气旺盛、求战心切，他们提出："打到济南府，活捉王耀武！"山东人民支前热情高、劲头足，为解放军提供了可靠的后方保障。

济南战役前五天，毛泽东致电山东内线兵团司令员许世友，对攻济打援的目的、手段和两者之间的联系与区别，作了明确的规定。毛泽东说："此次作战目的，主要是夺取济南，其次才是消灭一部分援敌，但在手段上即在兵力部署上，却不应以多数兵力打济南。如果多数兵力打济南，以少数兵力打援敌，则因援敌甚多，势必阻不住，不能歼其一部，因而不能取得攻济的必要时间，则攻济必不成功。"毛泽东又说："这种部署遇到情况变化时可以改变，如援敌已被阻住，而攻城需要增加兵力时，可从打援方向抽调兵力参加攻城；在攻城短期不能解决战斗，而援敌又已大举进犯，非歼灭援敌不能继续攻城时，则应从攻城兵团中抽调一部至半数兵力增加打援。"

在一切部署妥当之后，毛泽东命令：攻城指挥由许世友担负，全战役指挥由粟裕担负。争取一个月左右打完，但必须准备打两个月至三个月。

毛泽东对济南战役的指挥，既坚定又谨慎，从战役方针、战役部署到作战方法，以及其他战场的配合等方方面面都作了周详的部署，如此指挥焉能不胜？

华东野战军遵照毛泽东的指示，经过充分准备后以7个纵队及地方部队共14万人，担负攻城任务，以8个纵队及地方部队共18万人，担负打援任务，于9月16日发起对济南的进攻，战至24日，共打了8天，这个被蒋介石自诩为"固若金汤"的大城市就攻克了，全歼守敌10万余人，生擒济第二"绥靖"区司令王耀武。

在人民解放军攻击济南时，蒋介石多次严令徐州的邱清泉、黄百韬、李弥三个兵团分路前往增援，但各路援军惧怕被解放军强大的打援部队所歼灭，始终徘徊不前，蒋介石非常失望，只能眼睁睁地看着济南被毛泽东拿走。

蒋介石丢失济南，在国民党统治集团和国际上都引起了巨大震动。连蒋介石的亲信、少壮派高级将领杜聿明这样的人物都泄气地说："济南的失守，我们的重点防御计划已被共军击破。"美联社发表消息说："国民党军把华东的重要城市济南丢掉了。自今以后，共产党要到何处就到何处，要攻哪个城市就攻哪个城市，再没有什么阻挡了。"日本《朝日新闻》说："从此中国的内战进入了一个极为重要的新阶段。"

毛泽东对济南的顺利攻克十分欣慰，这使他看到了战略决战到来的前景。他说："这个胜利已经动摇了蒋介石反动军队的内部，这是两年多革命战争给予敌人最严重的打击之一。证明人民解放军强大的攻击能力，已经是国民党军队无法抵御的了。任何一个国民党城市都无法抵御人民解放军的攻击了，就是北平、天津、沈阳三点也不例外。华东和中原的全部解放，已经更加迫近了。"

人民解放军攻占济南后，山东全境（除青岛外，青岛时为直辖市）基本解放，从而使整个战局发生了进一步变化：华东野战军可以全部向徐州方向进击，与中原野战军会合，为在徐州地区打更大规模的歼灭战创造了良好的条件。

济南战役拉开了战略决战的序幕。

从这时开始，在中国大地上，进行了一场震惊世界的大决战。整个大决战由辽沈战役、淮海战役、平津战役三个战略性战役组成，辽沈战役是第一个战役。它是东北野战军在辽宁省西部和沈阳、长春地区同国民党军卫立煌部进行的一次大规模战役。

把东北战场的陆上通道切断，将敌军封闭在东北境内，然后加以各个歼灭，是毛泽东为辽沈战役制定的基本方针。后来许多人用"关门打狗"来形容这个方针。

战役前，东北野战军已有正规军12个纵队，下辖36个师，另有17个独立师、3个骑兵师、11个独立纵队、1个铁道兵纵队、1个坦克团，共约70万人，加上地方部队33万人，是名副其实的百万大军。

此时，东北国民党军有55万人，其中正规军4个兵团，下辖14个军共44个师，约48万人，被分割在长春、沈阳、锦州三个城市及附近地区。由于北宁铁路若干段及营口的海港被人民解放军控制，因此长春、沈阳守敌的物资补给全靠空运，供不应求。

遵照毛泽东的指示，东北野战军于1948年10月14日对锦州发起总攻，仅用31个小时就攻占了全城，共歼敌10万余人，其中俘虏敌东北"剿总"副司令范汉杰以下官兵8.8万余人。这是继攻克济南之后，又一次攻克敌10万人守备的城市，并且开创了人民解放军攻克敌人坚固设防城市速战速决的范例。

10月17日，国民党长春守敌60军军长曾泽生率所部2.6万人起义，并将城防司令郑洞国的突围计划交给了人民解放军围城部队。郑洞国慑于人民解放军围城部队的强大军事压力，于10月21

日率所部放下武器，听从人民解放军发落。至此，长春宣告和平解放。

锦州、长春相继被人民解放军占领后，曾欲增援锦州的廖耀湘兵团在辽西处于进退维谷、举棋不定的境地。东北野战军于10月26日在辽西平原展开了一场大规模的围歼战。经过48小时的激烈战斗，于28日拂晓，将廖耀湘兵团5个军共12个师及特种兵部队，总计10万人，全部就地歼灭，活捉兵团司令廖耀湘，取得了辽沈战役决定性胜利。辽西围歼战，两天歼敌10万人，其时间之短、战果之大，在中国人民解放军战史上是空前的。

辽沈战役，历时52天，全歼国民党军1个"剿总"司令部、4个兵团部、11个军部、36个师，连同各特种兵部队及地方保安部队共47.2万人，解放了东北全境。

东北战场的结局对蒋介石是一个致命的打击，使全国战局急转直下。蒋介石因伤心过度，在北平吐血不止，回到南京后还继续吐血。他说："东北一经沦陷，华北必将相继失守，而整个形势也就不可收拾了。"

辽沈战役结束后的第四天，淮海战役就开始了。

淮海战役，是华东和中原两大野战军及地方部队，于1948年11月6日至1949年1月10日，在以徐州为中心的东起黄海之滨，西至豫皖边界，北起陇海路，南至淮海，地跨江苏、山东、安徽、河南四省的广阔区域内，与国民党军徐州刘峙集团进行的一次战略性战役。

人民解放军参加这次战役的部队有：华东野战军16个纵队，中原野战军7个纵队，共57个师（旅），此外还有华东、中原军区的地方部队7个旅，总共约60万人。

国民党军先后投入7个兵团，2个"绥靖"区，34个军，共82

个师，总兵力80万人。

由于人民解放军参战兵力只有60万人，比国民党军少20万，同时武器装备又处于劣势，而一下子要歼灭80万敌人，这可不是一个小数目，行吗？因此，毛泽东形容这个战役是一锅夹生饭，面对这样一大锅夹生饭，能不能把它吃下去呢？这是一件很使人为难的事！

国民党军丢失济南后，蒋介石为确保徐州，将黄百韬、李弥、邱清泉、孙元良4个兵团和3个"绥靖"区共25个军总计59个师60万人，分别配置于沿陇海路商丘至海州段，津浦路临城至蚌埠段，形成了以徐州为中心的"一点两线"的防御部署。其特点是兵力集中，便于机动，增援迅速。

蒋介石在进行这一部署的同时，还命令位于豫南确山地区的黄维兵团，随时准备转用于徐州方向。

蒋介石为什么把他手中剩下的老本大部分集中在徐州地区呢？他是想在这个便于机动的地区，寻求同毛泽东决一死战。胜了，可以保住华东、中原，以图再进；败了，可以迅速撤往江南，凭江固守。

从蒋介石的兵力部署特点观察，毛泽东很快就识破了他的企图。

1948年9月28日，毛泽东致电粟裕，进一步提出淮海战役的设想。他说："淮海战役第一个作战是最主要的作战，其任务是钳制邱清泉、李弥两兵团，歼灭黄百韬兵团。新安镇地区离徐州甚近，邱、李两兵团赴援甚快。"在电报中，毛泽东强调指出："这个战役必然比济南战役规模要大，比豫东战役的规模也可能要大。因此，你们必须有相当的时间使攻济南战役的兵团获得休整、补充，并对全军作战所需，包括全部后勤工作在内有充分准备，方能开始行动。"

11月11日，毛泽东致电华东野战军和中原局领导人粟裕、谭震林、刘伯承、邓小平、陈毅，提出了淮海战役的作战方针和部署。他在电报中说："本战役第一阶段的重心是集中兵力歼灭黄百韬兵团，完成中间突破。为此，应以六至七个纵队分割歼灭敌三个整编师；以五至六个纵队担任助援和打援；以一至两个纵队从北面威胁徐州，并使邱、李两兵团不敢全力东援。"毛泽东还指出："孙元良兵团将东进，望刘伯承、邓小平、陈毅立即从速部署攻击郑（州）徐（州）线，牵制孙兵团。否则孙兵团加至徐州方向，将极大妨碍华东野战军作战。"毛泽东说："本战役第二阶段，以大约五个纵队，攻坚海州、新浦、连云港、灌县地区之敌，并占领各城，主力担任牵制邱、李两兵团的任务。本战役的第三阶段，可设想在两淮方向作战，亦须准备以五个纵队左右的兵力去担任攻击，而以其余主力担任打援及牵制任务。"

按照毛泽东的部署和计划，1948年10月20日，淮海战役首先在陇海路郑州至徐州段拉开了序幕。

1948年11月4日，粟裕下达淮海战役首战的攻击命令。

11月6日傍晚，万炮齐鸣，震天动地的爆炸声响彻苏北大地，华东野战军6个纵队向黄百韬兵团发起攻击。黄百韬兵团遭到人民解放军的猛烈攻击后，向西仓皇撤退，企图逃往徐州。

正在这时，位于黄百韬兵团左前方的国民党第59军和77军，共2.3万多人，由第三"绥靖"区副司令官何基沣、张克侠率领在贾汪、台儿庄地区起义，投向人民解放军。

华东野战军从11月12日开始，向被困的黄百韬兵团发起攻击，战至22日黄昏，将黄百韬兵团7万余人全部就地歼灭，黄百韬被击毙。

12月6日，中原野战军对黄维兵团发起全面攻击。经4天激烈战斗，共歼敌近5万人，并将其余敌人压缩在南北5公里、东西1.5公里的一个小圈子之内。

黄维乃是蒋介石的爱将之一，以勇猛著称，蒋对其倍加赏识。他的第12兵团辖4个军和一个快速纵队，共12万人，大部分为美械装备，在蒋的嫡系部队中是数一数二的，非必要时不轻易使用。

总前委在邓小平主持下，全面分析了战场情况。他拍板定案：集中足够兵力，首先歼灭黄维兵团，尔后再集中全力歼灭杜聿明集团。为此，组成三个突击集团，对黄维余部发起总攻击，务求一举全歼。

12月13日夜，对黄维兵团发起总攻，东、西、南三个突击集团密切配合，经过两天激烈战斗，摧毁了黄维的指挥中心，15日将黄维兵团全歼，并活捉黄维。

淮海战役总前委遵照毛泽东的命令，指挥各部队于1949年1月6日向杜聿明集团发起总攻，经过4天战斗，将杜聿明集团全部歼灭，杜聿明被俘。

至此，淮海战役胜利结束。淮海战役历时66天，歼敌1个"剿总"前进指挥部、5个兵团部、22个军部、56个师，共55.5万人，其中俘虏32万人、起义2.8万人、投诚3.5万人。毛泽东称赞道："淮海战役打得好，好比一锅夹生饭，还没有完全熟，硬是被你们一口一口地吃下去了。"

战略决战的最后一仗，是平津战役。

平津战役，是东北野战军和华北军区部队于1948年11月29日至1949年1月31日，与国民党华北"剿总"总司令傅作义所属部队，在以北平和天津为中心的地区进行的一次战略性战役。

辽沈战役后，傅作义集团55万人面临着人民解放军东北、华北部队的联合打击，已成惊弓之鸟。但是，蒋介石和傅作义估计：东北的"共军"打了两个月的大仗，消耗伤亡很大，需要休整补充，而且严冬在即，大量棉服要及时配发，因此至少需要三个月到半年之后才能入关，华北的生存不会立即受到威胁，依靠现有力量尚能应付自保。

1948年11月16日，毛泽东致电林彪、罗荣桓，希望东北主力部队即刻入关，包围天津、塘沽、唐山诸点，在包围姿态下进行休整，以便使华北敌人无法从海上逃跑。

基于战争形势的迫切需要，11月18日，毛泽东紧急电令林彪、罗荣桓："望你们立即令各纵队以一二天时间完成出发准备，于21日或22日全军至少八个纵队取捷径的最快速度进行，突然包围唐山、塘沽、天津三处敌人，不使逃跑并争取中央军不战而降。"毛泽东还特别指令："望你们在发出开始行动的命令后，先出发到冀东指挥。"

两天后，毛泽东再次致电："先以四个纵队夜行晓宿秘密入关，执行隔断平津的任务。"

遵照毛泽东的命令，东北野战军于11月22日出发，向关内开进。

为了把傅作义部队牢牢地吸引在原地，不至西退或南撤，毛泽东果断作出部署：先由华北部队突然包围张家口、宣化，吸引华北"剿总"傅作义的嫡系部队35军等从北平西援，又以悄悄入关的东北野战军先遣部队从北面威胁北平，吸引国民党军队原驻天津、塘沽的近一半兵力增防北平。接着，东北野战军主力以隐蔽神速的行动大举入关，采取"围而不打"和"隔而不围"的作战方针，将国民党军切割成几块，使他们的主力无法从塘沽乘轮船南撤。12月下旬，人民解放军先后攻占新保安和张家口，消灭傅作义嫡系主力，使他无法西逃绥远。

1949年1月15日，人民解放军仅用29小时攻克天津，歼灭守军13万人，天津警备司令陈长捷被俘，华北第二大城市天津解放。

天津解放后，北平守敌彻底陷入孤立。为了达到和平解放北平的目的，毛泽东命令林彪迅速调遣主力部队，直逼北平，集中90万人对北平形成层层包围，使25万北平守敌陷入欲战不能、欲逃无路的绝境。

为保全北平这座驰名世界的文化古城，同时也给傅作义留个出路。平津前线司令部致电傅作义，申明人民解放军立场，提出和平解放北平的方针和具体办法，从而为北平的和平解放奠定了基础。

1949年1月16日，人民解放军平津前线司令部向傅作义发出最后通牒："北平守军必须立即自动放下武器，并保证不损坏文化古迹，不杀戮人民群众，不破坏公共财产、武器弹药及公文案卷。如能做到，则保证官兵生命财产安全，对傅作义战犯罪责亦予赦免。如果不愿放下武器而愿离城改编，则即刻开入指定地点，按人民解放军规定改编。何去何从，必须在17日1时至21日12时答复。如北平守军不顾我方提议，置文化古城及200万市民生命财产于不顾，而顽抗到底。本军将以精确战术攻城，狠狠打击顽抗者，城破之日，从严惩办反动首领，决不姑宽，勿谓言之不预。不抵抗者本军将予以宽待。"

这个通牒已明确地告诉傅作义，出路只有两条：一是自动放下武器投降；二是出城接受改编，顽抗是没有好下场的。

在军事打击与政治攻势压力下，在中共地下党的耐心说服和北平各界人士的敦促下，傅作义同意按照人民解放军制度将部队改编为人民解放军，从而达成了和平解放北平的协议。

1月22日，北平守军开始按照协议撤离市区，开入指定地点，接受改编。1949年1月31日，人民解放军举行入城式，古都北平宣告和平解放，平津战役胜利结束。

北平的和平解放，使这座古都名城得到了完整无损的保存。军事和政治意义十分重大，它使解放战争又多了一种解决敌人的方式，即毛泽东说的"北平方式"。这种方式的运用，大大加速了全国解放的进程。

平津战役从1948年11月29日开始至1949年1月31日结束，历时64天。东野、华北军区共100万兵力参战，歼灭和改编国民党军1个"剿总"总部、1个警备司令部、3个兵团、13个军部、50个师，共52万余人。这一巨大胜利，使华北除太原、归绥、大同、安阳、新乡等几个孤立据点外，广大地区都已经获得解放。

至此，毛泽东和他的老对手蒋介石进行的战略决战，宣告胜利结束。

辽沈、淮海、平津三大战役，人民解放军以伤亡23.8万人的代价，共歼灭国民党军两个战区指挥部、1个战区前进指挥部、12个兵团部、46个军部、140个整师，连同歼灭的其他部队，共173个师（旅），154万人，再加上决战期间其他战场歼灭的敌人，总计歼敌230万余人。蒋介石的"五大王牌"被歼灭。蒋介石无力再进行大规模会战了。

毛泽东在西柏坡300多个日日夜夜，同中央书记处书记们运筹帷幄、决胜千里。为指挥三大战役他撰发了190多份电报，一举夺得了三大战役的胜利。周恩来曾风趣地说："我们这个小小的指挥所，一不拨款，二不发粮，三不发人，就是每天往前线发许多电报，把国民党打败了。"

14. 宜将剩勇追穷寇

为了适应新的战略形势，毛泽东指示人民解放军于1948年11月至1949年1月进行了整编。统一野战军序列，将原来的纵队和下辖的旅，改编为军和师。整编后的人民解放军共有4个野战军，20个兵团，69个军，209个师，此外尚有许多军区和地方部队，阵容空前强大，真可谓兵多将广，人强马壮。通过这次整编，解放军向正规化建设迈进了一大步，大大提高了战斗力，为打过长江去、解放全中国创造了条件。

知识渊博的毛泽东，在即将迎来解放战争全面胜利的时刻，为新华社写了一篇1949年新年献词，题目叫作《将革命进行到底》。毛泽东说：现在敌人的战线已经全部瓦解，但是"敌人是不会自行消灭的。无论是中国的反动派，或是美帝国主义在中国的侵略势力，都不会自行退出历史舞台"。

毛泽东指出：现在摆在中国人民面前的问题是将革命进行到底呢，还是使革命半途而废呢？如果要将革命进行到底，那就是用革命的方法，坚决、彻底、干净、全部地消灭一切反动势力，不动摇地坚持打倒帝国主义，打倒封建主义，打倒官僚资本主义，在全国范围内建立无产阶级领导的以工农联盟为主体的人民民主专政的共和国。这样，就可以使中华民族来一个大翻身，由半殖民地变为真正的独立国，使中国人民来一个大解放，将自己头上的封建压迫和官僚资本主义的压迫一起掀掉。毛泽东强调指出：如果要使革命半途而废，那就是违背了人民的意志，接受外国侵略者和中国反动派的意志，使国民党赢得养好创伤的机会，然后在一个早上猛扑过来，将革命扼死，使全国回到黑暗世界。

毛泽东在新年献词中，还讲述了一个农民因怜惜一条冻僵的毒蛇，把它救活后反而被毒蛇咬死的故事。就这个故事的情节，毛泽东尖锐地指出："况且盘踞在大部分中国土地上的大蛇和小蛇，黑蛇和白蛇，露出毒牙的蛇和化成美女的蛇，虽然他们已经感觉到冬天的威胁，但还没有冻僵呢！""中国人民绝不可怜惜蛇一样的恶人。"

在新年献词的最后，毛泽东庄严宣布："1949年中国人民解放军向长江以南进军，将要获得比1948年更加伟大的胜利。"

1949年4月1日，中国共产党和国民党的代表在北京开始进行和平谈判。国共双方代表经过半个月的谈判，于4月15日拟定了《国内和平协定》，双方定于4月20日正式签字。

可是，到了4月20日这一天，国民党政府却拒绝在协定上签字。

在国民党政府拒绝签字的当日夜里，人民解放军按照早已准备好的渡江作战计划发起渡江战役。

1949年4月21日，中国人民革命军事委员会主席毛泽东和中国人民解放军总司令朱德发布了《向全国进军的命令》，命令人民解放军奋勇前进，坚决、彻底、干净、全部地消灭中国境内一切敢于抵抗的国民党反动派，解放全体人民，保卫中国领土主权的独立和完整。

遵照这一命令，人民解放军的百万雄师，以木船为主要载运工具，在西起湖口、东至江阴的500公里战线上，发起了渡江作战。中部作战集团于4月20日20时首先开始渡江；东、西两个作战集团于21日晚开始渡江。

各路渡江大军迅速摧毁了敌人苦心经营的长江防线。

4月23日，人民解放军占领南京。

南京的解放，宣告了统治中国22年的国民党政府的灭亡。

南京解放后，人民解放军以秋风扫落叶之势，追歼逃敌。

1949年4月27日至29日，第三野战军将由南京、镇江、芜湖南逃之敌5个军全部歼灭。5月3日，解放杭州。

5月12日，第三野战军对上海发起进攻，27日解放上海，歼敌15万人。

第四野战军先遣兵团于5月14日在武汉以东渡江，16日解放汉口。

渡江战役历时一个月，共歼敌43万余人，解放南京、上海、杭州、武汉等大城市及其以南广大地区，为进军华南和西南地区创造了有利条件。

攻占南京后，毛泽东心情振奋，乘兴作诗一首，标题是《人民解放军占领南京》：

> 钟山风雨起苍黄，百万雄师过大江。
>
> 虎踞龙盘今胜昔，天翻地覆慨而慷。
>
> 宜将剩勇追穷寇，不可沽名学霸王。
>
> 天若有情天亦老，人间正道是沧桑。

毛泽东写这首诗的时候，似乎想起了不久前发生的事情。在人民解放军渡江前夕，国内外有一些"好心人"，被蒋介石玩弄的"和平"把戏所迷惑，想劝说共产党适可而止，划江而治，不要再打了；他们要求毛泽东高抬贵手，刀下留情。对此，毛泽东说"不"，中国不能再出现一个南北朝！他传令三军猛打穷追，并且告诫全体将士，应吸取西楚霸王项羽在对刘邦的战争中反胜为败的历史教训。

伟大的战略家毛泽东，以史为鉴，不学项羽，勇追穷寇，及时作出人民解放军向全国进军追歼逃敌的作战部署。

第三野战军向福建进军，并经营江苏、安徽、浙江等省。

第二野战军向西南进军，并经营四川、贵州、云南、西康。

第四野战军向中南进军，并经营河南、湖北、湖南、江西、广东、广西。消灭白崇禧集团并占领广西后，以一部经百色入云南。

第一野战军及华北野战军的19个兵团3个军向西北进军，占领陕、甘、宁、青，然后分兵两路，一路由彭德怀、王震率领解放并经略新疆；一路由贺龙率领解放并经略川北。

关于解放台湾问题，这时毛泽东也在考虑之中，他决定先选派三四百人学习空军，同时商谈购买苏联飞机100架，组成空军攻击部队，掩护渡海作战，准备于1950年夏季夺取台湾。后来因爆发朝鲜战争，解放台湾的事就搁置了。

各野战军按照毛泽东的战略部署和战略方针，开始向东南、中南、西南、西北大进军。

第三野战军的第10兵团，于1949年7月冒着酷暑向福建进军。8月17日解放福州。10月17日解放厦门。经过两个半月的艰苦行军和作战，共歼敌近10万人，解放了福建全省和沿海大部岛屿。

1949年7月初，四野第13兵团对盘踞宜昌、沙市地区的敌军发起进攻，歼敌1.5万人。这时，国民党湖南省主席程潜和国民党军第1兵团司令陈明仁率部起义，长沙和平解放。10月2日发起衡宝战役，一举将白崇禧主力歼灭。10月14日解放广州。此时，白崇禧余部15万人，余汉谋残部4万人退入广西，四野分三路追击该敌，将逃敌17万人歼灭在广西南部地区。广东、广西解放后，四野第15兵团经过充分准备之后，强渡琼州海峡，经过10余天战斗，歼敌3万余人，解放海南岛。至此，中南地区全部解放，共歼敌40多万人。

1949年7月，第一野战军出兵西北，一路凯歌。8月26日，解放兰州；9月5日，解放西宁；9月23日，解放银川；9月26日，国民党新疆警备总司令陶峙岳和省政府主席包尔汉通电起义，新疆宣告和平解放。至此，西北五省全境获得解放。

1949年11月，开始向大西南进军。二野第5兵团由湘西直入贵州，一举解放黔北地区。第3兵团及四野一部由鄂西直入川东，歼灭了宋希濂集团和罗广文兵团大部，乘胜于11月30日解放重庆。12月27日成都解放。

1949年12月9日，国民党云南省政府主席卢汉，西康省政府主席刘文辉，西南军政长官署副署长邓锡侯、潘文华等相继率部起义。云南、西康宣告和平解放。

川、康两省解放后，二野18军向西藏进军。1950年10月，进行昌都战役，歼灭藏军5000余人。1951年5月，与西藏当局达成《和平解放西藏办法的协议》，7—12月，人民解放军进驻西藏。

至此，人民解放军进军西南的作战胜利结束，共歼敌93万余人，解放了云南、贵州、四川、西康、西藏，彻底粉碎了蒋介石妄图割据西南的迷梦。

在历时一年多的战略追击作战中，人民解放军歼灭了残存于大陆的全部国民党军队，解放了除台湾和东南沿海少数岛屿以外的全部国土，迫使蒋介石由大陆逃到台湾。

人民解放战争在胜利的凯歌中宣告结束。

中国革命推翻了帝国主义、封建主义、官僚资本主义在中国的统治，搬掉了长期压在中国人民头上的三座大山，夺取了彻底胜利，建立了人民当家作主的人民共和国。

1949年10月1日，在北京天安门广场隆重举行开国大典，毛泽东在天安门城楼庄严宣布：中华人民共和国中央人民政府今天成立了！然后他亲手按下电钮，升起了新中国第一面五星红旗。

据不完全统计，仅在土地革命战争和解放战争时期，毛泽东组织指挥和参与的战役战斗，就达239次之多。尚存的从1927年到抗美援朝战争时期他亲手撰写的军事论著和指挥作战的文电达

6000余篇，约600万字。1963年12月，毛泽东在一次与外国客人谈话时说过这样的话：我这一辈子就是在打仗中过的，共打了22年，从没有打仗的决心到有打仗的决心，从不会打仗到学会了打仗。

毛泽东率领共产党人打天下有一个绝招，就是善于化敌为我，就是优待和改造俘虏兵、重用俘虏兵。

解放军这么多兵从哪里来？其中一部分是俘虏兵。

1947年5月，孟良崮战役消灭了国民党五大主力之一的74师，歼敌3.2万人，实际打死的不到一万人，俘虏74师8000多人。当时把74师的俘虏集中起来进行分配，结果华东野战军的各个纵队都来抢74师的俘虏。因为这些俘虏兵的军事素质好，受过正规的训练，一些是高小文化水平。

俘虏兵被俘之后，开诉苦大会，进行阶级教育，启发他们的觉悟，因为他们大多数是穷人，受过压迫剥削。解放军打天下是为穷人翻身求解放。国民党军队是官大一级压死人，解放军是官兵平等，而且在行军作战中处处得到领导的关心照顾，所以俘虏兵打仗特别勇敢，不少人当上了战斗英雄。

当年东北四野的后勤是最棒的，有军医院、有军工厂，还有军事院校，有大批技术人员。

是什么原因呢？抗战结束时，人民军队10万大军进东北，没有后方，没有医院，没有医院设备。伪满时期东北医院中的医生、护士大都是日本人。当时，上级指示把日本人的医院接收过来，把日本人的医生、护士征入解放军，共征入8000多医生、护士，后来这些日本医生、护士跟随野战军参加了辽沈战役、平津战役、渡江战役、衡宝战役，有的一直打到海南岛。

除了医生、护士之外，还有军工。东北野战军迅速发展成为百万大军。东野、华野急需武器装备。当时把在大连的一些日本军工技师、火药专家、冶炼专家集合起来，解决急需武器装备问题。

国家第一个航校、第一批飞行员，包括后来的空军司令员王海上将都是日本教官教出来的。所以不能不说共产党的思想政治工作有多厉害，能把日本人都教育成革命战士。

15."兵民是胜利之本"

军事领域是毛泽东一生最辉煌、最精彩的领域。军事战略是毛泽东思想和毛泽东军事思想体系中最具魅力的组成部分。"横扫千军如卷席"展示了毛泽东战争指导艺术所展现的"全无敌"气概。

毛泽东高耸云天、出神入化、精妙绝伦的军事指挥艺术来自哪里呢？来自对充满军事智库的中华兵学文化的现代升华，来自战争实践的经验总结，来自他无穷的智慧和胆量，也来自用人之道，在他身边有一大批文韬武略的将帅之才和千百万机智勇敢的基层官兵。

从更久远的历史跨度上看，毛泽东军事思想的诞生有着深刻的历史渊源。

我国的一部文化史，伴随着一部战争史。战争繁多，兵法发达，是我国历史文化传统的一大特点。

有人统计，我国历史上发生的战争达3000次以上，相当于世界上战争总数的三分之一；我国近代以前的兵书达2000余部，比同时代世界上其他所有国家的兵书总和还要多。频繁的战争和大量的兵书，从一个侧面反映了我国历史上军事思想的丰厚。但由于政治的、经济的、地缘环境的、文化心理传统以及各个时代的军事家认识能力的种种局限，我国传统的军事思想既有精华和优长，也有糟粕和缺陷。

而毛泽东军事思想以其科学的体系、深远的理论和全新的内容展现在我们面前，是毛泽东遵照马克思主义基本原理，传承和发扬了我国传统军事思想的精华和优长，同时剔除和弥补了传统军事思想的一些糟粕和缺陷。

在战争观方面，我国的传统兵学素来崇尚道德，对战争有明确的是非观念，强调用兵作战的目的是为了伸张正义、维护道德，反对穷兵黩武；主张以德服人，认为"有德不可敌"。毛泽东用马克思主义的观点，对战争的性质作了具体的阶级分析，科学地揭示了"德"的内在含义，克服了传统兵学关于"德"的论述过于模糊的缺陷。

在战争指导上，我国历代的著名军事家都惯于和善于出奇制胜，以谋略克敌，传统的兵学哲理性强，具有鲜明的朴素辩证法特色。毛泽东军事思想吸收了传统兵学中的科学内核，抹掉了一些唯心主义的神秘色彩，使之牢牢建立在辩证唯物主义基础上，并在实践上把运用谋略于战争推向出神入化的地步，从而更加具有中国气派和民族特色。

在对战争力量的认识和运用上，我国历代军事家们都强调将帅主宰一切的英雄史观，马克思列宁主义传到中国之初，许多人没有认识到农民问题的极端重要性。毛泽东突出的超人之处，是最先注意到并研究农民问题。中国是一个有几千年历史的农业国，农民始终占据着社会历史的中心舞台。能否认识中国社会的这一特征，成为革命能否成功的重要前提。毛泽东正是率先认识到这一点，创造性地提出"农民是中国革命战争的主力军""兵民是胜利之本"的重要理论观点，并由此出发创立和制定了政治路线和军事路线，从而动员起千千万万的以农民大众为主的浩大的人民战争伟力，使中国革命战争有了最深厚的力量源泉。

在军队的领导制度上，我国历史上盛行"私兵制"，将帅至上，政治上宗派林立，军事上系统森严，军队的性质和行为是建立在个人品质上的。"岳家军""杨家将"还算是"正义之师",可是那些拥兵自重的军阀、打家劫舍的行帮,往往给国家造成的是分裂,给社会带来的是动乱。即使是所谓国家的军队,多数情况下也是控制在个人手里。毛泽东在建立新型人民军队的实践中,建立起党指挥枪的一系列制度、纪律、作风和原则,杜绝争个人兵权,这应该说是对历史上恶劣的"私兵制"的彻底否定。

在旧中国几千年的封建社会中,军队历来是为少数统治阶级服务的,都是帝王将相的私有物。辛亥革命后军阀混战的一段相当长时期内,从袁世凯、曹锟、段祺瑞、吴佩孚、张作霖等,到蒋介石创造了一个庞大的"中央军",没有一个不是把军队看成是自己的私有财产的。在他们那些军队的旗帜上写的,无一不是他们自己的大名。

唯独到了以毛泽东为代表为领袖的中国共产党的时代,一反陈规,从根本上改变了军队的性质,把军队变成执行革命政治任务的武装集团,除了打仗消灭敌人的军事任务之外,还要担负宣传群众、组织群众、帮助群众建立革命政权乃至共产党的组织等项任务,变成党的军队、完全新型的人民军队。

为建设一支新型的人民军队,在我党的建军历史上,曾有几个重要的里程碑,三湾改编是里程碑,古田会议是最重要的里程碑。1938年11月,毛泽东在《战争和战略问题》一文中,既通俗又深刻地再一次重申了这一建军的重要原则,他说:"我们的原则是党指挥枪,而不允许枪指挥党。"全军将士时刻牢记毛泽东的教导:"我们是伟大的人民解放军,是伟大的共产党领导的队伍,只要我们时刻遵守党的指示,我们就一定胜利。"

毛泽东军事思想,是对马克思主义的重大发展,"毛泽东的旗帜高高飘扬",是中国人民解放军攻无不克、战无不胜的法宝!

秘诀之五
鱼水交融的民众情结

人类社会是由人民组成的，国家是由人民组成的。离开了人民，就没有国家。

毛泽东把谋人民翻身解放，为人民打江山作为目标，创造性地把"完全彻底为人民服务"作为立党立国和建军的宗旨，并带头终生践行。为了人民的翻身解放，就需要革命。而革命的任务不是靠几个人能完成的，必须依靠人民、发动人民、组织人民。把人民当成革命的根基、胜利的源泉，坚信"人民，只有人民才是创造历史的动力"。

他要求共产党人不论到什么地方，都要与那里的劳苦大众打成一片，在人民中间生根、开花、结果。他强调共产党人的路线，就是人民的路线，它体现在一切工作、一切系统、一切领域的全过程。只有依靠广大人民群众的支持，才能克服一切困难，夺取革命和建设的胜利。

1. 胜利来自于人民

毛泽东，一个普通农民的儿子，既无什么政治背景，又无什么经济财富，竟能在历史上打败一切对手。他凭什么改天换地，创造人间奇迹？让许多人迷惑不解。

解放战争胜利前夕，著名的爱国诗人柳亚子先生，面对迅速到来的胜利，惊讶不解地问毛泽东："毛主席，您使用了什么妙计啊？"毛泽东不假思索地回答："打仗没有什么妙计，如果说有什么妙计的话，那就是人民的拥护和支持。"

一句话道出了"胜利来自于人民"。

1949年3月23日，毛泽东率中央机关离开西柏坡进北平时，警卫排长阎长林说："毛主席讲过，三年到五年打败蒋介石，五年以后打败蒋介石也很好啊。我们没有想到，撤离延安两年就进北平了。"

毛主席沉默了一会儿，点了一支烟娓娓道来："咱们没有想到，蒋介石更没有想到。他天天想消灭我们，反而被我们消灭了。他向他的美国主子要钱要物，要新式武器，把在抗日时期留在大后方的军队拉出来，用美械装备起来，又用美国海上的轮船、陆地的汽车和火车、空中的飞机，把军队送到前线。他向他的美国主子保证，不和共产党搞联合，利用美国的大量军援，提出三至六个月在中国的土地上消灭共产党，消灭八路军。他们的人多武器好，又有物资保证；我们人少武器差，又是缺吃少穿，什么都没有保证。但是，他们没有能消灭我们，反而被我们打败了。

"这是什么原因呢？有什么奥妙呢？道理很简单，这就是因为蒋介石发动的战争是反人民的，是非正义的。人民反对蒋介石发动内战，人民也反对他再继续残酷地剥削人民、压迫人民。人心向背，这就决定了我们必定胜利，蒋介石必定失败。"

毛泽东的这些话，是对中国革命胜利经验的科学总结和高度概括。

人民群众是国家、民族的主体。国家、民族的命运，归根结底，是由人民群众的意愿所决定的。

2. 谁赢得了人民，谁就赢得了天下

对农民，毛泽东自然是熟悉的，他从小在僻壤的韶山冲长大，从小参加农田劳动，13岁就被当一个整劳力干活。17年的农村生活使他了解农民的疾苦，熟悉了农村社会，培养了对农民的感情，热衷于联系群众，倾听人民群众的呼声。"农民头上三把刀，税多、租重、利息高；农民眼前三条路，逃荒、讨饭、蹲监牢"，这如泣如诉的韶山民谣，形象地反映了广大贫苦农民的悲惨境遇，在毛泽东幼小的心灵里刻下了深深的印记。

毛泽东的这个身世与经历在党的历届主要领导人中是很少见的。这为他日后研究中国问题，善于把马克思主义理论与中国实际相结合提供了极为有利的条件。

少年毛泽东从启蒙识字开始，就特别喜欢阅读中国古典小说中关于造反的故事。他从故事中发现一个非常奇怪的问题：书中那些生动鲜明的艺术形象，都是些文官、武将、书生才子，从来没有一个他天天看到的那些终年辛勤劳动而不得温饱的农民。这到底为什么？他为这种自古以来的社会不平等纳闷了两年之久。后来他发现书中颂扬的帝王将相、才子佳人，这些人不种田，却占有土地，过着花天酒地的生活，农民辛苦种田，却得不到温饱。

少年毛泽东开始朦胧地意识到造成农民与地主阶级对立的不平等社会经济根源——土地所有制。这一朴素的感情立场和道德倾向，以后通过对马列主义经典著作的阅读和社会阅历不断丰富而逐渐升华。

1917年7月，24岁的毛泽东利用暑假，邀约省立第一师范毕业的同学萧子升，以俗称"游学"的形式，带上文房四宝、雨伞等简单行装，到乡里民间行走。这个学期，他们用了一个多月的

时间，走了900多里路，游历了长沙、宁乡、安化、益阳、沅江五县的不少乡镇。两人没带分文，在农民家里吃住，沿途以给人作诗、帮人写点字、打工的形式换点钱。一路上，他们不仅与许多农民、船工结识，还和一些小财主、老翰林、寺庙里的方丈有交往。毛泽东把沿途所见所闻写成笔记，并抒发自己的感想。同学们看了他的游学笔记，都说毛泽东"身无分文，心忧天下"。

1918年春，毛泽东又邀志同道合的蔡和森为伴，沿着洞庭湖南岸和东岸，游历了湘阴、岳阳、平江、浏阳等地，接触了各界人士，了解风土民情。游学让毛泽东有机会听取了民众的呼声，体察了农民的疾苦。他常说，我们不仅要读"有字之书"，还要读"无字之书"。他把深入社会民间调查视为读"无字之书"，从而使他融入民众之中。

1919年7月，毛泽东站在民众的立场，在《湘江评论》上发表了《民众的大联合》的文章。

何谓"民众"？就是当时的"农夫""工人"，当时的"学生""女子"，当时的"小学教师"，当时的"车夫""各色人等"，一句话，就是旧中国所有受压迫的下层民众。用现在的话说就是"人民"，主要是指工人、农民等劳苦大众，一切受剥削、受压迫的人民群众。

他在文章中写道："世界上什么问题最大？吃饭问题最大。""社会制度之大端为经济制度。""贵族、资本家及其强权者，所赖以维持自己的特殊利益，剥削多数平民的公共利益。"他表示，今后要"踏着人生社会的实际说话，研究事实的真理"。

毛泽东在《湘江评论》上发表《民众的大联合》的文章，第一次公开赞颂了俄国十月革命及其影响。他说："俄罗斯打倒贵族，驱逐富人，劳农两界合立了委办政府，红旗军东驰西突，扫荡了多少敌人，协约国为之改容，全世界为之震动。"

从《民众的大联合》中，可以看到，青年毛泽东早就有志于把自己的命运与国家、民族的集体利益结合在一起。他写道："国家坏到了极处，人类苦到了极处，社会黑暗到了极处，我们怎么办？天下者我们的天下，国家者我们的国家，社会者我们的社会。我们不说，谁说？我们不干，谁干？"

正是他坚持"民众"的立场以及为民众谋利益的志向，他甘愿与"泥腿子""穷棒子"一起，发动秋收起义，高举红旗，踏上了井冈山的革命道路。

近代中国是一个典型的农业社会，是一个农业大国，农民占全国人口的80%以上，这是中国社会最庞大的群体，而这部分人只有很少的土地，他们对封建剥削制度极为不满，他们要起来革命。毛泽东认为：农民问题一直是中国革命关系全局的重大问题，关系到革命兴衰成败的大问题，谁赢得了农民，谁就赢得了天下。

早在1925年，毛泽东发表的《中国社会各阶级的分析》的文章中，深刻地论述了绝大部分半自耕农和贫农是农村中一个数量极大的群体，所谓农民问题，就是他们的问题。毛泽东揭示出了由雇农、贫农、中农为主的农民阶级是中国革命队伍中的伟大力量，是中国无产阶级最广大和最忠诚的同盟军。中国革命说到底是解放农民。中国革命没有农民参加，是不可能胜利的。

1926年，以广东、湖南、湖北为中心的农民运动迅猛地发展到全国各地。农民运动动摇了帝国主义和封建主义在中国的统治基础，使得革命与反革命、无产阶级和资产阶级之间的斗争，急剧地尖锐起来。国民党右派、地方豪绅和北伐军中的反动军官，极端仇视农民运动，攻击农民运动是"痞子运动""惰农运动""糟得很"，并极力用各种手段破坏农民运动和限制农民运动；民族资产阶级和上层小资产阶级表现出极大的动摇性，指责农民运动"过火""过分""越轨"，要取缔和限制农民运动。

毛泽东为了反击地主阶级、国民党右派的猖狂进攻，驳斥陈独秀的右倾机会主义错误，支持蓬勃兴起的农民运动。

1927年1月4日至2月5日，毛泽东对湖南湘潭、湘乡、衡阳、醴陵、长沙等五县的农民运动进行了32天的实地考察，获得了大量的第一手材料，3月写了《湖南农民运动考察报告》，并于3月5日在中共湖南省委机关刊物《向导》周报上刊登。在报告中，毛泽东坚决批评了农民运动"糟得很"、"农民运动是痞子运动，是惰农运动"的错误观点，旗帜鲜明地指出，农民运动"好得很"，而且高度评价农民运动，认为孙中山先生致力于国民革命40年，所要做而没有做到的事，农民几个月就做到了。这是40年乃至几千年未曾成就的奇勋。

毛泽东在韶山考察期间，在召开农协会干部和群众座谈会讲话时，赞扬了农民的革命精神，要他们进一步组织起来，建立自己的政权。他说：我搞革命是为了无产阶级的事业，我所爱、所交的朋友是穿草鞋来的、没有钱的穷人。我们的革命才刚刚开始，要彻底消灭封建、地主劣绅，打倒军阀，赶走帝国主义，还得三四十年。革命不成功，我毛润之也不回韶山来了。

毛泽东在湘乡县唐家圫一带考察农民运动时说，外国人说我们中国人是一盘散沙，不团结。别国群而不散，我国散而不群；别国强，我国弱；别国富，我国贫；别国工业发达，有飞机大炮，我国仍是长矛大刀多。要想国家强盛，人民不受压迫剥削，就要起来革命，就要团结起来，打倒列强，驱除军阀。

　　毛泽东指出，"宗法封建性的土豪劣绅、不法地主阶级，是几千年专制政治的基础，帝国主义、军阀、贪官污吏的墙脚"。只有轰轰烈烈的农民运动才能打烂这个基础，铲平这个墙脚，才能使中国新民主主义革命取得彻底的胜利。为此，就必须发动几亿农民进行一场扭转乾坤的农村大变动。

　　中国革命只有动员农民、武装农民，才能稳操中国武装斗争的胜券。农民是中国军队的主要来源，是中国民主政治的重要力量。因此，毛泽东说：中国民主革命实质上就是农民革命，中国的武装斗争实质上就是农民战争。毛泽东认为，这种农民的武装斗争必须建立巩固的根据地。他深刻总结了历史上农民战争屡遭失败的一个重要原因，就是忽视了根据地的建设，使农民起义最终沦为"流寇"，这是历史上农民战争失败的主要原因之一。

　　1930年6月，中央命令红一方面军攻打南昌和九江，当时毛泽东和朱德认为敌我力量悬殊，攻打大城市必败无疑，对中央这一"左"的指示进行了抵制，但也不得不执行中央的决定。在军事会议上，毛泽东读了一首古诗："待到秋来九月八，我花开后百花杀。冲天香阵透长安，满城尽带黄金甲。"讲的是唐朝的农民起义领袖黄巢，在科举落第后写下这首霸气四溢的诗，后来他果然带领农民起义军攻下长安，建立了大齐国，当上了皇帝。但为什么攻下京城又兵败了呢？就是因为没有建立巩固的根据地，他攻城略地无数，却跟猴子掰苞谷一样，掰一个丢一个，当了皇帝手中只有一个长安城。

　　毛泽东指出：红军要想成气候，不能学黄巢满足于打大城市，不能流寇主义，必须找个地方把屁股坐稳。建立根据地是革命战争"赖以执行自己的战略任务，达到保存自己、消灭和驱逐敌人之目的的战略基地。没有这种战略基地，一切战略任务的执行和战争目的实现就失去了依托"。

如何引导中国农民参加革命战争呢？毛泽东认为，封建的土地所有制占着统治地位，广大的贫农、雇农迫切地要求进行土地制度的改革，废除封建的土地所有制。因此，中国共产党领导农民进行民主革命的一个中心环节就是土地革命。只有打破和改变农村地主阶级占有大量土地而广大农民少地无地的状况，才能充分调动广大农民参加革命战争的积极性，才能建立巩固的革命根据地。

一个政党、一个国家、一个民族和一个人一样，没有经济独立，其他都是无米之炊，革命无从谈起。毛泽东的办法是："打土豪分田地"，实行土地革命，这不但成为红色政权政治动员的基础，也是成为中国共产党经济独立的基础。只有有了独立的经济来源，才能取得革命战争的最后胜利。

据此，在中国革命战争的长期过程中，中国共产党一直把解决农民的土地问题放在重要位置上，从而能够始终把农民群众紧紧地团结在革命队伍中，为保卫自己的土地而战斗的农民群众在战争中焕发出宏伟的力量，他们踊跃参军、踊跃支前，真正成为人民战争的主体。

毛泽东在井冈山建立根据地后，尤其是1928年5月湘赣边界党的第一次代表大会以后，土地革命在红色区域全面展开。千百年来第一次通过革命获得土地的贫苦农民欣喜激动又略带疑虑地说："这样要共产党真万岁才好。"经过一年多的实践，毛泽东主持制定了《井冈山土地法》，第一次用法律形式肯定了废除封建土地所有制，同时规定土地分配的原则和标准，对于统一根据地内土地革命的政策具有积极的意义。

广大农民对土地法是基本满意的，但对其中的三条有意见：

一是没收所有土地，而不是没收地主土地，损害了中农的利益，中农不满意；二是土地所有权属于政府，农民只有使用权而没有所有权，因而没有积极性；三是禁止土地买卖。在调查中，毛泽东发现没收一切土地，往往会引起一部分农民（主要是中农）的恐慌，事实上侵犯了中农的利益，招致他们的反对，削弱了革命的同盟军。没收一切土地，看上去很彻底，实际上混淆了土地革命的阵线，扩大了打击面，不利于团结中农，有损于革命力量的发展。不久，毛泽东到兴国调查研究，制定了《兴国土地法》，把没收的对象缩小为公共土地及地主阶级的土地。这对于保护中农的利益，稳定中农的革命热情，有着十分重要的意义。

土地没收以后，以什么为单位进行分配，这是土地改革中亟待解决的又一个问题。井冈山时期，各地实际上普遍以村为单位分配土地。毛泽东通过调查分析发现，以村为单位分配土地有三大弊端：第一，大村不愿拨田给小村；第二，分田单位太多，乡区政府不易督促管理；第三，一村之内，容易被地主富农以姓氏族群蒙蔽群众，不去彻底平田，彻底打土豪。这种办法只利于地主富农，而不利于贫农，必须修改，因而分配单位以村为单位改为以乡为单位。在后来的土改中，各地都按照以乡为单位分配土地，进一步保证了贫苦农民在土改中的利益。

分田标准的确定，是土地改革中最重要的问题之一。毛泽东一向主张按人口标准来分配土地。平分土地虽然具有历史的局限性，但这种主张强烈地反映了千百年来广大无地、少地的农民渴望土地和摆脱封建土地所有制剥削的要求，因而在反帝反封建的革命中，它是动员农民投身革命的号角和旗帜。

在土地革命许多重大问题上，毛泽东没有照搬共产国际和苏联土地国有制的做法，而是根据中国历史实际和广大农民对土地的热切期望，决定把土地的使用权和所有权都集中于劳动农民一身。从中可以看出毛泽东是如此关心农民、了解农民，始终把最广大的人民利益放在首要地位。这样不仅使革命的武装斗争事业得以发展，而且能得到亿万民众的衷心拥护。

红色区域里轰轰烈烈的土地革命，摧毁帝国主义和国民党反动派的经济基础——农村封建势力。亿万农民从残酷的封建剥削下解放出来，纷纷投入革命的洪流，真心实意拥护红色政权，竭力支持革命战争，打心眼里拥护共产党和毛泽东。

1931年5月初，在苏区某地征招红军战士时，半个月内就有2000多农民踊跃参加。由于成千上万农民参加革命，使处在白色政权分割包围之中的小块红色革命根据地不仅能够顽强地存在，而且还不断扩大和发展。正如毛泽东所说："根据地虽小却有很大的政治上的威力，屹然与庞大的国民党政权相对立，军事上给国民党的进攻以很大的困难，因为我们有农民的支持。红军虽小却有强大的战斗力，因为在共产党领导下的红军人员是从土地革命中产生，为着自己的利益而战斗的农民组成的。正由于有广大农民的支持，红军才不断粉碎敌人的多次'围剿'，使根据地不断扩大，星星之火终成燎原之势。"

党的土地政策是随着各个时期国内政治形势的改变而随之改变的，全面内战爆发后，便由抗战时期的减租减息逐步过渡到土地改革，彻底平分土地。

1946年以前，通过反奸清算的土地改革，各解放区有三分之二的地方解决了土地问题，实现了"耕者有其田"，大大促进了解放区的农业生产，为党领导的自卫战争提供了雄厚的物质基础和不竭的力量源泉。

1947年，党制定和颁发了《中国土地法大纲》，进一步满足了贫雇农对土地的要求和保护了中农的利益。1948年10月，大约有一亿人口的解放区彻底解决了土地问题。到1949年6月，解放区内约有1.5亿人口的地区完成了土地改革，土地改革的胜利，大大激发了广大农民参军参战、支援战争的热情，巩固了人民解放军的战略后方。

土地革命战争时期的反"围剿"战斗中，广大农民群众组织起来，执行扰敌、堵敌、截敌、诱敌、毒敌、捉敌、侦敌、饿敌、盲敌等各项任务，结果把"围剿"的国民党军队"肥的拖瘦，瘦的拖死"，使他们一次又一次遭到失败。

在抗日战争中，毛泽东特别强调建立农村抗日根据地，执行独立自主的山地游击战，其目的就是把广大农民组织起来、武装起来参加到战争中来。根据地内的各种组织，如工会、农会、青年会、妇女会、民会、游击队，等等，几乎将根据地的老百姓全都纳入战争的轨道，并采取多种形式打击日本侵略者，如地雷战、地道战、麻雀战、围堵战、破袭战、芦苇战、铁道游击战，等等。长城内外，大江南北，抗日烽火遍地燃烧，让日寇陷入人民战争的汪洋大海。

1947年西北战场的战斗非常艰苦，但是郏县必须打下来，因为这是国民党军胡宗南部深入解放区的一根"钉子"，一定要拔掉。

在这次战斗中，毛泽东亲自筹粮，他找到当时郏县县长说："我们准备打三天仗，将郏县拿下来，但是你要给我想办法筹来三天的粮食。"于是，县长把老百姓的口粮和所有坚壁清野找到的粮食拿出来，供给部队吃了一天；第二天，又把田里所有的青苗都割了，又供军队维持了一天；最后一天，把村里的羊和驴都杀了，又维持了一天。老百姓相信共产党，把粮食都给了部队，自己只能吃"观音土"，最后一天，郏县被打下来了。后来，郏县县志还有这样一句话："此役之后，郯县全县三年不见羊和驴。"

解放战争给我们最大的启示，共产党离开了老百姓寸步难行，共产党要永远站在大多数人的利益一边，解放战争的胜利的根本原因在于取信于民，在于我们的出发点是为了人民利益而战。

解放战争的战略决战阶段，广大解放区的支前工作，可以说是空前的高涨。辽沈、淮海、平津三大战役，规模之大，时间之长，投入兵力之多，中国战争史上是空前的，在世界战争史上也属罕见。以三大战役为标志的战略决战，从根本上动摇了国民党反动统治集团的基础，为夺取全国解放战争的彻底胜利创造了极为有利的条件。

然而，三大战役期间，敌强我弱的态势尚未从根本上改变，国民党的兵力和装备，支撑战争的经济力仍占优势。人民解放军正是在解放区人民的鼎力支持下，才有了展开大规模运动战的物质保障。例如在淮海战役中我方投入兵力共计60万人，而华东、中原、冀鲁豫、华中四个解放区的支前民工的总数达到543万人，是作战兵力的近10倍。还出动担架20万副，大小车88万辆，挑子30万副，牲畜76万头，共将96000万斤粮食千里迢迢从解放区运送到前线。

淮海战役胜利后，陈毅司令员满怀深情地说："淮海战役的胜利，是老区人民用小车推出来的。"

毛泽东说："正是因为动员了全国的老百姓，造成了陷敌于灭顶之灾的汪洋大海，造成了弥补武器等缺陷的补救条件，造成了克服一切战胜困难的前提。实现了以我之强，制敌之弱，赢得了战争的胜利。"

在淮海战役中，国民党徐州"剿总"副总司令杜聿明想化装逃脱，企图用一只金戒指换一个农民的衣服。这个农民一看他像个军官，形迹可疑，立即向解放军报告，并把金戒指交了公，解放军得知这一情况后立即活捉了杜聿明。

后来，这位国民党战犯杜聿明在评论淮海战役时讲道："粟裕部队只有10万人，后面跟了40万、50万的农民，推着小车运伤员、运弹药、运粮运给养；而国军30万部队从徐州出发，走进村庄，老百姓早就跑得精光，所有的粮食全都埋起来了，水井全填掉，你说我们能不败吗？"

人民群众的大力支持，有力地保证了解放战争胜利，也体现了人心向背，充分证明了人民解放军是正义之师，是人民的军队。作家李延国、李庆华在《根据地》一书中记载了这样的场景：上海解放的当天凌晨，上海街头悄无声息。大资本家荣毅仁打开大门，走上街头，看到了进城的人民解放军全部睡在路边。他们身着一样的军服，分不出军官和士兵。这时，一位军人和蔼地向荣毅仁要了一碗开水，荣毅仁立即让家人端了一碗水来。结果，要水的人并没有喝这碗水，而是蹲在一个伤员跟前，用铁勺向他嘴里喂水。这一幕让荣毅仁永记在心，荣毅仁的父亲荣德生感叹说：蒋介石永远回不来了。

广大人民群众不辞劳苦大力支援前线，并不是自发产生、自然形成的，而是各级党组织和根据地政府做了大量工作的结果。毛泽东对关心群众生活与动员群众支援革命战争的辩证关系作了十分透彻的阐述："如果我们单单动员人民进行战争，一点别的工作也不做，能不能达到战胜敌人目的呢？当然不能。我们要胜利，一定还要做很多的工作。领导农民的土地革命，分土地给农民；提高农民的劳动热情，增加农业生产；保障工人的利益，建立合作社；发展对外贸易；解决群众的穿衣问题、吃饭问题、住房问题、柴米油盐问题、疾病卫生问题、婚姻问题。总之，一切群众的实际生活问题，都是我们应当注意的问题。假如我们对这些注意了，解决了，满足了群众的需要，我们就真正成了群众生活的组织者，群众就会真正围绕在我们的周围，热烈地拥护我们。同志们，那时候，我们号召群众参加革命战争，能够不能够呢？能够的，完全能够的。"这就告诉我们，依靠群众、关心群众不是自然主义，更不是尾巴主义，而是要走在群众前面，发动群众，组织群众，关心群众的切身利益，满足群众的迫切需求。群众工作与群众支前是因果关系，没有前因就没有后果。

毛泽东历来提倡扎根于群众之中，维护群众利益。早在井冈山时期，毛泽东就经常深入到部队的班排同基层官兵促膝谈心，耐心地启发引导大家如何开展群众工作，与广大人民群众紧密结合。他说："耳闻是虚，眼见为实。群众是从观察我们的行动来识别新旧军队的。旧军队对老百姓烧杀抢掠，我们工农革命军就不能拿群众一针一线，买东西要付钱，损坏东西要照价赔偿，说话态度要客气，更不许打人和骂人。这些事情虽然小，要一一做到并不容易。但是只要认真做下去，人民就会了解我们，拥护我们。"毛泽东强调的这些纪律，后来逐步发展完善成为我军的"三大纪律八项注意"，成为人民军队光荣传统的重要组成部分。

当时，由于国民党的反动欺骗宣传，红军在井冈山开辟革命根据地时，饱经兵匪之害的群众因不了解工农红军，大多外出躲避。红军经过一些村庄，几乎连一个老百姓也见不到，人民军队离开了人民的支持，一天也活不下去。怎么办？在这种情况下，就要用实际行动维护群众利益。毛泽东指示部队进入这些地区，对老百姓的一草一木、一山一石都要珍惜爱护。住了老百姓的房子，离开前一定要打扫干净，睡觉的门板要安好，稻草要捆整齐，缸里的水要挑满。灶内的柴火没有燃完的，要抽出来，然后再到门口浇些水，防止因刮风引火烧了房子。吃了老百姓的米菜油盐，都要按市价付钱。老乡回来后看到屋子干净，水满缸，柴成堆，一切完整无损，就会了解红军同国民党的军队不一样。部队按照毛泽东交代做了以后，这些细小行动果然被人民群众看在眼里。

有一次，队伍准备出发，毛泽东来到连队检查纪律的落实情况，亲自过问吃了群众的东西给钱没有。当得知老乡不在家，付钱找不到人不知怎么处理时，毛泽东又指示文书给房东写封信，并将应付的钱一起放在桌子的抽屉里，房东回来就会发现，下次遇到我们就不会再躲起来了。后来一次，部队打下湖南桂东县的一个村子时，开始老百姓都跑光了，红军进村后按毛泽东的嘱咐照办，第二次再进村，老年人都留下了，部队及时向在村里的群众进行宣传，同时用行动维护群众利益。当部队第三次进村时，男女老幼不但一个没走，反而全部出来欢迎，并向部队控诉国民党反动派的残暴行径，有的主动给部队带路，提供情报。

正像用古代希腊神话中安泰站在大地母亲身上就力大无比，离开了大地就失去了力量的故事来说明共产党同人民群众关系的重要性一样，毛泽东总是运用生动形象的比喻来说明深刻重要的革命道理。他经常把党与人民群众的关系比作鱼水关系，种子与土地的关系。他指出，三国时候的刘备把诸葛亮比作水，把自己比作鱼，用这个比喻说明诸葛亮的重要。我们共产党人是把群众比作水的，只有把根扎在群众中，我们才能打胜仗，才能立于不败之地。我们共产党人好比种子，人民好比土地，我们到了一个地方，就要和那里的人民结合起来，在人民群众中间生根开花结果。他还说，革命党人这"毛"，必须依附在人民这张皮上才能生存。

解放战争时期，毛泽东针对白崇禧"不怕共产党凶，只怕共产党生根"的总结，幽默风趣地指出白崇禧怕对了。我们在所有的江湖河海地区，不仅是树木，而且是森林了。不仅生了根，而且枝叶茂盛了。中国革命的经验证明，党正是依靠与人民群众的血肉联系和鱼水关系，深深扎根于人民大众之中，与人民群众同生死共患难，同呼吸共命运，才保证了党的朝气蓬勃的生机和战无不胜的力量，才能赢得中国革命的胜利。

毛泽东有一句名言："军民团结如一人，试看天下谁能敌？"意思是一个国家的人民团结得像一个人一样，那将是天下无敌的。毛泽东这句名言，揭示了共产党在决定民族命运之争中取得胜利的决定性因素。

毛泽东在长期的革命实践活动中，把关心人民群众的疾苦，倾听群众的呼声，解决群众的困难作为自己的崇高使命，因此赢得了人民的爱戴和拥护。

1928年1月，工农革命军在毛泽东率领下进了遂川县城。城里家家户户关着门，没有一个人影。毛泽东找到毛泽覃，对他说："我们进城后的第一件事，就是要发动群众粉碎敌人的阴谋，把群众组织起来，扳倒土豪劣绅。"毛泽东虽然工作很忙，也亲自做宣传工作。

当时街上住着一个老头，他的儿子和媳妇听信了白军的谣言，红军进城时，他们都到山上躲藏起来了。老头腿部伤肿，来不及走，躺在床上呻吟着，已经两天没有吃饭了。这时，忽然响起了敲门声，老头心里扑通扑通跳个不停，人也闭上眼睛，等待大祸降临。门被推开了，一阵轻轻的脚步声走向床边，接着听到一个亲切的声音："老伯，你好哇！"老头睁开眼睛，看到床边站着一个人，身后还有几个兵。"你是什么人？"老头问道。

毛泽东说："大伯，我们是工农革命军。""你们来干什么？"老头儿又问。有个战士回答："来打土豪。"毛泽东一边说一边察看着老头的腿伤，发现伤口红肿化脓十分厉害，便叫一个战士弄来一撮盐，泡水给老头洗伤口。一边洗，毛泽东一边说："不要紧，伤口发炎，等会我叫人给你送点药来。"毛泽东又叫一个战士留下一袋米，为老头煮粥。

老头非常感动，把心里的话向毛泽东倾诉，并表示要把躲在山上的儿子媳妇叫回来，把左邻右舍喊回来。

这年，正当春耕大忙时节，茅坪一带的一些贫苦农民却断了粮。毛泽东发现了这个问题，马上召集干部开会，要求部队主动帮助群众解决困难。毛泽东亲自带领一个调查组，逐户访问。他到群众家，首先就察看那家的饭盆。如饭盆没有使用，说明那家已经断了粮。晚上，调查组同志把群众缺粮的情况作了汇报，毛泽东立刻叫司务长算算部队还有多少存米。司务长算过后说："毛委员，我们的存米也不多了。"毛泽东说："我们是人民的军队，是为工农办事的，革命事业全靠天下劳苦大众齐心合力干，现在，这里的群众有了困难，我们应该想办法帮他们解决。回去以后对同志们讲清道理，号召大家多吃些稀饭，把米节省下来帮助群众度荒。"第二天一早，毛泽东和几个干部一起背着米送到缺粮农户家里。

毛泽东在1934年1月27日写的《关心群众生活，注意工作方法》一文中告诫全党：我们应该深刻注意群众生活的问题，从土地、劳动问题，到柴米油盐问题。妇女群众要学习犁耙，找什么人去教她们呢？小孩子要求读书，小学办起来了没有呢？对面的木桥太小会跌倒行人，要不要修理一下呢？许多人生疮害病，想个什么办法呢？一切群众生活上的问题应该注意，应该讨论，应该研究，应该解决。在调整群众关系这个问题上，是这样说的，更是这样做的。他的一生就是处处为人民着想。

1936年7月初，中共中央迁到陕北保安。这里虽是历代名城，但山大沟深，地高气寒，交通不顺，加上历代战争的破坏，经济十分落后，城里竟然没有一家商店。这里日用品奇缺，就连油盐酱醋、火柴、布匹等生活必备品也很难买到。老百姓要吃盐，只好赶毛驴，还要冒着被土匪抢劫的危险，来回跋涉70里路，才能从宁夏的盐池驮回一点盐来。要买火柴，就得用上十几个鸡蛋，才能从商贩那里换上一小盒，穿衣就更困难了，有的一件衣服补上几十遍，穿上几代人。

毛泽东了解到这种情况以后，立即把中央贸易部和保安县政府的负责人请到他的窑洞里，商量解决保安群众买东西困难的问题。

他以商量的口气对大家说："今天请你们来就是想和你们商量一下，如何解决群众日常生活的困难。你们考虑一下，是不是像我们在江西中央苏区那样？"当贸易部和保安县的负责人各自对组织力量运输货物发表了可行的意见后，毛泽东满意地指出，我们共产党的政府是为人民服务的，和国民党的政府不同，他们的政府向人民要粮、逼款，是欺压人民的。你们做什么事情，都要走群众路线，一切要从实际出发，一切要同群众商量。比如要办供销合作社，就是群众目前最迫切需要解决的问题，你们要到群众中调查研究，看群众迫切需要哪些东西，比如布匹、火柴、食盐。你们要注意工作方法，关心群众生活。会后不久，保安县很快办起了供销合作社，解决了群众生活中的实际问题。

1936年，陕甘宁边区延安县南区的人民群众创办了一个合作社。这个合作社收购老百姓的土货，供给老百姓日用必需品。合作社主任刘建章把办好合作社视为自己的终身事业，日夜盘算着怎样把合作社办得更好。每年春耕时，他就先从韩城运来铁铧，然后以比市场价要低的价格卖给农民。他还组织了800多名妇女纺纱织布，每月增加收入7万元，大大改善了南区人民的生活条件。刘建章被群众亲切地称为"人民的老黄牛"。南区合作社的营业方针完全是为人民服务的，它替老百姓交公粮、运公盐，贷款给老百姓发展生产，替老百姓解决原料销路的困难。这个合作社受到南区群众的热烈赞扬。

毛泽东了解到南区合作社的情况后，立即把它的经验整理出来加以推广，并号召全边区都要办这样一个为人民谋福利的合作社。毛泽东把南区合作社的特点归纳为四条：

第一，它冲破了合作社的教条主义、公式主义，不拘守成规，南区合作社以消费合作社开始，但它的事业却发展到南区全体人民经济生活的各个方面，不仅经营消费事业，还经营供销、运输、生产、借贷等事业。它组织了纺织、榨油、制毡等六个生产合作社及一个拥有百余头牲口的运输队，是一个综合性的合作社。

第二，它打破了合作社的形式主义。认真贯彻面向群众、替人民谋利益的方针，因此逐渐被群众所爱戴。

第三，它以公私两利的方针，做沟通政府与人民经济的桥梁。

第四，它根据人民的意见来改善合作社的组织形式。

在毛泽东的号召下，绥德、安定、安塞、甘泉等县都以南区合作社为榜样，办起了合作社，改善了人民的生活，促进了生产的发展。在1942年，陕甘宁边区开展的劳动英雄运动中，南区合作社的主任刘建章被评为劳动英雄、延安的模范人物。毛泽东给刘建章的奖旗上亲笔题字："合作社的模范"。

1941年6月3日，陕甘宁边区政府召开县长联席会议，布置1941年度公粮征集问题。当天正打雷下雨，延川代县长李彩云靠在简易会场的立柱上听会。突然电闪雷鸣，雷电顺着立柱的雨水打下来，李县长当场被电击身亡。当天有一个农民的驴也被雷电打死，于是这个农民到处说：老天爷不睁眼，咋不打死毛泽东？边区保卫部门听到这句话，决定追查讲这个话的人，当成现行反革命事件要把这个农民抓起来。这件事传到毛泽东那里，引起了他的深思：一个农民为什么会说出这样的话来呢？这反映出我们的工作到底出了什么问题？他一边制止抓人，一边深入调查事情的缘由，原来是征粮过多引起的。

1937年和1938年边区只征1万担（每担300斤）公粮，1939年征5万担，1940年征9万担，而1941年又准备猛增到20万担，陕甘宁地区只有140万人口，而且土地贫瘠，要养着大量的党、政、军、学人员，农民负担过重，因此出现不满情绪。

了解到这一情况后，毛泽东立即与中央和边区政府商量，把公粮降到16万担，其他税收也都适当减轻。接着又抓了两件事，一是积极开展军民大生产运动，二是实行精兵简政。经过党政军民的共同努力，军队和机关、学校同步实现生产自给和半自给，减轻了人民群众的负担，得到了边区人民的拥护。正是因这次事件，不仅引起了征粮政策的调整，而且举一反三地促进了大生产运动和精兵简政，促进了边区政治经济的发展。边区人民的生活水平一年比一年得到提高，很多贫农、雇农上升为中农，很多中农变成了富裕中农。

过去希望雷公"打死毛泽东"的老百姓，现在从心底里把毛泽东当作"大救星"。陕北葭县农民李有源利用民歌作了一首歌曲：

东方红，太阳升，中国出了个毛泽东，他

为人民谋幸福，他是人民大救星。

毛泽东，爱人民，他是我们的领路人，为

了建设新中国，领导我们向前进。

共产党，像太阳，照到哪里哪里亮。哪里

有了共产党，哪里人民得解放。

毛泽东和朱德的像，开始出现在大会的主席台上，后来进入农民家里，老百姓自发地用他们的像代替了灶王爷的位置。

晋绥边区特等劳动模范温家栓说："没有共产党就没有咱老温。"

兴县二区农民郝猫子说："你要问我什么时候翻身的吗？我记不得那些，反正哪一年有了人民政权，我就是哪一年翻身的。"

西关的农民宝珍，自己画了一张毛泽东像，贴在堂屋，还写了一副对联："常思救星毛主席，难忘恩人八路军。"

农民李汝梅，过年的时候把灶君爷"送走"，买不到毛主席像，自己写了张"毛主席万岁"的红纸贴在灶君位置上。

1942年12月底，毛泽东接见八路军、新四军的干部，同他们谈话时说：你们当旅长、团长的同志在整风中不要怕丢脸。下级对你们有意见，让他们通通讲出来，他们窝在心里的怨气吐完了，心情就舒畅了。你们把架子放下来，诚实地向群众检讨反省一番，上下级之间的关系就改善了，内部就更加团结了。当毛泽东听说陕甘宁边区一个老百姓给分区司令员提了意见，就高兴地说，这是天大的好事！那个老百姓有觉悟。中国几千年的历史都是老百姓受官府的气，受当兵的欺负，他们敢怒不敢言。现在敢向我们一个分区司令提意见，敢批评这位"长官"，你们看这多么好，这是多么了不起的变化？

在中国，谁能得到广大农民的拥护谁得天下，历代如此。毛泽东是深信这一历史规律的。他领导的农民运动和农民战争，是新式的农民运动和农民战争。为了统一全党的思想，毛泽东必须对他领导的这场新式的农民运动作出理论上的说明。为此，他在1941年1月写了《新民主主义论》。他说：

> 中国的革命实际上是农民革命，现在的抗日，实际上是农民的抗日。新民主主义的政治，实质上就是授权给农民。新三民主义，就是农民革命起义。大众文化，实质上就是提高农民文化。抗日战争，实质上就是农民战争。现在是"山头主义"的时候，大家开会、办事、上课、出报、著书、演剧，都在山头上，实质上都是为了农民。抗日的一切，生活的一切，实质上都是农民所给……中国有百分之八十的人口是农民，这是小学生的常识。因此，农民问题，就成了中国革命的基本问题，农民的力量，就是中国革命的力量。

3. 侯登科·杨步浩

毛泽东深深地感受到，中国共产党人心里一直装着人民，时时刻刻为人民着想、为人民谋利益，才能动员和感染人民，取得中国革命的伟大胜利。

1944年的一天，毛泽东问当时担任延安市委书记的张汉武同志，是否知道侯家沟有两个村庄的妇女不生孩子。张汉武回答说，知道有这么回事，但弄不清究竟是什么原因造成的。毛泽东继续引导对方思考："是不是水有问题？请中央医院把水检验下好不好？"张汉武半信半疑地说："好是好，只怕这种小事医院不干。"听了张汉武的看法，毛泽东严肃地指出："对于共产党人来说，人民的疾苦绝非小事，应当让医院派人去。"过了没几天，张汉武准备派人去侯家沟调查时，想不到毛泽东已向中央医院打了招呼，要他们马上派人到侯家沟帮助群众验水。

经过化验，果然发现饮水中含有大量影响生育的有害物质。医院对饮水及时进行了无害处理，并帮助群众治病，终于使这两个村庄传出了婴儿的啼哭声，人丁逐渐兴旺起来。

1944年8月，毛泽东同陕甘宁边区一位劳动模范交谈时说：今年雨水多，入伏以来，我就担心下雨，怕庄稼受损失。还说：陕甘宁边区的农村要在几年里做到：每家余一年的粮，拴一头牛，植一百株树，建一个厕所，掏一口井，每人还要识一千字，而且每个乡要有一个合作社、一个铁匠炉、一所民办小学、一个医务所、一个秧歌队……大家都要过丰衣足食、健康快乐的生活。

1947年冬，毛泽东和中共中央转战陕北，来到刚刚遭受国民党部队洗劫的米脂县杨家沟。有一天，杨家沟一个饥饿的小男孩跑到马槽弄马料充饥，不幸被马咬伤。毛泽东知道后，心情沉重地说："从现在起，中央机关每人每天节约一两粮，救济贫困户。"

节约济贫的活动开展后，毛泽东带头节粮，并每天过问自己节省下来的粮食落实没有，只有省下来他才肯吃饭。在毛泽东的带动下，中央机关节省了30担小米、70担黑豆，分别分给了军属和贫困户。其间，毛泽东还常到村里访贫问苦，组织群众生产自救。

毛泽东有一副菩萨心肠，心中时刻装着人民，装着每一位普通的干部战士。

有一位不出名的小人物，但在革命征途中，毛泽东对他赞赏有加，他是谁呢？

他叫侯登科，是一位普普通通的马夫。他是一位老红军，长征时期，一直跟随毛泽东，主要职责就是照料毛泽东骑的那匹战马。他比毛泽东年长几岁，毛泽东亲切地称他为老侯。

1947年，毛泽东撤离延安，转战陕北。一天，毛泽东抽空来看老侯。毛泽东询问老侯的身体情况。两人边聊边走进窑洞，他发现老侯住宿条件很艰苦，没有炕，稻草上铺着被褥，但老侯负责的马鞍和笼头马具却异常整齐。

老侯为人忠厚，不爱说话，但心地善良，默默无闻，精心喂马，深受大家爱戴。

1948年3月，毛泽东离开陕北，准备去西柏坡时，又去探望了老侯。这一次，毛泽东对老侯说："转战陕北这段日子你辛苦了，明天我就不骑马了，要坐车走了，你到时候跟着中央机关行军，就骑我的马吧。"

老侯却拒绝了，他说："主席，你的马我不能骑。"

毛泽东看着这位60多岁的老红军，心疼地说："老侯，你年纪大了，身体又不好，行军困难就骑上它吧。"

1948年秋，解放战争进入决战时期，毛泽东全身心地投入指挥三大战役，然而就在这个时候，老侯不幸染病去世了。一个普通的马夫死亡，在战争年代不是什么大事，就没有人告诉毛泽东。

深秋的一天，毛泽东忙完工作准备去看望老侯，但警卫员的脸色却露出了异样的表情，毛泽东问怎么了，警卫员说老侯去世了。

毛泽东一听很生气，用责备的口气问："什么时候的事，怎么不告诉我？"警卫员说："当时因为战事忙，领导没让告诉你。"

毛泽东说："再忙也要告诉我啊，老侯一生对工作任劳任怨，从不要名利，而且一生没有结婚，我经常与他谈心，去世了，你们也不告诉我，真是不近人情啊！"

说完这些话，毛泽东神情非常难过，站在原地沉思了很久，便回到了自己的房间。事后，又专程到老侯的墓地进行了悼念。

毛泽东认为，老侯一生为了革命，职位不论高低，他在自己的岗位上任劳任怨，埋头苦干，这样一个好同志，是值得大家学习的。

毛泽东一生交往朋友很广，有工人、农民、青年学生，有党政军的负责人，有著名的民主人士、科学家、艺术家、史学家、理论工作者，有国民党进步人士，有国际友人，还有早年的同学和师长。在这些交往中，感情洋溢，充分体现了毛泽东的高尚人格和丰富感情。在毛泽东交往的众多朋友中，有一位不起眼的农民朋友叫杨步浩。

1935年10月，中央红军到达陕北，斗倒了地主老财，受苦的穷人翻身做了主人。土改时，杨步浩分到了一个山头约八十垧地，这才结束了给别人打工的苦日子。在自己的土地上精耕细作，逐步过上了不愁吃不愁穿的日子。

吃米不忘种谷人，翻身不忘共产党。为了支援抗战，早日打败日本鬼子，杨步浩起五更睡半夜，努力生产。他种的小麦、谷子长得特别好，曾被选为边区农展会的展品。他不仅自己生产搞得好，年年多打粮、多交救国公粮，而且领导全村搞变工互助，发展牲畜，组织妇女纺织，打井抗旱，办学，植树，备荒，安置移民难民。在他的带动下，延安县川口区六乡成为远近闻名的模范乡。

1942年正月，杨步浩去南泥湾359旅驻地，王震旅长亲自接待，并告诉大家："毛主席也有生产任务，也要同战士一样开荒种地。"杨步浩听了，心想，毛主席为咱受苦人翻身解放、能过上好日子操碎了心，每天还要谋划抗日大事，咋能让他去搞生产呢？于是就产生了为毛主席代耕的念头。

回来后，杨步浩向延安县政府提出为毛主席代耕开荒土地，得到县政府的批准。在毛主席同意和关怀下，杨步浩的觉悟和思想境界大大提高，入了党，当上村干部。他不仅自己努力生产，还热心兴办集体公益事业，在广大群众中享有很高威信，成为模范带头人，1945年1月被选为陕甘宁边区甲等劳动英雄，得奖金五万元。

全国解放后，杨步浩担任村党支部书记，仍在农村为生产发展默默奋斗。1952年，延安地区组织老区人民参观团赴京参观国营农场，杨步浩为代表之一。到京后，他写信给中央办公厅，要求见见毛主席。没过几天，毛主席派车将他接到家里，作为多年不见的老朋友热情招待，并亲自给他倒水端饭，同杨步浩亲切交谈，询问边区建设情况。临行时，特意给杨步浩换了一件新棉衣，一起合影留念，给他充足的路费。

1954年，杨步浩在一次耕地时，不慎一只胳膊骨折了，干重体力活有困难，他给毛主席写了封信，告知自己的情况。毛主席给西北局、陕西省委写了信，要求安排好老英雄的工作。党和延安政府非常关心这位劳动英雄的生活，决定让他离开农村，到县种子公司工作。他到种子公司又作出应有的贡献。

1961年困难时期，毛泽东仍惦念延安时期的老朋友，托人给杨步浩捎来几斤白糖、两瓶酒和两块布料。杨步浩深为感动，萌生第二次进京看望毛主席的愿望。他先给毛主席写了信说："主席，我很想念您老人家，很想去看看您，不知您有空没有？"不久，毛主席回信说："我同意，你跟地方政府商量一下，只要地方上同意，我没有什么意见。"

经延安县委讨论，杨步浩的愿望实现了。他同老伴精心缝制了几个白粗布小口袋，装上延安最好的小米、绿豆、瓜子、干菜，于国庆节前夕到了北京。10月1日，在天安门城楼上，毛主席会见了这位老英雄。之后，又把他请到中南海家里，设家宴款待，同他长时间交谈，了解延安的变化，感谢延安人民对他的问候。

毛泽东是世界伟人，却和一位中国最普通的农民交朋友，这是毛泽东的伟大之处。

4. 民惟邦本，本固邦宁

新中国成立之后，毛泽东把关心民生的问题作为头等大事抓住不放，并推出一系列重大举措。

举措之一：实行土地改革，让广大农民有地种、有饭吃。

新中国成立的时候，全国还有三分之二的地区存在着封建土地制度。在大约有2.9亿农业人口的华东、中南、西南、西北等新解放区和待解放区，封建土地所有制仍然严重地束缚着社会生产力的发展。

1950年6月28日，中央人民政府委员会第11次会议通过了《中华人民共和国土地改革法》，明确规定："废除地主阶级封建剥削的土地所有制，实行农民的土地所有制，借以解放农村生产力，发展农业生产，为新中国的工业化开辟道路。"

对3亿多无土地和少地的贫苦农民来说，土地改革是一次翻天覆地的历史变迁。从这一年冬天开始，大规模的土地改革运动在各个新解放区开展起来了。

政府派出了大批工作组到农村，在这场社会变革中，农村划分出了地主、富农、中农、贫农、雇农等阶级成分。被没收的土地和财产得到重新分配，无论地主还是贫雇农，每人都分得一份土地。孙中山"耕者有其田"的理想，在他缔造的国民党手里没有实现，历史把这个使命交给了中国共产党。

根据解放区的实际情况，党和政府共分三批进行土地改革。第一批，从1950年冬到1951年春，主要在华北、华东、中南、西北等约1.2亿农业人口的地区进行；第二批，从1951年冬到1952年春，主要在华南、西南等约1.1亿农业人口的地区进行；第三批，从1952年冬到1953年春，主要在民族地区约3000万农业人口中进行。在经过发动群众、划分阶级、没收和分配土地、复查总结等阶段后，到1953年春，土地改革基本完成。

土地改革的直接受益者是广大农民，通过分配土地，党取得了广大农民的支持，使共产党的根基在广大农村中扎根。

"解放区的天是明朗的天，解放区的人民好喜欢，人民政府爱人民呀，共产党的恩情说不完呀。"

"土地改革到了每个村，咱们大家翻了身，唱着歌儿走大街啊，再不是愁眉苦脸人。"

新中国的农民手捧土地证，扭着秧歌唱着这些革命歌曲来表达自己分到土地后的喜悦心情。这些歌曲，唱遍大江南北、黄河上下。

农民尝到了翻身做主人的甜头和真实含义，农协会、自卫队、妇女会、儿童团如雨后春笋般建立起来，生产互助、站岗放哨、扭秧歌、搞宣传，热火朝天。

举措之二：镇压反革命，确保社会稳定。

新中国成立之初，百废待举。国民党在大陆留下潜伏特务等各种反革命分子约60万、反动党团骨干分子约60万。这些反革命分子对人民政权构成了很大的威胁，他们"长期潜伏等待时机，重点组织破坏和暗杀活动"，采取炸毁工矿、铁路、桥梁，烧毁仓库，抢劫，杀害干部，窃取国家机密等方式大搞破坏。

毛泽东访问苏联回来，特务阴谋在铁路上安置炸弹，妄图炸毁专列；陈毅出任上海市市长就收到特务送来装有子弹的恐吓信；一支"突击小组"潜伏广州，叫嚣要"干掉"市长叶剑英……这说明反动势力猖狂至极，不清除这些反动残余势力，不仅恢复经济工作无法正常进行，而且威胁到新生政权的巩固。

1949年6月的新政协筹备会上，毛泽东就郑重宣布：中央人民政府一旦成立，一是肃清反动派的残余，镇压反革命的捣乱；二是加紧经济、文化的恢复与建设，尽快医治战争创伤。

1950年3月18日，中共中央向各级党委发布《关于镇压反革命活动的指示》，要求"对于这些反革命活动，各地必须给以严厉的及时的镇压，决不能过分宽容，让其猖獗"。特别强调了主要的镇压对象：在城市，主要是破获特务间谍案，并且对反动党团骨干、特务等反革命分子进行登记，取缔各种反动会道门和秘密反动组织，对盗匪、流氓进行严厉打击。对于罪恶昭著、顽固狡赖、隐瞒欺骗、拒绝或逃避登记者，予以严厉制裁。在农村，要结合土地改革开展反恶霸、斗地主斗争。

在"镇压与宽大相结合""坦白从宽、抗拒从严、立功受奖"的政策指导下，镇压反革命的斗争取得了重大成果。

1956年11月15日，毛泽东在中共八届二中全会上讲话中指出："这里还讲一个镇压反革命的问题。那些罪大恶极的土豪劣绅、恶霸、反革命，你说杀不杀呀？要杀。""我们杀的是些'小蒋介石'。至于大'蒋介石'，比如宣统皇帝、王耀武、杜聿明那些人，我们一个不杀。但是，那些'小蒋介石'不杀掉，我们的脚下就'天天地震'，不能解放生产力，不能解放劳动人民，生产力就是两项，劳动者和工具。不镇压反革命，劳动人民不高兴，牛也不高兴，锄头也不高兴，土地也不舒服。因为使牛、锄头，利用土地的农民不高兴，所以，对反革命一定要杀掉一批，另外还抓起来一批，管制一批。"

毛泽东强调指出："只要打得稳、打得准、打得狠，才能使敌气焰下降，民气大伸，如果我们优柔寡断，姑息养奸，则将遗祸人民，脱离群众。"于是，路不拾遗，夜不闭户，邻里和谐，风气清正，人心所向，信念一致，国泰民安，便成了新中国成立后二十多年间的真实写照，这一时期新中国的社会形象和社会风尚之好举世瞩目。

举措之三：禁毒禁娼，改良社会风气。

吸毒、贩毒、制毒是旧中国危害社会的最大公害之一。农民运动领袖洪秀全曾这样描写鸦片的危害："烟枪即铳枪，自打自受伤。多少英雄汉，困死在高床。"

新中国成立之初，社会上种植鸦片和吸毒的情况令人震惊。据统计，全国种植罂粟面积达100多万公顷，全国4亿多人口中，以制贩毒品为业的有30多万人，吸毒者达2000万人。其中西南地区吸毒者多达600万人，仅贵州就有300多万人。烟馆遍及城乡，昆明有1100多家，贵阳有1000多家。随着吸毒人数增多，贩毒也相当严重。

吸毒贩毒不根除，人民的生存就没有保证，社会就不能稳定，经济恢复就无从谈起。

1950年2月24日，政务院下达了《严禁鸦片烟毒的通令》，要求各级政府设立禁烟禁毒委员会，制定限期禁绝办法，督促查禁，一场群众性的禁毒运动在全国各地展开。

为了加大对毒贩的打击力度，1952年4月15日，中共中央发布《关于肃清毒品流行的指示》，对禁毒运动的方针、政策和打击重点作出了明确规定。7月中旬，中央宣传部、公安部联合发出《关于禁毒的宣传指示》，明确指出："这次运动打击的重点，是制毒、贩毒的主犯、惯犯、现行犯和具有反革命身份的毒贩，以及严重违法的工作人员。"这些指示下达后，一场大规模的禁毒运动高潮在全国掀起。

根据中央指示，各地充分准备、周密计划，在全国1200多个缉毒重点地区发动群众，集中破案，共查出制造、贩卖、运送毒品的毒贩36.9万余人，逮捕8.2万余人，其中，判刑、劳改、管制的5.1万余人，处决罪大恶极的毒贩880人，共收缴毒品折合鸦片近400万两，制毒机器235部，贩卖、运送、藏匿毒品工具26万件，给猖獗的制毒贩毒活动以摧毁性打击，充分显示了依靠群众开展禁毒运动的威力。

自林则徐禁烟起，无数仁人志士曾为之奋斗而无法根治的这一痼疾，在新中国成立仅两年多的时间里得到彻底的根除，这不能不说是一个奇迹，而这个奇迹的创造者正是中国共产党，是全体中国人民。

彻底根除娼妓这一恶习，也是摆在新生政权面前的一个突出问题。

持续几千年的娼妓恶习，是旧中国最黑暗、最严重的社会问题之一，这一不良风俗把无数良家妇女推向悲惨境地。特别是在国民党统治时期，竟然把征收妓女的"花捐"作为一项财政收入，从而使娼妓制度合法化和商业化。20世纪20年代的一份调查资料表明：

上海市平均137名女性中就有1名妓女，其比例高居伦敦、柏林、巴黎、芝加哥、名古屋、东京等世界八大城市之首。1947年，国民党政府的一份材料称，上海以卖笑为生者不下10万人。

1949年6月，出任北京市委书记的彭真向毛泽东汇报北京妓院的情况。毛泽东听了彭真的汇报，表情异常沉重地说："在新中国这片土地上，绝不允许娼妓遍地，黑道横行。"

根据中央指示，公安部部长罗瑞卿决定在全国范围内采取行动，确定在全国大城市采取两种方案：一是以北京等地为代表，在短时间内摸清妓院的有关情况，集中力量，统一时间，一举将全部妓院予以封闭；二是以天津等大城市为代表，采取"寓禁于限"的方针，在相对较长的时间内，逐步取缔妓院。

继北京采取行动之后，上海、石家庄、哈尔滨、长春、大连、武汉等大中城市也先后开展了封闭妓院的行动。经过一年多的整治，在中国延续几千年的娼妓制度彻底废除。而在此后的几十年里，这些毒害再没有危害过社会。

举措之四：提高妇女社会地位，维护妇女权益。

新中国成立后，毛泽东发出"团结起来，参加生产和政治活动，改善妇女的经济地位和政治地位"等伟大号召，我国广大的各族妇女的地位得到前所未有的提高。

她们在古老的中国大地上第一次享受了和男子平等的权利，第一次真正成为国家的主人，她们顶了共和国的半边天。在她们当中，涌现出像赵梦桃、郝建秀、邢燕子、郭凤莲等一大批英雄模范人物，她们是共和国的骄傲。

1950年4月13日，中央人民政府委员会举行第七次会议，审议通过了《中华人民共和国婚姻法（草案）》。4月30日，毛泽东主席签发命令，公布《中华人民共和国婚姻法》自5月1日起实行。这是新中国成立后制定的第一部基本法律。

《婚姻法》开宗明义规定了两条基本原则：第一条，废除包办强迫、男尊女卑、漠视子女利益的封建主义婚姻制度，实行男女婚姻自由，一夫一妻，男女平等，保护妇女和子女合法利益的新民主主义婚姻制度。第二条，禁止重婚纳妾，禁止童养媳，禁止干涉寡妇婚姻自由，禁止任何人借婚姻关系索取财物。这是对旧中国社会盛行的包办婚姻和干涉婚姻自主的旧制度的彻底否定，是中国妇女解放运动史上的一件大事。

《婚姻法》的颁布，让中国妇女在政治上、经济上和婚姻领域获得真正的解放，在建设新中国的事业中发挥了"半边天"的作用。

举措之五：开展扫盲运动，提高全民文化素质。

1949年初秋，一封紧急密信送到黑龙江省宁安县某村长的手上。

村长不识字，连夜挨家敲门找人来读，可村里识字的人太少了，更别说是读信了。终于，村长找到了一个号称"秀才"的村民，"秀才"看完信，很快就逃跑了。

原来，这是一封"追凶密信"，信中让村长监控的疑犯正是"秀才"本人。

这个真实故事，折射出这样一个严峻的现实：第一，新中国成立时，文盲占80%，学龄儿童入学率仅占20%。第二，中国人民在政治上翻了身，但如果不识字，做睁眼瞎，不能在文化上翻身，就不能是彻底翻身。

为此，从来不畏任何险阻的毛泽东，下定决心要迅速改变这一严重落后的面貌，要让人民在文化上也真正"站起来"。

新中国刚刚成立，就将教育工作提上议事日程。1949年底，在毛泽东直接关怀下，召开第一次全国教育工作会议，决定：新中国的教育是新民主主义的教育，主要任务是提高人民文化水平，培养国家建设人才，肃清封建的、买办的、法西斯主义的思想，发展为人民服务的思想。

1950年6月，毛泽东又在中共七届三中全会上提出："要有步骤地谨慎地进行旧有学校教育和旧社会文化的改革工作。"遵照毛泽东指示，人民政府收回了教育主权，改造了全国30万所大中小学，使之纳入社会主义的办学轨道，旨在改变6亿人口中有4亿多文盲的现状的扫盲工作也同时展开了。

"推行识字教育，重点减少文盲"，这是1950年9月召开的第一次全国工农教育会议的基本精神。由"政府领导，依靠群众组织"的识字扫盲运动从政府机关开始，向全国各地迅速展开。

毛泽东非常关注扫盲的方法。早在1949年8月25日，华北大学校长、中国文字改革的坚决倡导者吴玉章就给毛泽东写信，提出为了有效地扫除文盲，需要迅速进行文字改革。对吴玉章的建议，毛泽东极为重视，把信批转给郭沫若、茅盾等人研究。在毛泽东的关怀下，1949年10月，中国文字改革协会成立，其中一项任务就是研究汉语拼音方案。

1951年，中国人民解放军西南军区文化教员祁建华创造了"速成识字法"，是一种借助注音字母的辅助作用，利用汉字字形、字义、字音相同与相异的不同特点，来提高识字速度的方法。1951年，西南军区在126万干部战士中试行"速成识字法"，一般只需15天时间，能识字1500个以上，能读部队小学课本3册，能写短稿。某野战军采用这一方法，于1952年3月底彻底扫除了文盲。1952年4月26日，《人民日报》发表评论，号召各地"普遍推行速成识字法"。扫盲运动的第一次高潮迅速形成。

1952年11月5日，中央人民政府委员会第19次会议通过决议，成立中央扫除文盲工作委员会，任命楚图南任主任委员，李昌任党组书记，以"速成识字法"闻名全国的祁建华被任命为副主任委员。扫盲运动有如星火燎原，在全国轰轰烈烈地开展起来了。为了把更多的迫切要求学文化的人组织起来，多种多样的学习方式被创造出来：工厂的"车间学校"、煤矿的"坑口学习小组"、农村的"地头学习组"、妇女的"炕头学习小组"等。

"以民教民，能者为师"，"教师条件很平常，识字就能教文盲"，"扫除文盲人人有责，教人识字是一项光荣的任务"，"亲教亲，邻教邻，夫妻识字，爱人教爱人，儿子教父母"等口号迅速响彻全国，使神州大地到处呈现出一片"读书声声响，处处是课堂，互教互学，师生大家当"的热烈场面。到1953年止，全国扫除职工文盲308万人。许多从"文盲班"毕业的学员升入业余学校，得到进一步深造。

在中国共产党七届六中全会上，毛泽东再次谈到了扫盲运动："扫盲运动，我看扫起来才好。有些地方把扫盲运动扫掉了，这不好。要在合作社中间把文盲扫掉，不是把扫盲运动扫掉。"毛泽东还亲自制定了"每人必须认识1500到2000个字"的扫盲标准。在这种背景下，扫盲运动又再次发动起来，在全国范围内迅速掀起第二次扫盲高潮。

为了推动扫盲运动的深入发展，1956年3月15日，全国扫除文盲协会成立，会长由陈毅元帅担任。3月29日，中共中央和国务院发布《扫除文盲的决定》，将扫盲提高到了空前的高度，第一次把扫盲作为国家发展大计，把扫除文盲作为重大的政治任务，要大张旗鼓地开展。《决定》还制定了扫盲的原则、对象、标准和目标。

扫盲运动经过三次疾风暴雨式的高潮后，取得了辉煌的战果，新中国的文盲大大减少。1964年全国开始第二次人口普查，同时也对国民的文化素质进行一次全面调查。结果显示，15岁以上人口的文盲率，已经由解放初期的80%下降到了15%，1亿多人摘除了文盲的帽子。

如今，我国国民文化素质普遍得到提高，这与毛泽东当年在扫盲方面的不懈努力，无疑是分不开的。

1949年7月，全国文学艺术工作者第一次代表大会召开，毛泽东要求一切爱国的文艺工作者团结起来，"进一步联系人民群众，广泛地发展为人民服务的文艺工作，使人民的文艺运动大大发展起来"。从而指明了新中国文艺为人民服务首先为工农兵服务的方向。

1949年9月，具有临时宪法性质的《中国人民政治协商会议共同纲领》明确规定：中华人民共和国的文化教育是民族的、科学的、大众的文化教育，应以提高人民文化水平，培养国家建设人才，发展为人民服务的思想为主要任务，从而正式确立了"文化为人民服务"的指导方针。

在毛泽东"应该使受教育者在德育、智育、体育几方面都得到全面发展，成为有社会主义觉悟性的、有文化的劳动者"等教育方针指导下，共和国的基础教育得到很大发展与普及，广大工农子女的文化水平得到很大提高，从而为中国的经济发展奠定了坚实的文化基础。

举措之六：治理大江大河，倾心造福于民。

中国是一个水患灾害较多的国家。近代以来，中国的老百姓饱受两个祸患之苦。一个是战乱，一个是水患。新中国的成立，结束了战乱，带来了和平建设的新局面。但是，水患的问题，却不是一下子就能解决的。治理水患，变害为利，是恢复和发展国民经济、保护人民生命财产的一项十分紧迫但又是要长期为之奋斗的艰巨任务。从新中国一成立起，毛泽东始终关注着江河湖泊的治理，关注着全国的水利建设事业。

1950年夏，安徽、河南交界连降大雨，淮北地区受灾惨重，为百年所未有。毛泽东在批阅淮北灾情的一些报告的时候，看到一份电报里说，有些灾民因躲水不及，爬到树上，有的被毒蛇咬死。毛泽东看到此处，不禁流下了眼泪。

这份电报讲道："由于水势凶猛，来不及逃走，或攀登树上失足落水（有在树上被毒蛇咬死者），或船小浪大，翻船而死者，统计489人。"在"被毒蛇咬死者"和"统计489人"这两个地方，毛泽东都画了红线。

从7月到8月，毛泽东接连给周恩来写了三个批示，提出并督促治理淮河。

第一个批示是7月20日写的，提出："除目前防救外，须考虑根治办法，现在开始准备，秋季即组织大规模导淮工程，期以一年完成导淮，免除明年水患。请邀集有关人员讨论（一）目前防救、（二）根本导淮两问题。如何，请酌办。"

第二个批语写于8月5日。他说："请令水利部限日作出导淮计划，送我一阅。此计划8月份务须做好，由政务院通过，秋初即开动工。如何，望酌办。"

8月31日，毛泽东写了第三个批语。这个批语是针对华东军政委员会8月28日的电报，此电转报了苏北区党委对治淮的意见。其中第三项提出：如果今年就实行导淮的话，原定的土改等工作部署就要改变，苏北今年整个工作方针就要重新考虑，而且在导淮工作的各项准备上"均感仓促"。毛泽东表示："此电第三项有关改变苏北工作计划问题，请加注意。导淮必苏、皖、豫三省同时动手，三省党委的工作计划，均须以此为中心，并早日告诉他们。"

8月25日至9月12日，在周恩来直接指导下，水利部召开治淮会议，具体落实毛泽东关于治理淮河的批示，确定了蓄泄兼筹的治淮方针，并制定了治淮的具体步骤。这次会议，拉开了治理淮河的序幕。

9月16日，安徽省委书记曾希圣向华东局和中央报告皖北地区灾民积极拥护治淮决定的情况，并提出调配粮食的建议。9月21日，毛泽东将这份电报批给周恩来："现已九月底，治淮开工期不宜久延，请督促早日勘测，早日做好计划，早日开工。"

从上述毛泽东几个批示里，人们可以强烈地感受毛泽东关怀灾民的迫切心情和治理淮河的坚定决心。

10月14日，政务院发布《关于治理淮河的决定》，对治淮方针、1951年治淮工作方案等作出明确规定。在抗美援朝战争紧张进行，国家财政十分吃紧的情况下，国家仍在当年11月拨出治淮工程款原粮4.5亿斤、小麦2000万斤，保证治淮工程按时开工。这年冬季，淮河上游、中游、下游共有80万民工参加治淮，奋斗80天建成了一条长达168公里的苏北灌溉总渠。

第二年5月，组成由邵力子率领的中央治淮视察团，赴治淮工地检查工作。毛泽东亲笔题词："一定要把淮河治好。"这一题词被制成四面锦旗，由中央治淮视察团分送治淮委员会和河南、皖北、苏北治淮指挥部，表达了中国共产党和人民政府的决心。

治理淮河工程，是新中国第一个全流域、多目标的水利工程。经过8个年头的不懈治理，到1957年冬，治理淮河工程初见成效。国家共投入资金12.4亿元，治理大小河道175条，修建水库9座，库容量达316亿立方米，还修建堤防4600余公里，极大地提高了防洪泄洪能力。

在治理淮河的同时，中共中央和中央人民政府还决策启动了荆江分洪工程和治理海河工程。

1952年4月5日，荆江分洪工程全面开工。5月，中央人民政府委派水利部长傅作义到荆江分洪工程工地慰问。临行前，毛泽东为工程题词："为广大人民的利益，争取荆江分洪工程的胜利！"这项工程由于决心大、准备充分，只用了两个半月就全部完成。

荆江分洪工程竣工后，很快就经受了特大洪水的考验，发挥了应有的作用。1954年夏季，长江流域连降暴雨。7月下旬至8月上旬，发生了百年一遇的特大洪水。在洪峰到来之际，经中央批准，先后三次启动荆江分洪工程，保住了荆江大堤。毛泽东得知这一喜讯，再次挥笔题词："庆祝武汉人民战胜了1954年的洪水，还要准备战胜今后可能发生的同样严重的洪水。"

治理海河工程，是和治理淮河工程几乎同时开始的。

海河并不长，汇合北运河、永定河、大清河、子牙河、南运河以及大大小小的众多支流，构成华北平原的一个重要水系。由于当时海河流域雨量集中，地势平缓，特别在夏季一遇暴雨便泛滥成灾，直接威胁着华北平原主要产粮区和北京、天津两大城市的安全。

修建官厅水库，是治理永定河的一项关键工程。清朝末年就有人提出这样的建议，但由于兵荒马乱，政府腐败，半个多世纪已过去了，始终没有实现。新中国成立后，在毛泽东关怀下，经政务院批准，官厅水库在1951年10月正式开工。

官厅水库可蓄水22亿多立方米，是继治淮工程和荆江分洪工程之后，新中国兴建的又一个大型水利工程。1954年4月12日，毛泽东在官厅水库竣工前夕视察工地。水库建成后，又亲笔题词："庆祝官厅水库工程胜利完成。"

黄河，是举世闻名的多灾的河流。在可考的历史记载中，平均每10年就有4次决口。新中国成立以后，首先进行了引黄灌溉工程。它和治理淮河工程、荆江分洪工程、官厅水库工程一起，被称为新中国成立初期的四大水利工程。

1952年10月26日至11月1日，毛泽东利用中央批准他休假的时间，顺着山东、河南、平原三省黄河沿岸，专程考察了黄河。

他在考察过程中，不断询问陪同人员治理黄河的规划情况，并嘱咐说："要把大堤修牢，千万不要出事，雨季大水，要发动群众上堤防守，必要时军队要上去坚决死守。"还说，现在解放了，人民当家作主了，我们应当领导人民，把黄河故道治好，变害为利。

1956年1月，毛泽东在《1956年到1967年全国农业发展纲要（草案）》上批示："一切大型水利工程，由国家负责兴修，治理为害严重的河流。一切小型水利工程，例如打井、开渠、筑坝和各种水土保护工作，均由农业生产合作社有计划地负责兴修，必要的时候，由国家予以协助。通过这些工作，要求在7年内（从1956年开始）基本上消灭水灾和旱灾，在12年内基本上消灭主要河流的重大水灾和旱灾。"

水利，自古以来是关系民生的大问题。它是农业的命脉，关系着国家的繁荣与发展，也关系着人民的安危和福祉。毛泽东把治理大江大河，作为造福于民的基本指导思想。

新安江水库什么时候修的？最困难时期修的！1959年，为建设新安江水电站，淹没了淳安县的贺城、狮城、威平镇、茶园镇和港口三镇，共计49个乡的1377个自然村，其中包括耕地307838亩和城镇工商企业255家。在当时条件下，完成这一浩大工程是多么不容易啊！

河南林县人民为解决农田用水和百姓生活用水，劈开太行山，引进漳河水，造福于百姓，彰显了"人造山河"精神。

林县红旗渠工程于1960年2月动工，至1966年7月支渠配套工程全面完成，历时10年。该工程共削平了1250座山头，架设151座渡槽，开凿211个隧洞，修建各种建筑物12408座，挖砌土石达2225立方米，总干渠全长70.6公里（山西石城镇至河南任林镇）。据计算，若把这些土石垒筑成高2米、宽3米的墙，可纵贯祖国南北，绕行北京，把广州与哈尔滨连接起来。当年生活那么困难、工具那么简陋、资金那么缺乏，怎么能造出那样惊天动地的奇迹？靠的就是毛泽东思想，将亿万有无私奉献精神的人组织起来，形成力量，才能产生移山倒海、改天换地的生产力，集体能量和集体智慧才是伟大的创造力，才能创造出那么多人间奇迹。

新中国成立20多年中，毛泽东率领全党和全国人民克服各种困难，治理长江、黄河、淮河、海河等水患，大搞农田水利基本建设，修建了8.4万多座水库及17万公里的河堤，新增了3亿多亩灌溉面积，把灌溉动力从12.8万马力增加到7122万马力，从根本上解决了产粮区的旱灾问题，为粮食增产打下基础，在当时经济条件极端困难情况下，建设这么多的水利工程，完全靠人民群众的力量，创造了人间奇迹。

举措之七："把医疗卫生工作的重点放到农村去"。

毛泽东对新中国的卫生事业极为重视，对人民的医疗健康极为关心。

1951年9月9日，他为中央起草的《关于加强卫生防疫和医疗工作的指示》指出："中央认为各级党委对于卫生、防疫和一般医疗工作缺乏注意是党的工作中的一项重大缺点，必须加以改正。今后必须把卫生、防疫和一般医疗工作看作是一项重大的政治任务，极力发展这项工作。"

1954年4月，毛泽东在《中央关于各级党委必须加强卫生工作的政治领导的指示》中指出："卫生工作是一件关系着全国人民生、老、病、死的大事，是一个大的政治问题，党必须把它管好。"

共和国成立后的1949年到1957年间，全国建立了800座西医医院，病床从30万张增加到90万张，受过现代西医培训的医生人数由1949年的4万人增加到1965年的15万人，还有17万护理人员。

血吸虫病是危害民众身心健康、阻碍社会经济发展的重大疾病。当年，血吸虫病在我国流行甚久，遍及南方12个省，患病的人数1000多万，受感染威胁的人口超过1亿人，对于人民健康的危害是极其严重的，轻则丧失劳动力，重则死亡。患病的妇女不能生育，患病的儿童发育受影响，病区人口减少，生产力下降，少数病区甚至田园荒芜，人烟稀少。人民群众把这种血吸虫病叫"瘟神"，把消灭这种病叫"送瘟神"。

毛泽东根据调查到的资料，于1955年11月在杭州召开的中央工作会议上指出："对血吸虫病要全面看，全面估计，它是危害人民健康最大的疾病，应该估计到它的严重性。共产党人的任务就是要消灭危害人民健康最大的疾病，防止血吸虫病要当作政治任务，各级党委要挂帅，要组织有关部门协作，人人动手，大搞群众运动，一定要消灭血吸虫病！"

1958年6月30日《人民日报》以《第一面红旗——记江西余江县根本消灭血吸虫病的经过》为题，报道了当地消灭血吸虫病的消息。毛泽东看到这一消息，激动不已，以诗言志，一气呵成豪迈诗篇《七律二首·送瘟神》：

> 绿水青山枉自多，华佗无奈小虫何。千村薜荔人遗矢，万户萧疏鬼唱歌。坐地日行八万里，巡天遥看一千河。牛郎欲问瘟神事，一样悲欢逐逝波。

> 其二：春风杨柳万千条，六亿神州尽舜尧。红雨随心翻作浪，青山着意化为桥。天连五岭银锄落，地动三河铁臂摇。借问瘟君欲何往，纸船明烛照天烧。

这两首七律中，可以看出共和国领袖忧国忧民赤诚之心、一片奔涌之情。

毛泽东为这两首诗写的小引说："读六月三十日《人民日报》，余江县消灭了血吸虫。浮想联翩，夜不能寐，旭日临窗。遥望南天，欣然命笔。"所写的后记说："六月三十日《人民日报》发表文章说：余江县基本消灭了血吸虫，十二省、市灭疫大有希望。我写了两首宣传诗，略等于近来的招贴画，聊为一臂之助。就血吸虫所毁灭我们的生命而言，远强于过去打过我们的任何一个或几个帝国主义。八国联军、抗日战争，就毁人一点来说，都不及血吸虫。除开历史上死掉的人以外，现在尚存有一千万人患疫，一万万人受疫的威胁。是可忍，孰不可忍？然而今之华佗们在早几年大多数信心不足，近一二年干劲渐高，因而有了希望。主要是党抓起来了，群众大规模发动起来了。党组织、科学家、人民群众，三者结合起来，瘟神只好走路了。"当天致信胡乔木："睡不着觉，写了两首宣传诗，为灭血吸虫而作。请你同《人民日报》文艺组同志商量一下，看可用否？如有修改，请告诉我。如可以用，请在明天或后天《人民日报》上发表，不使冷气。灭血吸虫是一场恶战。"

毛泽东发出"一定要消灭血吸虫病"的伟大号召，我国的血防工作在不太长的时间里取得了巨大的成就。

1965年6月26日，毛泽东在中南海听卫生部部长钱信忠汇报工作。钱信忠在汇报中讲到中国农村缺医少药的情况时，毛泽东发怒了。他在严厉批评了卫生部的工作后，讲了这样的意见："应该把医疗卫生工作的重点放到农村去！""培养一大批'农村也养得起'的医生，由他们来为农民看病服务。"不久，毛泽东再次召见卫生部部长钱信忠等人，讨论在农村培训不脱产的卫生员事宜。在这次谈话中，毛泽东重点谈了改善农民医疗条件的问题，并且提出了在农村培训不脱产的卫生员的总构想。毛泽东说："现在那套检查治疗方法根本不适合农村，培养的方法，也是为了城市，可是中国有五亿多农民。""医学教育要改革……高小毕业生学三年就够了，主要在实践中学习提高，这样的医生放到农村去，就算本事不大，总比骗人的医生与巫医要好，而且农村也养得起。"

毛泽东作出指示是在6月26日，因此，该指示被称为

"六二六"指示。

"六二六"指示下达后，普及农村医疗卫生工作在全国迅速展开。医疗专家经常上山下乡为农民看病服务。各地培训"农村也养得起"，又能长期在农村给农民看病的"赤脚医生"，到1976年止，全国93%的人民公社建立了合作医疗制度，城市建立了公费医疗和劳保医疗体系。医院不以"钱"为中心，而以"救死扶伤"为目的，改变了几千年来农村缺医少药的问题。

毛泽东还倡议在全国开展爱国卫生运动，他要求："各地除害灭病委员会的工作，各级党委必须认真抓紧和认真检查。环境卫生，极为重要，一定要使居民养成卫生习惯，以卫生为光荣，以不卫生为耻辱。凡能做到的，都要提倡做体操、打球类、跑跑步、爬山、游泳、打太极拳及各种各色的体育运动。把卫生工作看作孤立的一项工作是不对的。卫生工作之所以重要，是因为有利于生产，有利于工作，有利于学习，有利于改造我国人民低弱的体质，使身体康强，环境清洁，与生产大跃进，文化和技术大革命，相互结合起来。"从此，中国的医疗卫生工作达到了中等发达国家的水平。

举措之八：情系民生，关注社会就业问题。

"民惟邦本，本固邦宁"。就业问题，是民生中的一件大事，事关人民幸福、社会稳定。

毛泽东十分关心民众的就业问题。1954年毛泽东亲自主持制定的新中国第一部宪法中，就明确规定："劳动是中华人民共和国一切有劳动力能力的公民的光荣的事情。"他在日理万机的工作中，对民众就业问题多次作出批示。

1952年6月16日，原国民党军官费帖致信毛泽东，反映就业困难问题。信中说，一些原国民党下级军官陷于失业的困境，要求参加中国人民解放军，到文教局办理失业知识分子登记和请求劳动局介绍工作等，都遭到了拒绝，走投无路。费帖在信中要求国家收咨和改造这些下级军官，不使其流浪社会。

6月25日，毛泽东将这封信批转周恩来，并写下批语：

"周总理：此信代表失业旧军官，值得注意。请交失业救济会议处理。"

根据毛泽东的批示，周恩来责成相关部门负责人认真研究这个问题。当年冬天，就举办一次"失业军人就业"活动，使一大批军人得到了安置。

1956年1月25日，毛泽东在审阅农业部呈送的《关于1956年到1967年全国农业发展纲要的说明稿》时，对其中的社会就业问题作了集中修改。

次日，《人民日报》发表了这件说明稿。其中，经毛泽东修改的有关就业问题的全文是："许多人感觉短期内难于解决的城市一百多万失业人员问题，现在也出现了新的情况，浙江省嘉兴市区就要求从上海移入10万个劳动力，江西省也向上海要求把能从事农业生产的失业人员移50万人到那里去。至于地多人少边远地区迫切需要劳动力，就更不待说了。解放以前遗留下来的这一百多万尚未就业的失业人员，由城乡两方面去作安排，就可以在几年内使他们就业了。"

1963年12月12日，中共中央办公厅秘书室编辑的《群众反映》第84期上登载了《上海有很多人迫切要求给予生活出路》一文。该文说，近年来，上海地区要求解决工作、生活问题的来信有显著增加。从目前趋势来看，来信还在逐步增加。来信的人以被精减的职工为最多，其次是未能升学就业的社会青年，再次是其他各类无业人员。被精减人员中，大致有两种情况：一种是已经回乡的老、弱、病、残职工，他们一般小孩比较多，本人劳力不强，农事不熟，工分挣得少，往往入不敷出；另一种是家在上海市区，被精减后断了生计，现在只好"坐吃山空"。一些未能升学的社会青年，或者是家里人多，收入少，或者是父母双亡，本人无依无靠，他们都要求就业。从来信看，有一部分人情绪极为不满，也有些人要求去香港谋职，或者写信给苏联大使馆，要求接受他们去苏联工作或学习，还有些人搞投机倒把等，少数人甚至参加或组织了反动团体。

文中提到的问题引起了毛泽东的关注。12月13日，他将这期《群众反映》批转给中共中央政治局委员、华东局第一书记、上海市委第一书记兼上海市市长柯庆施和中共中央华东局书记、上海市委书记处书记陈丕显。并写下批语："此事必须解决。一定要使他们设法就业，即使暂时不能就业，也要支出一笔救济费把他们培养起来，以待逐暂（渐）设法就业。上海共有失业者多少？是否有几十万？请查告。你们对此问题的解决意见如何，请考虑见告。"

随后，毛泽东将这期《群众反映》和自己的批语批转给刘少奇、邓小平和彭真。"此是一件大事，值得注意。"

毛泽东关注社会就业问题，是中国共产党人全心全意为人民服务的重要体现。在他的重视下，早在1950年，各地就相继成立了失业工人救济委员会，有计划、有步骤地全面开展失业登记和失业救济工作，通过政府介绍就业、转业训练。以工代赈生产自救、自谋职业和回乡生产等多种措施解决了就业问题。这些政策的实施，稳定了当时的社会秩序，巩固了新生的人民政权，树立了党在人民群众中的良好形象，促进了经济的发展。

5. 为人民服务

毛泽东始终把全心全意为人民服务作为共产党的宗旨，这是因为共产党的根基在民众之中。一个社会的最大资源是人民，人民是上帝，人民是靠山。

毛泽东曾多次说："人民，只有人民，才是创造世界历史的动力！"他还说过，他心目中的"上帝"是人民。最著名的是人们都熟悉的《愚公移山》那篇文章。毛泽东说："古代寓言中那个每天挖山不止的愚公，感动了上帝，上帝就派两个神仙下凡，把挡在愚公家门口的太行山、王屋山背走了。如今帝国主义和封建主义也是压在中国人民头上的两座大山，我们要下决心挖掉这两座大山。我们一定要坚持下去，一定要不断地工作，我们也会感动上帝的。这个上帝不是别人，就是全中国的人民大众。"

在毛泽东看来，人民大众作为"上帝"，既是改造世界的主体力量，也是中国共产党所代表的唯一群体，是服务的唯一对象。信仰人民大众这个"上帝"的人，当然会把自己的政治原则定位在"为了人民的利益"。无论是搞革命，还是搞建设，中国共产党的宗旨都是为中国人民谋幸福，为中华民族谋复兴。

毛泽东曾说："进城以后，我们许多干部官越做越大，离人民群众也越来越远喽。这在党内是个相当普遍的问题。战争年代，是我们离不开群众。离开了群众，我们连脑壳都保不住，就像鱼离不开水一样。进城后当了大官了，张口闭口说自己是什么父母官了，好像群众离不开他了。鱼水关系逐渐变成油水关系，自己高高浮在上面，还不让下面群众透口气。"

"到底谁是父母，是官老爷还是人民群众？我们的党员，特别是党员领导干部，只有恭恭敬敬孝敬父母的义务，绝不能有骑在父母头上作威作福的权利。现在党内许多人已经把这个关系搞颠倒了。国民党就是把这个关系搞颠倒了，最后被赶到一个岛子上去了。如果共产党把这个关系也搞颠倒，我看迟早有一天，也会被人民群众赶到某个小岛子上去的。你相信吗？你不信我信。"

"要把这个被颠倒了的关系再颠倒回来呀，要使我们党的干部都弄清楚这个关系，人民群众才是国家真正的主人。要在主人的监督下，夹着尾巴，老老实实当好仆人，否则，主人有权用大字报向你炮轰，甚至撤你的职，罢你的官。"

当年在延安时期，毛泽东、周恩来、朱德等中央领导人年年都与群众一起过年，给群众拜年，与军民载歌载舞共度新春，给陕北人民留下永不磨灭的记忆。

有一年春节，毛泽东来到枣园乡政府，乡长杨成福和乡里几位年长者急忙出门迎接，毛主席和大家一一握手，说："我们给各位乡亲父老拜年啦！"

杨成福说："论理我们应该给主席拜年才对！"

毛主席说："没有这样的理吧，老百姓是我们的衣食父母，哪有儿子不向父母长辈拜年的道理？"

只一句话让人民心里满满暖意。

中国革命的胜利是依靠人民、为了人民、相信人民取得的。共产党人数再多，力量再强大，再劳苦功高，一旦失去人民，脱离了人民，就像鱼离开了水，人离开了空气一样，是没法生存的。

中国共产党从成立那天起，它的宗旨就是为劳苦大众翻身求解放，为人民打天下，没有人民的支持，这天下是打不下来的。所以共产党人讲信仰，首先是信仰人民，服务人民，视人民为主人。共产党人的核心价值观就是为人民服务，这是我们一切工作的出发点和落脚点，是党的命脉所在、根基所在。

1939年2月，毛泽东致信张闻天，最先提出了"为人民服务"的概念，从唯物主义道德观的角度阐述了"为人民服务"的含义。

1942年5月，毛泽东在延安文艺座谈会上指出：我们的文艺是"为人民大众的，首先是为工农兵的，为工农兵而创作，为工农兵所利用的"。他号召作家、艺术家到人民大众中去，到前线去，到抗日战场去。1943年，他在党内指示中再次提出了"为群众服务"的思想。

1944年9月5日，红军战士张思德在完成烧木炭任务中，因窑塌被砸，光荣牺牲。张思德牺牲的消息传到延安，中共中央直属机关为张思德的举行了追悼大会。毛泽东亲笔书写了"向为人民利益而牺牲的张思德同志致敬"的挽联。毛泽东还在中央警卫团追悼张思德会上发表了《为人民服务》的演讲，他在演讲中全面深刻地阐述了为人民利益而牺牲的意义，提出了"为人民服务"这一中国共产党的历史使命和立党立国之本。

《为人民服务》这篇讲话，首先明确了共产党和共产党领导的人民军队的性质——是革命的队伍，紧接着明确了党和党领导的人民军队的宗旨。这是向世界宣告，中国共产党和人民军队不是私人的队伍，不是为少数人打天下、谋利益的队伍。这个队伍使命就是"完全为着解放人民的，是彻底地为人民利益工作的"。参加共产党、参加人民军队，不是为了升官发财，不是为了高官厚禄，而是为了人民的翻身解放。

此后，毛泽东在党的七大《论联合政府》的报告中，对"为人民服务"作了进一步的阐述。他指出：紧紧地和中国人民站在一起，全心全意地为人民服务，一刻也不脱离群众，一切从人民的利益出发，向人民负责和向党的领导机关负责的一致性，这是我们党及其领导的人民军队的宗旨，是我们一切工作的出发点，是我们共产党区别于其他任何政党的一个显著的标志。

"为人民服务"不过5个字，将中国共产党的核心思想，共产党人的最高追求，共产主义的价值观表达得淋漓尽致。

1972年2月21日，美国总统尼克松访华，毛泽东在书房会见尼克松，不知为何，尼克松问道："主席先生，你有什么特长？"毛泽东笑着说："为人民服务，这就是我的特长。"尼克松面对这样一位一心只为劳苦大众的领袖，深深地弯下腰，向毛泽东鞠了一躬。这一鞠躬，让世界震惊。

毛泽东奔波一生，每作一个决策，每办一件事情，都是为了这五个字而努力。

"为人民服务，大公无私"说起来简单，但是能让千百万的党员干部做到不容易。无数事实证明毛泽东永远站在最苦、最穷的老百姓的立场说话，在他心里最正确最伟大的永远是人民。

毛泽东思想内涵极为丰富，它涵盖了政治、经济、军事、外交、文化、哲学、建党、治党、建国、治国和建军治军等等若干领域，都贯穿着"为人民服务"为轴心的理论体系。

列毛泽东"老三篇"之首的《为人民服务》乃艺术瑰宝，其政治光辉、艺术魅力、逻辑力量是与时俱进地滋润中国人民和世界人民的雨露，历久弥新地放射照耀全党、改变中国、教育人民的万丈光芒，与《纪念白求恩》《愚公移山》构成永远的"老三篇"。

毛泽东尊重人民，让人民当家作主，视人民为社会的主人，是国家的管理者。国家的权力机关是人民代表大会，政府工作人员是人民公仆，是人民的勤务员。新中国的国家机构、政府单位都以人民为称谓：人民共和国、人民政府、人民解放军、人民警察、人民法院、人民检察院、人民教师、人民医院、人民银行、人民邮电、人民铁路……国家货币为人民币，中央的机关报是《人民日报》。

说起《人民日报》这家报纸，有一段不寻常的经历。它的这个名称，最初是由毛泽东提议确定下来的。

那还是1946年4月间，国民党蒋介石正在积极准备发动全面内战的时候，参加共产党、国民党和美国方面组成的三人军事小组的晋冀鲁豫中央局副书记薄一波，乘飞机到延安汇报请示工作。当时，晋冀鲁豫中央局正准备办一张机关报，薄一波受报社同志的委托，请毛泽东给该报写一个报头："晋冀鲁豫日报"或者"太行日报"。

毛泽东听后欣然应允题写报头，却认为报纸名称不一定要冠上地区的名字。他提出：为什么你们不叫"人民日报"？并问薄一波：这个名字有没有人用过？薄一波回答说：好像没有听说谁用过。于是，毛泽东拿起笔题写，一连横排写了五幅"人民日报"。他反复比较，自己拿笔圈了一幅。他表示：这个比较好，用这个。接着，他还嘱咐道：党的机关报，这是一个教育的工具，教育人民和广大党员、干部的工具，应该好好办。我们的党报，就是应该把党的主张不断地传达到广大党员、干部和群众中间去，把他们的意见、呼声不断地在党报上反映出来；也就是说，党报要成为党联系群众的一个最好的工具。

该报在1946年5月15日出版的创刊号的《发刊词》中，诚挚地表示："我们的口号是毛主席昭示我们的：全心全意为人民服务。这也就是本报的方针和宗旨。"不过，毛泽东为该报题写的报头，在创刊号上并没有用上，一直到7月1日出版的第45号报纸上才开始与读者见面。

1949年3月，毛泽东率中央机关和人民解放军总部离开西柏坡迁至北京。为了迎接即将诞生的中华人民共和国，为了担负起建设新中国的重任，毛泽东和党中央决定将华北局机关报《人民日报》，从8月起改为党中央机关报出版，继续使用毛泽东为它题写的报头。

6."人民万岁"

1949年10月1日下午，天安门广场欢声雷动，千百万翻身劳苦大众的代表在这里隆重举行新中国开国大典。面对胜利的庆典，狂欢的海洋，毛泽东豪情满怀，百感交集。他站在天安门城楼上庄严宣布："中华人民共和国中央人民政府今天成立了！"广场群众发自内心的"毛主席万岁"的欢呼声直冲霄汉时，毛主席情不自禁地高呼："同志们万岁！""人民万岁！"这时，台上台下，一呼一应，领袖与人民群众鱼水交融的深厚感情达到了人类历史上前所未有的境地。

毛泽东曾经说："人民喊我万岁，我也应该喊人民万岁，这样才对得起人民。"

人民喊毛泽东万岁，是因为毛泽东一心为人民，把人民群众的利益放在首位，全心全意、无畏无私，处处替人民群众着想，为人民群众排忧解难，赢得人民群众的信任和拥护，所以人民要喊毛泽东万岁。

毛泽东喊人民万岁，是因为人民是真正的英雄，是铜墙铁壁，是创造历史的动力，革命离开了人民群众的支持是不可能成功的。

1975年2月5日，毛泽东在专列上，护士长吴旭君到毛泽东乘坐的车厢里为毛泽东检查身体。谈话中，吴旭君说起毛泽东关心群众的许多往事，称赞毛泽东的伟大，与人民群众心连心，而毛泽东却说："我并不伟大，伟大的是人民群众。"并说："就是我死了以后，你们也不要想着我，要一心一意地想着全国的老百姓，全心全意为人民服务，要完全彻底，既不可半心半意，也不可三心二意，更不允许虚心假意……"

人民对毛泽东的敬仰，是因为他的伟大思想、伟大人格，他的人民情结，他的无私，他的廉洁，他的才华智慧，他的料事如神，他的百战百胜，他的盖世功勋，以至于败在他手下的强大对手都心服口服。这些，使他在人民心中，成为像神一样的存在。

新中国成立不久，新疆维吾尔族库尔班大叔进北京看望毛主席的故事，成了少数民族衷心拥护毛主席的佳话。

时隔60年后的2019年4月，新疆又一位90岁的老爷爷衣着朴素，胸戴毛泽东像章，花1000元路费，从新疆自己坐火车40个小时来到北京天安门，为的是到毛主席纪念堂看主席一眼……没有家人陪伴，没有亲人搀扶，独自一人，跨越几千里，一路没有座位，只蹲在车厢里……此情此景，真让人落泪。在返回途中，看到有人拍照，老人脸上露出了笑容，因为他见到了毛主席，一辈子的心愿终于实现了。但谁也不知道这位老人叫什么名字，可是会让人想起60多年前库尔班大叔上北京见毛主席的故事，眼前这位老人不就是新时代的库尔班吗？！

毛泽东是一个唯物主义者，他不信鬼神，也不信宗教，但是在他的灵魂深处却存在着一位终生尊敬的"上帝"。这位"上帝"就是生存于中国大地上真心实意地拥护革命和建设的亿万中国人民。这是真正创造人类文明、推动历史前进的唯一在人间的"上帝"。而在一切剥削阶级统治的社会里，这个"上帝"却一直受压迫，生活在社会的最底层。毛泽东决心要把这颠倒的历史重新颠倒过来，让被压迫的"上帝"站起来，他做到了。

1964年8月29日，毛泽东会见尼泊尔教育代表团时，一位团员问："你所以这样伟大的秘密是什么？你的力量源泉是什么？告诉我们，以便让我们多少学得一点。"

毛泽东回答：我没有什么伟大，就是从老百姓那里学了一点知识而已。虽然我们学了一点马克思主义，还不行。要从中国的特点和实际来研究中国问题。他又说，力量的源泉是人民群众，不反映人民群众的要求，哪一个也不行。要在人民群众那里学得知识，制定政策，然后再去教育人民群众。

正如周恩来所说：毛泽东思想之所以是正确的思想，因为它来源于人民，扎根于人民，灵魂是为人民服务。

毛泽东的人民性包含着一切为了人民群众，一切依靠人民群众，还包含着"从群众中来，到群众中去"的思想方法、领导方法和工作方法。"从群众中来，到群众中去"，与毛泽东把辩证唯物主义认识论运用到实际工作中密不可分，也与毛泽东把唯物辩证法运用于实际工作中紧密相连。

秘诀之六
炉火纯青的用人艺术

毛泽东是一位具有永恒魅力的历史伟人。这种魅力来自于他精深博大的思想、无与伦比的伟业及其独具特色的人格。

因为他的科学思想具有非凡的感召力，他的革命精神具有强大的凝聚力，他的伟大人格具有动人的亲和力。而这种人格的魅力，在他用人的过程中，在他巧妙处理人际关系的过程中得到了充分的体现。

毛泽东在革命生涯中的爱才之心，求才之渴，识才之眼，举才之德，容才之量，护才之胆，育才之识，达到了令常人难以企及的高度。

1. 人才乃是治国安邦之本

人才乃是治国安邦之本。事业兴衰，关键在人。

毛泽东同历史上许多杰出的政治家一样，深知用人的极端重要性，深谙用人之道。

中国历代成功的帝王中，汉刘邦可以说谋略才能算一般，但他的过人之处，是善于用人。公元前202年（汉五年）5月，他打败了历史上被称为战神的"西楚霸王"项羽，夺得天下，在定陶称帝。

刘邦之所以能夺取天下，在于他海纳百川，兼容并蓄，不论对方出身、地位、职业如何，只要有才，就纳为己用。他手下聚集着张良、韩信、萧何、陈平等一大批良臣武将和有一技之长的三教九流，为他运筹帷幄、出谋献策，为他出生入死、血战沙场，为他施展才华、屡建奇功。从这一点可以看出，善用人者得天下。

唐太宗李世民在《贞观政要·择官》中曰："致安之本，惟在得人。""能治天下者，惟在用得贤才。"

宋代政治家司马光曰："为治之要，莫先用于人。"

明末清初学者王夫之说过："能用人者，可以无敌于天下。"

斯大林说过："我们首先就应当学会重视人才，重视干部，重视每一个有益于我们共同事业的工作者……'干部决定一切'。"

古往今来，凡有识之士无不倾注心血探索寻觅用人的奥妙；凡开明君主无不绞尽脑汁努力招揽人才；凡先哲智者无不在其恢宏精深的思想中嵌入知人用人的华章；即使平朴之辈，也对用人史上的名篇佳话津津乐道。这是因为，用人之道实为国家兴亡之道，社会治乱之道，事业成败之道。

从一定意义上讲，时代进退、国家兴衰、政事得失、战争胜负、社会安危等等，都与人才使用有直接或间接的关系，都是人才参与其间并发挥重要作用的结果。

历史告诉我们，凡成就大事业者，无不高度重视人才的作用。

毛泽东除了他个人的智慧、超凡的才能、人格的魅力、坚强的毅力、执着的追求、不懈的奋斗，更在于他把识才、用才、揽才、育才看作是至关重要的大事，看作是革命成功的决定因素。

在革命战争时期，毛泽东的麾下总是聚集着一大批足智多谋、英勇善战的英才，他们在毛泽东的率领下南征北战，纵横驰骋，立下赫赫战功，日后又为社会主义建设出谋划策，殚精竭虑，创造了举世瞩目的奇迹。

人们不会忘记"度量大如海，意志坚如钢"的开国元勋朱德；人们不会忘记"山高路远坑深，大军纵横驰奔。谁敢横刀立马，唯我彭大将军"的彭德怀；不会忘记被毛泽东称为"一条龙下凡的战神"刘伯承；不会忘记两把菜刀闹革命的传奇英雄贺龙；不会忘记军中"儒将"陈毅；不会忘记原则性强，勇挑革命重担的罗荣桓；不会忘记被毛泽东称为"新的鲁智深"的聂荣臻；不会忘记始终"向前、向前"的徐向前；不会忘记"吕端大事不糊涂"的叶剑英。也不会忘记粟裕、徐海东、黄克诚、陈赓、谭政、萧劲光、张云逸、罗瑞卿、王树声、许光达等一大批战功卓著的军事家。正是他们精心运筹，指挥部队灵活机动地运用毛泽东的战略决策和战略战术，把毛泽东导演的一幕幕激越高昂、威武雄壮的历史活剧变为活生生的现实，使残酷的战争闪烁出人类智慧与勇气灵性的光芒。

当然，人们不会忘记周恩来、刘少奇、任弼时、董必武、林伯渠、邓小平、陈云等一大批治党治国治军有方的高级领导人。正是他们追随毛泽东，运筹帷幄，殚精竭虑，英勇奋斗，谱写出了一曲曲波澜壮阔、大气磅礴的伟业交响曲，使中国的历史充满着无穷无尽的神奇韵味。

人们还不会忘记，正是由于郭沫若、艾思奇、周谷城、柳亚子、茅盾、丁玲、萧三、齐白石、李苦禅等一大批革命和人民学者、作家、艺术家在各个领域创造了硕果累累的文化成果，丰富和构建起以毛泽东思想为基础的红色文化大厦。

人们更不会忘记，新中国成立后，一大批优秀的科技工作者和许多已在国外成绩斐然的科学家，如钱学森、钱三强、李四光、邓稼先、王淦昌、朱光亚、程开甲、周光召、谈家桢等著名专家，怀着对新中国的满腔热情，义无反顾地投身到祖国的怀抱，响应毛主席"向科技进军"的号召，从事伟大的科学事业。尤其是值得一提的是他们为我国"两弹一星"的研制成功作出了杰出贡献。

在毛泽东周围，真可谓是卧虎藏龙，群星灿烂，人才济济。

1938年10月14日，毛泽东在党的六届六次全体会议上指出："领导者的责任，归结起来，主要的是出主意、用干部两件事。一切计划、决议、命令、指示等等，都属于'出主意'一类。使这一切主意见之实行，必须团结干部，推动他们去做属于'用干部'一类。"毛泽东对于识人用人，有独特的艺术风格。

纵观毛泽东领导中国革命与建设的实践，我们不难发现，他具有前无古人的揽才、用才之道，以其出类拔萃的高超用人艺术，重用了一大批德才兼备、文韬武略的干部。这其中既有驰骋疆场、战功赫赫的军事名将，又有善于协调关系、原则性强的政治高手；既有阅历丰富、经验十足的老同志，又有初出茅庐、血气方刚的年轻人；既有基础扎实、业务精通的通才，又有学有专长、水平高超的专才。

列宁在《给德国共产党员的一封信》中指出："培养一批有经验、有极高威信的党的领袖，这是一件长期的艰苦的事情，但不这样做，无产阶级专政、无产阶级意志的统一，就会成为一句空话。"毛泽东深知这样做的重大意义。他为形成一个由德才兼备者组成的领袖集团，做着不懈的努力。

在1943年3月，中央机构调整时，毛泽东、刘少奇、任弼时为中央书记处书记，朱德、周恩来、王稼祥、刘少奇为军委副主席，叶剑英为军委参谋长，杨尚昆为军委秘书长。他们都是多年斗争实践中锻炼成长起来的群众领袖，成为毛泽东指导抗日战争的亲密战友和得力帮手，从而保证了抗日战争的最后胜利。

1945年4月，中国共产党第七次全国代表大会产生的中共中央核心机构——中央书记处书记，除了原来的毛泽东、刘少奇、任弼时等人以外，增加了朱德、周恩来。同时，还产生了一个包括陈云、徐向前、彭真、邓小平、聂荣臻、李先念、薄一波等44位正式中央委员，王首道、邓颖超、程子华、王震、宋任穷、赵振生（李葆华）、吕正操、陈赓、习仲勋等33位候补中委在内的中央委员会，并产生由董必武、林伯渠、张闻天、彭德怀等13人组成的中央政治局。

他们是当时全党121万党员的代表，他们是毛泽东在1937年所预言的"成万数的干部"和"几百个最好的群众领袖"的代表。他们既懂马列主义，具有政治远见，联系群众，富有牺牲精神，又具有领导政治、经济、党务、统战、外交等方面工作的才能，更具备统率军队、驰骋疆场、战胜强敌的军事谋略。他们是忠心耿耿为民族、为阶级、为党而工作的"大公无私的民族的阶级英雄"。这是中国历史上最优秀、最杰出的领袖群体。

这个领袖群体忠实地贯彻落实了毛泽东提出的路线和方针、政策和策略；这个领袖群体又以灵活机动的创造创新精神，丰富了毛泽东思想，形成了具有中国特色的马列主义思想体系；这个领袖群体，如同激流勇进时代长河中的中流砥柱，带领亿万人民，以摧枯拉朽、一往无前之势摧毁了一个旧世界，建立了一个新世界。

正因为有这样的一个领袖集团，有这样一支德才兼备的干部队伍，中国人民才得以从抗日战争的胜利走向解放战争的胜利，才得以在世界的东方创造出一个又一个令人神往的奇迹。

这个领袖群体，衷心拥护毛泽东，毛泽东一刻也离不开他们。离开他们，毛泽东纵有三头六臂，也不可能发动一场革命，不可能搬掉三座大山。善于用人，并"善于团结那些反对过自己并被实践证明是反对错了的人一道工作"，这是毛泽东走向成功的关键。

1981年3月，陈云就起草《关于建国以来党的若干历史问题的决议》和邓力群谈话时说："毛泽东的一大贡献就是培养了整整一代人。从遵义会议到抗日战争胜利，毛泽东同志的一个无可比拟的功绩，是培养了一代人，包括我们在内的以及'三八式'的一大批干部。现在这些人在全国各个岗位上都担负着重大的责任。这是一个极大的事情。"

周恩来曾对薄一波说："一波呀，毛主席下决心要做的事，你可以表示弃权，但不要轻易表示反对。在历史上，有几次我曾认为主席的决策不对，表示反对，但过一段时间都证明他的决策是对的。以后我就谨慎了。但后来又有一次，我确信主席错了，我坚决反对，但在以后的实践中又证明主席是对的。因此，对主席的意见和决策，你可以弃权，但不要轻易反对。"周恩来还说："在我们党内，只有毛主席才能斗倒蒋介石。只有毛主席，才是美国和苏联畏惧的强大对手。"

朱德元帅曾说："我一生跟过三个领袖，一个蔡锷、一个孙中山、一个毛主席，毛主席是我跟随过的领袖中最好的一个领袖。"

开国元勋们，个个出身不同、阶级不同、经历不同、文化水平不同，但都有一个惊人的共同点——对毛泽东极为敬仰和崇拜。即使被毛泽东批评过、处理过的人，也不会对毛泽东心存怨恨，仍然一如既往地予以尊敬。在20世纪80年代初，一些年轻人好奇地问叶剑英元帅："很多老一辈革命家在'文革'中都受到了迫害，有的到现在还没有平反，为什么仍然对毛主席那么尊敬？"

叶剑英元帅回答道："毛、刘、周、朱、陈、林、邓中除了毛主席后6位，还有各位老帅等其他人，我叶剑英也算一个，从一定意义上讲，哪一个都不是省油的灯，让我们从心底佩服一个人不容易，但在长期的中国革命斗争中，大家逐渐认识了毛泽东。别人也都当过头、掌过舵，但都不行，只有毛主席，中流击水浪遏飞舟解难有术，能把我们这些人聚拢起来，形成一个有战斗力的集体，干成了建立新中国并开始建设社会主义这件大事情。"叶帅的这番话，道出了那一代开国元勋们对毛泽东的尊崇和肯定。

彭真也说过类似的话："扪心自问，我不是一个盲目迷信的人，但我就是崇拜毛主席。打个比方，一件事情来了，如果是主席与少奇和总理有不同意见，我很自然地就赞成主席的意见；如果是少奇与总理有不同意见，那就不一定了，在这件事情上，我可能赞成少奇的意见，在那件事情上，我可能赞成总理的意见。为什么会有这样一种心态？这是因为，在党的历史上，几次重大关头，毛主席的意见开头多数人不赞成，他是孤立的，但最终证明还是他正确，他高明，他站得高、看得远。这样一来，对他的个人崇拜就逐渐形成了，我也不例外。"

1980年10月25日，邓小平特别强调："毛主席多次从危机中把党和国家挽救过来。没有毛主席，至少我们中国人民还要在黑暗中摸索更长的时间。"

翻开波澜壮阔的革命史、共和国的建设史，我们不能不为开国元勋的丰功伟绩而叫绝。他们个个都能翻江倒海，无论是带兵打仗、凝聚人心，还是治国理政，都是一顶一的高手。可是他们对毛泽东的经天纬地之才，佩服得五体投地。毛泽东"掌上千秋史，胸中百万兵"的博大胸襟与雄才大略，更让他们敬佩不已。

在谈到毛泽东和他的领袖群体的时候，不能不谈到长期与毛泽东一起共事，成为毛泽东最得力的助手和亲密的战友的朱德和周恩来。

朱德比毛泽东年长7岁，从朱毛会师之日起，毛泽东算是找到了一位"天作之合"的亲密战友。

朱德是四川仪陇人，出身于农民家庭，小时候家里很穷，吃不饱，穿不暖，他父亲不得不亲手把自己的5个孩子扔到水塘里淹死。朱德后来说，我实在不明白父亲为什么这么凶。他爱母亲怕父亲。朱德6岁时，父亲将他送给一个富有的亲戚收养，并供他上学，让他长大成人。1909年，23岁的朱德考进了云南陆军讲武堂。这个学校位于云南昆明。他的志向是做一个军人，就在同一年，朱德加入了孙中山的同盟会。从此，他全力以赴地投身于"争取共和的斗争"。

1911年，朱德参加了反对清王朝的辛亥革命，到1921年的时候，他已经为自己开辟了一个灿烂辉煌的职业前程，成为云南一支军阀部队的中将旅长。这一年9月，他被任命为云南警务处长，而且在云南省拥有一座官宅，拥有他想得到的一切：财富、权力、爱情、儿女、名望，等等。

在俄国十月革命和中国五四运动的影响下，朱德逐渐接受了马克思主义。他为了寻求革命真理，毅然抛弃国民党的高官厚禄，到上海、北京寻找共产党无果，后来就去了欧洲，先到了法国，后来到了德国。在德国遇到周恩来，1922年10月，由周恩来介绍他加入了中国共产党。

1925年7月，朱德从德国来到莫斯科，成为东方共产主义劳动大学的一名学生，在那里开始研究马克思主义的社会学和经济学，不久进入伏龙芝军事学院。

1926年夏天，朱德回到国内参加北伐战争，接着到江西南昌任公安局长。

1927年8月1日，在周恩来领导下，朱德参加南昌起义。1928年初，朱德和陈毅率领南昌起义余部发动湘南暴动，后上井冈山与毛泽东会师，成立红四军，建立了第一个农村革命根据地。

从此，朱毛两人在一起同生死、共患难达40余年。朱毛两人的名字紧紧连在一起，红四军被称为"朱毛红军"。"朱离不开毛，毛离不开朱。"朱德对毛泽东十分尊重，他曾多次说："毛泽东有办法，红军离不开毛泽东。"他同毛泽东一起指挥红军取得三次反"围剿"的胜利。

毛泽东在谈到他和朱德的关系时，风趣地说："你是朱，我是毛，我是你身上的一根毛，没有朱，哪有毛？"一句幽默的话语道出了两人的深情厚谊。

1935年1月，在长征途中的遵义会议上，朱德支持毛泽东的正确主张，拥护确立毛泽东在党和红军中的领导地位。长征胜利后，协助毛泽东指挥抗日战争和解放战争。

新中国成立后，朱德与毛泽东一起为社会主义建设和人民军队建设贡献了毕生的心血。他对毛泽东非常信赖，极力支持和维护毛泽东的领袖地位。

朱德为人忠厚、大度、朴实、忠诚，久经沙场，身经百战，历尽艰险，功勋卓著，信念坚定，一心为民，廉洁自律，明大德，守公德，严私德，德高望重。毛泽东对朱德极为尊重，在党内毛泽东叫别人都亲切地称名字，比如"恩来""少奇同志"，可称朱德总是"老总""朱老总"。

周恩来是我党我军及共和国的重要创始人之一。除毛泽东之外，他是党和国家领袖集团中最受人们爱戴和尊敬的一位，名望甚高。

周恩来是中国共产党中最早摸到枪杆子的人，他拥有高超的协调能力和远见卓识，他的凝聚力如同激光一样聚能与远射。

毛泽东曾评价说，"中国共产党懂得直接准备战争组织军队的重要性是从1924年参加黄埔军事学校开始的"，即从周恩来开始。周恩来是中国共产党第一位军事部长即中共中央军事部长，他成立了中共参与领导的第一支部队——孙中山大元帅府铁甲车队，即后来著名的"叶挺独立团"。

大革命失败后，周恩来受中共中央委托，任中央前委书记，同贺龙、叶挺、朱德、刘伯承等领导南昌起义，打响武装斗争的第一枪。

周恩来对毛泽东的支持，早在1929年古田会议之前的"九月来信"时就开始了，遵义会议确立毛泽东在党和红军中的领导地位，周恩来起了关键作用。可以说，在共和国元勋中，最早发现毛泽东帅才的是周恩来。毛泽东的领袖地位确立后，得到了周恩来的终身倾尽全力辅佐。

朱毛会师后在作战指挥和军队使命任务等问题上产生了很大矛盾。这些矛盾在1929年红四军党的第七次代表大会时到了难以调和的程度。结果在大会选举时，朱毛双双落选，陈毅当选前委书记。会后红四军作战、建设屡屡受挫，陈毅只好到上海向中央主管军事工作的周恩来汇报红四军及朱毛之间的矛盾情况，周恩来听了汇报后，指出毛泽东的方向是正确的，应恢复毛泽东前委书记职务。周恩来主持指导陈毅为中央起草了"九月来信"，"九月来信"对统一红四军党内思想，开好古田会议，推动赣南闽西苏区的建立和发展，起到了关键的指导作用。古田会议也是确立毛泽东在红四军稳固地位的关键。古田会议成为人民军队的铸魂之举。

周恩来坚守原则，明辨是非，一心为党的事业的严谨作风，不仅维护了毛泽东在红四军的领导地位，更是为以后革命的胜利作出了贡献。

在红军准备长征之前，被排挤而赋闲中的毛泽东给中央写了一封信，说自己准备留下来，坚持在苏区的斗争。

这封信送给了当时中央负责人博古。博古看到这封信时，感到这是大事，自己不敢拿主意，于是就告诉了周恩来。周恩来看完信，一下子就急了：我们为什么被迫长征，就是没有听毛泽东的，把他孤立起来了，中国革命要想胜利，不能再让毛泽东离开。

于是他立刻让警卫员备马，连夜赶到毛泽东住处，找他谈话，核心是劝毛泽东跟着走。那个谈话进行了一个晚上，周恩来与毛泽东之间谈了些什么，谁也不知道。第二天凌晨，周恩来返回瑞金，见到博古，就讲了一句话："他同意跟着走了。"

事实证明，周恩来劝毛泽东跟着走的这个决定，挽救了红军，也挽救了中国的命运。接下来是遵义会议结束了王明"左"倾教条主义错误在党中央的统治，确立了毛泽东的领导地位。

会后，红军向云南扎西地区进军，途经一个叫"鸡鸣三省"的村庄，周恩来同博古进行了一次长时间谈话，周恩来推心置腹地说："你我都是做具体业务的人，不适合做统帅。在中国历史上，能成就大事的人，都是懂得底层人民的人，你和我都是留洋出身的，理论水平或许没问题，但对中国国情都不是那么了解，但是我们有一个最了解中国国情的人，就是毛泽东，红军历次兴衰都证明，只要毛泽东来领导，红军一定兴旺，而一旦把他排除出去，红军一定陷入低潮，你这也是经历过的，只是很多人不想承认而已。"

博古还想争辩，周恩来接着问："你觉得蒋介石这个人怎么样？"博古说："这个人很有能力。"周恩来说："我跟他共事多年，很了解他的为人。从北伐时期，就不断地有人想搞垮他，但是没有一个人能成功，反而处处都被他占得先机。赶走许崇智，软禁胡汉民，孤立唐生智，枪杀邓演达，刺杀汪精卫，用大炮压垮冯玉祥、阎锡山、李宗仁、白崇禧、陈济棠，用官爵和金钱买通石友三、韩复榘、余汉谋。多少实力远在他之上的人，都被他一一压在了脚下。这样的人，你觉得你能对付得了吗？"博古无言以对。

周恩来说："你自然不行，我也不行，要我说，全中国只有一个人能对付得了他，这个人就是毛泽东。"

周恩来的话感动了博古，当天晚上政治局常委开会研究分工，周恩来提议由毛泽东接替博古，但毛泽东说，张闻天是五中全会选出的中央政治局常委，他又是莫斯科留学回来的，共产国际容易通过，会上大家同意毛泽东的意见，张闻天接替博古在党内负总责。后来，毛泽东在与张国焘的较量中，博古毅然选择站在毛泽东一边。

抗日战争全面爆发后，周恩来被推举为中央军委副主席，代表党长期在国民党统治下的武汉、重庆做统战工作。

1947年中央军委撤出延安后，周恩来同毛泽东转战陕北，继续指挥全国的解放战争，同时领导彭德怀直接指挥西北战场作战。后来他代理中央军委总参谋长，协助毛泽东部署、指挥了名震中外的三大战役。

中华人民共和国成立后，周恩来为政务院（后改国务院）总理兼外交部部长。他在组织领导国家建设、处理国际关系、维护毛泽东领袖地位等方面，功勋卓著。他对毛泽东不遗余力地支持，他是杰出的纵横捭阖的外交家，是从容自信、智慧过人的谈判家，是毛泽东治国理政的最佳搭档和帮手。

周恩来直接领导外交工作26年之久，是中华人民共和国外交事业的奠基者。他活跃于国际政治舞台上，纵横捭阖，大展风采，为新中国的外交赢得了巨大的成就，为中华民族赢得了地位和尊严。

周恩来与毛泽东结下了近半个世纪牢不可破的革命友谊。对中国革命和建设来说，周恩来和毛泽东是不可分的两个人。

毛泽东是伟大的战略家，周恩来是伟大的活动家。毛泽东高屋建瓴，统筹全局，提出大政方针，周恩来认真负责地具体落实；毛泽东管宏观，运筹帷幄，周恩来管微观，细致周到；毛泽东豪迈挥洒，周恩来谨慎细致。美国总统尼克松说："如果没有毛泽东，中国革命之火可能不会燃烧起来。如果没有周恩来，中国的革命则可能被摧毁，只剩下一堆灰烬。"他还说，在漫长的战斗生活中，周恩来"小心翼翼地让聚光灯集中在毛泽东的身上"。这些话未必准确科学，但也能说明一定的问题。周恩来忠于职守的品格，鞠躬尽瘁的精神，堪为中华民族的楷模。

周恩来从国家利益和革命事业全局出发，甘愿把自己放在"配角"的位置。而内心确实钦佩毛泽东，相信毛泽东考虑大问题要比自己高明。他对毛泽东的思想脉络十分了解并能准确把握。梁漱溟曾讲过："周恩来是绝顶聪明的人。"而毛泽东对周恩来办事细致周密也十分放心。

毛泽东、周恩来之间的关系，相得益彰，有着高度的默契。毛、周身上有许多共同的东西，就是对人类美好理想的追求，把中华民族从苦难中拯救出来的极大责任感，政治上的远见卓识，宽阔的胸襟，顽强的意志，高度的原则性和灵活性的巧妙结合，包括对克服困难、挫折表现出来的韧性，等等。

周恩来没有什么财产，也没有子女。1972年以后又病得那么严重。可是他仍然一天坚持工作十几个小时。用他自己的话说，就是"我不入地狱，谁入地狱"，"在'文化大革命'里我只有八个字：鞠躬尽瘁，死而后已"。这是一般人难以做到的。

1976年1月8日上午9时57分，为党和人民事业奋斗一生、耗尽心血的周恩来病逝。当向身患重病的毛泽东宣读周恩来病逝的讣告时，毛泽东静静地听着，没有说一句话，只是默默地流淌着泪水。此时，难以用什么话来表达几十年同舟共济，几十年风风雨雨，几十年得力相助。周恩来先走一步，永远离去了，对毛泽东来说，无疑是个沉重的打击。

毛泽东、朱德、周恩来三人在一起共事多年，他们在完成核心目标上完全一致，他们凭借强烈的历史自觉达成了近乎完美的历史和谐。他们三人不是同年生，却是1976年同一年去世。

2. 不拘一格用人才

正如列宁所说："历史上，任何一个阶级，如果不推举自己善于组织运动和领导运动的政治领袖和先进代表，就不可能取得统治地位。"

毛泽东正是在各个时期按照德才兼备的标准，推荐出一批又一批深受群众拥戴的领袖和代表，才能使中国的革命事业走向成功。

毛泽东在选人用人时反对论资排辈，坚持破格提拔年轻的杰出人才。他不止一次地引用清朝龚自珍的一句名诗"我劝天公重抖擞，不拘一格降人才"。不拘一格，意思是指不局限于一种规格、方式选拔使用人才。

毛泽东十分喜爱这句诗，他在革命战争年代和社会主义建设时期，以求贤若渴的心情，教育全党，要尊重人才，团结人才。只要识得英才，他就大胆任用。毛泽东曾说："赤壁之战，程普40多岁，周瑜20多岁，程普虽是老将，不如周瑜能干。大敌当前，谁人挂帅？还是后起之秀周瑜挂了大都督的帅印……"古代可以破格用人，我们为什么不可以破格提拔？战争年代，毛泽东曾任命十八九岁的"娃娃"当师长、当团长，任命二十几岁的年轻人当军团长。实践证明，所用的这些人都成为所向无敌的战将。

中国共产党诞生6年后缔造的这支新型人民军队，从成立那天起，就是一支风华正茂青春洋溢的队伍。土地革命时期，红军军一级将领平均年龄为二十八九岁；师团级干部平均年龄为25岁；抗战时期，军职干部平均年龄为34岁，最年轻的不到30岁。

1955年授衔时，中国人民解放军55位上将平均年龄45.6岁，年龄最小的萧华上将只有39岁。刘震、陈锡联上将也只有40岁；叶飞、李天佑、杨成武上将41岁；韦国清、洪学智、贺炳炎、韩先楚上将42岁。这堪称世界上最年轻的上将方阵。实际上，十位大将平均年龄51.7岁，十大元帅平均年龄也不过57岁。

胡耀邦早就参加了革命，年轻有为，小小年纪就声名鹊起，也引起了毛泽东的注意。

抗战时期，毛泽东派胡耀邦去基层锻炼一年，积累经验。一年后，胡耀邦回来报到，见到了毛主席。

毛主席没有问他这一年干了什么，而是问了他两个问题。第一个问题：什么是军事？

胡耀邦向来以思维敏捷、口才过人著称。当即从古代的《孙子兵法》，谈到西方的《战争论》，再谈到近代东西方各种兵法战略，口若悬河，滔滔不绝。

毛主席心不在焉地说："你说这么多，把我听糊涂了，军事没有那么复杂，其实就两句话——打得赢就打，打不赢就走。"

接着毛主席问了第二个问题：什么是政治？

胡耀邦吸取了刚才的经验，没有引经据典，而是从理论上阐述了政治的重要性、复杂性。然而，毛主席还是听得不很满意，最后打断他的话说："其实政治也没有那么复杂，还是两句话——把拥护我们的人搞得多多的，把反对我们的人搞得少少的。"对此，胡耀邦感慨地说："这就是毛主席的伟大之处，一个看起来非常复杂的问题，他却能用几句话说明白。主席的这个本事，我一辈子也学不会。"

新中国成立后，共青团中央总书记冯文彬要调离岗位，谁来接任这一职务，成为当时讨论的重点，因共青团的特殊作用，刘少奇结合大家的意见，提出了三个人选：陈丕显、谭启龙、胡耀邦，都是年轻有为、经验丰富的青年俊才。

此意见上报毛泽东。毛泽东把胡耀邦叫去，问了他两个问题，第一个问题是："你敢在大庭广众之下作报告吗？"胡耀邦答"敢"。毛泽东又问："你敢和知识分子谈话吗？"胡耀邦仍然答一个"敢"字。毛泽东大笑说："好！我就要这样的人！"这就是毛泽东的风格，不仅识才、爱才、而且简单、干脆，不拖泥带水，一语中的。

1916年出生于江西兴国的萧华，不到18岁就担任著名的"少共国际师"政委。

抗战烽火中，萧华被任命为八路军"东进抗日挺进队司令员兼政委"，率部队到冀鲁边区。为推动统一战线，22岁的萧华前往山东惠民与国民党山东省政府主席沈鸿烈谈判。沈鸿烈说："一个娃娃，也来和我谈判？"面对面交锋之后，59岁的沈鸿烈对萧华敬佩不已。"娃娃司令"之名由此传开。

1927年，年仅19岁的萧克随部队参加了南昌起义。那一天，与萧克一起参加起义的还有24岁的杨至成、22岁的赵尔陆和27岁的周士第，28年后，他们一同成为共和国开国上将。

在红军长征的每一支队伍里，都有像萧克一样年轻的红军将领。如宋任穷、张宗逊、张爱萍、王平和杨成武等都是被授予上将军衔的战将，当时平均年龄24岁。26岁的张宗逊1924年就加入了共青团，参加过北伐战争和秋收起义，长征开始时担任中央纵队参谋长；25岁的宋任穷担任红军干部团政委，此前当过红五军团十三师政委，已经是参加革命8年的老布尔什维克了；24岁的张爱萍担任红三军团四师政治部主任；27岁的王平任红三军团四团政委；而年仅20岁的杨成武已经是红一军团二师四团政委，这个团是中央红军最精锐的团队之一，长征中担任全军前卫。就是这样一群年轻的将领，和那支同样年轻的红军队伍，走完了震惊世界的长征，中国革命的面貌从此焕然一新。

毛泽东善于将德才兼备的领导骨干充实到中央领导核心中去。任弼时就是典型的例子。

任弼时1904年出生于湖南省湘阴县（今属汨罗县）。童年时代他就听父亲讲过楚国爱国志士屈原的故事，受到了民族精神的熏陶，培养了奋发向上、刻苦求学的品格。7岁入学读书，12岁进入长沙第一师范附属高等小学就读。1920年暑假，他加入了毛泽东、何叔衡等组织的俄罗斯研究会。1922年加入中国共产党，8月，同萧劲光等一起，由俄罗斯研究会介绍，到上海共产党发起组织的"外国语学社"学习俄语。半年后，同刘少奇、萧劲光等6人到莫斯科东方共产主义劳动大学学习。在这里，他刻苦勤奋，系统地学习了马克思列宁主义，接受了严格的布尔什维克党的组织训练，奠定了他毕生为人民事业而奋斗的理论和思想基础。

1924年8月，任弼时从莫斯科回国，随即投入火热的革命斗争中。1925年7月任团中央总书记。1927年4月17日至5月9日，他出席了党的五大，被选为中央委员。1927年8月7日，任弼时出席了在汉口召开的八七会议，在这次会议上，他当选为中共临时中央政治局委员，这时他才23岁。1928年在党的六大继续当选中央委员，1931年在党的六届四中全会上当选中央政治局委员。

任弼时在长期革命斗争中，对中国国情有较深的认识，铸就了他钢铁般的意志，提高了他军事决策和指挥艺术。

1934年8月，他在危难之际率红六军团从湘赣苏区转移，突围西征。在西征中，面对蒋介石调动数倍于己的兵力围追堵截，任弼时临危不惧，采用灵活多变的战术，不但巧妙地摆脱了敌人，而且给敌人以沉重打击。1935年11月与贺龙等率红二、红六军团长征，甩开敌人120多个团的围追堵截，转战乌蒙山区，渡过金沙口，翻雪山，过草地，保存了红军实力，创建了中国工农红军第二方面军，是长征各路红军中损失最小的一路。

任弼时政治上坚定，不惧重压，敢于坚持真理，充分表现在与张国焘分裂行为的斗争中。长征途中张国焘自立"中央"，企图危害以毛泽东为首的中共中央。当时处于转战途中的贺龙、任弼时率领的红二、六军团并不清楚张国焘的分裂行为，因为张国焘利用红军总政委的身份，控制了密码，切断了他们与中央的联系。任弼时具有高度的政治敏感性，对于张国焘假借"朱、张"名义所发的与遵义会议精神不尽一致的电报，心存疑惑，并引起警觉。甘孜会师后，他坚决抵制张国焘的分裂企图，并与朱德一起，对张国焘既斗争又争取，最终促使张国焘北上，维护了党和红军的团结。

抗战全面爆发后，红军改编为八路军开赴抗战前线，任弼时担任军委总政治部主任。1937年11月，王明从莫斯科回国，提出"一切经过统一战线，一切服从统一战线"的错误方针，反对毛泽东关于独立自主的山地游击战及掌握统一战线中的主导权的一整套正确路线、方针、政策和策略，一时间在党内引起很大的思想混乱。1938年3月，任弼时赴莫斯科向共产国际全面汇报中国共产党的真实情况，争取共产国际的理解，支持毛泽东的抗战主张，认同毛泽东的领袖地位。

任弼时到莫斯科先后拜会了共产国际执行委员会总书记季米特洛夫、苏共总书记斯大林以及苏联领导成员莫洛托夫等，向他们着重介绍了毛泽东创建独具中国特色的革命模式、灵活多变的战略策略。任弼时还广交朋友，穿梭于兄弟党代表团之间，介绍中国革命的情况。各兄弟党听了介绍纷纷表示："毛泽东最伟大，中国革命有希望，向中国同志学习。"1938年6月，共产国际执委主席团举行专门会议，通过了关于任弼时报告的决议案，肯定中国共产党的政治路线是正确的，赞成中共的抗日路线和政策，支持毛泽东为中国共产党的领袖。1938年9—11月间的中共六届六中全会上，传达了共产国际的指示，正式确立了毛泽东在中国共产党和人民军队中的领袖和统帅地位。

1940年3月，任弼时从苏联回国后，参加了中央书记处的工作，被任命为中共中央秘书长，负责书记处常务工作，受中央委托主持《关于若干历史问题的决议》起草工作。1945年6月19日，在中国共产党第七届中央委员会第一次全体会议上，任弼时当选中共中央政治局委员，并与毛泽东、朱德、刘少奇、周恩来一起任中央书记处书记，成为中国共产党第一代中央领导集体的核心成员之一。

1946年后，他和毛泽东、周恩来一起转战陕北，参与重大决策。在西柏坡简陋的农村指挥所里，任弼时协助毛泽东等指挥三大战役。1949年1月，他参加了在西柏坡召开的中共七届二中全会。1950年10月25日，任弼时在繁忙的工作中突发脑出血，于27日中午在北京逝世，终年46岁。他为了中国人民的革命事业，真正做到了鞠躬尽瘁，死而后已。

叶剑英元帅对任弼时评价道："他是我们党的骆驼，中国人民的骆驼，担负着沉重的担子，走着漫长的艰苦的道路，没有休息，没有享受，没有个人的任何计较。他是杰出的共产主义者，是我们党最好的党员，是我们党的模范。"

彭德怀作为毛泽东的战友和下级，在革命战争年代两人曾有过长期合作的历史。对这一个英勇善战、叱咤风云的军事家，毛泽东对他总是充分信任的。

抗日战争时期，彭德怀在华北战场发动的规模最大、持续时间最长的百团大战，取得了歼灭日伪军5万余人的胜利，打出了八路军的威风，增强了全国军民坚持抗战到底的信心。

1947年3月，胡宗南以25万兵力进攻陕北，此时身为军委总参谋长的彭德怀主动提出，由他指挥西北野战军两万多人的部队作战，毛泽东欣然应允。在与敌军周旋的战斗中，彭德怀大胆指挥，扭转了西北战局，受到毛泽东的赞扬，继长征之后再一次写下了"谁敢横刀立马，唯我彭大将军"的褒奖诗句。

1950年6月，朝鲜战争爆发，1950年10月，抗美援朝战争打响。毛泽东点将彭德怀挂帅出征，率百万中华英雄儿女入朝作战，历时近三年，打败以美国为首的"联合国军"，为取得抗美援朝战争伟大胜利立下赫赫战功。

彭德怀一身正气，性格刚烈，自我要求严格，关心部属，恰似一团火，一团是非分明、立场坚定，随时准备摧枯拉朽的烈火，是百战沙场、勇猛机智的武将。

　　毛泽东对粟裕的任用是不拘一格、量才用人的又一典范。早在抗日战争时期，30岁出头的粟裕已显露出卓越的军事才能。他所率领的部队仅在1938年至1943年即歼灭日伪军10万人。1944年在车桥战役中，一次歼灭日军近千人，使苏北敌人闻风丧胆。毛泽东认为：这位从士兵成长起来的将领，有能力指挥四五十万人的军队。

　　抗战结束后，粟裕担任华中军区副司令员兼华中野战军司令员。内战爆发，粟裕率野战军3万人迎击国民党军5个整编师12万人的进攻，一个半月内，在苏中地区七战七捷，歼敌5万多人。当粟裕率部队到达山东与陈毅会师后，毛泽东于1946年10月15日致电陈毅等人，山东、华中两大野战军会合后，在陈毅领导下，大政方针共同决定，战役指挥交粟裕负责。这种非同寻常的安排，反映了毛泽东对后起之秀的器重。

　　粟裕不负众望，3个月内协助陈毅具体指挥了宿北、鲁南、莱芜战役，均获大捷。当国民党集中60个旅45万兵力向山东发动重点进攻时，粟裕"以百万军中取上将首级"的气概，集中全部主力，全歼中路突进的敌整编74师，击毙敌74师中将师长张灵甫，使坐镇南京的蒋介石气得吐血。

　　1948年1月，毛泽东为了夺取中原作战的主动权，谋划出一个"虎穴掏心"的奇招：由粟裕率华东野战军外线兵团10万人渡长江南进，钻进蒋介石的心腹地带折腾，迫使敌人20个旅至30个旅撤回长江以南，使中原我军在数量上占优势，将敌军分而歼之。

　　2个月后，经过深思熟虑的粟裕以个人名义给毛泽东发电报，建议三个纵队暂不过江，理由是10万大军远征敌占区，总兵力至少损失一半，无法对敌形成大的威胁。建议集中兵力把敌人消灭在长江以北。

毛泽东接到粟裕电报后，随即电令陈毅、粟裕立即到河北阜平县城南庄当面汇报。毛泽东听了粟裕的战役计划与设想之后，放弃了"虎穴掏心"的计划，采纳粟裕的"断其右臂"的战法。同时，毛泽东看准了粟裕的指挥才能，随即宣布一个出人意料的决定：陈毅调中原局工作，华野由粟裕任司令员兼政委。粟裕推辞后，被任命为华野代司令员兼代政委。粟裕被赋予独自统领华野大军进行中原之战的大权。

1948年5月，陈毅去中原局工作一段时间，粟裕代华野司令员兼代政委期间，指挥40万大军，在豫东战役中歼敌8.6万人，首创一次歼敌2个整编师的纪录。济南战役中又歼敌10万人，在全军率先突破了带决战性的城市攻坚战这一关。1948年9月24日，粟裕提出进行淮海战役的建议，经中央军委批准，中原、华东野战军并肩作战，于11月6日发起淮海战役。在战役中，作为中共淮海战役前线总前委成员的粟裕直接指挥华东野战军17个纵队作战，以其杰出的军事家的战略眼光和胆识，为淮海战役胜利作出巨大贡献。

毛泽东对粟裕极为欣赏，曾称粟裕"淮海战役立了第一功"。1949年9月30日，党和国家领导人在天安门广场为人民英雄纪念碑举行奠基仪式。毛泽东主席是第一个上前铲土的，他起身时，拉上了朱德，又迈过许多人，拉上粟裕，三人和贺龙一起在前面为纪念碑铲土。从而可以看出毛泽东对一代战神粟裕的重视。

几十年的腥风血雨证明，毛泽东识人识得真，用人用得准，他用的这些人都是所向无敌的战将。

3. 知人善任，用人之长

毛泽东知人善任，依着德才兼备的标准，善于长短搭配，用人之长，补人之短，力图组织最佳的人才结构。

1930年的春夏之交，红四军缺少一名能够和军长林彪搭配得来的政委。当时，作为红四军前委书记的毛泽东，认为必须物色一个合适的人选。这个人依照毛泽东选人用人的标准，必须具备丰富的政治工作经验，必须有坚定的原则性，又要有在非原则问题上的灵活性。

毛泽东经过一番慎重考虑，结果选中了罗荣桓同志。罗荣桓是湖南衡山县人，在武昌中山大学读书时加入中国共产主义青年团，同年转入中国共产党。1927年大革命失败后，他在鄂南组织农民自卫军，参加了湘赣边界秋收起义，参加了三湾改编。在开辟井冈山革命根据地的斗争中，凡是要求战士做到的，他自己首先做到。打仗时冲锋在前，退却在后。在生活上关心体贴战士，成为战士的知心朋友，深受士兵爱戴，给毛泽东印象最深的是，罗任第31团三营党代表时，由于他的出色工作，使这个营成为一支拖不垮、打不烂的红色"铁军"。

1928年，毛泽东带这个营南下执行任务，行程数万里，打了十几仗，却没有一个开小差的，出色地完成了任务。这与罗荣桓出色的政治工作是分不开的。毛泽东感慨地说："做政治工作就需要这样的干部。"他认为，罗荣桓的确是个人才，经他介绍推荐，罗以一个基层政治干部的身份，参加了红四军党的第九次代表大会，并当选前委委员。后来任命罗荣桓为红四军代理政委。抗战时期任一一五师政委，解放军第四野战军政委，长时间与林彪搭档，配合默契。林彪长于打仗，但性格内向，个性强。而罗荣桓政治工作能力很强，善于做人的工作。

他从井冈山到太行山，从辽沈战役到向中南进军，所向披靡。毛泽东曾评价罗荣桓："荣桓是个老实人，而又有很强的原则性，能顾全大局。一向对自己严，对人宽，做政治工作就需要这样的干部。"在几十年的革命斗争中，罗荣桓不负众望，为中国人民解放事业立下不朽功勋，后任总政治部主任，成为人民军队政治工作的一员巨匠，是唯一的军队政治工作元帅。

1963年12月16日，罗荣桓病逝，毛泽东非常悲痛，遂写成七律一首——《吊罗荣桓同志》："记得当年草上飞，红军队里每相违。长征不是难堪日，战锦方为大问题。斥鷃每闻欺大鸟，昆鸡长笑老鹰非。君今不幸离人世，国有疑难可问谁？"可见毛泽东对罗荣桓的高度信任和倚重之深。

解放战争时期著名的"刘邓大军"，其领导人刘伯承和邓小平是两位领导风格迥异的统帅。刘伯承元帅的领导风格是"举轻若重"，意为谨慎、周全、万无一失。而邓小平的领导风格是"举重若轻"，意为大刀阔斧，气魄雄伟。毛泽东将这两位不同类型的领导放在一起，珠联璧合，相得益彰。刘邓二人前后共事13年。宋任穷在回忆邓小平的文章中说："在战争年代，他和刘伯承同志一个政委，一个司令，十余年里一直互相尊重，互相支持，工作非常协调，堪称合作的模范。"

毛泽东知人之长，也善于用人之长，做到人尽其才，才尽其用，使其手下的良才猛将各展其长，各显其能。

抗战初期，胶东地区日寇、伪军、土匪犬牙交错，有枪就是"草头王"，大大小小的"司令"有70多个，严重地阻碍着胶东抗日局面的开展。毛泽东决然点将，命令许世友横刀胶东大地，打开胶东局面。许世友一踏上胶东土地就说："太平我不来，我来不太平。"许世友以他独有的威猛凌厉，迅速荡平了胶东。不久，胶东大地上只剩下一个"司令"，那就是大名鼎鼎的许世友。

1949年4月21日，中国人民解放军百万雄师横渡长江天堑，23日解放南京，宣告了国民党反动政权的覆灭。紧接着，人民解放军兵不卸甲、马不停蹄，以"横扫千军如卷席"之势向江南各省市进军。上海成了人民解放战争的下一个重要战略目标。

上海，简称"沪"，也称"申"，是中国最大的海港城市。从地理角度讲，上海位于太平洋西岸，是中国南北海岸线的中点；地处长江三角洲前缘，紧挨长江入海口，素有"江海要津"之美誉。得天独厚的地理环境，使上海在明末清初经济和文化就较早地进入资本主义萌芽阶段，到了清嘉庆、道光年间，上海已成为中国东南沿海的商业城市和大商港。由于其作为沿海通商城市所蕴含的巨大潜力，也因为清政府的腐败无能，19世纪40年代，在外国侵略者的大炮威逼之下，上海被辟为通商口岸，向外国殖民主义者开放，开始了屈辱的历史。开埠后的上海，迅速成了全国经济、金融、外贸中心。外国资本主义不断侵入，民族资本主义逐渐形成。同时，开埠后的上海，又是来自欧美的地痞、流氓、无赖之类"冒险家的乐园"，十里洋场充斥着富人灯红酒绿、纸醉金迷的腐朽生活。

为了书写好上海历史新的一页，中国共产党的领袖毛泽东早就开始了谋划，挑选解放后上海市的掌门人。毛泽东深知，作为当时闻名遐迩的中国和亚洲最大的口岸城市，作为拥有500万人口、工业产值和贸易均占全国一半的上海，其地位十分重要，能否接管好上海，是中国共产党进城"考试"的重要一役。因此，接管上海负责人的确定，成了毛泽东重点考虑的问题。

谁能担此重任呢？毛泽东反复思考，反复比较，逐渐把目光集中在陈毅身上。

对于陈毅，毛泽东可以说是非常熟悉和了解的。他是四川省乐至县人，1901年8月26日出生。陈家是"耕读传家""义门世家"，家风和顺。陈毅的父亲陈昌礼读书颇多，诗词歌赋、琴棋书画都懂一二。有这样的家庭熏陶，陈毅国文功底深厚，知识面丰富。另外，陈年轻时还赴法国勤工俭学，对西方的文明也有一定了解。正是在法国期间，陈毅接受了马克思主义，参加了李富春等人组织的工学互助社。

1922年，陈毅经蔡和森介绍加入了社会主义青年团，随后担任过重庆《新蜀报》的主笔，撰写了大量抨击时弊和反抗军阀暴政的文章，在知识界和青年中颇有影响。1923年11月，经颜昌颐、肖振声介绍，陈毅在北京由社会主义青年团团员转为中国共产党正式党员。从此，开始投身革命，并成为中国人民解放军的创始人之一，也是毛泽东在井冈山斗争时期的战友。

1934年10月，中央红军主力开始战略转移，陈毅作为中共中央苏区分局委员、中华苏维埃共和国中央政府办事处主任，留在苏区与项英一起领导游击战争。在长达三年的艰苦卓绝的游击战争期间，陈毅出生入死，为革命作出了巨大的贡献。

抗日战争时期，陈毅先后担任新四军第一支队司令员、新四军江南指挥部指挥、华中指挥部副总指挥、新四军代军长。

解放战争期间，陈毅是华东野战军（后改为第三野战军）司令员，率领部队所向披靡，取得一个又一个重大胜利，可谓战功赫赫，一代名将。

尤其难能可贵的是，陈毅还是人民解放军高级指挥员中的"儒将"之一，他特别喜爱写诗，即便在敌人重重围困的情况下，仍于丛莽之间写下了令人叹服的《梅岭三章》，连诗词造诣极深的毛泽东也称赞他的诗写得"有些诗味"。而且，陈毅性格豪爽，善于和各方人士交朋友，做统战工作是其特长。柳亚子先生早在1945年就曾赋诗称赞陈毅是"兼资文武全才"。正因如此，毛泽东认为陈毅完全适合担当重任。

毛泽东的主意定下后，曾在1949年1月党的七届二中全会期间，征求陈毅的意见，陈毅表示：愿担任上海市市长一职。他还向毛泽东建议，希望中央像当年重视东北工作一样重视上海的接管工作。不久，在中共中央召集的人事安排座谈会上，邓小平受中央委托，提出经过酝酿的华东方面人事安排，陈毅任中共中央华东局第三书记、上海市人民政府市长。

为了慎重起见，毛泽东还就陈毅担任上海市市长之事，征求了民主人士黄炎培、陈叔通等人的意见。他们对陈毅大名早有所闻，一致赞同毛泽东确定的人选。这样，毛泽东正式确定由陈毅担任上海市市长。

历史已充分证明，以"儒将"而闻名的陈毅担任上海市市长是完全正确的。上海市在陈毅的领导下，战胜和粉碎了国民党反动派的种种破坏和捣乱，出色完成了接管任务。半殖民地的上海变成人民当家作主的上海，这也充分证明毛泽东选人用人的正确性。

陈云是中国共产党内杰出的经济领导专家，毛泽东曾赞赏说：陈云同志所管的财经工作不是教条主义，是按照中国情况办事的，有创造性的。上海解放后，一些资本家和不法商人认为共产党搞军事100分，搞经济0分，于是相互勾结，利用"两白一黑"（棉花、大米、煤炭）囤积居奇、哄抬物价，对新生的人民政权构成了严重的威胁。毛泽东派深谙经济规律和经济斗争策略的陈云到上海，协助陈毅指挥经济战线的"淞沪大战"，几个回合下来，将资本家和不法商人打得一败涂地，不得不"俯首称臣"。

毛泽东曾多次盛赞习仲勋。习仲勋是中国共产党的优秀党员，他一生实事求是，坚持原则，立场坚定，顾全大局，毛泽东曾盛赞他"比诸葛亮厉害"，习仲勋为何能受到毛泽东如此高的欣赏和器重呢？

毛泽东与习仲勋的第一次接触是在1935年。毛泽东对习仲勋是未见其人，先闻其事。1935年，毛泽东率领中央红军长征抵达陕北根据地，在几处村落墙壁和大树上，看见张贴时日已久的《陕甘边苏维埃政府布告》，上面署名"主席习仲勋"，这算是对习仲勋之名有了一个初步的印象。

毛泽东率中央机关来到瓦窑堡后，第一件事就是要见习仲勋。一见面毛泽东十分惊讶，说："原来你也这么年轻。"这一年，习仲勋刚刚23岁。毛泽东和他谈了许多话，习仲勋对革命事业的忠诚和头脑清醒、办事干练的作风给毛泽东留下深刻印象。

1936年，习仲勋任关中特区苏维埃政府副主席、党团书记，负责守卫陕甘宁边区南大门长达6年时间。6年间，习仲勋组织领导分区军民同国民党顽固派进行军事、政治和经济斗争，贯彻执行党的抗日民族统一战线政策，赢得了党和人民群众的信赖和拥戴。

从1942年10月至1943年1月14日，在党中央和毛泽东的直接领导下，召开了中共中央西北局高级干部会议。会议全面研究边区的历史和现状，正确解决边区历史上的是非问题，同时表彰了王震、习仲勋等22位在群众中有声望的模范干部和生产英雄。毛泽东亲笔为习仲勋书写"党的利益在第一位"的题词，予以表彰，足见器重有加。

1945年10月，中共中央西北局书记高岗受党中央之命，率领一批干部离开延安到东北开展工作。在选配西北局书记一职时，毛泽东说："我们要选择一个年轻的担任西北局书记，他就是习仲勋同志。他是群众领袖，是一个从群众中走出来的群众领袖。"

这一年，习仲勋33岁，时任中共中央组织部副部长。

1947年2月10日，胡宗南部队进攻延安前，以毛泽东为首的中央军委决定：独1旅、358旅、新4旅、教导旅、警备1旅、警备3旅组成陕甘宁野战集团军，任命张宗逊为司令员、习仲勋为政委。3月16日，毛泽东和中央军委决定：自3月17日起，边区一切部队，统归彭德怀、习仲勋指挥，任命彭德怀为西北野战军司令员兼政委、习仲勋为副政委。事实证明，毛泽东的考虑是十分周到的。

彭德怀、习仲勋指挥西北解放军依靠陕甘宁边区优越的群众条件和有利地形，正确运用毛泽东制定的"蘑菇"战术，与十倍于己之敌展开殊死斗争，取得了重大胜利，挫败了国民党军的进攻锐气，粉碎了蒋介石"三个月解决问题"的企图。作为优秀的政治工作领导者，习仲勋在整个解放战争期间，和彭德怀、贺龙一起，转战西北战场，开展新式整军运动等军队政治工作，组织后方支前，为解放大西北，解放全中国，作出了卓越的贡献。

1947年冬，在陕北绥德义合镇举行的陕甘宁晋绥边区土改会议上刮起一股极左歪风。习仲勋于1948年1月4日至2月8日一个多月内，就"老解放区的土地改革问题""要注意克服土地改革中'左'的情绪"和"按三类地区有区别的进行土地改革"等重大问题，向党中央、毛泽东三次函电，直言不讳地提出：反对"左"倾情绪。

毛泽东阅后指示："完全同意习仲勋同志这些意见。华北、华中各老解放区有同样情形者，务须密切注意改正'左'的错误。凡犯有'左'的错误的地方，只要领导机关处理得法，几个星期即可纠正过来，不要拖延很久才去纠正。同时注意，不要使下面为纠正'左'而误解为不要动。"不久，中央由周恩来起草的《关于老区半老区土改问题的决定》颁发各个解放区。

1952年初，习仲勋任西北局书记和西北军政委员会副主席。一天，薄一波向毛泽东汇报工作，毛正在阅读习仲勋从西安发来的《关于中共中央西北局委员会全体会议情况》的报告。这个报告是关于西北地区的土地改革、统一战线和民族工作等方面的，内容丰富、论述精辟。毛泽东看了十分满意，问薄一波："你讲讲，习仲勋这个同志怎么样？"早在延安时，薄一波就听到毛泽东赞誉过习仲勋"年轻有为"，于是便以此语做了回答。毛泽东说："如今他已经'炉火纯青'。"

西北地区有汉、回、藏、维吾尔、蒙古等10多个兄弟民族，情况复杂，经济文化落后。习仲勋提出一切工作都要在民族团结基础上采取稳进慎重的方针进行。争取青海省昂拉部落第12代千户项谦投诚，是习仲勋解放初期在西北区成功解决民族问题的一个典型。

1949年底，项谦纠集100师师长谭呈详、骑兵14旅旅长马成贤等反革命武装，组织所谓"反共救国军"第2军，发动叛乱。在平息叛乱的斗争中，习仲勋认为应当把国民党残匪和对我党有怀疑态度的藏族上层人士加以区别，尽量做好政治争取工作，分化瓦解叛乱集团，拉开了争取项谦投诚工作的序幕。

1950年8月，项谦投诚，来到西宁，向人民政府深表悔悟。但是，他回到昂拉却又背信食言。1951年9月，对项谦第八次政治争取失败后，人们义愤填膺，在青海省各族各界代表会议上，代表们要求政府出兵进剿昂拉。习仲勋当即复电劝阻。

1952年5月1日发起的平叛战斗于5月3日结束，项谦隐匿在同仁县南乎加该森林。有些人认为争取项谦可能性不大，没有什么价值。习仲勋即电青海省委书记张忠良：只要将昂拉地区工作做好，不犯错误，争取项谦归来的可能性是很大的：尽速派出项谦信任的汉藏人员向项谦诚恳表示，只要他向政府投诚，则对他负责到底：项谦若回来试探，不管真诚与否，我们均应以诚相待，以恩感化。

经过反复细致的争取工作后，同年7月，项谦终于从南乎加该森林投诚。8月11日，项谦在兰州负疚抱悔地握着习仲勋的手，向习仲勋献上洁白的哈达，表示感恩之情。事后，毛泽东见到习仲勋说："仲勋，你真厉害，诸葛亮七擒孟获，你比诸葛亮还厉害。"

习仲勋主政西北时期所表现出来的魄力、政治水平和工作能力，使毛泽东和党中央更加器重他。新中国成立之初，刘少奇考虑到国家进入建设时期，向毛泽东建议将各中央局书记抽调进京，调整、增设中央和国家机关的部分机构。毛泽东和党中央采纳了他的建议。经过反复考察和衡量，时任西北局第二书记的习仲勋被毛泽东"钦点"进京担任中宣部部长、政务院文化教育委员会副主任。

上任前，习仲勋真心实意地向毛泽东说，按照他的经历和水平，恐怕难以担当起全国文教宣传的领导工作。

毛泽东说："蛇，看起来十分可怕，但印度人耍蛇，得心应手，关键在于真正谦虚地摸到事物的客观规律，任何工作都可以做好！"

1951年初秋的一天傍晚，时任中宣部副部长的林默涵和胡乔木在中南海湖水中划船，看见毛泽东坐在湖岸上休息，他们将船划到岸边，向毛主席问好。毛泽东说："告诉你们一个消息，马上给你们派一位新部长来。习仲勋同志到你们宣传部当部长。他是一个政治家，这个人能实事求是，是一个活的马克思主义者。"

毛泽东和党中央对习仲勋的工作相当满意。1958年夏季的一个下午，毛泽东在中南海游泳池休息时，专门约习仲勋来到游泳池，进行了长时间的推心置腹的谈话。1959年4月中旬，在第二届全国人民代表大会第一次会议上，习仲勋被任命为国务院副总理兼秘书长。

毛泽东点将，罗瑞卿任公安部部长。新中国成立后，新政权面临各种挑战：帝国主义和蒋介石妄图卷土重来，大陆残留的国民党特务猖狂破坏，城乡社会秩序不安。尤其是北京的社会治安状况堪忧。建立一支保卫人民胜利果实的内卫力量迫在眉睫，那么，由谁来当第一任公安部部长呢？

1949年5月14日，刚刚解放了山西太原，正准备向西北进军的华北野战军十九兵团政委罗瑞卿突然接到毛泽东的电示："部队开动时，请来中央一叙，部队工作找人代理。"6月初，罗瑞卿向继任政委李志民交代工作后，乘火车到达北平，先是周恩来找他谈话，希望他出任即将成立的政务院公安部部长。罗瑞卿感到很突然，还是希望随军挥师西进，并认为时任社会部部长李克农出任公安部部长更合适。周恩来说："各人有各人的事，他有他的事，你就不要讲价钱了。"

当晚，毛泽东在北平西郊双清别墅接见罗瑞卿。一见面，毛泽东就说，听说你不愿意干公安部长，还要去打仗？现在要建立新的国家政权了，我们都不干，都去打仗那行吗？罗瑞卿意识到，当公安部部长是形势所需，任务艰巨，便接受了任命。

罗瑞卿和毛泽东关系非同一般。早在1929年，罗瑞卿就结识了毛泽东，此后长达半个世纪的岁月里，罗瑞卿始终是毛泽东忠实的追随者。1933年，罗瑞卿出任红一军团保卫局局长，从第四次反"围剿"到长征，他积累了丰富的工作经验。红军长征后，罗瑞卿任先遣队参谋长，负责打前站，后来又回到保卫局工作。

遵义会议后，毛泽东、周恩来等随红一方面军红一军团行动。整个长征过程中，红一方面军的保卫尤其是对首长的保卫工作，没有出一点儿差错，这与罗瑞卿的领导是分不开的。罗瑞卿在保卫工作方面的出色才干给毛泽东留下深刻印象，也深得周恩来的赏识，新中国的公安部部长自然非他莫属。

在战争时期，各解放区的治安工作一直归中央社会部领导。1949年8月9日，中央决定取消中央社会部，成立国家安全部和公安部。

1949年10月19日，中央人民政府委员会第三次会议发布命令：任命罗瑞卿为公安部部长，杨奇清为副部长。11月1日，公安部启用印信，正式开始办公。公安部的建立标志着新中国的公安保卫工作开始由党的形式转变为政权形式，全国统一的人民公安机关和人民公安武装开始组建。人民公安机关既是政权的行政机关，又是党的保卫机构。

罗瑞卿上任后的第一件事就是从军队和地方选调干部，组建班子。1949年11月5日，罗瑞卿主持召开公安部成立大会，并提出要求："进了公安部，死了埋在公安坟，干一辈子公安工作"。毛泽东问他对首都的治安工作如何开展，罗瑞卿回答了三个字：稳、准、狠。毛泽东听完非常高兴："看来，天塌不下来，就是塌下来也不要紧，有罗长子顶着。"

罗瑞卿对国民党的残余势力以及地痞流氓等进行严厉打击。三个月时间，北京反动党团特组织基本被摧毁，接着是严厉打击城市盗匪，到1950年，大城市盗匪活动基本消灭。

1950年10月9日，在中央召开的抗美援朝问题会议上，毛泽东向彭真、罗瑞卿提出要求：美国把战火烧到了我们家门口，我们要把房子打扫干净，以便更好地对付帝国主义。彭真、罗瑞卿连夜起草文件送到毛泽东手上，这就是著名的《关于镇压反革命活动的指示》。

罗瑞卿率领人民公安部队，展开了一场惊心动魄的斗争，为保障新生人民政权的安全立下了汗马功劳。

1949年3月，党的七届二中全会召开期间，毛泽东找李先念到自己住处谈话。当时，党内一些同志对李先念领导的中原突围有不同看法，但中央肯定了中原突围是胜利的。毛泽东开门见山："有人告了你的状，但不要怕，还得干！"毛泽东亲自向李先念转达了中央的决定，湖北解放后，派你回湖北工作。此前，邓小平曾向李先念征求意见，是在解放军第四兵团工作，还是回湖北工作，李先念愿意回湖北工作。

渡江战役高歌猛进，解放军很快抵达武汉城下。5月8日，中原临时人民政府第二次委员会决定撤销鄂豫、江汉行署，统一成立湖北省人民政府，任命李先念为省政府主席；12日，中央批准湖北省委员会领导成员的任命，李先念任书记；同时，中央军委任命李先念为湖北军区司令员兼政委。

李先念一肩挑起党政军的重担，当务之急是尽快动员和组织各方力量，建设新湖北。

李先念很快抓住了关键。他在家乡领导过起义，又在鄂豫皖地区工作多年，对湖北的情况相当了解。在8月召开的湖北省第一次代表会上，李先念提出：湖北当前的任务是剿匪反霸，发动群众，完全解除封建势力的武装，并在经济上削夺或消灭其一部，为今后实行土改，彻底消灭封建势力准备好条件。

湖北的剿匪，助攻了中南和西南地区的解放。湖北局势稳定后，兴修水利工程被提上日程。湖北水系发达，同时水患频发。

李先念多次表达这样的观点：做好水利工作，关系到全省几千万人的吃饭穿衣甚至生命问题。

1952年，中央决定兴修荆江分洪工程，成立了荆江分洪工程委员会和荆江分洪工程指挥部，李先念任委员会主任和指挥部总政委。长江流经湖北枝城至湖南岳阳城陵矶的一段为荆江，河道曲折，河床淤塞，两岸平原地势低洼，极易溃堤泛滥，是千百年来水患频仍之地，有"千里长江，险在荆江"之说。荆江分洪工程是新中国成立初期在长江上兴建的第一个大型水利工程。当年春夏之交，李先念率领几十万民工，要在100天内建成工程。全面动工后，李先念深入工地一线，号召30万工程大军战胜一切困难，保证在汛期来临之前胜利完成任务。在他的指挥下，荆江分洪主体工程提前25天完工。

1954年夏，李先念调到中央工作。

毛泽东的用人之道，已经达到了哲理的高度，有时让人莫名其妙，却又大有深意。比如让晕船的萧劲光担任海军司令员，让晕飞机的刘亚楼担任空军司令员，都成为军事上的佳话。这是怎么回事呢？这还得从新中国成立前后说起。

1949年4月，解放军靠着木船、舢板，百万雄师过大江，历来被人们所追捧，认为体现了人民解放军大无畏的精神。但毛泽东却不这么认为，在他看来，大无畏精神不可少，但一支正规的海军更加重要。因此，毛泽东火速征调时任四野12兵团司令员的萧劲光入京，准备让他筹建新中国海军。

萧劲光一听，当即傻了眼，因为他带兵打仗这么多年，从来没跟海军有什么瓜葛，甚至他本人还是一只"旱鸭子"，连坐船都晕，怎么可能去筹建海军？

毛泽东看出了他的顾虑，笑道："我就是看中了你这只'旱鸭子’，要是你精通水性，我还不用你呢！”

萧劲光更加莫名其妙，赶紧又向主席说明自己的实际情况，确实不适合当这个海军司令员。

毛泽东大手一挥，说：“让你当海军司令员，是让你去组织建设，又不是让你天天坐船打仗。中央已经决定了，海军司令员你是逃不掉了！”

萧劲光欣然遵命，新中国的海军近乎是白手起家，从小到大，从弱到强，在保卫祖国海洋权益的斗争中，屡建功勋。

1980年1月，萧劲光退休，在海军司令员的位子上一坐就是30年，这在世界海军史上，也是极为罕见的。

同样的事也发生在空军司令员刘亚楼身上。

1949年5月的一天，原任四野参谋长时任兵团司令员的刘亚楼接到中央军委通知，让他火速进京，讨论筹建空军事宜。

刘亚楼当时也傻了眼，因为他几十年的军事生涯跟空军也没怎么打过交道，怎么能当空军司令员呢？

毛泽东没有理会他的顾虑，坚决任命他为新中国第一任空军司令员。

刘亚楼没有让毛泽东失望，在短短几年时间，就让新中国的空军力量迅速壮大。在抗美援朝战争中，连美国空军参谋长范登堡将军也惊呼：“中国几乎在一夜之间就变成了世界上主要空军强国之一……我们过去一直信赖的空中优势，现在已面临着严重的挑战。”

当时，很多人都不理解：毛泽东为什么非要让晕船的萧劲光任海军司令员，让晕飞机的刘亚楼担任空军司令员呢？大家都知道用人之道在于用其长，毛泽东为什么偏偏反用其短呢？

后来，毛泽东在一个非正式场合解释了这么做的原因，大意为：当一个人把他最大的弱点克服了，那这个弱点就会反过来成为他最强的一点，而且在这个转变的过程中，会锻炼一种无所畏惧的精神，以后面对任何困难都会游刃有余。

毛泽东不愧是一位伟大的战略家，对人性的了解达到了惊人的程度。

4."愿为苍生献此生"

古人云："宰相肚内可撑船，将军额上可跑马。""海纳百川，有容乃大"。

毛泽东以博大的胸怀和肚量，接纳一批又一批昔日的对手与旧军人加入共产党，加入解放军，这种海纳百川的人才观决定了共产党最后的胜利、国民党最后的失败。

董其武将军出身贫苦，父亲为了给祖父买口棺材安葬，而借高利贷，以致打了30年长工。他6岁起在舅父的私塾读书，17岁在河津县读高小，19岁时得知山西督军阎锡山办的斌业中学招生，便立志从戎，向同学借10块大洋，步行840里到了太原，以第一名成绩考取，学习军事。临近毕业时，董其武得罪了阎锡山督军府的人，又不肯写悔过书，他便愤然离开学校。

1924年，董其武到陕西参加了刘镇华的镇嵩军，当了短期排长，到国民革命军第二军服役两年，曾参加北伐战争并官至中校。后来，蒋介石大力裁遣非嫡系部队，董其武失业。后听说天津警备司令傅作义扩编军队，他便写了一封投效信。经过傅的考核，董其武被委任为上尉参谋，得到傅作义的赏识。

九一八事变后，董其武写了请战书呈送傅作义要求抗日。1933年，他参加长城抗战，在北平以东的怀柔县阻击日军，连续血战。

1936年11月，绥远抗战开始，头一仗便是董其武指挥的红格尔图战役。他以奇袭捣毁了日军及匪首指挥部，并击落敌机一架。当时，毛泽东派南汉宸携其亲笔贺信及绣有"为国御侮"的锦旗表示慰问，称绥远抗战为"全国抗战之先声"。

抗战结束后，董其武任傅作义起家老部队第35军军长，奉命同解放军兵戎相见。但随着形势的变化，他同老上司傅作义私下商量应另找出路。

绥远起义前，蒋介石派飞机接董其武去广州遭拒，飞机返回时在兰州附近坠毁，董其武对人说："天不亡我，老天爷也支持我走和平之路啊！"1949年5月，董其武率领绥远10万部队举行起义随后进行改编，很快解放军化，毛泽东称赞"进步如此之大且快"。

1955年人民解放军首次授衔时，拟定给董其武授上将军衔。他得知消息后找到杨成武说，你杨司令有功应授上将，我过去有罪不该授上将。杨成武向中央报告此事，毛泽东让他转告董其武说："杨成武是共产党员，授不授上将没关系，董其武一定要授上将。"听到这番话，董其武热泪横流。在当时全军范围内，军长及起义将领能授上将军衔，对其开了特例。董其武当时深感不应要共产党的特殊照顾，在授衔翌年便第一次递交了入党申请书。

1980年，董其武已年过八十，却再次递交入党申请书。中央统战部负责人对他说："过去你虽没有履行入党手续，但早就是一名合格的共产党员了。推迟你办理入党手续的缘由是，考虑到你的社会地位，认为你留在党外比党内对工作更为有利。"

1982年12月，总政治部批准他为党员，党龄从前两年算起。董其武热泪盈眶，庆幸有了光荣的归宿，写诗称道："欣逢盛世开太平，愿为苍生献此生。行见华夏乐小康，更期世界跻大同。"

1949年5月，国民党华中"剿总"副总司令兼19兵团司令张轸率官兵25000余人在武昌起义成功后，毛泽东不仅让张轸所部改编为解放军的一个军，仍由张轸任军长，而且明文规定："粮饷经费照解放军待遇"。张轸深感共产党对他的信任。

5．"红埔军校"

当抗日的烽火燃起的时候，毛泽东就在《为争取千百万群众进入抗日民族统一战线而斗争》中向全党发出号召："指导伟大的革命，要有伟大的党，要有许多最好的干部。在一个四亿五千万人的中国里面，进行历史空前的大革命，如果领导者是一个狭隘的小团体是不行的，党内仅有一些委琐不识大体、没有远见、没有能力的领袖和干部也是不行的。中国共产党早就是一个大政党，经过反动时期的损失它依然是一个大政党，它有了许多好的领袖和干部，但是还不够。"

毛泽东在1937年所著《目前的时局和方针》中指出："只有依靠成千上万的好干部，革命的方针和办法才能执行，全面的全民族的革命战争才能出现于中国，才能最后战胜敌人。"作为革命领袖的毛泽东，为拯救中华民族于水火之中，深知如欲"天兵惩腐恶"，用"万丈长缨缚苍龙"，必须广揽文武之才。

毛泽东识才用才展现了高超的艺术，在培养教育干部上也十分重视，他把培养教育干部作为一项重要工程抓住不放。他认为，只有把干部培养教育好才能使用好，才能充分发挥干部的聪明才智。

在艰苦卓绝的革命战争年代，毛泽东就十分重视对人才的培养。毛泽东说过："北伐时期有个黄埔，我们要办个'红埔'，搞个干部培训基地。"随后便在红色根据地首都瑞金创办了红军学校。中央军委先后任命萧劲光、刘伯承为校长兼政委，选派左权、欧阳钦、黄火青、伍修权、吴亮平、郭化若等担任学校的各级领导和教员。经过校领导和全体教员的艰苦努力，在短短一年多的时间办了三期。为了适应革命战争发展的需要，扩大了招生规模，第四期招生2110人。这是在国民党军重重包围和连续"围剿"的情况下，依托革命根据地创建革命军事学校的尝试。这所红军大学是我军军事教育史上第一所正规学校。

1933年11月7日，毛泽东在红军大学开学典礼上发表了重要讲话，他强调我们红军要继承黄埔精神，要完成黄埔未完成的任务，要在第二次大革命中成为主导力量，要争取中华民族的解放，一定要把红军大学办成培养军事人才的基地。

1934年，红军大学改称"干部团"随红军长征，陈赓任团长。到达陕北后与陕北红军学校合并为中国工农红军学校，不久，又改称"西北抗日军政大学"。

1937年1月，抗大校址由陕北的保安迁至延安，改名为中国人民抗日军事政治大学，林彪任校长，毛泽东兼政委。抗大日常工作由教育长罗瑞卿和政治部主任莫文骅主持，训练部长刘亚楼，校务部长杨立三，政治部副主任胡耀邦。

1938年1月28日，中共中央军委对抗大领导班子进行了调整：副校长罗瑞卿，教育长刘亚楼，训练部长许光达，政治部主任张际春。学校下设高级军事科、上级军事科、普通科，开设马列主义、军事战略学、哲学、政治经济学、世界和中国革命基本问题、时事问题等课程。第一期一科学员是红军高级干部和部分师级干部。

毛泽东说："我党创办抗日红军大学是为了准备迎接抗日民族解放战争的到来。为了适应新形势、解决新问题，需要培训干部，提高干部素质。因此，我们的干部需要重新学习，重新训练，以便将来出校后能够独当一面地去工作。"他兼任抗大教育委员会主席，还亲自为抗大制定教育方针和校训。

抗大坚持毛泽东确立的"坚定正确的政治方向，艰苦朴素的工作作风，灵活机动的战略战术"和"团结、紧张、严肃、活泼"的教育方针；实行"少而精""理论与实际联系""中国化、大众化""革命的、批判的"四项教育原则；对学员在政治上授以马列主义基本理论、中国革命的基本问题及我党抗日民族统一战线的政策，在军事上授以持久战、游击战的战略战术及各种军事技能。

罗荣桓、罗瑞卿、谭政、彭雪枫……这些在中国革命历史上响当当的人物，在经历了二万五千里长征后，成为抗大第一期第一科学员，成为抗大的兼职教员或分校校长，成为共和国的开国元勋。

抗大开学的时候"一穷二白"，什么也没有。在开学典礼上，毛泽东告诫学员："我们这里，要教员，没有；要房子，没有；要教材，没有；要经费，没有；怎么办？就是要我们艰苦奋斗。"雪山、草地、腊子口，穿着草鞋照样走，困难怕什么？学员们自己种菜、养猪、养鸡，办合作社增加收入，改善伙食。

没有校舍，第一期学员们将马厩、寺庙、石崖改成一间间的校舍，后来学员自己挖窑洞建校舍。

没有教室，就在院子里或树荫下上课；没有桌凳，就用砖头、石头做凳子，用双腿做课桌。

没有教员，就聘请党政军领导兼教员。当时只有冯达飞、杨兰史、张如心三名教员。毛泽东、朱德、周恩来、张闻天、刘少奇、陈云、董必武、秦邦宪（博古）、胡乔木、艾思奇等轮流到抗大讲课。这么多的高级领导人和党内理论人才担任教师，说明毛泽东对培养干部是何等的重视。

1938年至1939年间，毛泽东在抗大讲过25次，100多课时，是党中央领导人中讲课最多的。毛泽东后来回忆说："那时候我可讲得多，三天一小讲，五天一大讲。"他讲课的内容十分广泛，包括政治、军事、哲学、历史等，主要是谈战略问题，可见他对抗大的重视。

这样的办学条件和办学体制，在全世界独一无二。毛泽东说："抗大没有考试，通过敌人的封锁线来到延安，这就是最好的考试。"

抗大学员除了红军将领、八路军、新四军和各抗日根据地的干部、战士外，主要来自全国各地的知识青年和来自海外的华侨青年。

七七事变爆发后，党中央、毛泽东在组织上作出了重大决策：向国统区和敌占区以及全国各地发布抗大招生信息，号召有志青年献身民族解放事业，到延安来和红军干部战士一起学习。当时，成千上万的爱国青年，大批知识分子，文艺理论家、作家、高级技术人才等，怀着抗日救国的热情、寻求革命真理的渴望，寄予对共产党、毛泽东的依赖和希望，冲破日寇和国民党顽固派的层层封锁，冒着枪林弹雨，跋山涉水奔向延安。仅1938年5月至8月，经西安八路军办事处介绍到延安的知识青年就有22280人。

1938年3月30日，毛泽东对抗大第三期第三大队毕业学员说："你们到抗大来学习，要上三课：从西安到延安走800里，这是第一课；在学校里挖窑洞、吃小米、出操上课，这是第二课；现在是第二课上完了，但最重要的还是第三课，就是到斗争中去学习。"

这样的入学"考试"和"课程设置"，全世界绝无仅有。

美国记者斯诺对抗大艰苦奋斗办学的精神十分钦佩，他在《西行漫记》一书中写道："这种高等学府在全世界恐怕就只有这么一家。"

抗大在整个抗日战争期间培养了20多万军政干部。毛泽东不仅为抗大题写了"团结、紧张、严肃、活泼"的校训，还亲自为抗大学员讲授《实践论》《矛盾论》《中国革命战争的战略问题》等革命理论。

当时，延安办起各类学校20多所，如抗日军政大学、中央党校、马列学院、陕北公学、鲁迅艺术学院、延安大学、自然科学院、中国女子大学、行政学院，等等。延安变成了一所"窑洞大学"，变成了一所没有围墙的大学校，变成了锤炼革命英才的大熔炉。这是毛泽东为完成新民主主义革命和准备将来建设社会主义具有远见卓识的举措。

1944年，美国记者白修德在考察延安后说："延安真是一所巨型的实验室，在这所实验室里，所有热情澎湃的学生献出了他们的思想精华，就在这些无数的窑洞里，党把这些精华融化成了全国性的政策，把这些智慧铸成实际组织的能力，然后又把这些人员和他们的脑袋里的成熟思想，一股脑地重新送回到各个地区。"

一批又一批的热血青年，经过延安这所大熔炉锤炼后，成长为中国革命的栋梁之材，他们把革命的火种撒遍长城内外、大江南北，肩负起抗日救亡的重任，像波涛汹涌的巨浪滚滚向前。

延安是革命圣地，是中华人民共和国的摇篮，是一个神奇的地方，也是人们向往的地方。

抗日战争全面爆发之后，延安作为全国抗战的指挥中心之一，宛如一个巨大的磁石，吸引着成千上万的爱国青年、仁人志士从各个地方，不顾日寇的炮火和突袭，冒着生命危险，冲破国民党顽固派的封锁、阻挠，奔赴这片黄土地。在这些人员当中，有工农群众、知识分子、社会贤达、作家学者、海外人员，甚至有国民党军政人员，真是人才荟萃，济济一堂。

百年积弱叹华夏，八载干戈仗延安。

试问九州谁做主，万众瞩目清凉山。

这是陈毅作的盛赞延安的一首诗，写出了延安在人们心中的地位和在中国革命中的作用。与陈毅的诗词相呼应的还有当时的一篇散文，将小小的延安城的吸引力描写得入木三分。

奔赴延安的青年是一道独特的风景线。诗人何其芳描述道："延安的城门天天开着，成天有从各个方向走过来的青年，背着行李，燃烧着希望，走进这城门，学习、歌唱，过着紧张快乐的日子。"

延安，像一块巨大的磁石，把许多追求进步、有理想有抱负的青年吸引来了。据任弼时1943年12月在中共中央书记处工作会议上的发言所述，抗战后到延安的知识分子总共4万余人。这些奔赴延安的有志青年中许多人，家境殷实，有良好的教育背景，有些甚至是"大家闺秀"和"豪门公子"。还有一部分更为特殊，是不远万里归国抗日的爱国华侨青年。

为什么有那么多人义无反顾地奔赴延安？摄影家吴印咸的答案是延安乃"理想所在"："这里的人们个个显得十分愉快、朴实，人们之间的关系又是那么融洽。我看到毛主席、朱总司令等人身穿粗布制服出现在延安街头，和战士、老乡聊家常，谈笑风生……我被深深感动了。我觉得我已经到了另一个世界，这正是我梦寐以求的理想所在。"

革命圣地延安及延安精神的主要开创者、党的领袖毛泽东的答案是什么呢?

1940年,毛泽东在《团结一切抗日力量,反对反共顽固派》的演讲中给出了答案。延安是全国最进步的地方,是民主的抗日根据地。这里一没有贪官污吏;二没有土豪劣绅;三没有赌博;四没有娼妓;五没有小老婆;六没有叫花子;七没有结党营私之徒;八没有萎靡不振之气;九没有吃摩擦饭;十没有发国难财。延安是有理想、有信誉、有民族希望的地方。

延安,一座不算大、像钢铁一样的山城,一条河水似的南北大街,已经修起了石路。平坦的道路上,整日奔走着紧张的人群。南方人、北方人、外国人,多穿起灰色的军衣,汇成了一个可钦的巨人。……老百姓沉醉在欢悦和惊奇中,同穿灰军衣的人们结合着、交流着,把这座古城改造为繁华的新市,欢谈伴着欢谈,惊呼逐着惊呼,延安的空间,每日回荡起各地的方言土语,各种声调腔音,还不时有异国人在欢笑、呼叫、畅谈。不同国度的人到这里来了!不同省县的人到这里来了!不同地方的人到这里来了!都踏上了这一块土地!延安,仿佛一块巨大的吸铁石,把一切坚硬强壮勇敢如钢铁的人们吸引来了!

当然这些人来延安的目的是不完全一样的。有的是投身革命而来,有的是宣传革命而来,有的是调查事实真相而来……然而,当他们到了延安后,他们都不约而同地发出了对延安的赞歌。

毛泽东在陕北接触的从白区来延安的文艺人才丁玲,是中国现代文学史上有影响的女作家。当年她在宋庆龄、鲁迅等知名人士的帮助下,从国民党监狱里逃出来后,辗转到了延安。毛泽东关怀地询问:"现在你打算做什么?"丁玲说:"想当红军。"

毛泽东说："好啊！还赶得上，最近可能还有一仗，跟着杨尚昆他们的前方总政治部上前线吧。"

丁玲到前线不久，就收到毛泽东为欢迎她写的一首词《临江仙·给丁玲同志》："壁上红旗飘落照，西风漫卷孤城。保安人物一时新。洞中开宴会，招待出牢人。 纤笔一枝谁与似？三千毛瑟精兵。阵图开向陇山东。昨天文小姐，今日武将军。"丁玲读了毛泽东的诗词，喜出望外，她决心为党的事业努力奋斗。

抗日军政大学的学员来自各个方面，毕业之后，活跃在抗日战场的各个角落，带领部队、民兵和广大民众，开展游击战和有利条件下的运动战，打伏击、炸碉堡、破公路、扒铁轨、炸桥梁、拔据点，打得日伪军人仰马翻、魂飞丧胆，成为抗日战场的生力军。

侵华日军总司令冈村宁次声称："消灭了抗大就是消灭了边区的一半。""宁肯牺牲20个日本兵换一个抗大学员，牺牲50个日本兵换一个抗大干部。"

1939年6月，总校离开延安。5000名师生在日军围追堵截下，渡黄河、涉汾口、翻吕梁，辗转于陕北、山西、河北等地，一边打仗，一边学习，坚持办学三年半，1943年1月返回陕甘宁边区，抗战胜利后完成了使命。

1945年10月，总校部分教职员工奉命进军东北，1946年创办"东北军政大学"，后迁入北京，发展成为今天的国防大学。分校则组建了华北、华东、西南军政大学。

可以说，在民族解放斗争的各个战场上，都留下了抗大学员的足迹。他们中的许多人后来成为党和军队的高级干部，为我党我军发展壮大，为民族独立和人民解放，奠定了坚实基础，谱写了光辉篇章。

抗战结束时，中国共产党已拥有40万人的干部队伍。这40万人，应该说基本上是抗日战争时期从各个地区吸收的知识分子，他们当中有20万人在抗大学习过。没有这几十万人做骨干，中国共产党要战胜国民党，夺取全国的胜利是不可想象的。

正如毛泽东所说：抗大为什么全国闻名、全世界闻名？就是因为它比较其他军事学校最革命、最先进、最能为民族解放与社会解放而斗争。抗大被誉为"制造抗日干部的熔炉"，培养干部的"重工业"。毛泽东称赞说："昔日之黄埔，今日之抗大，是先后辉映，彼此竞美的。"他还说："抗大是一块磨刀石，把那些小资产阶级意识——感情冲动、粗暴浮躁、没有耐心等等，磨它个精光；把自己变成一把雪亮的利刃，去革新社会，去打倒日本。"

在进步青年的心中，抗大已成为一种精神、一种力量、一个摇篮、一架桥梁，难怪许多青年发出"不到抗大誓不休"的感慨。

抗大精神体现在凯丰作词、吕骥作曲的抗大校歌中：

黄河之滨，集合着一群中华民族优秀的子孙，

人类解放，救国的责任，全靠我们自己来担承。

同学们，努力学习，团结紧张，活泼严肃，我们的作风。

同学们，积极工作，艰苦奋斗，英勇牺牲，我们的传统。

像黄河之水，汹涌澎湃，把日寇驱逐于国土之东。

向着新社会前进，前进，我们是劳动者的先锋！

这首歌曲传唱的就是抗大精神。

新中国成立后，毛泽东仍十分重视军队院校建设和对干部的培养教育，中央军委决定创办中国人民解放军军事学院。

1950年初，时任西南军事委员会主席刘伯承闻讯后，主动请辞现任职务，请求承担办校工作。毛泽东对刘伯承是了解的。刘伯承一向主张"治军必先治校"，并有"古名将风"和"常胜将军"的美称。他先在重庆陆军将弁学堂学习，后在苏联高级步兵

学校、伏龙芝军事学院受到过系统的军事教育。在革命战争中，他所统率的部队经常办有军政学校、随营学校或轮训队。他在中央苏区和长征中，还曾先后担任中央红军学校校长，红四方面军、红二方面军大学校长。他是一位杰出的军事教育家。因此，毛泽东非常赞同刘伯承的建议，并亲笔复信，把创建正规化现代化高级指挥学府的使命，放在刘伯承的肩上。

1956年1月，在军事学院庆祝成立五周年前夕，毛泽东来学院视察，高兴地对大家说："党中央派刘伯承当院长是因为他有丰富的战略、战役、战术经验，希望大家在刘伯承的领导下，把军事学院办得更好，把培养训练全军中、高级干部工作做得更出色。"刘伯承满怀雄心壮志主持军事学院工作7年，为培养中高级军事干部，推进中国军队的现代化、正规化建设，作出了重大贡献。

中国人民军队炮兵建设的奠基人之一朱瑞，也是向毛泽东自荐而被委以重任的。1945年6月，中央决定任命朱瑞担任军委副总参谋长。朱瑞闻讯后，立即找到毛泽东，表示自己在苏联炮兵学校学习过，可以在军队的炮兵建设方面做些工作，起点桥梁作用，副总长一职请另选人。毛泽东对朱瑞不计个人名利得失，在炮兵建设上高瞻远瞩的战略眼光十分赞赏，随即任命他为延安炮兵学校代理校长。日军投降后，朱瑞率炮校迁往东北。他一方面组织炮校干部到主力部队培养骨干，一方面发动人员到东北各地搜集器材，使东北部队很快组建起10个炮兵团、6个炮兵营、22个独立炮兵连。1946年10月，朱瑞担任了东北炮兵司令员。在他的领导下，东北炮兵到1948年8月已发展到16个团，拥有4700余门各种口径的火炮，从装备上压倒了东北的国民党军队，为辽沈战役做了充分准备。与此同时，他领导的炮校为各个兄弟军区输送了几百名干部，为全军炮兵建设培养了一批骨干力量。

1952年6月，担任中国人民志愿军副司令员的陈赓奉调从朝鲜战场回国，毛泽东召见陈赓，要他创办军事工程学院，校址定在哈尔滨。经过一年左右的紧张筹备，1953年9月1日，哈尔滨南岗矗立起一座军校城。陈赓以院长和政治委员的身份庄严宣布："我国历史上第一所军事工程学院正式成立了。"

毛泽东主席给学院颁发了训词。

周恩来总理送来了亲笔题词。

到1957年，哈军工就有校舍60万平方米，教师1600人，专业34个，实验室149个，成为培养现代军事科技人才的摇篮。在短短的13年间，该校培养3万名以上的献身国防事业的英才，数以千计的院所领导、院士、博士生导师和上百名省部级领导，被人称为中国的"西点军校"、中国的"伏龙芝军事学院"。

6. 钱学森

毛泽东对知识分子地位和作用的认识是极其深刻的。他在《中国革命和中国共产党》一文中指出："革命力量的组织和革命事业的建设，离开革命的知识分子的参加，是不能成功的。"

1942年5月，毛泽东在延安文艺座谈会上的讲话中更加明确地说："在我们为中国人民解放的斗争中，有各种的战线，可以说有文武两个战线，这就是文化战线和军事战线。我们要战胜敌人，首先要依靠手里拿枪杆子的军队。但是仅仅有这种军队是不够的，我们还要有文化的军队，这是团结自己，战胜敌人不可少的一支军队。"

在党的七大上所作的政治报告中，毛泽东把知识分子的地位和作用上升到国家和社会的宝贵财富的高度。他指出："为着扫除民族压迫和封建压迫，为着建立新民主主义国家，需要大批人民的教育家和教师，人民的科学家、工程师、技师、医生、新闻工作者、著作家、文学家、艺术家和普通文化工作者……一切知识分子，只要是在为人民服务的工作中有成绩的，应受到尊重，把他们看作是国家和社会的宝贵财富。"

进入社会主义建设时期，毛泽东多次告诫全党，革命要吸收知识分子，建设尤其需要吸收知识分子。他明确指出："我们艰巨的社会主义建设事业，需要尽可能多的知识分子为它服务。凡是真正愿意为社会主义事业服务的知识分子，我们都应当给予信任，从根本上改善同他们的关系，帮助他们解决各种必须解决的问题，使他们得以积极地发挥他们的才能。"

在这一方针指导下，我国的科研队伍迅速壮大。据统计，到1963年底，我国的科学技术人员增加到230万人，到1965年底，专门的科研机构达1714个，专门研究人员达12万人，科学技术取得了突出的成就，尤其在原子能、火箭技术方面更为突出。大规模的社会主义建设开始后，大批得到尊重与信任的科学家，响应党中央和毛主席的号召，从大城市的科研机构中，从大学的讲坛上，来到荒无人烟的戈壁滩，进行科研领域的艰难攻关。条件艰苦，生活困难，任务繁重，工资待遇又低，但他们却表现出高度的革命热情和忘我的英雄气概，获得了科研方面的巨大成功。

据统计，仅从1949年8月至1955年11月，从欧美归国的科技人才就达1536人，其中1041人从美国回来。他们中包括了为"两弹一星"研制作出重要贡献的科学家钱学森、邓稼先、赵忠尧等人。国内理论物理学家彭桓武、实验物理学家王淦昌等也从教学转到核武器研制岗位。

在中国革命和建设的伟大斗争中，毛泽东不仅从理论上研究解决重视和尊重知识分子的问题，而且身体力行与知识分子交朋友，与知识分子切磋交流思想，研究问题，从政治上、事业上、生活上关心他们，激励他们，毛泽东以他那独有的领袖魅力，与许多知识分子中的经世之才，建立起深厚的友谊。

世界著名的物理学家钱学森，20世纪30年代考入了交通大学，毕业后以优异的成绩考入美国麻省理工学院，是名扬美国的空气动力学家。第二次世界大战结束后，日本败退，国民党退至台湾，新中国宣告成立。钱学森听到新中国成立的消息后，马上跟家人商量，决定回国搞科学研究，把自己所学的知识奉献给祖国。

钱学森决定回国的意愿被美国拒绝，为阻止钱学森离开美国，他们把钱学森控制在一个孤岛上囚禁了5年。非常着急的钱学森写了一封信，通过重重阻碍终于把信寄回国内。当毛泽东、周恩来看到信后，非常重视钱学森回国的事，不断同美国谈判交涉，最终我国以释放朝鲜战争中所俘虏的数名美军飞行员作为交换，美国方面才同意让钱学森回国。

1955年10月8日，钱学森回到祖国，陈毅副总理代表周恩来总理在北京饭店宴请钱学森和夫人蒋英，并转达毛泽东和周总理的问候，随后让陈赓大将陪同钱学森夫妇到全国各地考察。

钱学森回国后，受到毛泽东的6次接见。毛泽东问：“你为什么要回国，在美国待遇这么好，回来你会后悔吗？”钱学森听后认真地答道：“苟利国家，不求富贵。”

这8个字蕴含着他的爱国之情，表现出他全心全意为国家和人民服务的一片赤子之心。

此后，毛泽东赋予钱学森主持导弹研发工作的重任。在当时，他是唯一一位见过导弹的人。许多与导弹相关的术语，都是由他亲自翻译的。1959年11月12日，钱学森加入了中国共产党。

钱学森一生为中国科学、国防事业作出了巨大贡献，但他在总结时说："真正的成就要归于党，归于集体，归于来自毛泽东的支持和关心。他每一次接见都给我指明了继续前进的方向，每一次都给我增添了攀登高峰的力量。"1976年9月9日，毛泽东与世长辞，钱学森内心万分悲痛，参加为毛泽东守灵，参加追悼会并向毛泽东遗体三鞠躬。

1956年，当世界社会主义运动出现风波时，毛泽东讲过这么一段话：我们党有成百万有经验的干部。我们这些干部，大多数是好的，是土生土长、联系群众、经过长期斗争考验的。我们有这么一套干部：有建党时期的，有北伐战争时期的，有土地革命战争时期的，有抗日战争时期的，有解放战争时期的，有全国解放以后的，他们都是我们国家的宝贵财产。我们有在不同革命时期经过考验的这样一套干部，就可以"任凭风浪起，稳坐钓鱼船"。毛泽东的这段话的确意味深长。

千秋大业，人才为本。

善用人者得天下。

秘诀之七
肝胆相照的统战法宝

"全世界无产者联合起来！"这是马克思主义至理名言和伟大召唤。

统一战线战略，是中国革命成功的三大法宝之一。

1949年6月，毛泽东在对整个新民主主义革命经验进行总结的《论人民民主专政》一文中，精辟地论述了统一战线的伟大作用。他指出："到现在为止，中国人民已经取得了主要的和基本的经验，就是这两件事：（一）在国内，唤起民众。这就是团结工人阶级、农民阶级、城市阶级，在工人阶级领导之下，结成广泛的统一战线，并由此发展到建立工人阶级领导的以工农联盟为基础的人民民主专政的国家；（二）在国外，联合世界上以平等待我的民族和各国人民，共同奋斗。这就是联合苏联，联合各人民民主国家，联合其他各国的无产阶级和广大人民，结成国际的统一战线。"巩固和扩大爱国统一战线，对完成祖国统一大业，实现中华民族伟大复兴，具有重大的指导意义。

1. 谁是我们的朋友？

中国共产党成立不久，根据马克思主义关于建立统一战线的基本原理，结合中国革命的敌人异常强大的严峻形势，认识到为了完成民主革命的任务，必须建立统一战线。

1922年7月，中共二大提出："联合全国革新党派，组织民主的联合战线，以扫清封建军阀，推翻帝国主义的压迫，建设真正民主政治的独立国家。"

根据党的二大制定的这一方针，中国共产党确定与国民党合作。

1924年1月，经过国共两党的共同努力，以孙中山为首的国民党召开了有共产党人参加的国民党第一次全国代表大会，制定了"联俄、联共、扶助农工"的三大政策，使旧三民主义发展成为新三民主义，并改组了国民党，使国民党成为各革命阶级的民主革命联盟，在中国革命史上国共两党实现了第一次合作。在政治上形成了广泛的民族革命统一战线，极大地推动了中国革命运动的发展。

1925年12月，毛泽东针对当时党内只注意同国民党合作，而忽视农民的运动右倾机会主义倾向和以张国焘为代表的只注意工人运动，而对农民忽略的"左"倾机会主义倾向，发表了《中国社会各阶级的分析》的文章。

毛泽东在这篇文章的开头写道："谁是我们的敌人？谁是我们的朋友？这个问题是革命的首要问题。中国过去一切革命斗争成效甚少，其基本原因就是因为不能团结真正的朋友，以攻击真正的敌人。"

毛泽东的这段话，可谓掷地有声，他开宗明义地说明了无产阶级政党在革命中组织统一战线的极端重要性，不能团结大多数，单凭自己一个阶级的力量，是不可能取得革命胜利的。

1927年，以蒋介石、汪精卫为代表的国民党右翼势力，先后背叛了革命，而当时共产党处于幼年时期，对统一战线缺乏认识，不懂得武装斗争在中国革命中的极端重要性，放弃了统一战线中的领导权，结果使轰轰烈烈的大革命遭受严重失败，中国共产党辛辛苦苦积聚起来的力量一下子损失超过百分之九十。

　　毛泽东在深刻总结大革命失败教训的基础上，创造性地提出了一条农村包围城市、武装夺取政权的革命道路。他强调，要取得革命胜利，必须建立中国共产党领导的无产阶级与农民阶级、小资产阶级、民族资产阶级乃至大地主、大资产阶级的不同程度的最广泛的统一战线。他把统一战线作为党的总路线、总政策的重要组成部分和克敌制胜的三大法宝之一。

　　1931年9月18日，日本帝国主义发动了侵略中国的九一八事变，中华民族同日本侵略者之间的矛盾上升为主要矛盾，国内各阶级的爱国志士拉开了抗日战争的序幕。

　　毛泽东认为，"日本帝国主义决定要变全中国为它的殖民地和中国革命现实力量还有严重的弱点，这两个基本事实就是当前新策略即广泛的统一战线的出发点"。"我们不要关门主义"，"只有统一战线的策略才是马克思列宁主义的策略"。

　　可是忙于对红军进行大规模"围剿"的蒋介石，对日军侵略中国的滔天罪行置若罔闻，采取不抵抗政策，并且提出"攘外必先安内"的方针。他还宣称："抗日必先剿匪，征诸历代兴亡，安内始能攘外。""中国亡于帝国主义，我们仍能当亡国奴，尚可苟延残喘，若亡于共产党，则纵肯为奴隶亦不可得。"

　　中国古训有言："一日纵敌，数世之患。"蒋介石放纵日本侵略行径，留给中华民族的祸患何其之大，耻辱何其之痛，教训何其之深。

　　由于拥有20多万兵力之众的东北军执行了蒋介石的"不准抵抗"命令，致使日军一周之内，轻而易举地占领了东北三省近百万平方公里的广袤大地。随后，继续向关内进攻，1933年1月占领了山海关，3月占领了热河全省，对于日本这一侵略行径，蒋介石却无动于衷。

日本帝国主义对中国的侵略，使中华民族同日本侵略者之间的矛盾上升为主要矛盾，阶级矛盾开始降为次要矛盾，国内各阶级的关系发生了新的组合。原来附和蒋介石反革命的民族资产阶级和其他中间势力也开始改变政治态度，要求抗日的呼声不断高涨。

1935年10月，毛泽东等率领工农红军第一方面军到达陕北，当时中央红军和陕北红军四面临敌。红军依然身处一个危机四伏的世界。

南面是杨虎城的十七路军和迎面而来"进剿"的张学良的东北军，西面是马步芳、马鸿逵的"马家军"，东面是阎锡山的晋绥军，再加上胡宗南率领的中央军，共六七十万人马，将红军围得水泄不通，实行"一围、二剿、三消灭"的战略。

蒋介石要消灭"共匪"，毛泽东要联合抗日。怎么办？

为了民族大义，也是为了红军的生存，初到陕北的毛泽东，即把建立抗日民族统一战线提上重要日程，他在主导成立了以周恩来为组长、叶剑英和李克农为副组长的"东北军工作委员会"的同时，不断挥笔给一些受命"围剿"红军的实力派人物写出一封封声情并茂的信件，动员他们加入抗日民族统一战线的行列。

1935年12月1日，毛泽东、朱德等28位红军高级将领联名致信蒋介石，希望他能和共产党联合抗日。

信中说："今日之事，抗日降日，二者择一。徘徊歧途，将国为之毁，身为之奴，失通国之人心，遭千秋之辱骂。""何去何从，愿先生熟察之。寇深祸亟，言重心危，立马陈词，伫候明教。"

这是以国为重、义正词严的劝告信，希望蒋介石放弃嫌隙，共同对敌。可是，蒋介石却把毛泽东的忠告视为软弱可欺，以为是向他求和，于是他速调30万大军对陕北红军进行"围剿"。

1935年12月，中共中央在陕北瓦窑堡召开政治局会议，毛泽东在会上对面临的形势作了深刻分析，同时批判了"左"倾关门主义，指出民族资产阶级有两重性：在民族危亡关头，有参加革命的可能性，同国民党统治营垒将会进一步分化。英美派买办集团在一定条件下，也将会被迫参加抗日。他号召全党要联合民族资产阶级和一切同盟者，调动浩浩荡荡的大军，建立广泛的抗日民族统一战线，同时要牢牢掌握领导权。

会议强调，中国政治生活中的各阶级、阶层、政党以及武装力量，会重新改变与正在改变着他们之间的相互关系。因此，党的策略路线是发动、团结与组织全中国全民族一切革命力量去反对当前的主要敌人：日本帝国主义及其走狗。

毛泽东对不同统战对象采取不同的策略，从中可以看出毛泽东从事统一战线工作的高超艺术。

毛泽东在分析国民党内情况时指出："国民党是一个复杂成分的党，其中有顽固派，也有中间派，也有进步派，整个国民党并不就等于顽固派。"顽固派还站在支持其党的政策地位，但在数量上只占少数，它的大多数党员并不一定是顽固派。"这一点必须认识清楚，才能利用他们的矛盾，采取分别对待的政策，用极大的力量去团结国民党的中间派和进步派。"

毛泽东在《论政策》中指出：要对于反对抗日的亲日派大地主大资产阶级和主张抗日的英美派大地主大资产阶级，加以区别；对于主张抗日又有动摇、主张团结又反共的两面派大地主大资产阶级和两面性较少的民族资产阶级和中小地主、开明绅士，加以区别。抗日民族统一战线与国际反法西斯统一战线密切相连，因而，在国际上也要采取利用矛盾、争取多数、反对少数、各个击破的策略原则。

瓦窑堡会议后，毛泽东在党的活动分子会议上作了《论反对日本帝国主义的策略》的报告。报告开门见山地把统一战线的策略和关门主义的策略进行对比："一个要招收广大的人马，把敌人包围而消灭之。一个则依靠单兵独马，去同强大的敌人打硬仗"。"我们要组织千千万万民众，调动浩浩荡荡的革命军，向民族的敌人进攻。我们一定不要关门主义，我们要的是置日本帝国主义和汉奸卖国贼于死命的民族革命统一战线"。此时党的策略由"反蒋抗日"逐步转向"逼蒋抗日"。

为了建立和发展广泛的抗日民族统一战线，中国共产党做了许多实际的工作。在陕北，不仅红军同原来正面对峙的东北军、十七路军实际上停止敌对行动，而且已开始通过各种渠道，同蒋介石和南京政府也在商洽停止内战、一致抗日的问题。

1936年3月1日，红军抗日先锋军司令员彭德怀、政治委员毛泽东发出《中国人民红军抗日先锋军布告》，指出："一切爱国人士，革命仁人，不分新旧，不分派别，不分出身，凡属同情于反抗日本帝国主义者，本军愿与之联合，共同进行民族革命之伟大事业。本军所到之处，保护爱国运动，保护革命人民，保护工农利益，保护知识分子，保护工商业。本军主张停止一切内战，红军、白军联合起来，一致对日，以一当十，是我精神；以十当一，是我实力。"布告还指出："有不明大义，媚外残民，甚至抵抗本军者，是自弃于国人，本军当以汉奸卖国贼论罪。"

1936年1月25日，毛泽东等发出红军愿同东北军联合抗日的《致东北军全体将士书》，指出逼蒋抗日是唯一出路，建议互派代表协商成立国民政府和抗日联军等问题，在东北军将领中产生很大震撼。随后，于3月间派李克农前往洛川同张学良会谈，达成口头协议。

这之前，毛泽东于1935年11月已派汪锋持其亲笔信，到西安面见十七路军总指挥杨虎城，做杨的工作，争取实现互不进攻，联合抗日。

1936年4月9日，周恩来与张学良在肤施（今延安）的天主教堂内秘密会谈。双方达成了互不侵犯，互相帮助，互派代表，加强部队的抗日救国思想教育等具体协议。张学良明确表示，同意停止内战，一致抗日，并愿意为红军行动让路，并把延安让给了中国共产党。

为了推动联蒋抗日方针的实现。毛泽东多次写信或致电给蒋介石、阎锡山以及宋庆龄、宋子文、蔡元培、何香凝、冯玉祥、傅作义、李宗仁、沈钧儒、邹韬奋等，说明中共抗日统一战线政策，力陈抗日救国大义，并在上海设立办事处，任命潘汉年、冯雪峰为正、副主任。

1936年8月10日，为了全国抗日民族统一战线的尽快建立，毛泽东致函章乃器、陶行知、邹韬奋、沈钧儒及全体救国会员，阐明中国共产党联合各党派共同抗日救国的决心和诚意。毛泽东在致函中说：

"我们愿意与任何军队、任何政党、任何派别合作，只要他们赞成准备抗日、反卖国贼和爱国运动的安全自由。"

"各政党各派在抗日救国旗帜之下，团结起来。排除一切相互敌意，互相忍耐，互相尊重，全民族统一战线就可以胜利完成了……可以战胜日本帝国主义和卖国贼；使中国民族脱离一切帝国主义的束缚，并达到全中国的真正民主的统一。因此，我们认为统一战线绝不是一个很短的暂时现象。"

8月13日，毛泽东再次致信国民党第十七路军总指挥、西安"绥靖"公署主任杨虎城将军，并派张文彬作为红军代表前去协商联合抗战的诸多事宜。

同一天，毛泽东致信杨虎城的同时，亦给国民党第十七路军总参议杜斌丞写去一信，呼吁"全国不分党派，一致团结御侮"，以求得"救西北救华北救中国……"

8月14日，毛泽东在保安的窑洞里一天写了7封信，分别致信韩复榘、张自忠、刘汝明、宋哲元、宋子文、傅作义、易礼容。其中韩、张、刘、傅以及宋哲元，皆为国民党当局镇守一方的军政首脑，毛泽东审时度势，尽可能寻觅抗战的同道中人。

一封信致国民党冀察政务委员长、国民党第29军军长宋哲元，促其"确立抗日决心，一面联合华北人民群众作兵力之准备，一面恢复1925年至1927年西北军光荣历史时期曾经实行之联俄联共政策，一俟时机成熟，实行发动大规模抗日战争……"

另一封信致国民党绥远省政府主席、国民党军第35军军长傅作义。

"日本帝国主义卧榻之侧，岂容他人酣睡！先生，北方领袖，爱国宁肯后人？保卫绥远，保卫西北，保卫华北，先生之责，亦红军及全国人民之责也。今之大计，退则亡，抗则存；自相煎艾则亡，举国奋战则存。弟等呼吁，要求全国各界一致联合，共同抗日，组织国防政府，抗日联军。人心未死，应者日多，抗日国存，光明渐启。近日红军渐次集中，力量加厚，先生如能毅然抗日，弟等决为后援。"

再一封信是致国民党政府全国经济委员会主席宋子文，呼吁"救亡图存，惟有复归于联合战线"，"南京当局改变其对外对内方针"；希望"排斥卖国贼汉奸，恢复贵党1927年以前孙中山先生之革命精神，实行联俄联共扶助农工三大政策……"同时指出："非惟救国，亦以自救"。

还有一封信写给在上海国民党控制的工会中工作的易礼容，

指出："现在局势，非抗日无以图存，非合作无以抗日"，希望他们"能发展一个有益于国有益于民的集体力量"。

这时潘汉年回到陕北向中共中央汇报了在南京、上海两地与国民党代表张冲会谈的情况。中共中央即委派潘汉年为中共正式代表，择时返回上海继续同国民党会谈。

9月1日，中共中央向全党发出《关于逼蒋抗日问题的指示》，指出"在日本帝国主义继续进攻，全国民族革命继续发展的条件下，国民党中央军全部或其大部有参加抗日的可能。我们总的方针应是逼蒋抗日"，即一方面继续揭露蒋介石退让、妥协、丧权辱国的言行，另一方面向他们提议要求建立抗日民族统一战线，举行两党谈判，订立抗日协定。同时也不放弃同各派抗日力量的联合，以促使逼蒋抗日方针的实现。

中共中央和毛泽东为推行抗日民族统一战线的政策，把争取东北军和十七路军作为逼蒋抗日的中心环节，以此来尽早实现全国的抗日民族统一战线的建成。

9月8日，毛泽东致信国民党政府驻甘"绥靖"公署主任朱绍良，指出"两党两军之间，无胶固不解之冤，有同舟共济之责。抛嫌释怒，以对付共同之敌"，以期促使其"同意统一战线"。

同一天，毛泽东致信国民党陕西省政府主席邵力子以及国民党军第三军军长王均，分别向他们明确提出尽快建立全国人民的抗日民族统一战线是当务之急。

为了能够使国民党在西北地区的驻军尽可能地积极投入到抗日统一战线中来，毛泽东还给东北军中的爱国将领、第67军军长王以哲写了一封情真意切的长信，重申了红军"抗日救亡"的主张，表明了"以全国与西北的有利形势，以东北军与红军的联合力量，绝不怕外间若何之风波也"的态度……

9月18日，潘汉年离开陕北赴沪不久，毛泽东又于9月22日致函曾指挥过淞沪抗战的国民党第十九路军总指挥蒋光鼐和军长蔡廷锴，指出："国难日亟，寇进不已，南京当局至今尚无悔过之心，内战持续如故，全国人民之水深火热又如故。瞻念前途，殷忧何极！"他又结合新的形势进一步指出"驱除日寇，挽救危亡，为期时不甚远"，并明确提出了"真正救国任务，必须有许多真正诚心救国之志士仁人，根据互相确信之政治纲领为联合一致之最大努力，方有彻底完成之望"。

毛泽东在同一天还写信给粤系、桂系军阀首脑李济深、李宗仁和白崇禧，指出"当前急务在于全国范围内停止内战一致对日"，"订立抗日救国协定，实属绝对必要……"

毛泽东并致信国民党甘肃省政府主席、国民党军第51军军长于学忠："先生热诚爱国，对日抗战早具同心，而西北停战议和，首先贵我两军停止自相残杀，实为刻不容缓……抗日合作成功之日，两军之利，抑亦民族国家之福也。"

同在9月22日，红军和张学良签署了《抗日救国协定》，红军与东北军、西北军停止敌对行动。西北地区从此出现了抗日大联合的局面。

庆幸之际，毛泽东夜不能寐，展望时局，随即又提笔致函中国民权保障同盟副主席蔡元培先生，希望他利用他的资望和地位，积极响应和推动统一战线的组成。

9月间，中共中央特派叶剑英为红军代表，常驻西安，协助张学良和杨虎城两军改造部队，准备抗日。

为了尽早停止内战一致抗日，促成全国的抗日民族统一战线的建立，毛泽东联名周恩来于10月5日致函张学良：

"中国共产党建议全国各党各派各界各军的抗日民族统一战

线已经一年多了，虽已得到全国人民的赞助，但中国国民党不但至今采取游移不决态度，而且当日寇正在准备新的大举进攻时，反令胡宗南军深入陕甘配合先生所指挥的部队扩大自相残杀的内战。我们正式宣言，为了迅速执行停止内战一致抗日主张，只要国民党军队不拦阻红军的抗日去路与侵犯红军的抗日后方，我们首先执行停止向国民党军队的攻击，以此作为我们停战抗日的坚决表示，静待国民党当局的觉悟，仅在国民党军队向我们攻击时我们才用自卫的方式予以必要的还击，这同样是为着促进国民党当局的觉悟。先生是西北各军的领袖，是内战与抗战歧途中的重要责任者，如能顾及中国民族历史关头的出路，即祈当机立断，立即停止西北各军向红军的进攻，并祈将敝方意见转达蒋介石先生速即决策，互派正式代表谈判停战抗日的具体条件。拟具国共两党抗日救国协定草案，送呈卓览。寇深祸急，愿先生速起图之。"

毛泽东给张学良的信函发出后，随即于10月15日，由苏维埃中央政府和红军军事委员会单方面发表了停战命令，决定一切红军部队停止对国民党军队的进攻，要求南京政府与红军携手抗日。

张学良接到毛泽东和周恩来的信后，认为这是中共中央对他的极大信任，表示愿以最大的勇气和最有力的方法"劝说"蒋介石抗日，并说："今后一切以劝蒋联共抗日为己任……"

蒋介石对共产党疑忌太深，提出"攘外必先安内"，铁心"剿共"，绝不回头，于是颁发了攻击红军的命令，逼迫张学良和杨虎城继续"剿共"。

12月5日，蒋介石带着政府要员和嫡系高级将领飞往西安，找张学良、杨虎城谈话，命令张、杨部队立即开往陕北前线"会剿"红军。此时蒋介石提出两个方案，让张、杨选择：

一是服从"剿共"命令，将东北军和第十七路军立即开赴陕北前线进攻陕北红军，中央军在后面接应督战。

二是如果不愿意"剿共"，则将东北军调往福建，第十七路军调往安徽，陕甘两省让给中央军自己"剿共"。

蒋介石的这两个方案，都是张学良和杨虎城所不愿接受的。他们认为这两条都是死路，进攻红军部队肯定会打败仗，势必将自己的实力消耗殆尽；离开西北，迟早会被蒋介石改编或吞并。张、杨二人下定决心：一不再打内战，二不离开西北。二人决定先行"苦谏"，万不得已即实行"兵谏"。

张、杨二人再三劝蒋以国家民族大义为重，请求停止内战，一致抗日。

而蒋介石就像是吃了秤砣铁了心，连连拍着桌子叫喊："现在你就是拿枪把我打死，我的'剿共'计划也不能改变！"

张、杨二人苦劝毫无结果，于是在12月12日凌晨实行了"兵谏"，扣押蒋介石，这就是震惊中外的"西安事变"。

西安事变是在中国共产党抗日民族统一战线政策影响下发生的，但发动事变是张学良和杨虎城商量决定的。

西安事变后，张学良护送蒋介石回南京被长期软禁，杨虎城先被解除兵权，后被蒋介石囚禁多年，1949年在重庆解放前夕惨遭杀害。

没有抗日民族统一战线政策，很难想象会有西安事变的发生，没有西安事变，很难想象会有国民党的转变。正如毛泽东断定的："西安事变成为国民党转变的关键。没有西安事变，转变时期也许会延长，因为一定要有一种力量来逼着他转变。"

西安事变把蒋介石抓起来的消息传到延安，陕北根据地各界人士欣喜若狂。因为这个大仇人杀了我们千百万共产党员和红军官兵及人民群众，不杀掉他难解心头之恨。

毛泽东高瞻远瞩，审时度势，从国家民族的长远利益出发，认为西安事变是争取蒋介石，促其抗日的天赐良机。如果西安事变不能和平解决，若是把蒋介石杀了，首先是国民党内部就会出现亲日派上台，他们恨不得杀了蒋介石。蒋一死就可以乘机夺权，重开内战，给日本帝国主义造成大举进攻的机会。当时，国民党里面的开明人士也看到了这个问题的严重性。所以对共产党以大局为重，和平解决西安事变的主张给予同情和支持。

1936年12月13日，中共中央政治局召开会议讨论西安事变问题。

毛泽东在会上首先发言指出："这次事变是革命的，是抗日反卖国贼的，它的行动，它的纲领，都有积极的意义。它没有任何帝国主义的背景，它完全是站在抗日和反对'剿匪'的立场上。它的影响很大，打破了以前完全被蒋介石控制的局面，有可能使蒋介石的部下分化转到西安方面来。我们对这次事变，应明白表示拥护。同时也要顾及到蒋介石的部下，如刘峙等可能进攻潼关，威胁西安，胡宗南也有可能向南移动。在兰州、汉中这些战略要点，我们应即部署。我们在政治上的步骤，应使张学良、杨虎城这些人物在行动上和组织上与我们一致，要派重要的同志去做工作。我们应以西安为中心，以西北为抗日前线，来影响和领导全国，形成抗日前线的中心。"

毛泽东作结论说："现在处在一个历史事变新的阶段，前面摆着很多道路，也有许多困难。为了争取群众，我们对西安事变不轻易发言。我们不是正面反蒋，而是具体指出蒋介石个人的错误，不把反蒋抗日并列，应该把抗日援绥的旗帜突出起来。"

12月17日，中央决定派周恩来等同志飞抵西安，同国民党谈判，做统一战线的工作，迫使蒋介石接受停止内战、联合抗日的条件。同时说服张学良、杨虎城释放蒋介石，使西安事变得到和平解决，对全国和世界有很大的震动，这是共产党统一战线工作的一大胜利。

西安事变在两个问题上给了蒋介石很大震动：它显示了全国范围内，包括国民党营垒内部，实现团结抗日的要求已何等强烈。这以前，十九路军淞沪抗战、察哈尔抗日同盟军、福建事变、两广事变等一连串事件表明，在严重的民族危机的刺激下，国民党内部的抗日要求已很难压抑得住。这一次，一向表示服从蒋介石命令的东北军和十七路军，竟会以如此激烈的方式进行"兵谏"，要求抗日，不能不让蒋介石产生深刻的思考。

不久，1937年3月的国民党五届三中全会上，联名要求恢复联俄、联共、扶助农工三大政策的，有宋庆龄、何香凝、冯玉祥等，还有国民党元老张静江、李石曾、孙科、李烈钧等，反映出这种要求的普遍程度。英、美两国在事变发生时，不赞成讨伐张、杨，而主张和平解决。蒋介石的澳籍顾问端纳到西安见蒋介石时，对他说："中国现在东三省亡了几年，大家要抗日，只等你的命令，为什么会自己干自己，而不用力对付敌人？"这些，对蒋介石都有影响。

中国共产党人在西安事变中力主和平解决，周恩来在西安同蒋介石谈话，充分表明中国共产党在事变中不是乘蒋之危，而是有着团结抗日的诚意。国民党五届三中全会时，中共中央又提出五项要求和四项保证，这是一个重大的原则性让步。"其目的在于取消国内两个政权的对立，便于组成抗日统一战线，一致反对日本的侵略"。这对国民党下决心实行政策上的转变又是一个有力的推动。

2. 庐山谈话

1937年7月7日夜，日军在北平西南的卢沟桥附近借军事演习之名向中国驻军寻衅，并以一名士兵失踪为借口，要求进入宛平县城搜查。日方的无理要求遭到中方的拒绝。当交涉还在进行时，日军即向卢沟桥一带的中国驻军发动攻击，并炮轰宛平县城。中国驻军第二十九军一部奋起抵抗。卢沟桥事变又称七七事变，标志着全民族的抗日战争开始。

卢沟桥事变一发生，中国共产党就表示出十分鲜明的态度。中共中央在第二天发出了《为日军进攻卢沟桥通电》，向全国大声疾呼："平津危急！华北危急！中华民族危急！只有全民族实行抗战才是我们的出路。""全国同胞、政府与军队团结起来，筑成民族统一战线的坚固长城，抵抗日寇的侵略！国共两党亲密合作，抵抗日寇的新进攻！""全国上下应该立刻放弃任何与日寇和平苟安的希望与估计。"

同一天，毛泽东、朱德、彭德怀等红军领导人致电蒋介石，表示红军将士愿意"为国效命，与敌周旋，以达保卫国土之目的"，要求以"御侮抗战之旨，实行全国总动员，保卫平津，保卫华北，收复失地"。

为了进一步表示中国共产党团结抗战的诚意，7月15日，周恩来到庐山向蒋介石提交了《中共中央为公布国共合作宣言》，提出迅速发动全民族抗战、实行民主政治和改善人民生活的三项基本纲领，同时向全国郑重宣告：中国共产党和红军愿为彻底实现孙中山的三民主义而奋斗；取消推翻国民党政权和没收地主土地政策；取消苏维埃政府；取消红军名义及番号，改编成国民革命军并待命出征。

7月15日至20日,蒋介石在庐山主持召开谈话会,共有150多名各党派代表、学者名流与会。中共代表周恩来、博古、林伯渠等参加国民党召开的全国性会议。

7月17日,蒋介石发表庐山谈话:"我们东北四省沦陷,已有6年之久。现在冲突地点已经到了北平门口的卢沟桥,如果卢沟桥可以受人压迫强占,那么我们五百年的古都、北方政治文化中心和军事重镇北平就要变成沈阳第二!今日的北平如果变成昔日的沈阳,今日的冀察亦将成为昔日的东四省。北平可变成沈阳,南京又何尝不可变成北平!"

他还说:"在和平根本绝望之前一秒钟,我们还是希望和平的,希望由和平的外交方法求得卢沟桥事变的解决。"但他也明确宣称:"如果战端一开,就是地无分南北,人无分老幼,无论何人,皆有守土抗战之责任,皆应抱定牺牲一切之决心。"

庐山谈话是蒋介石一生中影响最大的一次政策性正面谈话。对南京政府来说,表明了南京政府和国民党已经下了抗战的决心。对中华民族来说,表明了全国性投入抗战;对蒋介石个人来说,表明了他已把西安事变时作出的政治承诺变成了政治现实。

中共中央军委主席毛泽东特意发表了谈话,对庐山谈话予以肯定。作为蒋介石多年对手的毛泽东来说,这一谈话"确定了准备抗战的方针,为国民党多年来对外问题上的第一次正确的宣告。因此,受到我们和全国同胞的欢迎"。

庐山谈话表明,作为中国当时的最高统治者,面对日寇的侵略罪行,在中国共产党和爱国民主力量的推动下,蒋介石终于同意进行第二次国共合作,组成广泛的抗日民族统一战线,一致对付侵略者。

9月22日，国民党中央通讯社公开发表了《中共中央为公布国共合作宣言》。这表明，国民党在事实上承认了中国共产党在全国的合法地位。

至此，以国共合作为基础的抗日民族统一战线正式形成。

毛泽东对此指出："这在中国革命史上开辟了一个新纪元。这将给予中国革命以广大的深刻影响，将对打倒日本帝国主义发生决定作用。"

第二次国共合作，是国共两党关系史上共同谱写的光辉篇章；是中国社会基本矛盾和民族矛盾发展到一定阶段，在半殖民地半封建社会、日寇侵华这一特定背景下，中国社会演变的必然产物；是中国共产党制定实施切实可行的民族统一战线政策的重大成果；也是国民党蒋介石集团在政治上朝向有利于人民、有利于民族转变的必然结果。

国共再次合作，是日本帝国主义逼出来的，没有日本侵略，没有丧师失地的民族危机，蒋介石不会放弃反共反人民的基本政策路线；是中国共产党争来的，毛泽东、周恩来等中共领袖们运用高超的斗争艺术，使用赶驴上山的策略，敦促蒋介石走上了抗日救国的道路。

3. "团结百分之九十"

国际青联是著名的国际进步学生组织，中国抗战全面爆发后，他们成立了访华代表团，代表团有4人组成，团长是英国人柯尔曼，团员包括加拿大人雷克南、英国人傅路德、美国人雅德。到中国先后访问了汉口、杭州、南昌、重庆等10多个地方，然后在汉口与八路军办事处取得了联系，于1938年6月29日到达延安访问。

代表团到达延安，受到万名延安群众的热烈欢迎，受到毛泽东的亲切接见。

代表团来到延安，最主要的任务是访问抗大。7月3日，抗大举行了隆重的仪式，授予了他们4人"游击博士"学位称号，并赠予纪念章。八路军还送给他们每人一套军装、一顶缀有红星的红军八角帽、一根皮带及一双草鞋，他们很高兴地当场穿戴起来。对于这种荣幸，团长柯尔曼激动地说："我活了24岁，今天是我最光荣的一天。"

许多奔赴延安的人们，看到的共产党人是无处不在的对崇高信仰的躬身实践。一位当年访问延安的美国人约翰·科林深有感触地说："我被共产党人为目标奋斗的精神所感动，人们在空气中可以嗅到这种气息。"

之后，他们还参观了鲁艺、印刷厂、报社、边区高等法院和监狱。延安整体上给他们留下了美好印象，就像他们自己所说："到中国后，特别在延安看到了中国共产党对统一战线的忠实行动，看到了延安人民抗日热情的高涨，真出乎我们的意想。在此把各党派、各阶层团结得像一个人一样，真使我们世界青年兴奋极了。"

延安的磁场效应是中国共产党统一战线工作的巨大成功。

何以天下人心归延安？答案不言自明——自由的空气、清澈的河水、革命的圣地、光明的未来、立志救中国于水深火热的伟大抱负。

1939年10月，毛泽东在《〈共产党人〉发刊词》中提出："统一战线、武装斗争、党的建设是中国共产党在中国革命战争中战胜敌人的三个重要法宝。"

他还对三个法宝的意义及相关关系作了科学的阐述。他说：

统一战线是密切联系党的政治路线的。党的失败和胜利，党的后退和前进，党的缩小和扩大，党的发展和巩固，都联系着党能否正确处理好统一战线问题。正因如此，毛泽东认为统一战线不是可有可无的，而是必须巩固和扩大的。建立了革命统一战线，就可以联合一切可以联合的力量，集中打击主要的敌人。

据周恩来回忆："毛泽东对我们共产党的许多干部谈，你们每天写日记，不要写别的，就只写一句'团结百分之九十'就行了。"周恩来由此想到，"在毛泽东的领导下，争取大多数为着共同事业奋斗，消灭反动统治，这一政策的运用是我们最大的成就"。

要建立革命的统一战线，就必须争取大多数，把绝大多数可以团结的力量团结到自己的周围。而这种争取，并不是一件容易的事，既要消除自己内部同志的各种模糊认识，使他们重视统一战线，并在实际行动中落实统一战线的各种主张，又要采取各种措施，争取同盟者，使他们愿意并乐于与我们合作。毛泽东就是这样一位善于结交同盟者，善于开展统一战线工作的大师。

在毛泽东的正确领导下，我们党相继建立了国民革命联合阵线、工农民主统一战线、抗日民族统一战线、人民民主统一战线等，这些统一战线，为我们党成功实现自己的奋斗目标奠定了重要的基础。

中外著名的新闻记者范长江，在以毛泽东为首的党中央的团结抗日精神的感召下，由一名富有正义感的进步新闻工作者，锻炼成为无产阶级优秀新闻战士的典范。范长江，本名范希天，原是上海《大公报》的记者，他在1935年7月至1936年5月，沿着中国工农红军长征的部分路线，进行了西北地区4000余公里路程的考察旅行。那时，由于国民党反动派的新闻封锁，国内外都不了解红军长征的真实情况。经过他客观公正地将这些情况在《大公报》上公之于众后，在全国引起了很大轰动。他成为国统区第一个报道红军长征真实情况的新闻记者，比美国记者斯诺1936年6月进入陕北报道红军长征要早近一年的时间。

1936年12月西安事变和平解决以后，范长江又于1937年2月到西安和延安采访。2月9日晚，毛泽东在窑洞里接见了范长江，谈了一个通宵。毛泽东详细地阐述了中国革命的多方面问题，特别是详细阐述了党的抗日民族统一战线的总路线、总政策问题，使范长江茅塞顿开，解决了多年来没有解决的阶级斗争和民族斗争的矛盾问题。范长江当即要求长期留在陕北，一面继续学习，一面大量收集材料，以便写几本大书，宣传中国共产党和红军的主张和事迹。

毛泽东从团结抗日的全局出发，认为根据当时全国的迫切需要，应尽快把中国共产党的抗日民族统一战线的主张向全国宣传，广泛动员群众，促成抗日民族统一战线，以便进行对日抗战。因此，希望范长江能够在四天之内即在国民党召开的五届三中全会之前赶回上海，设法利用《大公报》当时在舆论上的比较重要的地位，宣传共产党在当时最重要的政策。范长江接受了毛泽东的劝告，第二天便匆匆离开延安，在第五天的《大公报》上就发表了《动荡中的西北大局》一文，具体地报道了西安事变的真相，并反复地宣传中共抗日民族统一战线政策。这使蒋介石大发雷霆，而使全国为之轰动。

毛泽东于3月29日特地致信范长江，表示"那次很简慢你，对不住得很！你的文章我们都看过了，深表谢意"。

在抗日战争初期，当范长江要求派《大公报》记者进入山西的八路军驻地采访时，毛泽东立即去电告诉派往山西等地做统一战线工作的代表彭雪枫，委派他转告范长江："欢迎《大公报》

派随军记者，欢迎范长江先生。"当范长江对国共两党合作出现新的矛盾一时困惑不解时，毛泽东于1938年2月15日又亲自给他写了一封长信，恳切地表示："两党的事不是两党私事，而是国民公事，先生于此关心至切，钦佩不已。远承下问，略述鄙见，尚希进而教之。"

这期间，范长江的思想产生了飞跃的进步，积极要求加入中国共产党。1939年5月由周恩来介绍，经党中央批准，为了便于范长江在国民党统治区和香港等地从事工作，秘密地吸收他加入共产党组织。

1942年1月10日，日军占领香港两周后，范长江历尽艰险辗转抵达苏北根据地，写了三篇通讯寄到延安。毛泽东立即要《解放日报》以《名记者范长江报道苏北根据地观感》为题，于9月6日一版左上角刊登了其中的两篇。9月15日，毛泽东致电新四军代理军长陈毅表示："范长江头两篇通讯很好，已载《解放日报》及广播，第三篇不适当，故未发表，请向他说明目前政策，并代我向他致慰问。"不久，范长江到达延安，为《解放日报》和新华社做了大量的工作。

1939年蒋介石搬弄是非，捏造事实，歪曲国民党在陕甘宁边区制造摩擦真相，引起海外华侨的不安。著名华侨领袖、名扬中外的实业家和爱国教育家陈嘉庚，决定亲自率慰问团回国考察。

在国民党人中，陈嘉庚是一位"财神爷"，在南洋具有一呼百应的威望，于是对待陈嘉庚率团到重庆，国民党官员又捧又拉，关怀备至。蒋介石请他吃了一顿花费800大洋的盛宴，想以此赢得陈嘉庚的好感，并劝阻他不要去延安。

虽经国民党多方阻挠，但陈嘉庚访问延安的决心不变，1940

年6月1日，他终于抵达延安，受到毛泽东和延安居民的热烈欢迎。到延安的第二天，毛泽东在自己的窑洞里接见并单独"宴请"了他。

说是"宴请"，实际上就是普普通通的家常便饭。吃饭的地点，在毛泽东的窑洞门口摆了一张桌子，这个桌面上不平，上面铺了一张纸，纸铺了以后，菜还没有端上来，风把纸吹走了，于是干脆这张纸也不要了。

毛泽东用自己种的豆角、西红柿招待陈嘉庚，只是特地上了一味鸡汤，整顿饭算下来也就1.5元。毛泽东说："我没有钱买鸡，这只鸡是邻居老大娘知道我有远客，送给我的。"

为人正直、尊重事实的陈嘉庚，经过8天的访问，通过同毛泽东、朱德等领导人的交谈，他亲自走上街头，深入市场，察看边区政府政策执行情况。他发现路边大小商店大多数都是私人开的，男女衣着朴素，部队种地种菜，边区治安良好，没有贪官污吏，没有叫花子，"在那里人人平等，相亲相爱，有如兄弟。"通过所见所闻，他的认识有了明显的变化，对延安方面由最初的怀疑而转为了赞许和信任。他感慨万分地说："我来延安时，对中国的前途甚为悲观，以为中国的'救星'尚未出世或还在学校读书，其实此人已经四五十岁了，而且做了很多大事了。此人现在延安，他就是毛泽东。"

考察回去后，陈嘉庚从政治、经济、社会风气等方面把延安和重庆作了对比，发出了感慨："得天下者，共产党也，中国的希望在延安。"新中国成立后，陈嘉庚发自肺腑地说："就毛主席而言，文武才干，英明智慧，不但为我国历史所未有，亦为世界所仅见。"此言是发自一位爱国华侨内心的心灵写照。

1945年5月，国民党六大决定召开一党包办的"国民大会"，以此对抗中国共产党建立民主联合政府的主张，并加紧准备反共反人民的内战。在这种情况下，中国共产党于1945年6月16日发表严正声明，坚决反对国民党所谓的"国民大会"，并宣布不参加即将召开的国民参政会。

国共两党的尖锐对立和斗争，引起部分民主人士深深忧虑。他们希望协调国共重新合作，共同抗战。

蒋介石方面看到共产党不参加国民参政会，无法向美国交代，更无法向爱国民主人士和人民群众交代，所以希望有人出来游说，催促共产党人出席会议。

在这种情况下，国民参政会6名参政员褚辅成、黄炎培、冷遹、傅斯年、古舜生、章伯钧于6月2日致电毛泽东、周恩来，表达他们访问延安的愿望。

为了进一步揭露国民党独裁、内战的政策，阐述共产党的政治主张，毛泽东、周恩来收到参政员的电报后，当即决定向他们发出邀请，邀请他们来延安商谈国是。

这些参政员都是旧知识分子和党派领袖，大多数年龄偏大，平均年龄60岁，政治上属于中间派，与民族资产阶级、小资产阶级有广泛的联系，在社会上有地位、有威望、有影响。

1945年7月1日，6位参政员由重庆飞赴延安。

中共中央领导人隆重地接待了他们，到机场迎接的有毛泽东、周恩来、刘少奇、朱德等30多人，并一一握手致意。

延安对他们的到来，准备得细致周全，安排了盛大的宴会和文艺演出，高级干部轮流作陪。

7月2日下午，毛泽东、周恩来、林伯渠、刘少奇、张闻天、任弼时、王若飞与6位参政员举行了正式会谈。

会场气氛坦率、自然、诚恳。双方各抒己见，畅所欲言，共商国是，十分融洽。黄炎培等谈到了来延安的目的，谈到了对国际国内形势的看法，谈到了对国共两党团结问题的建议等。双方虽然在一些重要问题上有不同意见，但在"国民大会"这个问题上，意见相当统一。

当双方谈到国共有没有希望重新商谈时，毛泽东风趣地说："双方的门没有关，但门外有一块绊脚的大石头挡住了，这块大石头就是国民大会。"引来了一阵笑声。

经过几次会谈，双方在停止"国民大会"进行和从速召开政治协商会议这两点上达成了统一意见。

正式会谈结束后，参政员们还阅读了陕甘宁边区政府施政纲领，参观了延安市容、供销合作社、供应总站、信用合作社、银行、延安大学、光华农场以及宝塔山等名胜古迹。

延安上下一致、同心同德的精神面貌，夜不闭户、路不拾遗的社会风气，各项事业蒸蒸日上的发展气势，都给他们留下了良好的印象。共产党并不是国民党所说的"土匪"，他们个个稳重、朴实、谦逊、诚恳，说话有见地，学识不浅，生活在他们中间，感受到古人所说的"如沐春风"。

在这次访问中，黄炎培敞开心扉与毛泽东促膝长谈。黄炎培坦率地说："我生六十多年，耳闻的不说，所亲眼看到的，真所谓'其兴也勃焉'，'其亡也忽焉'。一人、一家、一团体、一地方，乃至一国，不少单位都没有能跳出这周期率的支配力。大凡初时聚精会神，没有一事不用心，没有一人不卖力，也许那时艰难困苦，只有从万死中觅取一生。既而环境渐渐好转了，精神也渐渐放下了。"

"有的因为历时长久，自然地惰性发作，由少数演变为多数，到风气养成，虽有大力，无法扭转，并且无法补救。也有为了区域一步步扩大了，它的扩大，有的出于自然发展，有的为功业欲所驱使，强求发展，对干部人才渐渐竭蹶，艰于应付的时候，环境倒越加复杂起来了，控制力不免趋于薄弱了。一部历史，'政怠宦成'的也有，'人亡政息'的也有，'求荣取辱'的也有。总之，没有能跳出这个周期率。中共诸君从过去到现在，我略略了解的了，就是希望找出一条新路，来跳出这个周期率的支配。"

这是黄炎培本人观察社会、观摩历史的真知灼见，也饱含着他对中国共产党的期望。

毛泽东想了想，自信地说："我们已经找到了新路，我们能跳出这个周期率。这条新路，就是民主。只有让人民起来监督政府，政府才不敢松懈；只有人人起来负责，才不会人亡政息。"

毛泽东的话给了黄炎培很大的启发，使他开阔了眼界，看到了中国光明灿烂的前景。

他说："这话是对的，只有把大政方针决之于公众，个人功业欲才不会发生。只有把每个地方的事，公之于每个地方的人。他才能使得地方得人，人人得事。用民主来打破周期率，怕是有效的。"

7月5日，黄炎培等6位参政员离开延安返回重庆。

黄炎培这位著名的老教育家因延安之行大开了眼界，澄清了他的许多模糊思想，使他从朦胧中看到了光明灿烂的前景，鼓舞了他追求真理的勇气。他回到重庆到处作报告，讲他在延安的所见所闻，还在短时间内写成了《延安归来》一书，初版印了两万册，几天内被抢购一空，成了轰动一时的畅销书。他还以事实告诉大家，边区是多么自由、民主，多么温暖、光明，共产党的领袖和将领又是多么温文尔雅。这无异于告诉人们，中国的希望在延安。

1945年8月至10月，毛泽东在重庆同蒋介石谈判中，黄炎培和毛泽东有10余次的会面和家宴，这是他和毛泽东交往的续篇。

1949年2月，黄炎培在地下党的帮助下，逃离了国民党的严密监视，潜离上海经香港转赴解放区，于3月25日平安到达已经解放的北平，展开了他生命史上的新的一页。

一批又一批各方人士到延安考察访问，向社会揭示了延安的真相，并得出结论："未来的光明之路将由共产党指引"，这无疑是毛泽东民族统一战线策略结出的硕果。

毛泽东与续范亭结下深厚友谊。续范亭，山西省崞县（今原平）人。作为早年的同盟会会员，辛亥革命时就担任了革命军山西远征队队长，后任国民军第六混战旅旅长及国民联合军事政治学校校长，再任陆军新编第一军中将总参议。

1935年冬天，续范亭千里迢迢从兰州来到南京，带着一路风尘，更带着一身正气，迈着沉重的步伐直奔中山陵。他默默地吟哦着："谒陵我心悲，哭陵我无泪。瞻拜总理陵，寸寸肝肠碎。战死无将军，可耻此为最。觍颜事仇敌，瓦全安足贵？"宁为玉碎，不为瓦全，士大夫杀身成仁的思想根植于续范亭的人格秉性之中，当他走向最后一级台阶，跪拜于总理墓前时，仰天长叹，拔剑自剖，以死而谢天下。幸运的是，续范亭剖腹自尽并未成功，最后被送到中央医院抢救转危为安。

被救的续范亭终于在自己的灵魂深处把一个时代一个王朝送进了思想的坟墓，他所选择的复活再生的道路，是跟随共产党、跟随毛泽东进行抗日救亡运动。

对于续范亭的人品，对于这位"背上棺材抗战"的民主人士，毛泽东始终是钦佩的。他们的第一次见面是1939年5月，续范亭时任第二战区民主革命战地总动员委员会（简称"战动总会"）主任委员。这年3月，阎锡山在陕西宜川扶林镇召开第二战区军政民高级干部会议，强令取消"战动总会"，破坏统一抗战。会上，续范亭进行了坚决抵制。会后，续范亭借道延安，向毛泽东专门通报会议情况，与毛泽东亲切交谈，从此两人结下了深厚的友谊。续范亭曾经作诗一首给毛泽东："领袖群伦不自高，静如处子动莫豪。先生品质难为喻，万古云霄一羽毛。"毛泽东读罢，复信给他，表示将"不自高"三字当作自己的"座右铭"。

1941年初，续范亭由晋西北来延安治病，毛泽东亲率领导人迎接，当听说一种珍贵西药疗效很好后，便数次打电报给远在重庆、香港的周恩来、廖承志，要求一定要千方百计设法购买。药买到后，又专门致信续范亭予以抚慰。同年年底，陕甘宁边区第二届参议会第一次会议在延安召开，会议闭幕之际，毛泽东特意请列席会议的续范亭讲话。目睹并亲身体验边区生活的续范亭深受感动，十分感慨说："我为中国革命奔走了几十年，始于今日目睹边区广大人民当家作主，真正看见了新中国光明前途，因为有了共产党的领导，有中国劳苦群众和先进人士的保障，中国革命一定能取得胜利。我们应该感谢共产党，感谢毛主席！"看得出，续范亭真心佩服共产党，对毛泽东的领导衷心地赞颂。

4. 蒋介石摆的鸿门宴

1945年8月28日下午3点，毛泽东、周恩来、王若飞在张治中、赫尔利的陪同下，乘专机到重庆与蒋介石进行和平谈判。

毛泽东到达重庆后，在张治中陪同下，国民党要员在酒会大厅夹道欢迎，毛泽东穿过欢迎的夹道，走到孙中山像前，深深三鞠躬。

见毛泽东行礼已毕，国民党元老戴季陶发问："怎么，中国共产党主席也拜中国国民党的先总理了？"

毛泽东："当然要拜。"

戴季陶："哦？不是一家人，倒拜起一个祖宗来了？"

毛泽东："中山先生于公，是领导民主革命，推翻帝制的领袖，只要是中国人，都该怀念尊敬他老人家。于私，我年轻时，也曾在国民党中央工作过，当时多蒙先生教诲，至今记忆犹新，不敢稍忘。至于说党派之见，戴先生想必还记得中山先生当年亲自制定的联俄、联共、扶助农工之三大政策吧？国共那时就是一家人，在中山先生那里，又何来什么党派之见？"

"说得好！"张澜第一个叫起了好。

不少宾客也纷纷首肯。

戴季陶不禁面露尴尬。

毛泽东转向众人："先生为我中华奋斗一生，留下和平建国之未了遗愿，作为后辈，泽东今日能前来重庆，参与和谈，为我中华和平建国之大业略效绵薄，正是继承先生遗志，完成先生心愿的最好方式，大任在肩，遥思先贤，又岂能不拜中山先生？"

"好……说得好……"全场响起热烈掌声。

毛泽东在重庆的43天中，同蒋介石直接会谈6次，并广泛会见了各方面人士，其中有国民党当权的左、中、右派，还有大批民主党派著名人物以及政界、军界、工商界、妇女界、文化界中具有各种倾向的代表人物；会见了几个国家的驻华使节；会见了中外记者，还会见过美国驻华第十四航空队的三名士兵。会见中，同他们交流了政治见解，介绍了中共的主张和实际情况，宣传了中国共产党的民族统一战线的政策策略，同时也了解了大后方及国内外人们的情况和想法。

8月30日，毛泽东在周恩来陪同下，拜访了中国民主同盟主席张澜。毛泽东和张澜在这次来重庆之前从没见过面，但他们神交已久。毛泽东向张澜详细介绍了解放区开创和建设情况，解释了中共中央政策主张。张澜担心地对毛泽东说："蒋介石摆的鸿门宴，他哪里会顾得上一点信义！前几年我告诉他：'只有实行民主，中国才有指望。'他竟威胁我说：'只有共产党才讲实行民主。'现在国内形势一变，他也喊起'民主'来了。"毛泽东说："民主也成了蒋介石的时髦货！他要演民主的假戏，我们就来他一个假戏真做，让全国人民当观众看出真假、分出是非，这场戏也就有价值了。"

9月2日，张澜又以民盟的名义，在"民主之家"特园，宴请毛泽东一行。沈钧儒、黄炎培、解英、张申府、左舜生陪同招待。毛泽东一进门就说："这是民主之家，我也回到家里了。"

经过几番交谈，张澜推心置腹地对毛泽东说："你们应当坚持的，一定要坚持，为中国保留一些净土。"还说："已经谈拢了的，就应该公开，免得蒋介石以后不认账。如果你们有所不便，我可以给国共双方写一封公开信，好让全国人民监督。"

毛泽东点头赞许，赞誉张澜先生是"老成谋国"。

对国民党内的各派人物，毛泽东进行了广泛接触。他说："国民党是一个政治联合体，要作具体分析，也有左中右之分，不能看作铁板一块。"就是对一向反共的陈立夫、戴季陶等，他也前去拜访。

9月20日，他在秘书王炳南的陪同下去看陈立夫。毛泽东与陈立夫会见多次，然而这次见面，两人展开了一场精彩的舌战。

双方见面后，毛泽东首先以充满情谊的语调回忆起第一次国共合作、两党一起北伐反帝反军阀的情景。那是国共两党"一段蜜月期",想让陈立夫也回忆以往两党风雨同舟的岁月,以打消陈立夫对共产党的敌对情绪,然后,再谈两党这次合作的问题。但是陈立夫对共产党的偏见很顽固,不想回忆过去,他想找机会劝毛泽东放弃共产主义,信仰三民主义,现在是时候了。他便以委婉的口气对毛泽东说:"实际上国共两党的问题很好解决,只要中共放弃外国的思想观念,放弃马列主义,信奉孙中山的三民主义,其他问题都好办。"

毛泽东一听,边笑边说:"孙中山的三民主义是联俄、联共,你们的三民主义却是反共、'剿共'的错误政策,这种政策怎么能让我们信奉呢? '所谓石头过刀,茅草过火',厉害得很啦。我毛泽东被逼得东奔西跑,好不难堪哟……这段历史你经历了吧?""而国民党'剿共'的结果,却同时引进了日本帝国主义侵略,险些导致亡国的祸害,这一段教训难道不发人深省吗?"毛泽东的话句句在理,说得陈立夫无语以对,毛泽东看陈立夫一副难堪的样子,便说:"看来你们的三民主义还是不行,我们也不能信奉啊。"

陈立夫是经过大场面的,他见说不过毛泽东,便从另一个方面提出问题:"一国之中不能有多种政权,现在抗战胜利了,你们应该放弃贵党的武力政权。"

对此,毛泽东毫不让步,坚决予以反驳,他说:"所谓武力政权是你们逼出来的。我们上山打游击是国民党'剿共'逼出来的,是逼上梁山。就像孙悟空大闹天宫,玉皇大帝封他为弼马温,孙悟空不服气,自己鉴定是齐天大圣。但是你们连弼马温也不给我们做,我们只好扛枪上山。"

毛泽东在谈吐自如中,对国民党反共反人民的政策加以批评，同时坦诚地向陈立夫介绍了中国共产党对国内时局的主张，并表示希望国共合作，共同建设自己的国家，请陈立夫为两党合作，实现国内和平多做工作。陈立夫不得不服气，毛泽东的话句句在理，并表示要对这次国共和谈"尽心效力"。

10月11日上午毛泽东回到延安，在《关于重庆谈判》的报告中，谈到这方面的感受："这次重庆谈判，我们取得了三方面的重大成果：第一，向全国各界宣传了我党的主张，树立了我党的和平形象；第二，团结了一大批民主人士，争取了最广泛的同盟军；第三，也是最重要的一点，我们第一次在国民党那里取得了对等谈判的地位。老蒋过去一直以中央自居，不把我们放在眼里，这次能跟我们平等地坐在一张桌子上，签订和平协议，这就是最大的成果。

"当然了，现在签订的还只是原则性协议，不少具体问题双方争议依然很大，尤其是在解放区和人民军队这两个核心问题上，尽管我们作出了巨大让步，蒋介石还是不肯轻易认这个账啊。"

毛泽东在报告中还谈道："我们这次在重庆就深深感到各界人士和广大人民热烈地支持我们，他们不满意国民政府，把希望寄托在我们方面。我们看到许多外国人，其中也有美国人，对我们很热情！我们在全国、全世界有很多朋友，我们不是孤立的。"

5.国事，不是一党一派的私事

民主人士是一支不可忽视的政治力量。他们或是政治舞台上某个党派的领头人物，代表一定的政治势力；或是知名的社会活动家，能影响社会民众的心理；或是文化界知名人士，可左右社会舆论的走向。这些人虽然崇尚正义，但不是共产主义者，而且性格上各有特点。如何调动他们，使他们成为我们的支持者，也不是一件容易的事。历史上许多统治者和叱咤风云的政治人物，往往对这些人物一筹莫展，无可奈何，而毛泽东能像磁铁一样，把这些人紧紧地吸引在自己的周围。

因为毛泽东能客观地看到他们的长处，既从团结的角度，也从发挥他们自身才干的角度，对他们广开言路，与他们共商国是，积极听取他们对革命和建设方面的看法和建议，从而在党内和党外呈现出各党派民主平等的良好氛围。毛泽东、中国共产党这种与民主党派"长期共存、互相监督、肝胆相照、荣辱与共"的相处方式，互相学习、共同促进、共商国是的民主方式，达到了凝聚人心的目的。

1948年4月30日，中共中央发布具有重大历史意义的纪念五一劳动节的口号。毛泽东在审定初稿时作了重要修改：将初稿的第5条"工人阶级是中国人民革命的领导者，解放区的工人阶级是新中国的主人翁，更加积极地行动起来，更早地实现中国革命的最后胜利"，修改为"各民主党派、各人民团体及社会贤达，迅速召开政治协商会议，讨论并实现召集人民代表大会、成立民主联合政府！"。将第23条"中国人民的领袖毛主席万岁"划掉；将第24条"中国劳动人民和被压迫人民的组织者，中国人民解放战争的领导者——中国共产党万岁"，修改为"中华民族解放万岁"；将初稿24条，删减为23条。"五一口号"很快传遍海内外，引起巨大反响。

5月1日，毛泽东致函民革中央主席李济深、民盟中央常务委员（在香港主持盟务）沈钧儒，提出"拟订民主联合政府的实施纲领，其已成为必要，时机亦已成熟"；提议由中共中央、民革中央、民盟中央发表联合声明倡议召开政治协商会议，"一切反美帝反蒋各民主党派、人民团体，均可派代表参加"。他还分别给10多位民主党派领导人写信，商讨召开新政协和建国大业问题。

从1948年8月起，根据毛泽东指示，在周恩来的周密安排之下，原国民党统治区的各民主党派、爱国民主人士和海外华侨代表陆续进入东北和华北解放区；北平解放后，各民主党派及爱国民主人士又会合到北平。根据毛泽东的提议，各种全国性的人民团体也相继建立起来，使新政协的召开有了广泛的社会基础。

1949年1月22日，李济深、沈钧儒、马叙伦等民主党派领导人和无党派民主人士55人联合发表《对时局的意见》，一致认定中共提出的关于召开政治协商会议、成立联合政府的主张"符合全国人民的要求"，并表示"愿在中共领导下，献其绵薄，共策进行"。这表明，中国各民主党派自愿接受中国共产党的领导，拥护建立人民民主的新中国。

民主党派参加新政协，将在新中国参政，这标志着民主党派地位的根本变化。他们在中国共产党的领导下，和共产党一道担负起管理和建设国家的历史重任。从此，各民主党派走上了新的历史道路。事实表明，民主党派作为中国土壤中产生的一种特殊政治力量，由于国内政治环境不允许和自身的软弱性，不能实现资产阶级共和国方案；但是他们坚持反帝爱国立场，这就必须和人民革命结合起来。此时，建立民主联合政府成为众望所归。

这里要特别提一下毛泽东首创的"三三制"政权思想。他认为："国事是国家的公事，不是一党一派的私事。因此，共产党员只有对党外人士实行民主合作的义务，而无排斥别人、垄断一切的权利。"

1940年3月6日，毛泽东为中共中央起草的对党内的指示中，提出在中国共产党领导的抗日根据地实行"三三制"的政权原则，并对抗日政权的性质、任务、人员分配，以及二者关系作了精辟阐述。"三三制"政权，包括了共产党领导、各党派合作、共产党执政、各党派参政和民主协商的基本特征。这是毛泽东统一战线和多党合作理论的初步实践，为加强与民主党派在新政权中的合作积累了经验。毛泽东指出："这种抗日统一战线政权的建立，将给全国以很大的影响，给全国抗日统一战线政权树立一个模型。"后来正是在这个"模型"的基础上，随着人民解放战争的胜利推进和新中国的成立，中国共产党领导的多党合作的政治协商制度应运而生了。

1949年9月21日，中国人民政治协商会议第一届全体会议在北京召开。在新政协筹备期间乃至第一届政协召开之时，几乎每件重大事项都体现了民主协商的原则。无论是政协的参加单位、人员名单，还是诸如《共同纲领》、两个《组织法》，中央人民政府和全国政协的领导班子候选人以及国旗、国歌，包括以后决定的国徽、定都、纪年等重大问题，均采取充分协商的办法取得思想上高度一致之后才表决通过。

关于国家名称问题，新中国成立前，毛泽东等中共领导人一直把革命胜利后的新中国称为中华人民民主共和国，许多人写文章、演讲都使用这个叫法。讨论时党外知名人士张奚若则认为，用这种称法不如用中华人民共和国，"共和国"说明了我们的国体，"人民"二字也已把人民民主的意思表达出来了，不必再与"民主"二字重复。为此，周恩来再次广泛征求意见，最后大会决定将国家名称定为"中华人民共和国"。这足见毛泽东等老一辈革命家的伟大胸怀和气魄！"协商建国"成为世界上独一无二的创举。

第一届政协会议通过了《共同纲领》等三个重要文件，选举产生了以毛泽东为主席，朱德、刘少奇、宋庆龄、李济深、张澜、高岗为副主席，由56人组成的中央人民政府委员会。

1949年9月30日，出任新中国政务院总理的周恩来，根据毛泽东关于团结党外人士、社会贤达共同建设国家的指示，在组建中央政府过程，对既坚持共产党的领导，又体现各民主党派参政方面，做到了完美的统一。在他的精心安排下，各民主党派主要领导人和社会贤达代表人物都吸收到政府中来了。

在中央人民政府6位副主席中，民主党派和无党派民主人士3人：宋庆龄、李济深、张澜。56位委员中，民主党派和无党派人士27人：何香凝、李锡九、张治中、柳亚子、程潜、龙云、陈嘉庚、马寅初、郭沫若、沈雁冰、陈叔通、司徒美堂、傅作义、张奚若、张难先、马叙伦、高崇民、沈钧儒、张东荪、黄炎培、李烛尘、蔡廷锴、彭泽民、章伯钧、李章达、陈铭枢、谭平山。

政务院4位副总理中，民主人士2人：郭沫若，黄炎培。

15名政务委员中，民主人士9人：谭平山、章伯钧、马叙伦、陈劭先、王昆仑、罗隆基、章乃器、邵力子、黄绍竑。

在34个部级单位中，15个正职由民主人士担任，他们是：文化教育委员会主任郭沫若、人民检察委员会主任谭平山、轻工业部部长黄炎培、邮电部部长朱学范、交通部部长章伯钧、农业部部长李书城、林垦部部长梁希、水利部部长傅作义、文化部部长沈雁冰、教育部部长马叙伦、卫生部部长李德全、司法部部长史良、华侨事务委员会主任何香凝、中国科学院院长郭沫若、出版总署署长胡愈之。

有几个人的"入阁"被传为佳话。

一个是傅作义。傅作义起义后访问西柏坡，向毛泽东表示过愿意搞水利工作。毛泽东当面许诺请他出任水利部部长。周恩来兑现了毛泽东的诺言，并提名北京市委副书记李葆华任水利部副部长，协助傅作义工作。他嘱咐李葆华："要让傅作义有职有权，凡是傅作义推荐的干部我们都要用。"傅作义推荐的国民党时代治黄技术专家张含英，被任命为水利部副部长；推荐的前北平市市长刘瑶章，被任命为水利部办公厅主任，一大批中层干部也都在水利部安排了工作。

第二个是黄炎培，民主建国会主任委员，在历史上多次拒绝过旧政府的高官厚禄；参加新政协也表示无意任公职。经周恩来亲自劝说，黄炎培欣然接受了政务院副总理兼轻工业部部长的任命。当子女问起时，他说："以往拒绝做官是不愿入污泥，今天是共产党领导下的人民政府，我做的是人民的官啊！"

第三个是李书城。李书城是同盟会的三位发起人之一，辛亥革命时是黄兴的参谋长。中国共产党一大，就是在他上海的住宅召开的。李曾是中华民国和北伐时期国民革命军的顾问，在人民革命战争中帮助过共产党。周恩来派薄一波拜访李书城，请他出任农业部部长。

从这些人事安排可以看出，毛泽东坚持五湖四海、任人唯贤，尊重同盟者，调动同盟者的积极性，为社会主义建设事业作出了贡献。

1949年10月1日，毛泽东在天安门城楼上庄严宣告中华人民共和国中央人民政府成立，这使人民民主统一战线进入新的时期，达到空前广泛的程度，开创了中国共产党与民主党派、人民团体和无党派民主人士真诚合作、共同建设新中国的新格局。

新中国成立后，我国的政党关系发生了深刻变化。中国共产党从一个革命政党转变为掌握全国政权的执政党；民主党派也不再是旧中国的在野党，而是参与民主协商的参政党，共产党与民主党派的合作关系从战争年代相互支持、共同战斗，发展到以共产党为领导核心、共产党与各民主党派团结合作和政治协商的政党关系。统一战线也由革命统一战线发展为人民民主统一战线。

人民政协是中国特色政党制度的具体体现和重要载体。毛泽东作为人民政协的总设计师和主要创立者，对于中国共产党执政条件下多党合作和政治协商等一系列问题，提出了重要的指导思想和独创性的战略构想，指导制定了一系列正确的方针政策。使人民政协在国家政治生活中发挥了重大作用。

毛泽东曾经就政协的地位、性质和任务指出：人民政协是"伟大的统一战线的政治组织，在全国人民中有很高的威信。我们必须巩固这种团结，巩固我们的统一战线，领导全国人民稳步地达到自己的目的"。他还指出：人民政协是非权力机关，是我国现实政治生活中实际形成的"三大系统"（党的系统、政权的系统和政协的系统）之一，有"向党中央和国务院提意见并加以协商"的任务。

关于人民政协的性质，毛泽东指出："政协不能搞成国家机关，因为人大和国务院是国家权力机关和国家管理机关，如果把政协也搞成国家机关，那就二元化了……政协不仅是人民团体，而且是党派的协商机关，是党派性的机关。"他有针对性地指出："有人说，政协全国委员会的职权要相等或大体相等于国家机关，才说明它是被重视的。如果这样说，那共产党没有制宪之权，不能制定法律，不能下达命令，只能提建议，是否也就不重要呢？不能这样看。"

关于人民政协的任务，毛泽东提出了五大任务："一、协商国际问题"；"二、商量候选人名单"；"三、提意见"；"四、协调各民族、各党派、各人民团体和社会民主人士领导人员之间的关系"；"五、学习马列主义"，当然，"学习是自愿的"。毛泽东提出的这些富有战略意义的思想，为完善中国特色政党制度提供了理论依据。

新中国成立前后，从中央到地方各级政权机关纷纷建立，毛泽东一再指示提醒各地党政领导人，一定要吸收包括起义将领在内的党外人士参加政权机关，注意发挥他们的作用，使他们有职有权，并且要关心和照顾他们的实际困难。

薄一波有一段回忆说："组建中央人民政府时，谁担任什么职务，毛主席考虑得很周到，对他们的生活也很关心。每个月给程潜五万斤小米，补贴帮助他，是毛主席提出的。主席说，程潜应酬多，开销大。傅作义当了水利部长，毛主席问我，怎么样？他对我说，傅作义和平起义，是有功的，应该让他自己挑一个副部长，有职有权。那时政务院有10个以上的部长都是党外民主人士。"

毛泽东还亲自做党外人士的工作，同他们亲切交谈，坦诚地说明共产党与非党人士长期合作的根本政策。

1949年10月24日，毛泽东同绥远军区的负责人谈话，特别邀请傅作义参加。毛泽东说："现在共产党成了全国性的大党，又有了政协全国委员会，我当主席有责任使各个方面都有利，使别的党派也有利，否则会引起不满，会被人骂，甚至会被推翻。绥远也一样要注意，归绥就有两个'党'，我们的与傅先生的。军政委员会就架在这个矛盾之上，要处理好。现在全国都在执行统一战线，华中、华南的政府也一样是统一战线的政府。农村和城市的情况不同，没有别的党派参加政府，但也有非党干部。没有非党干部参加政府就会出毛病。共产党要永远与非党人士合作，这样就不容易做坏事和发生官僚主义。"

"苏联也是共产党与非党合作，《真理报》说，政府干部中党员占四分之三，其他是非党干部。中国永远是党与非党的联盟，长期合作。双方要把干部都当成自己的干部看，打破关门主义。没有统一战线，革命不能胜利，胜利了也不能巩固。搞统一战线，哪能怕麻烦、怕捣乱、怕人家吃了你的饭？切不可叶公好龙。"

"长征二万五千里不是因为有统一战线，而是因为太纯洁。这次政府的名单中，共产党人和进步人士还是一半一半好，要搞五湖四海。别人在民主革命困难时期拥护共产党，为我们说过好话、帮过忙，我们胜利了不能不要人家。傅先生交出了北京，解决绥远问题就要有所不同。这证明我们的政策正确，今后还将继续证明这一点。"

"中国已归人民，一草一木都是人民的，任何事情我们都要负责并且管理好，不能像踢皮球那样送给别人去。国民党的一千万党、政、军人员我们也要包起来。包括绥远的在内，特务也要管好，使所有的人都有出路。没有这一条不行，眼睛里只看到绥东解放区八十万人民就会弄错事情。"

毛泽东对起义将领说的这一席话，是肺腑之言，十分坦诚，把中国共产党所以要实行统一战线的道理，说得非常明白。

毛泽东从西柏坡进到北平后，广泛地同各界代表人物接触，和他们共商建国大计。

1949年春的一天下午，毛泽东由香山乘车到北平城里，拜访北平师范大学代校长汤璪真、文学院院长黎锦熙、地理系主任黄国璋。他们有的是毛泽东在长沙读书时的老师或同学，有的是北平九三学社的成员。毛泽东和他们畅叙旧情后，黎锦熙对毛泽东说，新政协会议就要召开，新中国将要诞生，北平九三学社的人数不多，这个团体的历史任务已经完成，正准备宣布解散。毛泽东听后，诚恳地对他们说：九三学社不要解散，应该认真团结科学、文教界的知名人士，积极参政，共同建设新中国。

新中国成立的时候，全国共有11个民主党派，即：中国国民党革命委员会、中国民主同盟、民主建国会、中国民主促进会、中国农工民主党、中国人民救国会、三民主义同志联合会、中国国民党民主促进会、中国致公党、九三学社、台湾民主自治联盟。无党派民主人士虽然形式上没有结成党派，但长期参加民主革命的斗争，实际上是有党派性质的政治力量，这是中国革命的具体历史条件发展形成的。

1949年11月，中国国民党的三个民主党派举行第二次代表会议，决定把中国国民党革命委员会、三民主义同志联合会和中国国民党民主促进会统一成为一个组织——中国国民党革命委员会。同年12月，中国人民救国会宣布解散，这样就形成了我国现有的8个民主党派和无党派民主人士组成的参政力量体系。

新中国成立后，不仅共产党内有一部分同志在对待统一战线问题上，存在着一种"左"的关门主义倾向，看不到统一战线的重要性，瞧不起民主党派和民主人士，而且在民主党派中也有许多人认为，自己已经完成了历史使命，没有存在的必要了，准备宣告结束。

这一情况，引起中共中央的重视。1950年2月，毛泽东访苏回到北京后，听到人民救国会解散的消息，惋惜地说："救国会是进步团体，不应当解散。"他表示民主党派不能取消，不但要继续存在，而且还要发展。

1950年3月召开的第一次全国统战工作会议上，确定了共产党对民主党派的总方针，即：帮助民主党派团结、进步、发展，在国家政治生活和祖国建设事业中同他们真诚合作，充分发挥他们的积极作用。

针对民主党派中出现的这些情况，毛泽东在1950年4月21日同李维汉、徐冰等人谈话时发表了重要意见。他指出："对民主党派及非党人物不重视，是一种社会舆论。不仅党内有，党外也有。民主党派是联系小资产阶级、资产阶级的，政权中要有他们的代表。对民主党派要给事做，尊重他们，把他们当作自己的干部一样。要团结他们，使他们进步，帮助他们解决问题。我们要解放全人类，资产阶级、地主也要帮助他们解放，改造他们。这就是博爱。"

毛泽东把统一战线提到解放全人类这个伟大目标的高度，这就把统一战线工作的重要性彻底说清楚了。这个谈话，展示了毛泽东无产阶级革命家的气魄和胸怀。

新中国的统一战线是如此之广泛，它包括了各民族、各阶级、各民主党派、各人民团体、无党派民主人士、广大华侨和其他爱国分子，也包括了从敌人的营垒中分化出来而走到人民方面来的各种人。中国的大统一就是由这个广大的统一战线作保障的。

在旧中国，有相当数量的知识分子留学海外或旅居海外，其中有许多优秀人才。新中国的成立，使他们看到了希望，看到了光明，唤起对祖国的憧憬与向往。他们怀着一颗赤诚的心，急切地希望回到祖国。不少人经过千难万险，摆脱种种阻挠和迫害，才回到祖国怀抱。他们当中，有杰出的自然科学家、社会科学家、文学家、艺术家、语言学家，等等。他们成为新中国许多学科的开拓者和奠基人，为发展祖国的科学事业、文化事业、经济建设和国家建设，为培养一代又一代的人才，作出了巨大的不可磨灭的贡献。

中国是一个多民族国家，正确处理民族问题极端重要。毛泽东根据马克思主义关于民族问题的原理，结合中国的国情，制定了一套正确的和富有远见的民族政策，即民族平等和民族团结的政策，在少数民族聚居地区实行民族区域自治的政策等，废除了旧中国反动统治者实行的民族歧视和民族压迫的政策。

在筹建新中国、制定《共同纲领》的时候，在民族政策方面，有一个突出的问题摆在毛泽东和中共中央其他领导人面前，需要作出抉择：中华人民共和国是实行"民族自决"还是"民族自治"？列宁和孙中山都提出过"民族自决"的口号，中国共产党在国民党反动统治时期也赞同过这个口号。但是，当形势已经发生根本变化时，是继续采取旧政策，还是采取适应新形势的新政策？在起草《共同纲领》的时候，毛泽东提出：要考虑到底是搞联邦制，还是搞统一共和国，实行少数民族地区自治。毛泽东和中共中央决定实行民族区域自治而不实行联邦制。

1949年9月7日，周恩来在《关于人民政协的几个问题》的报告中，将中共中央关于实行民族区域自治制度的构想，向政协代表征询意见。他说："关于国家制度方面，还有一个问题就是我们的国家是不是多民族联邦制？现在可以把起草的想法提出来，请大家考虑。""任何民族都是有自决权的，这是毫无疑问的事。但是今天帝国主义者又想分裂我们的西藏、台湾甚至新疆，在这种情况下，我们希望各民族不要听帝国主义者的挑拨。为了这一点，我们国家的名称，叫中华人民共和国，而不叫联邦。""我们虽然不是联邦，但却主张民族区域自治，行使民族自治的权利。"随后，9月29日通过的《共同纲领》明确规定："各少数民族聚居的地区应实行民族的区域自治，按照民族聚居的人口多少和区域大小，分别建立各民族自治机关。"

1949年10月5日，中共中央致电第二野战军前委，并告各中央局、分局及各前委，对这个问题作了更透彻的说明："关于各少数民族的'自决权'问题，今天不应再去强调，过去在内战期间，我党为了争取少数民族，以反对国民党的反动统治（它对各少数民族特别表现为大汉族主义）曾强调过这一口号，这在当时是完全正确的。但今天的情况，已有了根本的变化，国民党的反动统治基本上已被打倒，我党领导的新中国已经诞生，为了完成我们国家的统一大业，为了反对帝国主义及其走狗分裂中国民族团结的阴谋，在国内民族问题上，就不应再强调这一口号，以免为帝国主义及国内少数民族中的反动分子所利用，而使我们陷入被动的地位。在今天应强调，中华各民族的友爱合作和互助团结。"

一年后，1950年11月24日，周恩来在政务院第六十三次政务会议讨论少数民族问题时说："孙中山先生曾在国民党第一次代表大会上，就以'民族自决'的口号把它肯定了下来。在我们制定《共同纲领》的时候，毛泽东曾提出了以民族自治代替民族自决的原则，因为这样做对于加强民族间的团结与合作是有利的。现在，从一年来的少数民族工作中，我们可以看得出毛主席在当时的预见是十分正确的。"

经过几十年的历史检验，证明了毛泽东这个预见和决策的极端重要性和正确性。民族区域自治制度，已经成为中华人民共和国一项不可动摇的基本政治制度。它对于维护国家统一、民族团结、社会稳定、经济发展，具有不可估量的意义。

为了保证各民族之间的团结，培养和吸收大批能够与共产党合作的少数民族干部参加各级人民政府，是重要一环。

毛泽东在1949年11月14日给彭德怀和西北局的电报中指出："在一切工作中坚持民族平等和民族团结政策外，各级政权机关均应按各民族人口多少，分配名额，大量吸收回族及其他少数民族能够和我们合作的参加政府工作。在目前时期应一律组织联合政府，即统一战线政府。在这种合作中大批培养少数民族干部。"他还进一步指出："要彻底解决民族问题，完全孤立民族反动派，没有大批少数民族出身的共产主义干部，是不可能的。"

新疆和西藏是中国大陆最后解放的两大民族地区。两区的面积占全国陆地总面积近三分之一，又是中国的重要边陲。处理好这两个地区的民族问题，对于巩固和发展全国统一大业特别重要。在指导这两个地区和平解放的过程中，毛泽东的许多指示和讲话，对解决这些地区极其复杂的民族问题，提供了正确的指导思想。他要求进驻这些地区的部队和地方工作人员，恪守民族政策和宗教政策，并一再强调，军队进驻这些地区不得侵扰老百姓，不要增加人民的负担，一切军需物资包括粮食在内均由中央供给。这些政策的实施，取得了很大的成功，中国共产党、中国人民解放军一开始就在当地各少数民族的群众和一些上层人士中留下了良好的印象。

1951年10月26日，进驻拉萨部队举行入城仪式，西藏地方政府官员、三大寺活佛，以及各族各界僧俗群众两万多人夹道热烈欢迎。这样的场面，在西藏历史上是从未有过的。在欢迎仪式上，西藏地方政府噶伦致欢迎词说：过去，无论是清朝的军队、英国的军队、国民党的军队来到西藏时，我们都没有欢迎过，唯有这次人民解放军到拉萨，我们热烈欢迎，因为解放军是人民的军队。

毛泽东始终抓住民族团结这个旗帜，并使之贯穿于民族地区的一切实际工作中。1949年10月23日，他就新疆问题给彭德怀和西北局的电报中指出：维吾尔族人口三百余万，为新疆的主要民族，"人民解放军只有和维吾尔族（以及其他各族）建立兄弟般的关系，才有可能建设人民民主的新疆。"

西藏由于历史的原因，不仅存在着汉族与藏族之间的隔阂，还存在着藏族内部的不和，由此带来西藏民族问题的特殊性和复杂性。毛泽东把同时加强汉藏之间的团结和西藏内部的团结，作为一个根本原则。

1951年5月23日，和平解放西藏办法的协议在北京签订。第二天，毛泽东举行庆祝宴会。在宴会上，他十分高兴地说："现在，达赖喇嘛所领导的力量与班禅额尔德尼所领导的力量与中央人民政府之间，都团结起来了。这是中国人民打倒了帝国主义及国内反动统治之后才达到的。""今后，在这一团结基础之上，我们各民族之间，将在政治、经济、文化等一切方面，得到发展和进步。"

在民族团结的旗帜下，毛泽东十分注意争取和团结少数民族上层人士，特别是上层中的主要代表人物。这一特点，最明显不过地表现在处理西藏问题上。

1950年5月，中共中央西南局根据中央关于解决西藏问题的方针，草拟了与西藏地区当局谈判的十项政策，27日报送中央审定。毛泽东在审阅时，对其他各条均表同意，唯独对第八条作了修改。第八条原文是："有关西藏的各项改革事宜，完全根据西藏人民的意志，由西藏人民采取协商方式加以解决。"毛泽东在"由西藏人民"之后加了7个字："及西藏领导人员"。虽然只有7个字，却体现了中国共产党关于民族问题的一个重要政策。这是根据民族地区特别是西藏的实际情况确定的。团结藏族上层人士及其主要代表人物，对于团结整个藏族人民至关重要。这个政策后来在实践中又不断发展和完善。毛泽东和中央其他领导人都亲自做过达赖和班禅的工作，或者通信，或者面谈。后来达赖集团叛国，追随达赖的这一部分死硬分子分裂出去了，但中国共产党努力团结西藏上层人士的政策始终不变。

毛泽东和中国共产党制定的民族政策，成功地解决了中国革命和建设中的一个十分复杂而极其重要的问题，保证了中华民族的大团结和全中国的大统一。

正如毛泽东在新中国成立7年以后所总结的那样："国家的统一，人民的团结，国内各民族的团结，这是我们事业必定要胜利的基本保证。"

中华人民共和国的成立，全中国的空前统一，受几千年封建统治和一百多年帝国主义压迫的中国人民获得解放，成为中华大地九百六十多万平方公里土地上的真正主人。这是翻天覆地的大事变。站在历史潮流的前头指导这一伟大事变的毛泽东，被深深地铭记在中国各族人民的心中。

1954年9月15日下午3时，中华人民共和国第一次全国人民代表大会第一次会议，在北京中南海怀仁堂隆重开幕。

在到会的1141位代表的热烈掌声中，中央人民政府主席毛泽东宣布大会开幕。

毛泽东在开幕词中说：

中华人民共和国第一届全国人民代表大会

第一次会议负有重大任务。

这次会议的任务是：

制定宪法；

制定几个重要法律；

通过政府工作报告；

选举新的国家领导工作人员。

我们这次会议具有伟大的历史意义。这次

会议是标志着我国人民从1949年建国以来的新
胜利和新发展的里程碑，这次会议所制定的宪
法将大大促进我国的社会主义事业。

　　我们的总任务是：团结全国人民，争取一
切国际朋友的支援，为建设一个伟大的社会主
义国家而奋斗，为了保卫国际和平和发展人类
进步事业而奋斗。

毛泽东在开幕词里宣布："准备在几个五年计划之内，将我
们现在这样一个经济文化上落后的国家，建设成为一个工业化的
具有高度现代文化程度的伟大的国家。"

在全体代表热烈的掌声中，毛泽东用一些格言式的警句，结
束了他简短的开幕词：

　　我们的事业是正义的，正义的事业是任何
敌人也攻不破的。

　　领导我们事业的核心力量是中国共产党。

　　指导我们思想的理论基础是马克思列宁主义。

　　我们有充分的信心，克服一切艰难困苦，
将我国建设成为一个伟大的社会主义共和国。

　　我们正在前进。

　　我们正在做我们的前人从来没有做过的极
其光荣伟大的事业。

　　我们的目的一定要达到。

　　我们的目的一定能够达到。

　　全中国六万万人团结起来，为我们的共同
事业而努力奋斗。

　　我们伟大的祖国万岁！

毛泽东的开幕词,是一篇充满激情与自信的政治宣言,表达了中华民族为建设一个强大的社会主义中国而奋斗的坚定意志。它是新中国蒸蒸日上,人民群众情绪高昂这一历史真实的反映;同时它又极大地激励着千百万群众为达到自己的目的而奋勇前进。

9月20日,第一届全国人民代表大会第一次会议通过了《中华人民共和国宪法》。出席会议代表1197人,投票1197张,同意票1197张。

在9月27日的全体会议上,毛泽东当选为中华人民共和国主席,朱德当选为中华人民共和国副主席,刘少奇当选为第一届全国人大常委会委员长,宋庆龄等13人当选为副委员长。根据中华人民共和国主席的提名,决定周恩来为国务院总理。

9月28日下午3时50分,毛泽东在闭幕会上宣布:"中华人民共和国第一届全国人民代表大会第一次会议已经顺利地完成了自己的任务。"在庄严的国歌声中,会议胜利结束。

第一届全国人民代表大会通过的宪法是在毛泽东亲自主持下制定的。

1954年6月11日,毛泽东作了《关于中华人民共和国宪法草案》的讲话。他在讲到宪法的意义时说:"一个团体要有一个章程,一个国家也要有一个章程。宪法就是一个总章程,是根本大法。用宪法这样一个根本大法的形式,把人民民主和社会主义原则固定下来,使全国人民有一条清楚的轨道,使全国人民感到有一条清楚明确的和正确的道路可走,就可以提高全国人民的积极性。"

1954年9月8日,毛泽东主持召开宪法起草委员会第八次会议,对宪法草案作最后一次讨论修改。这时离第一届全国人民代表大会第一次会议开幕日期——9月15日,只有7天时间。

9月14日,毛泽东主持召开中央人民政府委员会临时会议,对第二天即将提交全国人民代表大会讨论的宪法草案，作最后的审议。毛泽东首先讲话，对全国人民代表大会提出的两项修改意见作了说明。

第一条意见是，将序言中的"第一届全国人民代表大会"后面加上"第一次会议"，将"庄严地通过我国的第一个宪法"改为"庄严地通过中华人民共和国宪法"。

毛泽东说，这些修改都是属于文字性的，但不改不行。过去中国的宪法有9个，说这个宪法是"我国的第一个宪法"，不妥。说它是"中华人民共和国宪法"，则名副其实。这是属于文字性质的修改，但又是重要的修改，不改就不那么妥。

另一条意见是针对总纲中"各民族……都有保持或者改革自己的风俗习惯和宗教信仰的自由"，西藏的代表提出，这种写法不妥，说"改革宗教"还可以，说"改革宗教信仰的自由"，似乎是不要宗教了。语言学家也认为"改革信仰"在文字上说不通。

毛泽东说，这些意见是有道理的。西藏人民信仰宗教信得厉害，有风吹草动，他们就怕得很。这一句改一改好不好？免得误会，免得重复，也免得文字不通。这一条完全是抄《共同纲领》的，可见《共同纲领》也有错误。最后，根据毛泽东的建议，把"和宗教信仰"五个字删去，改为"都有保持或者改革自己的风俗习惯的自由"。

会议一致通过了这两处修改。

表决之后，毛泽东说："这是一个比较完善的宪法了。最先是中共中央起草，然后是北京500位多高级干部讨论，全国8000多人讨论，然后是三个月的全国人民讨论，这一次全国人民代表大会1000多人又讨论。宪法的起草算是慎重的，每一条、每一个字都是认真搞了的，但也不必讲是毫无缺点，天衣无缝。这个宪法是适合我们目前的实际情况的。它坚持了原则性，但是又有灵活性。""宪法不是天衣无缝，总会有缺点的。'天衣无缝'，书上是这样说过，但天衣我没有看见过，也没有从天上取下来看过。我看到的衣服都是有缝的，比如我穿的这件衣服，就是有缝的。宪法，以及别的法律，都是会有缺点的，什么时候发现就及时修改。反正全国人民代表大会一年一次，随时可以修改。"

1954年第一届全国人大一次会议召开之后，政协不再代行人大职权，但是人民政协组织继续存在。这时，党内外又有些人对政协存在的必要性提出不同意见。毛泽东重申："各党派、各民族、各团体的领导人物一起来协商新中国的大事非常重要"，"人大的代表性当然很大，但它不能包括所有的方面，所以政协仍有存在的必要"。

人民政协是与中国特色政党制度紧密相连的。在中国共产党领导之下，人民政协与人民代表大会制度、民族区域自治制度等搭建起中国特有的政治体制的基本架构，形成了一整套符合中国国情的基本政治制度。

1956年，随着对资本主义工商业社会主义改造的顺利完成，民族资产阶级将不复存在。民主党派的存废问题再次成为焦点。毛泽东提出了"长期共存、互相监督"的战略方针，并作了精辟诠释。

毛泽东说："到底是一个党好，还是几个党好？看来还是几个党好。共产党要万岁，民主党派也要万岁。"这就进一步明确了各民主党派的地位和作用，从根本上解决了民主党派发展的前途问题。而"互相监督"，则主要是让民主党派监督共产党。毛泽东指出："在这一点上，我们和苏联不同。我们有意识地留下民主党派，让他们有发表意见的机会。"

对于"长期共存、互相监督"方针，邓小平有深刻领会。他说："毛主席说，要唱对台戏，唱对台戏比单干好。我们执政的党，威信很高。我们大量的干部居于领导地位。在中国来说，谁有资格犯大错误？就是中国共产党。犯了错误影响也最大。他还指出：'有监督比没监督好，一部分人出主意，不如大家出主意。'这样，反映的问题更多，处理问题会更全面，对下决心会更有利，制定的方针政策会比较恰当，即便发生了问题也比较容易纠正。"

毛泽东首创的多党合作和政治协商的理论与实践，极大地推进了半个多世纪以来中国社会的发展，巩固了中国共产党领导的多党合作的政治格局。"长期共存、互相监督"的八字方针也已发展为"长期共存、互相监督、肝胆相照、荣辱与共"十六字方针。

从古今中外各种政治制度比较鉴别中，我们越来越清楚地认识到：毛泽东统一战线思想形成的共产党领导的多党合作制度、人民代表大会制度，符合中国国情，具有强大的生命力，体现了社会主义国家性质，是保证人民当家作主的好制度，也是世界政党和政权史上独具特色的先进制度。

秘诀之八
勇于探索的创新理念

毛泽东是中国革命和建设的伟大奠基者、探索者和先行者。

毛泽东的一生是探索的一生，最伟大的贡献：一是实现了马克思主义与中国革命的第一次结合，找到了中国自己的革命道路，形成了指导中国革命的理论及路线方针政策，创立了重大理论成果——毛泽东思想。二是提出并初步探索了马克思主义与中国建设实践的第二次结合，为新的历史时期开创中国特色社会主义提供了宝贵经验和理论准备。

毛泽东探索中国革命和建设的理论成果，是宝贵的物质财富和精神财富，对开创和发展中国特色社会主义事业具有重大的导向意义。

1. 敢问路在何方

人类文明的最大特色是不断地变革创新。

大凡人类的杰出人物，无不具有无畏探索和科学创新精神。

自1840年鸦片战争后，中国一代又一代的仁人志士，为改变中国落后挨打的局面，先后进行一次次探索，设想了一套套富国强兵的方案，并开展许多革新或革命运动。

如魏源等提出的"师夷长技以制夷"，张之洞提出的"中体西用"，左宗棠、李鸿章等的洋务运动，康有为、梁启超所推行的"百日维新"运动，还有"实业救国""科学救国""教育救国"，以及孙中山的辛亥革命，等等，这些设想方案和运动最终都失败了。只有毛泽东及中国共产党领导的中国革命最终获得成功。

毛泽东的成功不是偶然的，而有其必然性。他比其他维新派和革命者高明的地方，在于他掌握了马克思主义的科学真理，创造了一套指导中国革命的理论，紧密结合中国革命的实际，进行艰辛不懈的探索，才取得革命的成功。

1917年，十月革命一声炮响，为中国送来了马克思主义，给苦苦探寻救亡图存出路的中国人民指明了前进方向，提供了全新选择。

在这个历史大潮中，一个以马克思主义为指导，勇挑民族复兴重担的政党——中国共产党应运而生。

1921年中国共产党的成立，使中国人民有了前进的主心骨。

中国共产党之所以选择以马克思主义为指导，是因为马克思主义站在人民的立场上，探求人类自由解放的道路，以科学的理论为人类最终建立一个没有压迫、没有剥削、人人平等、人人自由的理想社会指明了方向。

正如毛泽东所说："自从中国人选择了马克思主义以后，中国人在精神上就由被动转入主动。从这时起，近代世界历史上那种看不起中国人，看不起中国文化的时代应当完结了。"

改造社会的探索离不开马克思主义的科学指导。离开了它，就会迷失方向，误入歧途，招致失败。

马克思主义为中国革命提供了强大的思想武器。

自马克思主义诞生以来，全世界范围内陆续出现了200多个共产党，但成功的共产党却寥寥无几。

如何在中国应用马克思主义？毛泽东了解中国历史，知道中国的实情，只有把马克思主义理论同中国革命的具体情况结合起来，走属于自己的道路，才是中国革命成功的最佳道路。

中国革命，最初毫无疑问是走俄国人的路。共产国际驻华代表马林的主张就是，要走俄国人的路。但是第一任中国共产党领导人陈独秀当时拒绝走俄国人的路。

当年中国共产党成立时，对于到底是共产国际的一个支部，还是和共产国际是平起平坐的地位，产生了很大的分歧。陈独秀说："我们党尚在幼年，一切工作也都未正式展开。我认为没有必要戴上共产国际这个大帽子。中国革命运动有中国的情况，这些怕是共产国际和外人难以了解的，假如不了解，如何谈领导和指挥呢？"

陈独秀讲得非常明白，但是一个大问题是，中共建党没有经费。当年在上海建党，要派包惠僧到广州通知陈独秀当选了书记，要到上海就任，5块钱的船费，却无力支付。最后还是陈独秀自己掏钱到上海就任。

陈独秀到了上海发现张国焘向马林提交了一份成立劳动组合书记部的报告，即每月需1000元的工作计划和经费预算。因为搞工人运动要印发传单，需要资金。陈独秀即批评张国焘，说中国革命一切由我们自己负责，所有党员都应无报酬地为党服务，这是我们坚持的立场。要不要向共产国际汇报工作并接受其经费受其领导，这是党成立后要解决的第一个难题，也是中国领导层出现的第一次争吵。

与共产国际的关系出现转机是因为陈独秀的被捕。

1921年10月4日下午，陈独秀正在家中与杨明斋、包惠僧、柯庆施等5人印刷小报，被法租界当局逮捕，陈独秀原来估计这回要坐七八年牢了。但10月26日，法庭宣判陈独秀无罪释放，罚款100元了事。

出狱后他才知道马林为了营救他们几个人，请了法国律师，花了很多钱，费了很多力，打通了会审公堂的各个关节，方能顺利结案。

这次遭遇让陈独秀印象极深。他通过切身经历才真正感悟到：不光是开展活动、发展组织需要钱，就是从监狱里和敌人枪口下营救自己同志的性命，也离不开一定数量的经费。

陈独秀是个重感情的人，一番波折，无形中增进了对马林的感情和理解。李达回忆说："他们和谐地会谈了两次，一切问题都得到适当的解决，不再像以前那样一见面就吵架。"

建立一个党，巩固一个党，发展一个党，需要理想，需要主义，也还需要经费。富于理想的中国共产党，争论了很长时间才承认这个现实。之后陈独秀同意了，中国共产党是共产国际的一个支部，也同意了接受共产国际的经费。

拿了人家的钱，就要跟着人家走。大革命期间，陈独秀多次提出警告，国共合作不能再搞了，非常危险。但俄共、共产国际和斯大林却要坚持。

最后大革命失败了，谁负责？斯大林负责？共产国际负责？这都不可能！只能由陈独秀这个党的领导人负责！因为他犯了严重的右倾错误！陈独秀1927年八七会议后离开了党，讲了一句话，"我们中国人一定要找一条我们中国人自己的道路"。

2. 星星之火，可以燎原

毛泽东是探索和开辟中国革命正确道路的成功者。

毛泽东的路是从井冈山创建农村根据地，动员群众"打土豪、分田地"开始起步，这不但成为红色政权政治动员的基础，更成为中国共产党经济独立的基础。只有独立的经济来源，才有独立的政治和军事基础，才能独立地选择自己的领袖，独立地制定自己的路线。

在这个基础上，毛泽东提出了"工农武装割据"，"农村包围城市，武装夺取政权"，政治上创造了中国共产党人独特的理论，军事上建立了中国共产党人自己的武装，经济上摆脱了对共产国际的依赖，这才是一个完整的中国特色的革命道路，这条道路为毛泽东所探索、所首创。

1927年蒋介石、汪精卫叛变革命后，大革命遭到失败，国共合作破裂了，中国共产党人在白色恐怖中确认了毛泽东提出的"枪杆子里面出政权"的新的出路。但如何用好枪杆子？如何开展武装斗争？斗争的目标指向哪里？在当时没有现成的教科书作指导。

对于年轻的共产党人来说，可借鉴的经验：一是来自俄国武装斗争的成功经验，再就是来自国共合作进行的北伐战争。

俄国列宁领导的布尔什维克党采取的是通过做兵运工作，利用旧军队和工人阶级的力量，在中心城市进行武装起义，推翻旧王朝，建立新政权，扫清敌人残余势力和外国的反动势力的武装干涉，建立苏维埃社会主义共和国联盟的无产阶级专政的国家政权。

国共合作领导的北伐战争，采取的是广州建立根据地，然后挥师北伐，推翻军阀割据政权的战略路线。

以上这两种经验的共同点都是"城市中心"的道路。

当时，在武装斗争的道路上，共产党内部占统治地位的意见，都是走城市武装起义的道路。如南昌起义、秋收起义、广州起义最初目标，都是夺取和占领中心城市。

　　三大起义都遭到了严重挫折，但这并没有动摇共产党人走"城市"道路的决心。中国共产党从1927年到1935年所出现的三次"左"倾错误路线，在军事战略上均表现为坚持走"城市中心"的道路，始终把革命胜利的着眼点放在广州、武汉、上海等中心城市的夺取和占领上。

　　中国共产党最初走"城市中心"道路有其历史必然性。首先，共产党是无产阶级先锋队组织，无产阶级革命以工人阶级集中的城市为中心，是马克思主义的"天经地义"。再就是指导中国革命的共产国际一直把俄国武装斗争的经验奉为经典，直到20世纪40年代他们还多次指责中国共产党离工人阶级太远。

　　在共产党内研究中国革命道路的多数人，不相信走农村道路能取得武装斗争的胜利。他们认为历史上无论中国或外国都找不到农村包围城市取得革命成功的经验。"以乡村作为中心的思想是不可能胜利的"，只有"以城市为中心方能长期存在"。

　　掌握马克思主义思想武器，同时又熟悉中国实情的毛泽东领导秋收起义失败后，没有按原计划继续夺取长沙，而是选择带领队伍上了井冈山，开辟农村革命根据地。现在回头来看，当年如果不上井冈山安营扎寨，中国革命只有失败一条路，或者说是死路一条。

　　1927年11月，瞿秋白主持的中央临时政治局扩大会议，把毛泽东的政治局候补委员和湖南省委委员的职务给撤了，原因是起义部队没有攻打长沙。这个决定过了4个月才传到井冈山，这时毛泽东已经带领红军攻克茶陵、遂川、宁冈县城，消灭了这几个县城的敌人，在井冈山站住了脚跟。

　　这一起一落之间，让毛泽东找到了农村包围城市、武装夺取政权的正确道路。

毛泽东在遭受党内高层一些人怀疑和反对的情况下，仍坚持自己的选择。实践证明，他的选择是正确的。

毛泽东认为，中国是一个农业社会，农民是中国的主体。中国革命要想成功，就必须发动广大民众，重中之重又在于发动农民。

如何动员农民？农民问题的核心是什么？其核心是历朝历代的农民都与土地密切相关。因此，毛泽东不遗余力，在广大农村地区开展土地革命，并提出一条符合中国国情的土地革命路线。这就是依靠贫农、联合中农、限制富农，保护中小工商业者，消灭地主阶级，变封建的土地所有制为农民的土地所有制。土地革命极大地调动了农民的积极性，因此，广大农民被团结在中国共产党的旗帜下成为中国革命的主力军。

在井冈山时期，党内以林彪为代表的一部分人发出"红旗到底能打多久"的疑问，这也是对"乡村中心论"的怀疑。毛泽东及时指出："这是一个基本的问题，是关乎中国革命根据地和中国工农红军能否存在和发展的问题，这个认识问题不解决，我们的革命就不能前进。"

1928年至1930年的几年里，毛泽东先后写《中国的红色政权为什么能够存在？》《井冈山的斗争》《星星之火，可以燎原》等几篇重要文章，在分析中国国情的基础上，阐述了以农村包围城市的武装斗争的可能性和正确性。

毛泽东在确认中国社会是一个封建势力占优势的半殖民地半封建社会，中国迫切需要进行反帝反封建的民主革命的前提下，紧密联系国情，揭示了中国革命的基本特点。他说：红色政权能够存在的根本原因：第一，"地方的农业经济（不是统一的资本主义经济）"具有自给自足的性质，使得中国的农村相对独立于城市，可以不依赖于城市而生存，故为农村的武装割据创造了经济条件；第二，"帝国主义划分势力范围的分裂剥削政策"，造成了中国的政权的不统一，帝国主义支持下的军阀混战，又造成了一块块白色政权之间的空隙，于是，红色政权首先得以在反动派统治下薄弱的农村生存下来；第三，武装斗争、红军的存在以及共产党组织的存在，是红色政权存在和发展的必要条件。共产党正确的政策就在于正确地领导根据地建设、土地革命和武装斗争三位一体的"工农武装割据"运动。

毛泽东进一步论述了在农村建立长期巩固的革命根据地的基本条件：中国是一个农业大国，"东方不亮西方亮，黑了南方有北方"，不愁没有回旋余地。

1929年底至1930年初，党中央把古田会议决议推广到各地红军，使各地红军和根据地都有了很大发展。中国共产党在10多个省的300多个县建立了10多块革命根据地。这就促使毛泽东把各个根据地的建立和发展同夺取全国革命胜利联系起来，在认识上产生了一个飞跃，开始形成了"用这种红色政权的巩固与扩大促进全国革命高潮的观念"。

毛泽东明确提出："红军、游击队和红色区域的建立和发展，是半殖民地的中国在无产阶级领导下的农民斗争的最高形式，是半殖民地农村斗争发展的必然结果，并且无疑是促进全国革命高潮的重要因素。"

农村包围城市，是指在半殖民地半封建社会的中国，在敌强我弱形势下，把党的工作重心放在农村，开展武装斗争，发动土地革命，建立农村根据地，并逐步扩大根据地范围，以形成对城市的包围，最后夺取城市。

毛泽东以农村包围城市进行武装斗争的探索，使中国共产党和中国人民免除了"在黑暗中长期探索"的痛苦，点燃了指引中国革命走向胜利的火炬。毛泽东不仅完整地创建这一理论，而且坚持这一理论并付诸实践，带领中国共产党和工农红军在武装斗争的各个阶段坚持走农村包围城市的道路，直至取得中国革命战争的胜利。

在中国革命时期，毛泽东在延安住了13年之久，可以说这是他一生中最重要的13年。在那里他的理论形成了毛泽东思想体系，他成为全党公认的领袖，这段时期也是他探索中国革命取得重要成果的辉煌时期。

在此期间，毛泽东仍坚持不懈地探索。他提出建立广泛的抗日民族统一战线，实现国共联合抗日的伟大构想。他冷静、沉着，观察和分析抗日战争敌我双方的特点，发表了《论持久战》等重要文章，为夺取抗日战争胜利指明了方向。他为中国共产党制定了独立自主的山地游击战的战略方针，有效地打击了日本侵略者。他提出猛烈地创建敌后抗日民主根据地，猛烈地发动人民群众，调动人民战争的伟力，也壮大了共产党的力量，使中国共产党及其领导的人民军队成为抗日战争的中流砥柱，并为后来粉碎蒋介石的全面内战，赢得解放战争的全面胜利奠定了基础。

在此期间，毛泽东对中国革命理论、党的建设理论、军队建设理论、统一战线理论、政权建设理论以及哲学、文艺、外交等理论进行了全面研究与创新，并在此基础上衍生出具体的路线与方针、政策与策略、原则与法宝、作风与纪律等等行为遵循，使毛泽东思想的理论形态与中国革命的具体实践实现了统一。

后来，毛泽东说："在抗日战争前夜和抗日战争时期，我写了一些论文，如《中国革命战争的战略问题》、《论持久战》、《新民主主义论》、《〈共产党人〉发刊词》，替中央起草过一些关于政策、策略的文件，都是革命经验的总结。那些论文和文件，只有在那个时候才能产生。只有在那个时候，经过几次胜利几次失败才能产生。中国民主革命这个必然王国才被我们认识，我们才有了自由。"

毛泽东勇于探索、追求创新的精神，来自他的特质、力量和勇气。他在革命战争年代所作的那些决策策略，无论是秋收起义后转赴井冈山开辟革命根据地，还是红军长征四渡赤水，以及抗日战争中果断提出独立自主的山地游击战，或是在革命处于困难的时候，发动根据地军民开展大生产运动，或打开大门欢迎美国记者团于1946年来延安参观访问，或在解放战争时期提出以集中优势兵力打歼灭战为核心的十大军事原则，等等，在毛泽东身上都彰显了革命者那种不拘一格，随时准备打破旧的教条，用新的观念和方式来推进革命的非凡气质。

正是在这种超凡脱俗创新创造能力的支撑下，毛泽东率领中国共产党和人民军队，出其不意、出神入化，不屈不挠、勇往直前，由小到大、由弱到强，使星星之火成燎原之势，摧毁了一个旧世界，打出了一个新中国。

3. 三大改造

新中国的成立是民族复兴的里程碑，但国家还面临各种风险和困难，因此必须加强地方政权以巩固新生的人民政权。

新中国地方政权建设主要分两步走：第一步，解放初期在摧毁旧政权机构的基础上先建立军事管制委员会，作为临时性的过渡政权，同时由上而下地委任人员组成地方人民政府。第二步，社会秩序初步稳定的情况下，召开各界人民代表会议，有步骤地代行人民代表大会的职权，通过民主选举建立人民政府。

到1951年9月，全国已建立了一个大行政区的人民政府，4

个大行政区的军政委员会，28个省人民政府，1个自治区人民政府，9个相当于省的行政区人民行政公署，12个中央和大行政府区直属的市人民政府，67各省辖市人民政府，2087个县人民政府以及数十万个乡人民政府。

与此同时，新政权还积极推进召开各级人民代表会议。到1951年10月，在全国28个省、8个相当于省的行署、154个市和2068个县中，召开各界人民代表会议的已有27个省、8个行署、146个市和2038个县。在东北、华北等老解放区，人民直接选举的会议代表增加80%—90%。到1952年底，除西藏外，所有的省、市、县、区、乡都召开了各界人民代表会议。人民代表会议的普遍召开是新中国人民当家作主的具体表现，为日后正式建立人民代表大会制度奠定了基础。

新中国的成立，标志着中国新民主主义革命阶段的基本结束和社会主义革命的开始。

在一个生产力不发达，经济文化十分落后的农业大国里，建立起社会主义制度是一个马克思主义没有给出答案的新的空前艰难的历史任务。

摆在中国共产党人面前有四大课题。

一是巩固新生政权，革除旧弊。通俗地讲，就是通过对社会的改造，让新中国"立"起来，在世界民族之林站得住。

二是按既定目标，让新中国过渡到社会主义社会，也就是说，让中华民族赶上时代潮流，为国家未来的发展构筑基本制度，提供政治前提，开辟新的航道。

三是提高社会生产力，补上工业革命的课，改变长期以来"一穷二白"的落后面貌。

四是为全面建设社会主义社会，寻找一条符合中国国情的道路。

这四大课题，也是四大任务，环环相扣，相互交织在一起，主题就是两个字——"建设"。

新中国成立后的头三年里，毛泽东主要忙于抗美援朝、土地改革、剿匪反霸、镇压反革命，以及1952年提出过渡时期总路线，进行三大改造。同时，恢复国民经济工作，在国内所开展的各项运动，都为生产力发展开辟了道路。

毛泽东指出："自从中国学会了马克思主义以后，中国人在精神上就由被动转入主动。"这里有两个关键词：一是"学会"，结合实际来运用马克思主义；二是"主动"，即独立自主地走中国自己的道路。

到底怎样在一个落后的东方大国建立起社会主义基本制度？怎样实现国民经济任务的全面恢复和快速发展？怎样走好自己的发展道路？当时在领导层内认识并不尽一致。有的认为，新中国成立后应先搞一段新民主主义社会（即中国共产党领导的资本主义社会），等现代化的大工业发展到一定程度再全面搞社会主义；有的不赞成在农村土改后就趁热打铁搞合作化，而主张先搞农业机械化，再搞合作化。

毛泽东不同意这种主张。他提出：应把国家的社会主义工业化与国家对个体农业、手工业和资本主义工商业的社会主义改造结合起来，把技术方面由手工业生产到大规模现代化机器生产的革命和社会制度方面由私有制到公有制的革命结合起来；在农村，不是"先机械化，后合作化"，而是"先合作化，后机械化"。

依据这种认识，1952年，毛泽东在经党内充分酝酿后提出了过渡时期的总路线：在一个相当长时期内，逐步实现国家的社会主义工业化，并逐步实现国家对农业、对手工业和对资本主义工商业的社会主义改造。中国共产党创造性地开辟了一条适合中国特点的社会主义改造的道路。其内容大致有以下三个方面：

第一，创造性地实行了社会主义工业化和社会主义改造同时并举的方针，而不像苏联那样先搞工业化，过若干年后再搞农业集体化。

第二，创造了通过委托加工、计划订货、统购统销、委托代销、公私合营等一系列从低级到高级的国家资本主义形式，平稳地实现了马克思曾设想的对资产阶级的和平赎买，并把对企业的改造和对人的改造结合起来，做到充分利用民族资产阶级的资金、技术和人才为社会主义服务。

第三，创造了通过互助组、半社会主义性质的初级农业生产合作社和全社会主义性质的高级农业生产合作社等形式，实现了对个体农民的社会主义改造。在合作化的过程中，农业生产没有像苏联那样发生大幅度减产，而是增产了。

毛泽东原先打算用10年或15年左右的时间完成总路线所规定的"一化三改"的任务，实践的结果，只用了三年多一点时间就完成了对农业、手工业和资本主义工商业的社会主义改造。

到1956年底，生产资料私有制的社会主义改造取得了决定性胜利。社会主义性质的国营经济、合作社集体经济和公私合营经济占到国民经济的92.2%；农村基本实现了土地公有，93.6%农户加入了农业生产合作社，建立了社会主义集体经济；绝大多数的手工业者加入了手工业集体经济组织；以国营经济和集体经济为主体的社会主义经济制度基本确立。

在这个过程中，从理论上和实践上实现了以下突破：第一，在国家工业化建设和社会主义改造的关系上，突破了先打基础再过渡的框框，创造了工业化和改造同时并举的道路；第二，在向社会主义过渡的方式上，突破了一举过渡的框框，变成了逐步过渡，瓜熟蒂落，水到渠成；第三，在农业社会主义改造上，突破了先机械化后集体化的框框，创造出初级社、高级社等适应不同生产力发展水平和地区特点的过渡形式；第四，在资本主义工商业改造上突破了单一国有化的框框，创造出从初级到高级的各种国家资本主义的过渡形式，实现了对资产阶级的和平赎买；第五，在公有制的实现形式上，突破了单一的国有制，形成了国营经济、公私合营经济、集体所有制经济的新格局。

从而看出，在一个经济文化落后的农业大国里，走出了一条向社会主义社会过渡的新路，解决了社会变革与物质基础、和平过渡与阶级斗争的矛盾。

三大改造的成功，在中国确立了社会主义制度，奠定了中国进步和发展的基础，开创了中国人民建设社会主义的新时期，开辟了中国通往现代化、实现强国富民的光明大道，这是毛泽东作出的重大历史性贡献。

4.《论十大关系》

社会主义制度建立起来之后，面临的一个重要问题是，如何摆脱苏联模式找到一条适合中国的社会主义建设道路。在这之前，我国许多体制模仿苏联。这除了与苏联的友好因素外，更主要的是由于我们毫无建设社会主义的经验，可借鉴的只有苏联模式，这在当时是必要的，也取得了很大的成绩，不足之处是缺乏创造性。

毛泽东历来是反对教条主义，不满足于照抄照搬。1956年，他把自己的工作重心转移到领导经济建设后，决心打破苏联的框框，走自己的路，寻找一条适合中国特点的建设社会主义的道路，希望比苏联搞得快些、好些。

在中国这样一个贫穷落后、人口众多、情况十分特殊的东方大国，怎样建设社会主义是一个非常复杂的问题。从马列主义的书本上找不到现成的答案，照抄、照搬苏联模式又不符合中国国情，更不能凭主观去想象。这个问题，只能从实践中逐步去认识，逐步去解决，首先要求对实际情况进行系统而周密的调查研究。毛泽东的探索正是从这里开始的。

1956年1月中旬，毛泽东从杭州回到北京不久，从薄一波那里听说刘少奇正在听取国务院一些部委汇报工作，这立刻引起毛泽东的兴趣。他对薄一波说："这很好，我也想听听。你能不能替我也组织一些部门汇报？"

刘少奇召集国务院各部门汇报工作，是从1955年12月7日开始的，是为起草中共八大政治报告做准备的。毛泽东的调查，既为八大做准备，同时又走出了这个范围，提出一些对社会主义建设具有长远指导意义的思想。被称为探索适合中国情况的建设社会主义道路的开篇之作的《论十大关系》，就是这次调查的直接成果。

毛泽东的调查研究，从1956年2月14日开始，到4月24日结束，共听取国务院34个部门的工作汇报，还有国家计委关于第二个五年计划的汇报，实际听汇报的时间为43天。

在紧张疲劳的状态下，毛泽东度过了这难得又十分重要的43个日日夜夜。用他自己的话说，几乎每天都是"床上地下，地下床上"。一起床，就开始听汇报，每次都是四五个小时，地点在中南海颐年堂。周恩来除个别时候因事请假外，每次都来。刘少奇、陈云、邓小平有时也来参加。他们时而插话，发表意见。各部门事先把汇报写成书面材料送给毛泽东。毛泽东听口头汇报时，不断插话，提出问题、发表意见、进行评论。从毛泽东发表的意见和评论中，可以看出《论十大关系》形成的思想轨迹，可以看出他对社会主义建设问题的一些思考和见解。为了听汇报，毛泽东还不得不改变长期养成的夜间工作的习惯。

毛泽东开始听取重工业部门汇报时，讲了一段话：我去年出去了一趟，跟地方同志谈话。他们流露不满，总觉得中央束缚了他们，地方同中央有些矛盾，若干事情不放手让他们管。他们是块块，你们是条条，你们无数条条往下贯彻，而且规格不一。他们若干要求，你们也不批准，约束了他们。

毛泽东听取第一、第二、第三机械工业部汇报时，批评了一长制。他说家庭也不能搞一长制，没有商量是不行的。工厂总比家庭复杂些。工厂要有一定的纪律，按时、按量、按质完成任务。为达此目的，没有集体领导、个人负责是不行的。单有一个集体领导不行，还要有个人负责，又对立又统一才行，两者缺一不可。只统一没有个人负责不行，是集体领导基础上的个人负责。单讲集体领导，不讲个人负责，或者单讲个人负责，不讲集体领导，都很危险。

毛泽东又讲到好大喜功的问题。他说：好大喜功好像是坏事，历来骂汉武帝好大喜功，可不名誉哩。木船变轮船，马车变汽车、火车，都是好大喜功，不加区别地说好大喜功都不好，是不妥当的。

关于学习苏联，毛泽东采取分析的态度。他说要分两类：一类按中国的，一类规规矩矩、老老实实地学。如土改，我们不学，不照它的。如财经方面有些建议，陈云不学。对资本家的政策，我们也不学它。技术问题横直一概照抄，比较好的，或者我们根本不知道的，学过来再说。

在听取城市建设总局和二机部汇报时，万里问：北京远景规划是否摆大工业？人口发展到多少？毛泽东说：现在北京不摆大工业，不是永远不摆。按自然发展规律，按经济发展规律，北京会发展到一千万人，上海也是一千万人。将来世界不打仗，和平了，会把天津、保定、北京连在一起。北京是个好地方，将来会摆许多工厂的。

周恩来讲到要派人到资本主义国家去学技术，毛泽东很赞成，说：不论美国、法国、瑞士、挪威……只要他们要我们的学生，我们就派去。周恩来说：把各国的经验都学过来，要有这个气魄。

当轻工业部门汇报行业安排、产品分类时，毛泽东说：你们都是做好事的，吃的、穿的、用的都有。还有工艺美术品，还有烤鸭子可以技术出口。有些服务行业，串街游乡，修修补补。这些人跑的地方多，见识很广。提醒你们手工业中许多好东西，不要搞掉了。王麻子、张小泉的刀剪一万年也不要搞掉，我们民族好的东西，搞掉了的，一定要来一个恢复，而且要搞得好一些。在汇报到提高工艺美术品和保护民间老艺人时，毛泽东说：这些办法很好，赶快搞，要搞快一些。开办学院，召集会议，给予各艺人学术头衔。杨士惠是搞象牙雕刻的，实际上他是很高明的艺术家。

听取34个部门汇报之后，为了增加工业建设方面的感性认识，毛泽东又连续6天参观了机械工业展览，而且他还翻阅了10多万字的资料，集中精力反复思考，最后写出了《论十大关系》。

就在这次听取汇报的时候，毛泽东提出"两个万岁"的口号。他说："共产党万岁，民主党派也万岁。他们可以看着我们，这也是一种民主。共产党有两怕：一怕老百姓，二怕民主人士。"怕，是毛泽东的一个形象的说法，即接受监督的意思。这个意思后来被概括为"长期共存、互相监督"。

1956年4月25日，毛泽东主持中央政治局扩大会议，发表了《论十大关系》的讲话，这是他历时一个多月的调查研究成果。

《论十大关系》重点是讲经济问题，同时也包括同经济建设密切相关的国家政治生活中的一些重大问题。毛泽东把这些问题，概括成十大关系，即：重工业和轻工业、农业的关系；沿海工业和内地工业的关系；经济建设和国防建设的关系；国家、生产单位和生产者个人的关系；中央和地方的关系；汉族和少数民族的关系；党和国家的关系；革命和反革命的关系；是非关系；中国和外国的关系。这十大关系不是平列的，而是有重点的。毛泽东后来说："在十大关系中，工业和农业，沿海和内地，中央和地方，国家、集体和个人，国防建设和经济建设，这五条是主要的。"

毛泽东后来回忆说："那个十大关系是怎么出来的呢？我在北京经过一个半月，每天谈一个部，找了34个部的同志谈话，逐渐形成了那个10条。如果没有那些人谈话，那个十大关系，怎么会形成呢？不可能形成。"

《论十大关系》的发表，标志着毛泽东对中国社会主义建设道路的探索开始形成一个初步的然而又是比较系统的思路。以后，毛泽东在总结新中国成立后的历史经验时，仍把它看作是一个转折。他在成都会议上指出："1956年4月的《论十大关系》，开始提出我们自己的建设路线，原则和苏联相同，但方法有所不同，有我们自己的一套内容。"他在《十年总结》中又写道："前八年照抄外国的经验。但从1956年提出十大关系，开始找到了自己的一条适合中国的路线。"

事隔19年后，邓小平对《论十大关系》作出这样的评价：
"这篇东西太重要了，对当前和以后，都有很大的针对性和理论
指导意义。"

这一时期，毛泽东还提出注重远景规划的思想。在他的主
持下，先后制定了《1956—1967年农业发展纲要（草案）》和
《1956—1967年科学技术发展远景规划（纲要）》，这对农业和
科学技术的发展起了极大的指导作用。

5. "两弹一星"

正是在这个时期，我国"两弹一星"的研制提上了议程。

1955年1月15日，毛泽东在中南海紫光阁主持召开时间最
长、具有重大历史意义的绝密会议，中央书记处的同志全体出
席，会议请钱三强、李四光、刘杰等科学家和有关领导干部座谈
讨论中国制造原子弹问题，从那时起中国"两弹一星"研制事业
开始了。

著名科学家钱三强回忆说：

> 1955年1月14日，我和地质学家李四光同
> 时被召到周恩来办公室，在座的还有薄一波和
> 地质部副部长刘杰。周恩来请李四光讲我国铀
> 矿资源勘探情况，接着由我介绍原子核科学技
> 术研究状况。周恩来全神贯注听了我们的每一
> 句话，并且洞察问题的关键，详细询问了原子
> 反应堆、原子弹的基本原理，以及发展这项事
> 业的必要条件等。然后他告诉我们："明天毛
> 主席和中央其他领导要听取这方面的情况，你
> 们做点准备，简明扼要，可以带点铀矿石和简

单仪器作点现场演示。"

第二天，我和李四光等按时到达中南海的一间会议室，里边已经围坐许多熟悉的领导人，有毛泽东、刘少奇、周恩来、朱德、陈云、邓小平、彭德怀、彭真、李富春、陈毅、聂荣臻、薄一波等。

这是一次专门研究发展我国原子弹的中共中央书记处扩大会议。

毛泽东主席主持会议，开宗明义："今天，我们这些人当小学生，就原子能有关问题，请你们来上一课。"

李四光拿出一小块黄黑色的铀矿标本，说明铀矿资源与发展原子能的密切关系。1954年下半年，我国第一次在广西发现了铀矿资源。领导人一个一个传看着铀矿标本，对它那种神话般的巨大能量感到新奇。

我汇报了几个主要国家原子能发展的概况和我国近几年做的工作……

毛泽东点燃一支烟，开始作总结性讲话："我们的国家，现在已经知道有铀矿，进一步勘探，一定会找出更多的铀矿来。我们也训练了一些人，科学研究也有了一定的基础，创造了一定的条件。过去几年，其他事情很多，还来不及抓这件事。这件事总是要抓的。现在到时候了，该抓了。只要排上日程，认真抓一下，一定可以搞起来。"

"你们看怎么样？"毛泽东看了看大家，接着强调说："现在苏联对我们援助，我们一定要搞好。我们自己干，也一定能干好！我们只要有人，又有资源，什么奇迹都可以创造出来。"

会议人员对大力发展原子能表示了极大兴趣和决心……

到了吃饭时间，大家从会议室来到餐厅，摆有3桌饭菜，6样普通的菜，多有辣味。我同毛泽东在一桌，坐在他的对面；他左边是彭真，右边是李四光。李四光改用湖北话同毛泽东谈，无拘无束，十分开心。

最后，毛泽东举起酒杯，大声说："为我国原子能事业的发展，大家共同干杯。"

从1955年1月15日这一天起，中国的核武器研制开始了艰巨而伟大的历程。

随后，1955年12月，著名科学家任新民提出中国研制火箭武器和发展火箭技术的建议。1956年2月，著名科学家钱学森提出关于建立中国国防航空工业的意见。他们的建议和意见引起中共中央和中央军委高度重视，并被采纳。

1956年3月，中共中央作出发展新中国导弹事业的重大决策。1956年底，国务院编成《1956—1967年科学技术发展规划纲要》，提出包括原子弹和导弹两项绝密任务的八项重点工作。

随后，根据毛泽东指示成立"专门委员会"，在周恩来、贺龙、李富春、李先念等具体负责下，集中钱学森、钱三强、朱光亚、邓稼先、周光召等一大批科学家，打响了"两弹一星"研制攻坚战。

中国导弹的研制工作提上了日程。1957年10月，苏联第一颗人造地球卫星上天。1958年5月，毛泽东发出"我们也要搞一点卫星"的号召。

"两弹一星"工程，根据毛泽东关于"大力协同"的指示，在极其艰苦的条件下，主要靠自己的力量，取得了举世瞩目的成就，为中国国防现代化打下了坚实的基础。

1958年6月21日，毛泽东在中共中央军委扩大会议上的讲话中指出：我还是希望搞一点海军，空军要搞强一点的。还有那个原子弹，听说就那么一个东西，没有那个东西，人家就说你不算数。那么好，我们就搞一点。搞一点原子弹、氢弹，什么洲际导弹，我看有10年工夫完全可能的。在我国现代工业、现代农业、现代科学文化发展基础上，国防力量的建设，不仅要做好积极防御的战争准备工作，同时还要准备一旦帝国主义向我发动侵略战争时，在打败敌人进攻之后，实施战略反攻和战略追击，把侵略者赶出去。

一大批科学家及科研人员甘愿牺牲个人利益和家庭幸福，他们上不告诉父母，下不告诉妻儿，离开大城市，从此销声匿迹，隐姓埋名来到荒漠戈壁，战高温、斗风沙、忍饥饿、喝苦水，每天只有一军用水壶的饮用水，一脸盆的生活用水，没奖金没补贴，很多人为此献出了宝贵的生命。

当时的"两弹元勋"邓稼先、钱学森、于敏、赵九章、王淦昌、钱三强、彭恒武等科学家，在这短短的14年时间，为中国搞出了自己的原子弹、导弹、氢弹、人造卫星，这是何等的伟业，何等的壮举！

要知道，那个年代的中国一穷二白，落后到难以用语言形容的程度。制造原子弹又遇上历史上罕见的自然灾害、中苏关系破裂，苏联逼迫中国人民提早返还债务，撕毁合同，撤回全部专家，带走全部图纸资料。当时不少人主张原子弹研制下马，除了老帅们主张继续搞以外，多数人不主张继续搞。

毛泽东于心不忍，他深知原子弹的重要性，采取的策略是"拖着"，既不肯定，也不否定，反正原子弹在继续搞着。1962年蒋介石要"反攻大陆"以及印度对中国挑衅滋事，毛泽东说服了那些让原子弹下马的人，作出了"勒紧裤腰带也要把原子弹搞出来"的批示。

这再一次显示出毛泽东的雄才大略，可以肯定地说，假如1961年原子弹下马，中国就失去了搞核武器的战略机遇期。中国就失去了成为大国的资格，1971年也回不了联合国，更谈不上什么否决权。

"两弹一星"不仅是毛泽东时代中国人民创造的奇迹，更是中华民族的一种精神象征。"两弹一星"奠定了中国的大国地位，更提升了中国在国际舞台上的分量和话语权。

正如邓小平所说，如果60年代以来没有原子弹、氢弹，没有卫星发射，中国就不叫有影响的大国，就没有现在这样的国际地位。

6. 一手伸向马列，一手伸向传统

1957年2月，毛泽东发表了《关于正确处理人民内部矛盾的问题》的文章，这是他探索中国社会主义道路的又一代表作。

如果说，《论十大关系》着重阐述了社会主义建设经常遇到的基本关系，而这篇著作则是进一步对社会主义社会的基本矛盾和突出矛盾的阐述，因而更触及社会主义经济社会发展的本质方面，表明毛泽东对中国社会主义建设道路及其规律的探索深入到一个新的层次。

《关于正确处理人民内部矛盾的问题》，是毛泽东在科学社会主义发展史上，第一次提出了关于社会主义社会两类矛盾学说，破天荒地把"人民内部矛盾"的概念引入人们的视野，并把正确区别和处理人民内部矛盾作为社会主义普遍面临的重大理论问题和现实问题提了出来。

毛泽东这一重大理论探索的贡献在于：运用唯物辩证法的对立统一规律和矛盾学说，深刻剖析社会主义社会的矛盾运动状况，创立了关于社会主义社会基本矛盾和基本动力学说，为新中国国体及其根本政治制度、基本经济制度的建立、发展、完善，提供了理论依据。

这一学说的创立，不仅为正确观察和解决社会主义社会主要矛盾指明了方向，而且为统筹兼顾处理好各方面的关系，调动一切积极因素投身社会主义现代化建设提供了理论依据。

毛泽东对这一学说充满了自信，他说："采取现在的方针，文学、艺术、科学技术会繁荣发达，党会经常保持活力，人民事业会欣欣向荣，中国会变成一个强国而又使人可亲。"

毛泽东思想的理论来源两个方面：除了马克思主义外，还有中国的传统文化，请看事实：

1945年4月24日，毛泽东在中共七大上的讲话中说：对国民党，我们的方针，第一条，就是老子的哲学，叫作"不为天下先"，就是不打第一枪。第二条，就是《左传》上讲的，"退避三舍"。第三条，是《礼记》上讲的"礼尚往来"。来而不往非礼也，往而不来也非礼也。

新中国成立以后，周恩来将这三条应用于外事活动并有所发挥。1963年4月24日，他在同来访的外宾谈话时阐述了我国办外事的一些哲学思想。他说："我们中国人办外事有这样一些哲学思想：（一）要等待，不要将己见强加于人。（二）决不开第一枪。（三）中国有句话，'来而不往，非礼也'。（四）'退避三舍'。"他在逐条解释后又说："我们中国人办外事，就是根据这样一些哲学思想。这些哲学思想，来自我们的民族传统，不全是马列主义的教育。"周恩来最后一句话非常重要。它对我们理解毛泽东思想与中国传统文化的关系很有启发。

毛泽东思想直接根源于我国民族传统的远不止这些，还有很多方面，而且有的还很重要。比如"独立自主，自力更生"的思想。

"独立自主，自力更生"的思想贯穿于毛泽东思想体系的各个部分，是构成毛泽东思想活的灵魂的基本原则之一。

许多文章、著作在阐述这一思想时都极力从马列经典著作中寻找其理论源头。当然，毛泽东这一思想同马克思主义的基本理论是相一致的。然而，毛泽东的"独立自主，自力更生"的思想并非直接源于马克思列宁主义，而是来自我们的民族传统。

中华民族自古就有自强不息的精神。《周易》曰："天行健，君子以自强不息"；"刚健笃实，辉光日新。"这种自强不息的精神对中华民族五千多年文明绵延不绝起了很大的作用。这种自强不息的精神到了近现代，则表现为中国人民不甘屈服于帝国主义及其走狗的顽强的不折不挠的反抗精神。

1935年12月，毛泽东所作的《论反对日本帝国主义的策略》的报告中说："我们中华民族有同自己的敌人血战到底的气概，有在自力更生的基础上光复旧物的决心，有自立于世界民族之林的能力。"毛泽东所说的中华民族的气概、决心、能力正是在尔后逐渐形成的"独立自主，自力更生"思想的基础。

"独立自主，自力更生"，并非闭关锁国，拒绝外援，而是要在自力更生的基础上力争外援。

"独立自主，自力更生"，是我们立党、立国的基本原则之一。邓小平在中共十二大开幕词中说："中国的事情要按照中国的情况来办，要依靠中国人民自己的力量来办。独立自主，自力更生，无论过去、现在和将来，都是我们的立足点。"1989年9月4日，他在致中共中央政治局信的最后说："我们的改革开放事业刚刚起步，任重而道远，前进中还会遇到一些曲折。但我坚信，我们一定能够战胜各种困难，把先辈开创的事业一代一代发扬光大。中国人民既然有能力站起来，就一定有能力永远屹立于世界民族之林。"

可见，从毛泽东到邓小平，"独立自主，自力更生"的思想一脉相承，且都根源于我们的民族传统，都深信我们的民族有自立于世界民族之林的能力。

毛泽东从中国社会主义制度长远发展的战略高度，强调对国民进行共产主义理想信念教育，提出了培养共产主义接班人的重大历史任务，提出"又红又专"的接班人标准，提出了在社会主义文化发展中判断大是大非的6条标准，即有利于团结全国各族人民、有利于社会主义改造和社会主义建设、有利于巩固人民民主专政、有利于巩固民主集中制、有利于巩固共产党的领导、有利于社会主义的国际团结和全世界爱好和平人民的团结，并特别强调"这6条标准中，最重要的是社会主义道路和党的领导两条"。

这6条标准成为后来邓小平提出的四项基本原则的直接理论源头。邓小平曾明确指出："四项基本原则并不是新的东西，是我们党长期以来所一贯坚持的。"

7. "双百"方针

这个时期，毛泽东创造性地提出了繁荣发展社会主义文化的根本方针。他指出："百花齐放，百家争鸣，这是一个基本性的同时也是长期性的方针，不是一个暂时性的方针。"

"双百"方针的形成有一个发展过程。1950年11月2日，在全国戏曲工作会议上，发生了京剧和地方戏以哪个为主的争论。1951年4月3日，著名京剧表演艺术家梅兰芳任院长的中国戏曲研究院在北京成立。毛泽东亲笔题词"百花齐放，推陈出新"，鼓励各种戏曲形式同时并存和发展，这成为"双百"方针的雏形。

同年5月5日，国务院发出《关于戏曲改革工作的指示》，根据"百花齐放，推陈出新"的方针，提出中国戏曲种类极为丰富，应普遍地加以采用、改造与发展。鼓励各种戏曲形式的自由竞赛，促成戏曲艺术的"百花齐放"。戏曲界的那个争论不休的问题终于得到解决。

以后，"百家争鸣"成为整个科学的工作指导方针。1956年2月，在毛泽东主持召开的一次会议上，中宣部部长陆定一汇报了当前学术界的情况，谈到学术研究中存在着抬高某个学派，压制另一个学派的现象。在这次会议上，决定在科学工作中实行"百家争鸣"的方针。

1956年4月28日，毛泽东在中央政治局扩大会议上明确提出："艺术问题上的百花齐放，学术上的百家争鸣，我看应该成为我们的方针。'百花齐放'是群众中间提出来的，不晓得是谁提出来的。人们要我题词，我就写了'百花齐放，推陈出新'。'百家争鸣'这是两千年以前就有的事，春秋战国时代就有百家争鸣。讲学术，这种学术也可以讲，那种学术也可以讲，不要拿一种学术压倒一切。你讲的如果有真理，信的人势必就会越来越多。"

5月2日，毛泽东在最高国务会议上，正式宣布"百花齐放，百家争鸣"作为共产党发展科学、繁荣文艺的指导方针。

"双百"方针的提出，犹如一面镜子，它折射出来的是一个政治稳定、经济发展、人民团结的国家形象。它大大促进了文学、艺术、哲学、社会科学、自然科学和科学技术的繁荣和发展。

"双百"方针的提出，立即在知识界引起强烈反响。作为一位亲历者，著名生物学家谈家桢在过去40多年后回忆这段历史，仍然激动不已。他说：

> 我第一次见到毛主席，是在1957年3月，中央宣传工作会议期间，也就是青岛遗传学座谈会结束不久。这次会议召开的背景，意在贯彻毛泽东主席亲自提出的"百花齐放，百家争鸣"的方针。对"双百"方针我抱着积极拥护的态度，这不仅是因为"双百"方针本身意味着在学术和艺术创作等问题上，鼓励人们平等地发表自己的观点和意见，允许不同学术思想、不同学术流派同时存在和发展，更为重要的是，还将从根本意义上调动广大知识分子投身社会主义事业的积极性。联系我本人和我从事的遗传学事业来说，"双百"方针的提出，其实是对当时岌岌可危、濒临夭折的中国遗传学事业的一种根本意义上的支持。建国以后一直如履薄冰、如临深渊的中国遗传学事业，在

来自苏联"李森科学派"的巨大压力下，已经
到难以支撑下去的局面。"双百"方针的提
出，青岛遗传学座谈会的召开，毛泽东主席的
亲自关注，无论对中国遗传学事业，还是对我
本人而言，都如久旱逢甘霖，是一种莫大的支
持。这是我一辈子不能忘记的。

"双百"方针的提出和对这一方针系统的阐述，是毛泽东的
创造，是对马克思主义的一个重大发展。马克思、列宁虽说也有
不少关于如何发展无产阶级的、社会主义的文化和科学的论述，
也发表过类似百花齐放、百家争鸣的意见，但毕竟由于时代条件
的限制，他们不可能明确地将此作为发展和繁荣社会主义科学文
化的基本方针。

毛泽东在提出"双百"方针的同时，还提出要做到"古为
今用、洋为中用"，继承和吸收古今中外一切有益的科学文化知
识。他高度重视科学技术在社会主义建设中的极端重要性，明确
提出了"向科学进军"的口号，并把科学技术现代化作为社会主
义现代化的重要组成部分。他充分肯定知识分子在社会主义建设
中的地位和作用，明确提出我国知识分子的大多数已经是工人阶
级的组成部分，要实现达到世界先进水平的伟大目标，"决定一
切的是要有干部，要有数量足够的、优秀的科学技术专家"。

8. 调查研究，总结经验

1958年8月，毛泽东发现在经济工作指导上出现"左"的错
误：片面追求建设的高速度、高指标。在"一天等于二十年"口
号感染下，各地不断修改计划指标，"高产卫星"一浪高过一
浪。当时，毛泽东心存疑虑。关于粮食产量，曾任毛泽东机要

秘书的叶子龙回忆：1958年8月13日，毛泽东到天津新立村参观水稻田，公社负责人说这块田亩产10万斤。毛泽东说："你在吹牛，这不可能，你在放大炮，我是种过地的，你没种过地吧，这靠不住，10万斤我不信，堆就堆不出来。"

关于钢铁，1958年8月30日，在北戴河会议上，毛泽东针对当年钢铁产量1070万吨明确指出，从时间上看，"相当危险"，"能不能搞到，我总是怀疑。十五个吊桶打水——七上八下。如果搞不到，那么，一是我们的工作没抓紧，二就是这个题目出错了，不该出这个1070万吨的数目"。

后来，毛泽东引用一句古诗："夕阳无限好，只是近黄昏。"因为当时钢产量还不到三分之一，离年底不到4个月，能不能完成，他是怀疑的。

"大跃进"的高指标、浮夸风，在毛泽东心中烙下的印痕太深了，一直心有余悸，以致到晚年都忘不了，认为"大跃进"不仅犯了不少错误，甚至"做了错事"，"闹了笑话"。他在1962年的七千人大会上，主动承担责任，作自我批评；1965年的一次会议上又说："这些教训要牢牢记住，要经常向人们讲，永远不要忘记。"

毛泽东在1958年秋冬已经察觉到了"大跃进"和农村人民公社化运动中出现的问题，并着手进行调整和纠偏。

1958年11月到1959年7月，毛泽东和党中央连续召开郑州会议、武昌会议、八届六中全会、第二次郑州会议、上海会议以及八届七中全会，重点讨论高指标和人民公社化运动中出现的问题，并取得了积极效果。会议强调要划分集体所有制和全民所有制、社会主义和共产主义的界限，国民经济应当有计划按比例发展，要发展社会主义的商品生产和商品交换，等等。这些思想对抑制"共产风"、高指标、浮夸风等错误起了重要作用。

1959年3月下旬，毛泽东在上海锦江饭店主持召开中央政治局扩大会议，对1959年的国民经济指标作了进一步调整。

会议期间，毛泽东向与会人员讲起了"多谋善断，留有余地"等问题。

毛泽东提出，希望大家看一看《三国志》中的《郭嘉传》。大家都知道，郭嘉是三国时期的一位著名人物，最初在袁绍部下，但他认为袁绍"多端寡要，好谋无决，欲与共济天下太难"；后经荀彧推荐，成为曹操的重要谋臣，追随左右，运筹帷幄，协助曹操南征北战。擒吕布、破袁绍、北伐乌桓，功绩卓著。郭嘉中年病逝，曹操非常惋惜，称赞他"每有大议，临敌制变。臣策未决，嘉辄成之。平定天下，谋功为高"。郭嘉足智多谋，而曹操能够问计于郭嘉等谋臣，听取他们的意见，果断作出决策，这说明他是一个知人善任、多谋善断的人物。

毛泽东介绍大家看《郭嘉传》，是希望各级领导干部做事要多谋。他说，多谋善断，这句话重点在"谋"字上，要多谋，少谋是不行的。不能谋大局者，断难谋局部。不能谋整体者，断难谋一域。凡事要与各方面商量，反对少谋武断。商量又少，又武断，那事情就办不好。谋是基础，只有多谋，才能善断。谋的目的就是为了断。

毛泽东还说，要当机立断，不要优柔寡断，应当根据形势的变化来改变计划；反对党内一些不良倾向，也要当机立断。

1959年4月29日，毛泽东亲自给省级、地级、县级、社级、队级、小队级六级干部写了一封公开信，信中指出6个问题，都是关于农业方面的：

第一个问题，包产问题。南方正在插秧，北方也在春耕，包产一定要落实。根本不要管上级规定的那一套指标。不管这些，只管现实可能。例如，去年亩产只有300斤，今年能增产100斤、200斤，也就很好了。吹上800斤、1200斤，甚至更多，吹牛而已，实际办不到，有何益处呢？又例如，去年亩产500斤，今年增产200斤、300斤，也就算成绩很大了，再增上去，就一般说，是不可能的。

第二个问题，密植问题。不可太稀，不可太密，许多青年干部和某些上级机关缺少经验，一个劲儿要密植，有些人竟说愈密愈好。不对，老年人怀疑，中年人也有怀疑的。这三种人开一个会，得出一个适当的密度，那就好了。既然要包产，密植问题就得由生产队、生产小队商量决定。上面死硬的密植命令，不但无用，而且害人不浅。因此，根本不要下这种死硬的命令，省委可以规定一个密植幅度，不当作命令下达，只供下面参考。

此外，上面要精心研究，到底密植程度以何为好，积累经验，根据因气候不同，因地点不同，因土、肥、水、种等条件不同，因各种作物的情况不同，因田间管理水平高低不同，作出一个比较科学的密植程度的规定，几年之内达到一个实际可行的标准那就好了。

第三个问题，节约食粮问题。要十分抓紧，按人定量。忙时多吃，闲时少吃，闲时半干半稀，杂以番薯、青菜、瓜豆、芋头之类。此事一定要十分抓紧。每年一定把收割、保管、吃用三件事（收、管、吃）抓得很紧很紧。而且要抓得及时，机不可失，时不再来。一定要有储备粮，年年储一点，逐年增多，经过10年奋斗，粮食问题可能解决。在10年内，一切大话、高调切不可讲，讲就是十分危险的。须知我国是一个六亿五千万人口的大国，吃饭是一件大事。

第四个问题，播种面积要多少的问题。少种高产多收的计划，是一个远景计划，是可能的。但在10年内不能全部实行，也不能大部实行。10年内，只能看情况逐步实行。3年以内，大部不可行。3年以内，要力争多种，目前几年的方针是：广种薄收与少种多收的高产丰田同时进行。

第五个问题，机械化问题。农业的根本出路在于机械化。要有10年时间，4年内小解决，7年以内中解决，10年以内大解决。今年、明年、后年这三年内，主要依靠改良农具，半机械化农具，每省每地每县都要设一个农具研究所，集中一批科学技术人员和农村有经验的铁匠、木匠，收集全省、全地、全县各种比较进步的农具，加以比较，加以试验，加以改进，试制新式农具。试制成功，在田里实验，确实有效，然后才能成批制造，加以推广。提到机械化，用机械制造化学肥料这件事，必须包括在内，逐年增加化学肥料是一件十分重要的事。

第六个问题，讲真话问题。包产能包多少，就讲能包多少。不讲经过努力实在做不到而又勉强讲做得到的假话。对各项增产措施，实行八字宪法，每项都不可讲假话。老实人，敢讲真话的人，归根到底，于人民事业有利，于自己也不吃亏。爱讲假话的人，一害人民，二害自己，总是吃亏的。应当说，有许多假话是上面压出来的。上面"一吹、二压、三许愿"，使下面很难办。因此，干劲一定要有，假话一定不可讲。

以上六件事，请同志们研究，可以提出不同意见，以求得真理为目的。我们办农业、工业的经验还很不足。一年一年积累经验，再过十年，客观必然性可能逐步被我们认识，在某种程度上，我们就有自由了。什么叫自由？自由就是对必然的认识。

同现在流行的一些高调比较起来，我在这里唱的是低调，目的在于真正调动积极性，达到增产的目的。如果事实不是我讲的那样低，而达到了较高的目的，我变为保守主义者，那就谢天谢地，不胜光荣之至。

毛泽东

一九五九年四月二十九日

1961年1月，毛泽东在为党的八届九中全会做准备工作的中央工作会议上说，现在看起来，社会主义建设不要那么十分急，十分急了办不成，越急越办不成，不如缓一点，波浪式向前发展。这个社会主义是不是也有一个周期率，若干年就是生产也好，建设也好比较低，若干年比较高，这么波浪式的。他还说社会主义建设不能急，要搞它半个世纪，要搞几年慢腾腾，不要务虚名而招实祸。他批评"一平二调""共产风"是"人祸"，要求大家勇于承认错误，有多少错误就说多少，有"左"反"左"，有右反右，有什么反什么。

1961年1月13日，毛泽东在主持中央工作会议全体会议上强调：一切从实际出发，没有把握就不要下决心。所有的省委书记加上省委常委，省的各部门的负责同志、地委书记、县委书记、公社书记做调查研究，情况明、决心大、方法对，要有这三条。

第一条情况明，这是一切工作的基础，情况不明，一切无从着手。因此，要摸清情况，做调查研究。情况明了，决心就大了，措施、办法、实现的方针、政策也就有了。

他还强调各级领导干部把小事撇开，用一部分时间，带几个助手，去调查一两个生产队、一两个公社，在城市要调查一两个工厂。他还说："省委一把手不了解情况是非常危险的。"又说："不作调查研究，以感想代替政策，总有一天要走霸王别姬的路。"毛泽东把调查研究比作打仗，打仗先要搞侦察，侦察敌情、地形、火力配备，然后判断情况，下定决心，组织后勤，部署部队。他还说："历来吃败仗，都是调查不够，情况不明的结果。"

毛泽东是深入实际调查研究的典范。他为了熟悉冶金工业，仅在1958年就考察了重庆钢铁公司、武汉钢铁公司、大冶钢厂、上海钢厂、马鞍山钢铁公司、合肥钢厂、邯郸钢铁厂，等等，光马鞍山钢铁公司先后去过三次。

为了摸清中国机械工业建设情况，他花费的功夫更大。1950年从苏联访问回国途中，视察了哈尔滨机车车辆厂；1953年视察了天津机械厂；1956年1月视察了天津第一机床厂，同年视察了广州重型机械厂；1957年7月视察了上海机床厂；1958年视察了沈阳213机床厂和长春第一机床厂，同年6月视察了上海机电厂，等等。

在他的精神鼓舞下，冶金工业部和机械工业部的领导深入调查研究，制定了《鞍钢宪法》《发展机械工业70条》，促进了冶金工业和机械工业的发展。

在毛泽东的号召下，党中央曾把1961年定为调查研究年。

党中央的领导同志几乎全体深入基层蹲点调研。1961年3月，刘少奇去湖南长沙县广福公社天华大队和宁乡县花明楼公社调查；周恩来去河北省武安县调查；朱德去四川、河南农村调查；陈云到上海青浦县小蒸公社调查；邓小平、彭真到北京市顺义县调查。

同时，中央还派出许多调查组。杨尚昆去河北徐水、安国调查；习仲勋去河南长葛调查；胡耀邦去辽宁海城调查；钱瑛去甘肃天水调查；王从吾去黑龙江双城调查；平杰三去山东泰安调查；陈正人去四川简阳调查；谢富治去河北邯郸调查；还有毛泽东的秘书陈伯达、胡乔木、田家英组织的三个调查组分头调查一个生产队。几乎所有的领导都深入基层投入了热火朝天的调查研究中。

他们轻装简从，走家串户，不公开身份，吃住在农户、养猪场或养牛场，找干部群众谈心，召开大小会议，仔细了解山林、水塘、水库、禾场、食堂、医院、学校、企业，以及社员家庭生活情况，等等。这在当时是激动人心的，在中国共产党的历史上是空前的，对转变党的领导作风产生很大影响。

党的八届六中全会闭幕以后，毛泽东于1961年1月26日，亲自率领一路人马，乘火车离开北京，经天津、南京、上海、杭州、长沙、南昌，2月24日到达广州。用一个多月的时间，一路听取河北、山东、江苏、浙江、湖南、广东等7个省市的情况汇报，并主持召开"三南（中南、华南、西南）会议"，综合了全国的调查研究成果形成了具有重大意义的"农业60条"，充分显示了实践出真知，和他一再强调的要知道梨子的味道必须亲自尝一尝的道理。

毛泽东有一个表兄叫贺晓秋，曾经救过毛泽东的命。1960年贺晓秋去世，临终前，他要儿子贺风生把最近几年下面发生的事情告诉毛泽东，让毛泽东了解基层的真实情况。

1961年底，贺风生到了北京，不久就被请进毛泽东的会客室。寒暄之后，贺风生就直截了当地说："主席，你晓得乡里现在的情况吧？晓得下面刮的'五风'吧？"毛泽东兴奋地说："好哇，我正需要听这方面的情况。"他要贺风生先回去准备一下，然后专门找时间谈一次，而且强调："越具体越好，要真实情况，不要掺水，是一说一，是二说二，骂娘的也告诉我，只有贺晓秋的儿子才有这样好的礼物给我。"

过了几天，毛泽东安排专门时间与贺风生交谈。贺风生一开始就放炮："主席……吃食堂饿死人啦！食堂不散我不回去了。"毛泽东说："讲下去，讲下去……"贺风生讲了解放后的发展变化。毛泽东打断他的话：“不要唱什么赞歌了。”

贺风生就不客气地说起发生在农村的一些不好的现象。他说：总路线、大跃进、人民公社"三面红旗"提出来了，情况变了，"五风"刮得不像话，大跃进来了，要搞公社化，好不容易一家一户有了房子，一夜之间，全部都要拆了去居民点，土砖墙要搞碎了熬肥料，弄得到处鸡飞狗跳的，哭的哭爹，骂的骂娘，一两户连在一起。小铁锅砸了炼钢铁，小灶拆了积土肥，筷子碗碟全部归公，只允许一个大队开一个食堂，大锅饭、钵子饭、双蒸饭，还没得饱饭吃。吃得男人大肚子水肿，女人没崽生。现在的干部都兴"放卫星"，仓里没有几粒谷，还硬说达几千斤，干部当老爷，严重脱离群众，老百姓饿得要死，只能在背后冲天骂娘。说着说着，贺风生流泪了。毛泽东一边耐心地听着，一边思考着。后来他把这些情况转告给刘少奇、周恩来等中央其他领导人。

经过研究决定，解散食堂，恢复生产，制止浮夸风。

又过了几天，贺风生准备回家，他到毛泽东那里辞行。毛泽东对贺风生说：“感谢你为中央提供了最有价值的情况，那是刘少奇、周恩来和我都捞不到的真实情况呀！”接着毛泽东说：“社会上像你贺风生这样敢讲真话的人太少了。中央领导下去，下面尽讲好听的。带着看好的，很难得到真实情况。他们怕说拐了丢乌纱帽。农村有句俗话，叫‘三十吃年饭，尽赶好的搬’，这是不行的。要提倡各级干部都讲真话。”贺风生问：“食堂散不散呢？”毛泽东回答：“食堂是肯定要散的。我的意见是大锅改小锅，大碗改小碗。要让农民吃饱饭，不能风一阵，雨一阵，任何一级干部都不能搞假家伙。”

1961年8月在庐山，毛泽东和他的卫士张仙朋聊天时说，我有三大志愿：一是要下放去搞一年工业，搞一年农业，搞半年商业，这样使我多调查研究，了解情况，我不当官僚主义，对全国干部也是一个推动；二是要骑马到黄河、长江两岸进行实地考察，我对地质方面缺少知识，要请一位地质学家，还要请一位历史学家和文学家一起去；三是最后写一部书，把我的一生写进去，把我的缺点、错误统统写进去，让全世界人民去评论我究竟是好人，还是坏人。

由于种种原因，毛泽东的三个志愿未能实现。如果毛泽东能在晚年写一部关于自己的书，那对后人研究毛泽东具有不可估量的意义，历史也将从这本书中吸取极有价值的材料，但这些对他自己和后人都是永远的遗憾了。

毛泽东不仅重视调查研究，而且善于调查研究。他对人民日报社社长吴冷西说："头脑要冷静，多开动自己的脑筋，独立思考，不要人云亦云，随声附和。要调查，追根问底。要比较，同周围比较，同前后比较，同古今中外比较。"

在同山东省委书记谭启龙谈话时提出了调查研究的四个渠道：一是从群众来信中了解情况；二是交敢于讲真话、实话的知心朋友；三是亲自到基层搞调查，不仅看好的，还要看差的；四是派身边工作人员专门下去搞调查，也可以利用他们回乡探亲的机会了解情况。

毛泽东的成功实践告诉我们，要成就一番事业，不仅要具备渊博的知识和智慧，需要有胆量、意志和毅力的支持。还要学会调查研究，总结经验。

毛泽东曾对人说："凡是忧愁没有办法的时候，我就去调查研究。"在另一个场合他又说："我是靠总结经验吃饭的。"这两句话是毛泽东一生最大的心得。这是他成为伟大的革命家、战略家、历史巨人，领导中国革命取得胜利的经验之谈。

1965年7月26日，毛泽东会见从海外归来的李宗仁和夫人。接见时，李的秘书程思远作陪。在谈话中，毛泽东主动向程思远发问："你知道我是靠什么吃饭的吗？"程一时茫然。

毛泽东缓缓说道："我是靠总结经验吃饭的。以前我们人民解放军每打一个战役后，总要总结一次经验，发扬优点，克服缺点，然后轻装上阵，乘胜前进，从胜利走向胜利，终于建立了中华人民共和国。"

毛泽东的谈话道出了他成功的秘密：深入实际、调查研究、善于总结经验、集中群众智慧。

"调查研究，总结经验"，这8个字看似简单，实则奥妙无穷，因为它来自不断的探索，从哲学方法论的高度解决了主观与客观、理论与实践、感性和理性、现实与历史、个人与群众的内在关系问题。

有了调查研究和总结经验这两条，毛泽东就突破了个人才智和个人阅历的局限，而步入了一个无限广阔的天地。在这个天地里，他可以向实践寻求答案，向群众寻求方法，向历史寻求借鉴，从而为自己开掘了无穷无尽、永不枯竭的智慧源泉。

9. 从工业化到现代化

新中国成立之初，毛泽东没有立即提出"现代化"的建设目标，当时的提法叫"工业化"，其设想是准备以20年时间完成中国的"工业化"。

1955年他又提出准备用50年的时间把中国"建成为一个强大的高度社会主义工业化的国家"。

1957年3月，毛泽东在全国宣传工作会议上的讲话中提出："要向自然界开战，发展我们的经济，发展我们的文化，巩固我们的新制度，建设我们的新国家。"他还提出："我们一定要建设一个具有现代工业、现代农业和现代科学文化的社会主义国家。"这是比较早的提到"现代化"目标的一次讲话。

毛泽东在阅读苏联《政治经济学教科书》时谈道，建设社会主义，原来要求是工业现代化、农业现代化、科学文化现代化，现在要加上国防现代化。

现代化目标的提出，表明毛泽东对工业化的认识进一步深化。特别值得注意的是，他还强调："在我们这样的国家，完成社会主义建设是一个艰巨的任务，建成社会主义不要讲得过早了。"这表明，他对1958年"大跃进"的教训是刻骨铭心的。

1962年初，毛泽东在七千人大会上讲话时说："我们对于建设社会主义规律的认识，有一个过程。必须从实际出发，从没有经验到有经验，从有较少的经验到有较多的经验，从建设社会主义这个未被认识的必然王国，到逐步克服盲目性，认识客观规律，从而获得自由，在认识上出现一个飞跃，到达自由王国。"

他还说，对于社会主义建设，我们缺乏经验，还有很多的盲目性。社会主义经济对我们来说，还有许多未被认识的必然王国。从全党来说，对社会主义建设的认识都非常不够，我们应当在今后一段时间内，积累经验，努力学习，在实践中逐步地加强对它的认识，下功夫弄清它的规律。在没有认识到客观规律之前，我们是一些蠢人，最近几年，我们不是干了许多蠢事吗？这是毛泽东对中央几年来工作中失误作的自我批评。

这一年，毛泽东还说过，我们原来过了六七年的糊涂日子。1962年往回倒六七年，正是1956年以后。这就说明，毛泽东承认从1956年以后从搞高级社到办人民公社是搞早了，搞大了。

在经历了一场严重的挫折和失误之后，毛泽东认识到中国处于社会主义初级阶段。他不仅多次提到中国真正建成社会主义，需要50年到100年，后来又明确地说，要100多年的时间，而且明确地使用过"社会主义初级阶段""不发达的社会主义阶段"的提法。在中国这样社会主义国家发展过程中无疑是提出了最宝贵的见解。

在实践中，毛泽东始终反对两种倾向：一种是超越历史阶段消灭商品交换、私营经济和价值规律。1958年，一些地方过早消灭商品交换、消灭工资制、消灭货币，实行物资无偿调拨，毛泽东提出严厉批评和制止。

在对待民族资产阶级的问题上，毛泽东认为，它有剥削工人阶级取得利润的一面，又有拥护宪法、愿意接受社会主义改造的一面，因此可以用和平的方法解决这个矛盾。

另一种倾向是无原则地全盘接受资本主义制度体系乃至价值观，以至于使国家政权改变性质。20世纪60年代初，毛泽东认为可以允许在集体经济内部探索各种各样的生产责任制和分配制度，但是底线是不能改变农村土地的集体所有制。

根据毛泽东的提议，1964年底，周恩来总理在第三届全国人大第一次会议上代表党中央郑重提出四个现代化的目标和分两步走的发展战略。

周恩来在政府工作报告中指出："今后发展国民经济的主要任务，总的来说，就是在不太长的历史时期内，把我国建设成为一个具有现代农业、现代工业、现代国防和现代科学技术的社会主义强国，赶上和超过世界先进水平。为了实现这个伟大的历史任务，从第三个五年计划开始，我国的国民经济发展，可以按两步来考虑。第一步，用15年时间，建成一个独立的比较完整的工业体系和国民经济体系；第二步，力争在20世纪末全面实现农业、工业、国防和科学技术现代化，使我国国民经济走在世界的前列。"这是党和政府最早正式提出的实现社会主义现代化的宏伟蓝图。

在审阅周恩来的政府工作报告时，毛泽东加写了一段话，比较系统地概括了关于中国现代化建设实行赶超战略的基本思路："我们不能走世界各国技术发展的老路，跟在别人后面一步一步地爬行。我们要打破常规，尽量采用先进技术，在一个不太长的历史时期内，把我国建设成一个社会主义的现代化强国。"在这里，毛泽东把尽量采用先进技术作为现代化建设成败的关键，是很有战略眼光的。

1963年12月，毛泽东在听取聂荣臻关于10年科学技术规划汇报时，指出："科学技术这一仗，一定要打，而且必须打好。过去我们打的上层建筑的仗，是建立人民政权、人民军队。建立这些上层建筑干什么呢？就是要搞生产。搞上层建筑、搞生产关系目的就是解决生产力。现在生产关系改变了，就是要搞生产力。不搞科学技术，生产力无法提高。"

"不搞科学技术，生产力无法提高。"这句话，可以说是毛泽东对新中国成立以来中国社会主义现代化建设全部经验的总结。

毛泽东在社会主义建设的探索中，深感理论创新的必要性。他说："任何国家的共产党，任何国家的思想界，都要创造新的理论，写出新的著作，产生自己的理论家，来为当前的政治服务，单靠老祖宗是不行的。""现在，我们已经进入社会主义时代，出现了一系列的新问题，如果单有《实践论》《矛盾论》，不适应新的需要，不写出新的著作，形成新的理论，也是不行的。"

事非经过不知难。和以前的理论成果不同的是，上述认识都是在经历了正反两方面的比较之后，尝到了违背经济规律造成的苦果之后，痛定思痛得到的，来之不易。

有人说，毛泽东只懂革命、懂战争，不懂经济建设，还列举出毛泽东不懂经济的例证，说毛泽东没有读过马克思的《资本论》。

其实，毛泽东早在延安时期就研读过《资本论》。他在1941年9月13日《关于农村调查》的讲话中，就说过这样的话："马克思的《资本论》就是用这种方法写成的。先分析资本主义社会的各部分，然后加以综合，得出资本主义运动的规律来。"新中国成立后，他又多次研读过《资本论》。

1958年3月，毛泽东在成都召开的中央工作会议上，提出向与会者印发《资本论》第三卷论商品交换的一段话，并且亲自拟了标题："从生产出发，还是从交换和分配出发？"

1963年12月，毛泽东同一位领导同志谈话时说，"社会科学的研究不能完全采用实验的方法。例如研究政治经济学不能用实践的方法，要用抽象法，这是马克思在《资本论》里说的。商品、战争、辩证法等，是观察了千百次现象，才能得出的理论概括的"。时至今日，在湖南韶山毛泽东遗物馆里，还展示着毛泽东批阅过的马克思《资本论》，成为历史的见证。

毛泽东在探索中国社会主义现代化建设方面，在理论上实践上都取得了可喜的成果。

第一，关于工作重心的转移。在他看来，当社会主义制度建立后，党和国家的中心任务已由革命转向建设，搞技术革命，大力发展生产力。向自然界开战，以期把中国建成一个具有现代化工业、现代化农业、现代化国防和现代化科学技术的强国，在经济上赶上和超过发达的资本主义国家。

第二，关于社会主义社会的基本矛盾。他

指出，生产力和生产关系的矛盾、经济基础和上层建筑的矛盾是推动社会主义社会前进的基本矛盾。必须按照具体情况，正确进行生产关系和上层建筑方面的改革，以适应生产力发展的需要。

第三，关于经济发展中重大比例关系。他主张，应农、轻、重的秩序安排国民经济，在优先发展重工业的前提下，实行工业和农业同时并举，重工业和轻工业同时并举，正确处理农业、轻工业和重工业的比例关系，正确处理经济建设和国防建设的关系。

第四，关于改革经济管理体制。他屡次提出应改变过分集中的经济体制，正确处理国家、生产单位和生产者个人三者的关系，兼顾三者的利益。要给生产单位一定的相对独立性，注意提高劳动者的物质文化生活水平。正确处理中央和地方的关系。在巩固中央统一领导的前提下，扩大一点地方的权力。充分发挥中央和地方两个积极性。在生产力的布局上，要注意发挥原有的沿海工业的作用，正确处理沿海工业和内地工业的关系。

第五，关于工农业同时并举。他提出将工业和农业结合起来，在农村大力发展工业，使农民就地转化为工人。

第六，应坚持人民民主专政，坚持民主与专政的有机结合。他认为，对敌人实行专政的同时注意扩大民主，充分发挥人民群众在参与管理国家、企业方面的积极性。共产党与民主党派实行"长期共存，互相监督"，既不赞成资产阶级的多党制，也不赞成一些社会主义国家的一党制，而是实行共产党领导的多党合作制。提出党和国家领导人实行任期制的设想，试图打破终身制。

第七，严格区分和正确处理人民内部矛盾和敌我矛盾。提出正确处理人民内部矛盾最根本的方法是实事求是，坚持群众路线。为了建设社会主义强国，必须建设一支宏大的工人阶级的知识分子队伍，在科学文化领域中实行"百花齐放，百家争鸣"的方针。

第八，关于防止和反对和平演变。他提出，社会主义社会还存在着阶级斗争，存在着社会主义道路和资本主义道路之间的斗争，存在着资本主义复辟的危险性。国际上帝国主义推行的和平演变战略，也有使社会主义国家改变颜色的危险。从新中国成立到毛泽东逝世的27年中，毛泽东对防止和反对和平演变问题看得愈来愈重，抓得愈来愈紧。可以推断，如果没有毛泽东对防止和反对和平演变问题作出一系列部署，采取一系列措施，毛泽东逝世后的中国，出现苏联那样的悲剧也不是不可能的！

第九，关于国防现代化。他指出，在战争危险依然存在的国际环境中，我国必须加强国防现代化，建设一支包括由陆军、海军、空军以及其他技术兵种组成的现代化的革命武装力量，发展包括用于自卫的核武器在内的现代化国防技术，必须使军事理论现代化，以适应现代化战争。

第十，坚持独立自主的立国原则。强调向外国学习，对外开放，想方设法打破帝国主义对我国的孤立、封锁，尽可能争取国际上的一切积极因素，化消极因素为积极因素，以利于把我国建设成一个强大的国家。

第十一，坚持共产党的领导。他认为，国家变不变颜色，关键在共产党自身。因此，必须加强党自身的理论、思想、组织和作风建设。警惕党内形成一个脱离群众的贵族阶层。必须坚持中国共产党在中国社会主义建设中的领导核心地位，为建设中国式社会主义提供重要的组织保证。

毛泽东在探索中国社会主义建设道路的同时，科学总结了苏联社会主义建设的经验教训，开启了"以苏为鉴"的思想解放运动。他再三强调一刻也不能忘记和放松党的意识形态和思想宣传工作，不断强化全党和全国人民发展中国特色社会主义的共同思想基础。

自1956年至1966年的10年间，中国的社会主义建设取得了巨大成就。

毛泽东时代，中国实际上是一个既无外债亦无内债，也没有通货膨胀的经济，这在世界发展中国家绝无仅有。特别是在工业方面有跨越式发展。新中国成立之初，我国工业状况总体上要比印度落后30年以上（印度1757—1947年长达190年作为的英国殖民地，其间英国把包括交通、制造业在内的工业能力转移到印度），但我国只用了十几年时间，工业水平总体上就超越了印度。

首先，我国独立的、比较完整的工业体系初具规模。表现在工业生产能力大幅度提高，工业产品产量成倍增长。建成的大中型企业项目达53个，鞍钢、武钢、宝钢、石（石景山）钢等陆续建成，大庆油田、胜利油田、大港油田也相继建成或开发。钢铁、原油、原煤、棉纱、发电等主要工业产量都有巨大增长。新兴工业迅速成长，新产品、新品种不断涌现。特别是电子、石化、原子能、导弹等新兴工业，从无到有，从小到大，从修配到制造，从仿制到自行设计，逐步发展起来。这对于保证我国独立自主地发展经济、巩固国防具有深远意义。

其次，农业基本建设初见成效。从20世纪50年代初开始，毛泽东就十分重视农业基础建设，特别是水利建设，"南水北调"的设想就是毛泽东在1952年提出来的。从1958年开始，农田水利基本建设在全国范围内掀起高潮。到1966年，共建成大中型水利项目150多个，大中小各型水库84000多座。其中大部分现在还在抗洪、抗旱和农业生产中发挥着重大作用。农业现代技术装备程度大大提高。植树造林、推广优良品种、改良土壤、建立气象预报等方面迅速开展起来，农业生产条件不断改善，经济作物总产量大大增长，为我国农业生产的持续发展奠定了基础。

再就是交通运输有了相当大的发展。在此期间，全国新增铁路通车里程7200多公里，建成或部分建成12条干线。新建了郑州黄河大桥、南京长江大桥等，至此，全国除西藏外，各省、自治区都有了铁路，运输情况大大改善。同时，公路交通、内河运输、远洋运输、民航、邮电通信等，都有很大发展。

还有教育、科技事业取得巨大成就。经过调整、整顿，教育规模和质量有很大提高。新建扩建各类高校近30所，科技力量大大发展，科技事业面貌根本改观，全国专门研究人员达到12万人。1964年，我国首次人工合成牛结晶胰岛素，在世界上处于领先地位，得到国际科学界高度评价。同年10月，我国首次核爆炸试验成功，这反映了我国科学技术达到了新的水平。

毛泽东在探索社会主义建设道路的同时，提出了自力更生为主、争取外援为辅的基本路线，强调必须破除迷信，独立自主地干工业、干农业、干科技革命和文化，打倒奴隶思想、埋葬教条主义，要认真学习外国好的经验，也要研究外国好的经验。

如何学呢？他提出："必须有分析有批判地学，不能盲目地学，不能一切照抄，机械搬用。"他说：外国资产阶级的一切腐败制度和思想作风，我们坚决抵制和批判，但是不妨碍我们去学习资本主义国家先进的科学技术和企业管理方法中合乎科学的方面。他还强调，即使"将来我们国家强大了"，"还要谦虚谨慎，还要向人家学习，不要把尾巴翘起来"。这些论述，为我们正确处理引进、吸收、创新的关系以及所应当持有的开放态度提供了思想源泉。

10."小球"推动"大球"

为给建设中国式社会主义争取有利的外部环境，在20世纪50年代初期，毛泽东主导了与苏联及东欧国家的对外开放，同时利用香港保持与某些资本主义国家的经贸关系。在外交领域，确立了"互相尊重主权和领土完整、互不侵犯、互不干涉内政、平等互利、和平共处"五项处理国际关系的根本原则。但是，那个时期的美国和整个资本主义世界敌视、封锁新中国，国际环境不具备中国对整个世界实行全方位开放的条件。直到70年代初期，毛泽东依据国际形势的发展变化，深谋远虑，高瞻远瞩，审时度势，果断决策，打开了对美国、对日本、对资本主义国家关系的大门，开辟了对外关系的道路，奠定了对外开放的最初基石。

1972年2月，毛泽东抓住时机，用"小球"（乒乓球）推动"大球"（地球），欢迎美国总统尼克松访华，打开了中美关系的大门，使中国与西方发达资本主义国家在政治、经济、文化、科学技术等领域的交流出现新的局面。

毛泽东清醒地了解尼克松访华的用意，中美关系正常化，是由于中美双方在国际斗争和国际关系中互相需要，也是由于中国日益强大和国际地位的不断提高。所以，中美双方都不会因此放弃自己原有的政治立场和理想信仰。

毛泽东深知尼克松这个人是以反共著称，是右派。所以，在他第一次同尼克松见面时，就直言不讳地说：我喜欢右派。尼克松也同样深知这一点，他了解毛泽东的立场。因此，尼克松在他所著《真正的和平》一书中，提到1976年毛泽东又一次会见他的情形时说："他（毛泽东）问我：'和平是你的唯一目标吗？'我回答说，我们的目标是和平，但这种和平不光是不打仗。我对他说，这种和平必须是一种保持正义的和平。倘若我用仅仅强调和平友好的必要性的论述来回答毛泽东这个问题，他不仅会认为我的看法是错误的，而且还会认为，我是个傻瓜。"

所以，即使这时，毛泽东也清醒地知道，帝国主义亡我之心不死，反对和平演变的斗争依然是不能放松的。

1974年2月，毛泽东在会见利比亚总统卡翁达时，正式提出了"三个世界"的理论。

他说："我看美国、苏联是第一世界。中间派，日本、欧洲、加拿大，是第二世界。咱们是第三世界。美国、苏联原子弹多，也比较富。第二世界，欧洲、日本、澳大利亚、加拿大，原子弹没有那么多，也没那么富，但是比第三世界要富。""第三世界人口很多"。"亚洲除了日本，都是第三世界。整个非洲都是第三世界，拉丁美洲也是第三世界。"

"三个世界"理论主要是根据每类国家在国际社会中所处的经济地位、军事实力，在国家事务中实行的政策，以及对霸权和战争的态度为标准而确立的，是分析世界力量对比和世界战略格局的一个典范。

毛泽东希望以第三世界为主体，建立最广泛的国际反霸统一战线，维护世界和平发展。可以说，毛泽东"三个世界"的战略观点反映了他对世界新结构的认识和力图建立反对霸权主义统一战线的思想。

毛泽东在划分"三个世界"的同时，明确地把中国划归为第三世界，是在会见卡翁达正式提出划分"三个世界"的观点之前。

1973年6月22日，毛泽东会见马里国家元首特拉奥雷时就提出："我们都是叫第三世界，就是叫作发展中国家。"

1974年2月，毛泽东在会见布迈丁时的谈话中再次指出："中国属于第三世界，因为政治、经济各方面，中国不能跟富国、大国比，只能跟一些比较穷的国家在一起。"此后，毛泽东又多次强调中国是发展中的大国，中国决不谋求霸权。根据毛泽东的这一结论，第三世界不仅是需要中国同情、支持的国家集团，而且是中国置身于其中、具有共同利益的整体。

"三个世界"国际战略理论，彻底改变了战后两极体系的观念，使世界多极化的面貌明确起来。随着这一理论的提出，原先的"社会主义阵营""资本主义阵营"的概念已不存在，代之而用的，是"霸权主义与反霸权主义""控制与反控制""剥削与反剥削"等非意识形态的划分。属于"中间地带"的民族国家在世界政治中的作用日益增大，其反霸反压迫的政治态度，与同样处在发展中的社会主义中国趋于基本一致，这就达成了与第三世界国家共同斗争的政治基础。原"第二中间地带"的国家，由于受到超级大国的控制与压迫，其属于资本主义体系范畴内的政治、经济概念也越来越被国家利益原则冲淡。按照"三个世界"战略思想和国际统一战线原则，我们有可能同美国建立又斗争又联合的战略关系，以对付最富有侵略性的霸权主义者。这样在整个多极化世界的结构中，斗争与联合的根本标准，变成了维护各国的国家利益与安全。

"三个世界"国际战略理论顺应历史发展的客观要求，为中国制定国际政策提供了理论依据，从而为处理国际事务增添了活力，拓展了中国在国际事务中的广阔空间。

毛泽东探索提出"三个世界"这一战略理论，一是可以团结一切可以团结的力量，结成最广泛的国际统一战线，从而最大限度地减少中国的敌对势力；二是充分调动了全世界一切可以调动的力量，形成反对霸权主义和强权政治的国际战略格局。这对促进国内经济发展和人类进步事业，有着不可估量的重大意义。

新中国成立后，毛泽东在短短的27年里，率领中国共产党和中国人民，在确立社会主义制度和社会主义建设道路中，坚持了不懈地探索，付出了毕生的精力，并取得了举世瞩目的成就，奠定了中国一切进步和发展的基础，开创了中国人民全面建设社会主义的新时期。

秘诀之九
为人师表的领袖风范

对中国共产党和中国人民来说，毛泽东绝不仅仅是一个政治领袖，更是一个道德领袖，是一个令人高山仰止、景行行止的道德楷模。

毛泽东一生大公无私，为政清廉，高风亮节，率先垂范，生活简朴，疾恶如仇……他巨大的、持久的道德影响力，天地为证，日月可鉴，历久弥新，青史永垂。

1. 位高权重，本色不改

毛泽东是农民的儿子，始终保持劳动人民本色。他身先士卒，与部下同甘共苦。早在井冈山时期，他身为中国工农红军红四军的缔造者和领导人，同红军战士一块儿吃红米饭、喝南瓜汤，每天一样五分钱的油盐柴米钱。

1928年4月，朱德、陈毅率湘南起义部队和毛泽东在井冈山会师后，朱德问毛泽东在井冈山是怎样稳住部队的，朱德是从旧军队过来的，旧军队里一个连长每月起码得有七八十块大洋，一个团长每月得两百块大洋，不然就稳不住部队。

毛泽东提出：官兵一致，上下一致，大家都一样的生活待遇。因此，士兵也不怨恨什么了。

刚上井冈山时，毛泽东提出军队不能发饷，要搞供给制。当时有人怀疑，这个办法行得通吗？当兵发饷，当官发薪，是一切旧军队的惯例。可是后来,这个办法行通了。只要党员干部带头,官兵一致,待遇平等,就行得通。

1931年4月,红军正准备反击蒋介石的第二次"围剿"。有一天,毛泽东和彭德怀到红8军4师2团的驻地检查工事,中午吃饭时,他们的桌上除了和大家一样的一盘豆腐、一个炒笋芽外,另加一盘红烧腊肉。毛泽东看到战士的桌上没有,对团长叶长庚说:"叶团长,搞么子特殊嘛,快把这盘腊肉分给大家吃。"叶长庚连忙解释说:"首长难得在团里吃一次饭,这点子腊肉是我自己掏的腰包,你们来碰上了。既然做了,就吃吧!"毛泽东半开玩笑地说,"噢!还是你自己掏的腰包。这么说,你请客啰。"说着,他站起来,端起那盘腊肉,走到战士们的桌前,挨桌分腊肉,边分边说:"你们团长请客,大家分着吃吧。"

长征路上,毛泽东患有足疾,但经常把配给自己的担架和军马让给伤病员,他同战士们一起爬雪山、过草地,忍冻挨饿。

红军到达陕北,毛泽东和大家一样住的是简单的窑洞,吃的是小米窝窝头,穿的是补丁摞补丁的衣服,常常穿着打补丁的衣服去巡视、作报告,同民主人士和工农群众交流座谈。

1940年的冬天,陕北比较寒冷,过冬的棉帽显得格外重要。在大生产运动中,部队自己动手赶做了一批棉毡毛帽子,但由于条件差,做工也很粗糙,样子也难看,让人一看就忍不住笑,就连当时毛泽东的警卫员也不愿意戴它。毛泽东听说后,率先戴上了毡帽子,并在以后外出开会、作报告也常常戴着去。毛泽东戴毡帽子的事很快传开了,大家也就纷纷仿效。后来边区人民编了一段顺口溜:"八路军,土包子,头上戴着毡帽子,打仗就像钢炮子,敌人见了像龟孙子。"

冬天里,官兵们都穿上了新发的棉衣,而毛泽东穿的还是那件已经穿了4年的灰色土布棉衣，两个胳膊肘上补丁摞补丁，袖口也开了花。警卫员要去给他换件新的，毛泽东执意不肯，说补补还能穿。后来，管理局做了一件新的棉衣送来，叫警卫员先别告诉毛泽东，趁他休息时，偷偷地把旧棉衣换出来。警卫员依计而行，把棉衣给换了，并立即把旧棉衣送回管理局处理掉，毛泽东知道后，也就无可奈何了。但毛泽东还是坚持道："现在这件太好了，我不要。这样吧，你们给我领一件普通的，和你们身上穿的一样。"警卫员只好照办。

1945年8月27日，毛泽东代表共产党去重庆同蒋介石谈判时，穿了一身崭新的蓝布中山装，他对镜子扣好扣子说："还真是人靠衣装马靠鞍，这身新衣服一换，土包子也变洋气喽。"

周恩来、朱德、任弼时、刘少奇、叶剑英等上下打量着他。

刘少奇："就是这双鞋，不太合适吧？"

毛泽东脚上穿的，还是一双圆口老布鞋，在大家的坚持下，换上了一双新买的皮鞋。

毛泽东："又不是去当新郎官，还真要从头到脚一身新啊？"

任弼时："那当然，你去，是代表共产党的形象，又不是你个人。"

毛泽东："那我恭敬不如从命了。"

周恩来打量着他，又摘下自己的灰色太阳盔帽子，给毛泽东戴上："主席，再试试我这顶帽子。"

毛泽东："哎呦呦，给我扣这么大顶帽子，我受不起啊。"

周恩来："这个帽子叫考克礼帽，拿破仑和孙中山先生都戴过，我看您戴了也蛮合适嘛，有领袖气度。"

朱德又将一件新大衣拿了过来："还有这件新大衣，裁缝新做的，也带上。"

毛泽东："夏天还没过完呢，重庆那个大火炉，带大衣，老总你成心想热死我啊？"

朱德："万一要是待得久呢？有备无患嘛。"

抚摸着大衣，感受着战友们不舍与担忧的目光，毛泽东一笑："好，带上，有备无患，这下你们可以放心，冻不着我了吧？"他哈哈大笑，可大家却并不轻松。

毛泽东一生没有吃过什么补品，如果说吃过，那就是红烧肉。1947年打沙家店战役时，毛泽东三天两夜没出屋，没上床，没合眼。歼灭了胡宗南部队36师，俘敌6000余人。战斗结束后，他对警卫员说："帮我搞碗红烧肉来好不好？要肥一点的。"

来到西柏坡后，条件好了，毛泽东正指挥气势磅礴的三大战役。那同样是度过一个个不眠之夜，同志们都担心毛泽东的身体会垮，商量着如何保证他的饮食。但毛泽东提出了自己的最高要求："只要隔三天给我吃一顿红烧肉，我肯定能打败蒋介石。"同志们照他的话办了，他果然打败了蒋介石。

进城后，中国共产党成了执政党。环境变了，生活条件好了，可毛泽东仍保持着他战争年代的生活作风，一切山珍海味都不吃。保健医生徐涛多次劝毛泽东注意营养，改变饮食习惯，吃点营养品，但毛泽东每次都摇头拒绝。有一次，他敲着盛着米饭的碗望着徐涛说："全国农民要是都能吃上我这样的饭，那就很不错了。你就可以跟我提你那些建议了。"他还找了一条理由："我是农民的儿子，自小过的就是农民的生活，习惯了，你不要劝我改变。"

毛泽东是湖南人，和其他南方人一样，爱吃大米。他吃的大米，也是极普通的南方籼米，粒长、油少、出饭。他还经常爱吃一种所谓的"八宝饭"。据他自己讲，这是红军长征途中因敌人严密封锁，红军失去粮食补给，为充饥凑数，就找来各种杂粮，小米、蚕豆、绿豆、红小豆、玉米等全部混在一起煮饭吃。毛泽东常吃这种饭的目的，很大成分是以此铭记长征路上的艰难困苦。在吃菜上，毛泽东最关心的是辣椒和蔬菜。没有辣椒，他吃起来没味。因此，除了炒菜必放辣椒外，饭桌上少不了干辣椒。

毛泽东吃饭，一般是四菜一汤。四个菜中自然包括一碟干辣椒，一碟霉豆腐，按节气有时有个凉拌菠菜、黄瓜之类。而那"一汤"，有时就是涮碟子的水。他盛菜的餐具没有什么大碟小盘之类，除了小菜用碟之外，其他炒菜通常用几个小茶碗就行了。由于工作繁忙紧张，毛泽东几乎很少正点吃饭，有时饿了就吩咐卫士用搪瓷缸子煮一缸麦片粥或几块儿烤芋头，就着霉豆腐吃下去，就算一顿饭。毛泽东也经常请客人吃饭，但也从来都是四菜一汤，而且都是用自己的稿费开支。

毛泽东平生三大嗜好，爱吃辣椒、爱吸烟、爱吃红烧肉。毛泽东离不开烟，这是人们都早已熟知的事。尤其是在写作、思考问题时，他手上必有一支烟，卫士们为了限制他的吸烟量，曾把一支烟折为两截，使他吸烟有个间隔的时间。为了他的身体健康，医生和众人曾多次劝他戒烟，可他戒不掉。

在重庆同蒋介石面对面的谈判中，他控制住了吸烟。因为蒋介石不吸烟，而且不喜欢烟味。毛泽东在同蒋介石谈判时始终没吸烟，这种毅力和意志，引得了许多人的感叹和敬佩。

毛泽东还喜欢吃鱼，爱吃鱼头、鱼尾，不论鲤鱼、草鱼、胖头鱼，吃法也很简单，既不红烧也不浇汁，更不用油炸，他说那样太费油，只用一点油煎一下，然后放上佐料用砂锅炖就可以了。

毛泽东对接待外宾的国宴浪费突出，很不满意。他多次指出："接待外宾，不能总是吃山珍海味，既浪费，又不实惠。吃掉的还没有扔掉的多，白白浪费国家的金钱和物资。""这是阔少的恶习，阔少是挥霍国家资金的败家子。"他有他的理由：我们生活在这个世界里，不是为了吃世界，而是为了改造世界，这才是人跟动物的区别。

毛泽东外出时多坐国产汽车。他到各地视察，从来不吃请，不搞特殊化，为了减轻地方负担，自带洗漱用具，他在人民大会堂喝一杯茶水还要付一毛钱的茶水钱。

1950年2月，毛泽东访问苏联回国，乘专车到达哈尔滨，与周恩来一同到东北一些地方视察，同东北局、辽宁省、沈阳市的负责同志谈话说："这次我和恩来路过东北，主要是了解一下东北的工作情况，了解东北地方工业生产情况，发现这里浪费太大。我在哈尔滨提出不要大吃大喝，到沈阳一看，比哈尔滨还厉害，我和恩来不是为了吃喝，搞那么丰盛干什么？你们要做刘宗敏，我可不想当李自成啊！中央三令五申，要谦虚谨慎，戒骄戒躁，要艰苦奋斗，你们应该做表率。"

作为党中央主席，毛泽东在进城前夕，竟然找不到一件没有补丁的衣服。来不及做新衣，他只好穿着带补丁的衣服，会见张澜、沈钧儒、李济深、郭沫若、陈叔通等知名人士。

开国大典时，毛泽东才做了两套衣服：一套是参加开国大典的礼服；一套是访问苏联时穿的礼服，当时买了一双圆头皮鞋，这双皮鞋他一直穿到与世长辞。

毛泽东除了在公众场合或接见外宾以外，平时常穿有补丁的衣裤、内衣，他的被褥及平时穿的衣裤袜子都补了又补，直到逝世时，他的一件睡衣用了20多年，补了70多个补丁，一条毛巾被也有70多个补丁，一双拖鞋穿了20多年。他对身边的工作人员说：不经他本人同意不准扔掉他一件旧衣服，也不准给他做一件新衣服。

毛泽东对穿衣服的要求：一是"不露肉"，二是"宽松随便"。他对旧衣服特别有感情，补了又补，补好再穿。

在延安时，有一次卫士李银桥拿着一件补丁摞补丁的灰军衣，对毛泽东说："主席，你看看吧，再穿就该出洋相了。说不定你在台上作报告做手势时，它就会碎成布片呢。"毛泽东接过衣服，小心翼翼地放在大腿上，像抚摸伤员一样，抚摸那件旧衣服，说："它跟我参加过洛川会议呢。"片刻他又历数出几件旧衣服的"功劳"，叹口气说："这样吧，补一补，继续发挥它的作用，我也能继续见到它。"毛泽东讲这些话的语调，仿佛看到的不是几件旧衣服，而是同他患难与共的战友。

毛泽东常对身边的工作人员说："你们年轻人穿新衣服精神，我岁数大了，穿旧衣服舒服。"随着年龄增长，毛泽东身体发胖，许多旧衣服瘦得不能再穿了，便送给儿子穿。

毛泽东的卫士小封有一段亲身经历的记述：

"那是在毛泽东发表《正确处理人民内部矛盾的问题》和召开最高国务会议的前夕，他已经三天两夜未睡觉，很长时间没有吃饭了，每逢大事，主席生活便无规律可言。当时，主席将头朝上仰去，张开嘴深深地吸气。我抓住时机，请主席吃饭。他摇头又点点头，说：'不用了，你给我烤几个芋头来就行了。'我到厨房烤熟6个小芋头端去。一进门，就听到响亮的鼾声。他左手拿文件，右手抓笔，又睡着了。我便退到门口坐等。十几分钟后，主席咳嗽一声。我手捧碟子进去：'主席，芋头烤好了'，主席放下笔和文件，双手搓搓脸，说：'噢，想吃了。'他拿起一个芋头认真剥皮，吟诵起他过去的一首词：'东方欲晓，莫道君行早……'自得其乐。他的饮食既随便，又艰苦。很多时候只用搪瓷缸子在电炉子上烧一缸麦片粥，就算一餐饭。一天24小时，他吃两餐的时候多，也有吃三餐或一餐的时候。我在主席身边10年中，没见他老人家吃过任何补品。当他脑子消耗过度时，时间隔得稍微长一点，他会到厨房走一走，诙谐地说：'怎么最近张飞是不是没有赶集了？'遇到这种情况，炊事员就给做一碗红烧肉送去。"

许多人都知道毛泽东习惯夜间工作。如果没有重要会议和国家庆典等必须遵守时间外，一般在中午起床吃饭，下午两三点开始工作，再到次日的凌晨4点左右上床睡觉。对他来说，在夜间工作的好处是环境安静，干扰较少，易于高度集中精力和思考问题，效率高而且质量好。他认为这在精神上起到一张一弛的调节作用，使精力更加充沛，以利于进行下一次战斗。

1961年8月，毛泽东在庐山开会，结识了江西农垦文工团演员邢韵声。在交谈中，小邢惊讶地发现主席手上戴的那块表又老又旧，表壳上镀漆都脱了，表盘上的刻度模糊不清。小邢问："毛主席，你这块表这么旧了，怎么不换一块呀？"

毛主席"喔"了一声："这可不能换，这块表跟了我几十年哩，为我立了大功呢！"

说起这块手表的来历，那是1945年8月25日，毛泽东去重庆同蒋介石进行和平谈判，下飞机时，爱国民主人士沈钧儒、张澜、黄炎培、雷震、郭沫若等到机场迎接，当毛泽东和郭沫若握手时，郭沫若发现毛泽东手腕上没戴表。郭沫若深感毛泽东的清贫、艰苦；另一方面也感到即将在重庆度过紧张而险恶的日日夜夜，分分秒秒都有安排，没有一块手表掌握时间是极不方便的。

9月3日，郭沫若去毛泽东下榻的桂园参加座谈时，摘下自己手腕上的手表，双手送给毛泽东，毛泽东未感到意外，双手接收。似乎不用言语，心已相通。如此场合，公开赠送礼物，双方显得那么坦然，这其中蕴含了非同一般的友谊。

这是一块欧米茄表，系机械表，产自世界钟表王国瑞士。本来，毛泽东是不轻易接受他人赠送礼物的，即便接受了礼品，也都交公，可是郭沫若送给他的这块手表，被视为至宝，从重庆谈判回来后，一直在用。后来因为戴久了，表底发黄，表盘模糊，牛皮表带破了，工作人员建议换一块，毛泽东说，送到表店里修一修，换只表带继续戴，这块表一直陪伴毛泽东到临终。

2007年7月，毛泽东的生活管理员吴连登讲述他在毛泽东身边服务多年的往事。

1959年，北京人民大会堂建成，从全国各地挑选服务员。江苏盐城有一个名额，吴连登被选中了，被分配到大会堂餐厅当服务员。

1961年5月，中南海服务科把吴连登从人民大会堂选拔进入中南海。在中南海颐年堂，吴连登第一次见到毛主席。主席问过他是哪里人、叫什么名字。

1964年国庆节，22岁的吴连登在天安门城楼上服务。毛泽东见到吴连登说："你不就是那个盐城人吗？我可记得你哟。我要和你商量点儿事，因为我身边有许多事，家里也有许多事情，都没有人做，我想请你，你能不能给我帮帮忙？"当时，吴连登既紧张又感动，主席竟然这么客气请自己帮忙。他激动地说"好"。就这样，吴连登进了毛主席家。

吴连登最初的工作是负责杂务、搞卫生、整理库房、打水送饭。主席的房子是一个200多平方米的四合院。家里还住着江青、李敏、李讷，以及江青的姐姐和她的女儿。

1968年，吴连登被正式任命为管理员，毛泽东将自己的工资、家中的各项财政支出，都交给他全权管理。

吴连登遇到的最大难题就是：主席的工资总不够用。原来毛主席领取的是国家一级工资，总数是610元。三年困难时期后，他带头将工资降到了三级404.80元。一直到主席临终的时候，这个数目没有变过。每月的固定开销：党费10元；主席的房屋包括家具全是租用的，一月费用84元；两个孩子的学费，原来每人15元，随着物价上涨，提高到每人30元；江青还有一个姐姐住在这里，每月生活费30元，也由主席支付；冬天还要取暖费30多元。大约固定花销为200元。

吴连登算着毛主席的几大开支："吃饭每月100元左右，哪怕是从中南海供应科拿回一样菜，也要付钱。主席还有很多民主党派的朋友，请黄炎培、章士钊他们，也是主席自己掏腰包。另外一个开支是抽烟，每月将近100元，还有几十元的茶叶钱。"

毛泽东还有一笔开支：湖南老家经常来人，有的是经济困难，有的是来北京看病，交通食宿和走时的路费，都由毛主席负担。"钱不够用时，我就拿着账本，向他逐一汇报这个月的开销。主席一看我的架势，就会问：'钱不够用了？'然后要我打报告，后面附一账单，主席签字，我才能到中央特别会计室去领取主席的稿费。"

毛泽东的唯一享受——"正餐一般是四菜一汤，一个荤菜，一个鱼，一个半荤半素，一个全素。每天的食谱、菜名采购都由我来定。我的责任重大，如果主席因为吃不好而生病，我没法向全国人民交代。"让吴连登苦恼的是，毛主席从来不对饭菜发表任何意见，也从来不主动说想吃什么。

有人说毛主席喜欢吃红烧肉，吴连登纠正说："其实主席也不是天天吃，每周吃一次，一个月吃两三次。主席平时吃杂粮、青菜比较多，几乎每天要吃一个红薯，一个玉米。"

　　吴连登感慨地说："如果非要说主席有什么特权，享受什么生活，抽烟就是主席唯一的一点爱好。主席去世后，我坦诚地讲，家里没有剩一分钱存款。"

　　为了进一步核实毛泽东家庭财产的问题，吴连登特意去找了汪东兴同志，还专门拜访了当时的中央办公厅副主任张耀祠、中南海财务处长刘元祥、中央办公厅专职负责毛泽东和中共中央特别财务的郑长秋等人。

　　汪东兴，人称"中南海大管家"，负责毛泽东警卫工作30余年，曾任公安部副部长、中央警卫局局长、中央办公厅主任、党中央副主席等职，为粉碎"四人帮"发挥过特殊作用。汪东兴对吴连登说："'文革'期间出版过数亿册的《毛泽东选集》《毛泽东语录》《毛泽东诗词》等，但是毛泽东没有拿过国内一分钱稿费。"

　　1952年开始专职负责毛泽东和中共中央特别财务的郑长秋说："毛主席的稿费一直是我管的，到他老人家1976年9月逝世，共计为124万元人民币。到1983年底，毛主席的全部稿费为157万多元，原因是存款利息上调了。每次稿费的收入和支出都由汪东兴同志签发。"

　　郑长秋回忆，当年毛泽东的稿费主要用于资助党外民主人士和特殊开支。"毛主席每年都给章士钊、王季范各2000元，到1972年，经毛主席批准，分别给贺子珍、江青、李敏、李讷各8000元，作为生活补贴之用。"

　　吴连登还说："毛主席早有规矩，孩子们参加工作，拿到工资，他就不再补贴。最初是因为1972年李讷生下了儿子后，几十元的工资，要维持家庭生活，要请保姆，要买奶粉，生活非常困难，才找到张耀祠同志求助。"张耀祠写条子请毛主席批准。毛主席也动了情，说："不要批了，你说该多少钱？"张耀祠说："这回李讷开销不小，给几千块吧。"毛主席这才同意从稿费中支取8000元钱给李讷。之后，毛主席出于对亲属一视同仁，分别给贺子珍、江青、李敏各8000元，作为生活补贴之用。

1962年初的七千人大会，正值国家经济困难时期，各省省委书记在毛泽东家里轮流向他汇报情况，会议开得很晚。管理员吴连登问主席要不要给大家做饭，主席说："一人一碗面条就好，我就要让省委书记们尝尝饿肚子的滋味，他们整天吃得好极了，哪里知道老百姓都吃不上饭是什么感觉。"

毛泽东让省委书记"挨饿"，其用意就在于让干部传承艰苦奋斗、勤俭节约的优良品德，践行与群众同甘共苦、患难与共的鱼水深情，让干部恪尽职守、勤政为民、不忘根本、不贪私利、振奋精神、永葆斗志。

吴连登在回忆最后说："我尊敬主席，也崇拜主席。我是一个小小的管理员，不敢全面评价主席，但我希望能通过这些微小的侧面，让大家了解中国的伟大领袖。"

毛泽东的孙子毛新宇说："从爷爷去世以后，他老人家的全部遗产，包括生前用过的遗物，一律都由中央办公厅保管，虽然我的父母及李敏、李讷姑姑都没有从爷爷那儿得到遗产，但我们永远继承的是爷爷这种伟大的精神遗产。"

1996年10月，中央警卫局与韶山毛泽东纪念馆一起清理毛泽东生前遗物时，在地下室里翻出毛泽东生活开支账目。这些账目非常齐全，从生活费的收支报表，到日用生活费的开支，写得非常详细，从1950年初开始，一直到1977年元月。

毛泽东生活账目包括12个部分：一是外面购买的日用品，

包括茶叶、牙具、卫生纸、火柴盒、香烟。二是毛泽东外出的时候，餐饮到地方交粮票等。三是毛泽东家庭的杂务记载，比如修热水瓶、修理家具等。

毛泽东固定开支：房租、水费、电费、租用家具费，包括桌子、椅子、床铺、挂衣架等所交费用。冬天要交取暖费，公务活动中喝茶要交茶水费。甚至身边工作人员的医药费及出差的补助费等，毛泽东也经常自掏腰包。

毛泽东对身边工作人员说："我们这个国家不缺我一个人吃的，一个人喝的，一个人花的，如果我随便吃了、花了、用了、拿了，部长也可以，省长也可以，县长、村长都可以，这个国家都无法治理了。"

"上有所行，下必效之"。毛泽东讲的就是这个道理。作为党的主席，必须以身作则。他同身边工作人员订了"约法三章"："凡是首长需要的一切东西，托当地办的必须货款两清，对方不要钱，我们不收对方的东西。"

"严格认真执行中央不准请客送礼的规定，不得大吃喝、公私不分、铺张浪费；不得以任何名义，向对方索要东西不付钱。"

毛泽东曾对萧劲光大将说过这样一句话："劲光呀，我希望你记住我的话，我不能搞特殊，你也不能搞。那些搞特殊的人，迟早要搞垮自己。"

毛泽东不搞配专车的特殊。早在延安时期，著名爱国华侨领袖陈嘉庚先生出于对中国共产党人的敬仰和爱戴，专程将两辆美国"福特"牌轿车送给中共中央。党中央有关部门在研究如何使用这两辆车时，大多数人都主张给毛主席配一辆，主席知道后立即表示坚决反对。在毛泽东的坚持下，一辆配给了指挥作战的朱老总，另一辆则给了年岁大的林伯渠、谢觉哉、董必武、吴玉章、徐特立等"五老"使用。

1951年，中共建党三十周年，很多地方的党政领导纷纷向中央及毛泽东本人写贺信、赠锦旗、送礼品。对此，毛泽东十分震怒，他在一份文件上气愤地批道："这不但是一种浪费，而且是一种政治错误。"

为了彻底杜绝送礼歪风，毛泽东特意委托周恩来总理在人民代表会议上公开批评道："我向大家转达毛主席的意思，各地向中央赠送土特产的做法是不好的，这是劳动人民辛勤劳动生产出来的果实，我们白吃，这种风气要不得。以后你们谁送东西来，我们一定原封不动退回，而且要批评。"

湖北蕲春县云丹山一带，自古生产一种人们称为"水葡萄"的大米，用它做的饭洁白透明，松软可口，香味扑鼻，而且营养丰富。唐、宋以来，历代王朝把它定为只有皇亲国戚才能享用的贡米。解放后，当地农民翻了身，分了田，可以自由地享用这种过去只能种不能食的贡品了。为了感谢共产党、毛主席，当地农民于1950年10月，把刚刚收割的这种"贡米"包了几十袋寄往中南海，送给领袖毛主席。没想到一个多月后，他们收到毛泽东委托中央办公厅寄来的汇款单和一封令人感动的书信。信中说："……钱寄上，以后再也不要向中央领导人寄赠任何物资，这是我们党的纪律所不能容许的……"消息传出，当地民众深受感动。

1964年，瑞士总统来华访问时，送了两块金表给毛泽东。当工作人员向他征求是否留下时，毛泽东说："这礼品不能要，谁当主席他送给谁，你当主席也会送给你。我是代表人民的，这礼品不能收，一定要送仓库。"

20世纪60年代初期，民主人士黄炎培先生到杭州龙井茶产地梅家坞参观制茶。他要买一罐龙井茶送给毛主席，茶厂同志听后，精选了上等好茶并且坚决不肯收钱。黄炎培回到北京后将茶叶送给毛主席，并说明了情由。毛泽东了解情况后，委托别人把这罐龙井茶送还了梅家坞茶场，并表示感谢。

在三年困难时期，毛泽东同全国人民同甘共苦、共渡难关。他对保健医生说："我不再吃猪肉和鸡了，猪肉和鸡肉要去换机器、还外债。我看有米饭、有盐、有油就可以了，我们要和全国人民一起度荒还债。"

毛泽东说到做到，1960年他连续7个月没有吃一口肉。青黄不接的季节，他20多天没吃一粒粮食。有时一盘马齿苋、一盘烧菠菜，便撑一天的工作。由于不吃主粮，营养不良，腿脚浮肿。周恩来总理看了过意不去，一次劝他："主席吃口猪肉吧，为了全党和全国人民吃一口吧！"毛泽东摇摇头说："你不是也不吃吗！大家都不吃。"

宋庆龄副委员长从上海赶来看他，亲自上门送一袋螃蟹。毛泽东出于对宋庆龄的特殊敬意，收下了螃蟹。但宋庆龄一走，他把螃蟹转送给警卫战士。

一次，印度尼西亚朋友赠给毛主席62斤珍贵食品——燕窝。据说这东西是金丝燕吞下海藻后吐出的胶状物凝结而成，不仅是一种珍贵的营养品，而且还有防痰、止咳的作用，它是印度尼西亚的特产，印尼朋友特意送给主席品尝。

但是，毛泽东不吃。他说："这么多珍贵的食品我一个人吃了那不是太浪费了吗，把它摆到国宴上去，让更多人享用，这样可以给我们国家节省一笔开支。"

主席让身边的工作人员把这些燕窝送到了人民大会堂。

许多人对毛泽东带头不吃肉，营养不良，腿脚浮肿，半信半疑。纪登奎的夫人王纯等几个女同志拉上江青结伴去看望毛主席，耳闻目睹毛主席营养不良腿脚浮肿。

当时来看望的几位女同志都哭了，说这么大的国家，就差主席这口肉吗？供主席一天一头猪也供得起，为什么不吃肉？

毛泽东回答说，吃肉我还是吃得起的，我的工资够买肉吃，我是想到全国人民吃不上肉，我有责任，我应该与人民同甘共苦。去看望的人听到后都哭了。

"政者，正也"。作为党和国家的最高领导人，毛泽东以身作则，生活简朴，处处保持劳动人民的本色，真可谓是一代楷模。

2."谁叫她是毛泽东的女儿呢？"

人非草木，孰能无情。教育子女也是一项关系国家未来的大事。毛泽东对子女的教育倍加重视，要求严格，并寄予期望。

毛泽东的子女有毛岸英、毛岸青、李敏、李讷等。这些孩子都是在苦水中长大的。

毛岸英是毛泽东的长子，幼小的年龄就随母亲杨开慧一起坐过牢，亲眼看到妈妈遭受敌人残酷拷打。妈妈牺牲后，岸英由地下党安排，兄弟三人到了上海。不久，上海地下党遭到破坏，兄弟三人在上海过了5年的流浪生活，受尽了人间苦难，小弟毛岸龙病逝在上海。

后经地下党组织营救，岸英和二弟毛岸青去了苏联。岸英在苏联列宁的故乡上了大学，生活仍很清苦。苏联卫国战争爆发后，毛岸英报名参加了苏联红军，被授予中尉军衔。他曾被派往白俄罗斯前线作战，后随部队开往波兰、捷克等国参加反法西斯战争，经受了战争的考验，并受到斯大林的接见和嘉奖。

1946年1月，24岁的毛岸英从苏联回到延安，按说，毛泽东完全可以把儿子留在身边，可是毛泽东没有这么做。

他语重心长地对岸英说："你在莫斯科一人一张床，睡得很舒适，到了延安就是炕上摊张芦席，还有虱子，你要像老百姓一样适应这些。"还说："你在苏联大学毕业了，可是你没有上过中国这个革命大学。你对中国的情况了解很少，缺乏实践，这一课应当补上。理论是知识的一半，你光有外国的书本知识还是不够的，还应当上中国这个大学，到农村中去拜农民为师。"

毛岸英对父亲的安排感到意外，又觉得合理。第二天，他就背上一斗小米、一些菜种与行李到吴家枣园向农民学习。临行时，毛泽东嘱咐说："到乡下去，要和农民一起住，一起吃一起劳动，要锻炼得像农民一样。"

来到吴家枣园，毛岸英身穿粗布衣服，头上扎条白羊毛巾，同农民一起睡土炕，一起喝稀饭、啃窝窝头，一起下地劳动。他手上打起了血泡，乡亲们劝他休息，他恳切地说："我年轻，需要好好磨炼。"他和农民一样，脖子上挂个布袋，一手抓粪，一手点种，经过几个月的磨炼，双手结满了厚厚的茧子，毛泽东这才肯定他从"中国农业学校"毕业。

1947年，毛泽东又安排毛岸英进中央土改工作团，赴山西开展土地改革试点工作，经受阶级斗争的锻炼。在一年多的时间里，毛岸英先后在山西、山东两省的几个县工作。他每到一地，总是先深入调查研究，从每户的祖宗三代的情况到现在有几张床、灶门向哪面开，都搞得清清楚楚。所到之处，对于各个阶级、各个阶层的经济状况和对革命的态度有了较为深入的了解；对土地问题对农民的至关重要性和农民问题对中国革命的至关重要性有了深刻的认识。他从贫下中农身上学革命的坚定性，从斗争实践中学掌握和运用党的政策，自己在与工农相结合的道路上获得新的认识。

新中国成立之初，党的工作重心由农村转向城市，由夺取政权的武装斗争转向巩固政权的经济建设。毛泽东又及时将毛岸英送往工厂，让他学习管理，接受工人阶级的教育。在北京机器总厂，毛岸英担任党总支副书记。他同工人一起吃大食堂，住简陋的房屋，深入群众之中了解他们的思想，帮助他们解决困难，组织大家学政治，同大家一起学技术，争当内行。同广大工人一起把这个厂搞得生气勃勃，被工人誉为厂里新来的好书记。

毛泽东对儿子岸英婚姻问题要求严格，按规矩办事。中央机关从陕北、晋西转战到晋察冀边区的西柏坡以后，毛岸英与张文秋的女儿刘思齐在农村土改工作的接触中产生了感情，经邓颖超、康克清的帮忙，在得到毛泽东同意后，两位年轻人确定了恋爱关系。

毛岸英快27岁了，想早点解决婚姻大事，于是想找父亲说说自己结婚的事。岸英到父亲住处时，毛泽东正在批阅文件，对岸英的话语时不时地应一句。"那我们就办理结婚手续吧？"岸英试探性地问父亲，眼神充满期待，希望得到父亲的应允。"思齐多大了？"毛泽东问。"18岁。""是周岁虚岁？"毛泽东又问。"虚岁，可是差不了几个月……""差一天也不行，我这里忙，你去吧。"毛泽东转头说。

没过几天，毛岸英和刘思齐一起来到毛泽东的住处，想说服父亲同意他们俩尽快结婚。毛泽东看到两位年轻人情投意合，感情甚好，很高兴，很满意。毛泽东问刘思齐多大了，现在结婚会不会影响她的学习，等等，最后谈到他们俩什么时候结婚这个问题上。"你还不到18周岁，着什么急呀！过几个月满18周岁再结婚吧。反正我同意你们结婚，等一等好不好？"毛泽东要求他们。

刘思齐点点头，又向毛岸英递眼色，岸英勉强表态："好，听爸爸的。"

　　两人离开毛泽东住处没多久，毛岸英独自一人又回到毛泽东房间。毛泽东问："你怎么又回来了？"岸英说："我从来都是听爸爸的，可我今年快27岁了，我想结婚后专心学习工作，这样，就不必在这方面花费那么多时间和精力了。"对于岸英的反复，毛泽东有些火了。"我说过的话为什么不听呀？不是告诉你暂时不结吗？""我自己的事还是我自己做主吧。"岸英倔强地说。"你找谁结婚是你的自由，但结婚年龄不到，你做得了主吗？制度和纪律要做你的主！""岁数不到就结婚的人多着呢。"岸英反驳道。"谁叫你是毛泽东的儿子！我们的纪律你不遵守？我再说一遍，思齐不到18周岁就不许你们结婚。"岸英对于父亲的"固执"很生气，扭头就走了。

　　几个星期后，毛泽东在村头散步，碰见岸英，岸英想避开父亲，被毛泽东叫住了。"你不要躲我，结婚的事想通了吗？""想通了，是我不对。"岸英低头着说。"思齐呢？""她也想通了，我们已经商量好，过年以后再结婚。""这才像我的儿子嘛！"毛泽东满意地摆摆手，"你去吧。"

　　1949年10月15日，毛泽东的长子毛岸英和毛泽东的老战友张文秋的大女儿刘思齐在中南海举行婚礼。婚礼当晚，毛泽东在菊香书屋的西屋里准备了一桌饭，宴请的宾客也只有邓颖超、周恩来、蔡畅、李富春等人。宴会快结束时，毛泽东拿起当年参加重庆谈判时朱老总送给的黑色呢子大衣送给儿子做结婚礼物，并风趣地对岸英和思齐说："我没有什么贵重礼品送给你们，这件大衣白天让岸英穿，晚上盖在被子上，你们俩都有份。"拳拳爱子之心，倾注在这件呢子大衣上。

　　在毛岸英和刘思齐面前，毛泽东是一副严父的姿态，然而一年多以后，毛岸英赴朝参战，于1950年11月25日在朝鲜大榆洞遭美国飞机空袭壮烈牺牲，时年28岁。消息传到北京后，毛泽东悲痛地作了一个决定，为了让儿媳刘思齐安心完成学业，他要独自承受悲痛并亲自担负起照顾刘思齐的责任。直到三年以后，他才把岸英的牺牲告诉了思齐，并悲痛地对思齐说："今后，你就是我的大女儿。"

彭德怀司令员1951年2月21日从朝鲜回到北京，向毛泽东介绍毛岸英牺牲的情况并作检讨时说："主席，我没有保护好岸英，我有责任，我请求处分。"毛泽东说："打仗总是要死人的嘛！志愿军已经献出了那么多指战员的生命，岸英是一个普通的战士，不要因为是我的儿子就当成一件大事儿。现在美国在朝鲜战场上使用各种飞机约1000多架，你们千万不要疏忽大意，要采取一切措施保证司令部安全。"

毛泽东如大海般宽阔的胸怀，使彭德怀深为感动。正因为毛泽东将自己的儿子当作千千万万为革命而牺牲的普通烈士中的一员，所以他没有失声痛哭，没有失去理智哀恸，他以强者的姿态跨越了老年丧子的情感，他将对儿子的爱完全倾注在新中国的建设事业上。

一次毛泽东和周世钊谈抗美援朝时，周世钊小心地问："毛岸英同志也到了朝鲜战场，但是他刚刚出国不久就在朝鲜战场上牺牲了，是不是和彭老总没尽到责任有关？如果你不派毛岸英同志到朝鲜战场上，我看他是不会牺牲的。"

毛泽东想了想说："不能这样说，岸英的牺牲，责任完全在美帝主义身上。岸英是为保卫中国人民、朝鲜人民的利益，为保卫我们祖国的安全而出国作战的，他是为反对美帝国主义侵略行动，为保世界和平事业而牺牲的。彭总是没有责任的，不能去责怪他。"

还说："我作为党中央的主席，作为一个领导人，自己有儿子不派他去抗美援朝、保家卫国，又派谁的儿子去呢？人人都像我一样，自己有儿子不派他去战场，光派别人的儿子去前线打仗，这还算什么领导人呢？这是一个方面。另一方面，岸英是青年人，他从苏联留学回国，到农村进行过劳动锻炼，但他没有真正上过战场。青年人就是要到艰苦的环境中去锻炼，要在战场中成长。基于这些原因，我才派他到朝鲜去的。"

周世钊听了毛泽东的肺腑之言深为感动。

女儿李敏，1936年出生在陕北保安县的一个窑洞里，生下来就娇小瘦弱，取名娇娇。4个月后，母亲贺子珍求学心切，进入延安抗大学习，把娇娇送到老乡家寄养，随后又去苏联治病。1940年，4岁的娇娇从延安千里迢迢去异国苏联。虽与母亲在一起，但当时苏联正值卫国战争，物资匮乏，每天只能领到很少一点面包，生活异常艰苦。一次发高烧，被送进国际儿童医院抢救，医生说已无药可救，贺子珍卖了几件衣服，买回一小包白糖、一瓶牛奶细心喂养，娇娇才活了下来。这下可得罪了国际儿童医院的负责人，贺子珍被关进精神病院，李敏在国际儿童医院孤独地生活了两年多。1948年，王稼祥在莫斯科据理力争，经过与苏方联络员尼古拉夫以及苏共中央国际部的多次交涉，才把贺子珍和李敏救了出来。1948年冬，母女回到阔别8年的祖国。

李敏的回国给毛泽东很大的慰藉，父女之间感情笃深。但毛泽东不忘对她严格要求，勉励她好好学习，天天向上，做一个有作为的人。李敏没有辜负毛泽东的期望，经过几年的刻苦学习，以优异的成绩考取了北京师范大学。毛泽东看到女儿的成长，心里感到无比欣慰。后来，李敏一直在普通的工作岗位上。

　　李讷是毛泽东十分宠爱的小女儿，但他从来不允许李讷在生活上有丝毫特殊。1947年，才六七岁的李讷在生活上就同叔叔阿姨们画起了等号。她每天不是吃小灶，而是同叔叔阿姨们一起在大食堂就餐，随部队风餐露宿。她与战士们一样，手里举起一个小搪瓷碗，排队从大锅里分得一份黑豆，同大人们一起津津有味地嚼着、咽着。吃着黑豆的李讷，还常常在行军途中唱小曲逗大家快乐。

　　如果说在战争年代艰苦条件下的小孩也能像大人随遇而安的话，那在新中国成立之后，条件改变了，身为党和国家领袖的毛泽东，一日三餐与家人同餐、同桌应该是合情合理的事情，但这不合毛泽东的家法。当阿姨要求毛泽东带李讷一起用餐时，毛泽东断然做了一个手势："不要跟我，还是跟你，你带着她一起去吃大食堂吧。"

　　李讷和李敏考上大学后，继续过着与工农子弟画等号的生活，她们吃住在学校，同普通群众的子女一起，七八个人住一间宿舍，睡上下铺，吃一样清淡的伙食，一样下乡参加劳动，回家路上一样挤公共汽车。只有到了周末大家才可以回到家里见见父母。而就是在家里，也还得照例去机关食堂就餐。

　　有一次周末，李讷回到家里，卫士尹荆山请示毛泽东是否和李讷一道吃顿饭。征得毛泽东同意后，厨房便开始准备，炊事员还特意多下了一倍的米，这天的饭桌上有四菜一汤，还有辣子、霉豆腐等四个小碟。毛泽东拉着李讷的手一起走到饭桌旁坐下。

　　李讷看着桌上的菜，闻着久违的香味，挣脱父亲的手一边去抓筷子一边说："啊，真香哪！""吃吧，快吃吧。"毛泽东用筷子示意。李讷快速地往嘴里扒饭，饭太烫，眼睛被烫得湿润了。"吃慢点，着什么急？"毛泽东看"手忙脚乱"的李讷，笑容里带着一丝疼惜。"同学们在学校吃饭都快，习惯了。""现在是在家里嘛。"毛泽东说话的声音很低，有些苦涩。李讷放慢了速度，但是不一会儿就又开始狼吞虎咽起来，几乎嚼也不嚼就把一口口饭菜吞下去了，她朝着嘴里扒饭菜时，目光不停地扫视桌面，看着桌上还剩多少饭菜。看着女儿"着急"的样子，毛泽东停止了吃饭。

毛泽东望着女儿出神。"哎，你们怎么不吃了？"李讷问。"老了，吃不多。我很羡慕你们年轻人。"毛泽东抓起报纸侧了侧身子，念念有词，仿佛看得专注。可能是太饿了，李讷忙着将饭扒到嘴里，看着父母都已"吃饱"，再看看桌上的菜，嘴角荡起一丝笑意，边吃边说："你们不吃我就全打扫了。""打扫完，'三光'政策，不要浪费。"没多久，饭桌上已经被"扫"光了，但李讷似乎还未饱，她瞟了一眼毛泽东，试着问旁边的尹荆山："尹叔叔，还有汤吗？把这盘子涮涮，别浪费。"

尹荆山到厨房拿来两个白面和玉米各掺半做的馒头递给李讷，李讷手掰一块馒头擦了擦盘子往嘴里塞，尹荆山在旁边用热水给李讷涮菜碗……看着李讷吃饭的"匆忙"，毛泽东身边的工作人员无不动容。

"主席，李讷太辛苦了，你看是不是可以……"工作人员还未讲完，毛泽东就说："不可以，和全国老百姓比起来，她还算好的。""可是……"工作人员又说。毛泽东接着说："不要说了，我心里并不好受。我是国家干部，国家规定给我一点待遇。她是学生，按规定不应该享受的就不能享受。"毛泽东深深叹了口气，语言带着忧伤与沉重，"还是那句话，谁叫她是毛泽东的女儿呢？还是恪守本分的好，现在这种形势尤其要严格！"

毛泽东从来都不允许子女以他的名义、地位、权势去为自己谋私利，他一再强调作为毛泽东的子女，处处、事事、时时都要夹着尾巴做人。

他在毛岸英参加工作时告诫儿子说："你不能说你是毛泽东的儿子。""工作了，对同志们说话时，不要把我挂在你们的嘴边上去唬人。还是要靠你们自己去努力、去奋斗。"女儿李敏还小的时候，他便对其敲着警钟："你还在上学，告诉人家你是学生，不要说你是毛泽东的女儿。"李敏参加工作前，他叮嘱道："告诉人家，你是解放军干部的子女，不要说你是毛泽东的女儿。"

一次，女儿李讷生病了，需要办住院手续。毛泽东看着生病的女儿，很是心疼，但在去医院之前，毛泽东再三叮嘱身边工作人员："不许给李讷报真名，更不许提她是毛泽东的女儿。"到了医院之后，李讷在住院登记时所用的名字是"沈娟"，对医生声称是毛泽东身边保卫人员沈同的女儿。李讷以一名普通员工的子女的身份，在医院接受应有的治疗，并未受到任何特殊的照顾。

李敏和李讷进北师大附中读书时，毛泽东让王鹤滨带着她们去报名，校方给了两张学生注册登记表，表中一栏要填写家长的姓名。王鹤滨想着不能自作主张，便把表带回了中南海。"主席，学生注册登记表上有一栏要填写家长的姓名，如何填法？"毛泽东连登记表也不看一眼，就说："你带去的学生，就填你的名字嘛！"就这样，毛泽东将一对女儿交给了"王鹤滨"。结果，在家长一栏中便填写了"王鹤滨"，李敏、李讷这对姐妹多了个"王爸爸"。李敏、李讷上学期间，同学、老师从不知晓他俩是开国领袖毛泽东的女儿，她俩与普通家庭的孩子一同学习、生活、成长。

贺子珍回忆说："毛泽东是个很重感情的人。他的性格有豁达豪爽的一面，也有温情细致的一面。记得红军离开遵义以后，在贵州盘县一个叫猪场的地方，我为了帮助伤员隐蔽，躲过敌人飞机的扫射，自己负了重伤身上有16块弹片。连里想了个稳妥的办法，要我住在一个老乡家里，便于养伤。毛泽东说：'不能把贺子珍留在老百姓家里，一是无医无药，无法治疗；二是安全没有保证，就是要死也要把她抬着走。'于是，就是这样上路了。是毛泽东救了我的命。

"我当时昏迷着，不知道连里曾经决定把我留下，放到老百姓家里。当然，连里这样决定也是一片好心，但如果那时候毛泽东同意了，我就没命了。我的伤势那么重，农村又没有医疗条件，不要说碰到敌人了，就是光躺着也要死的。我自己苏醒过来后，怕增加同志们的负担，也曾多次向连里提出把我留下来的意见，他们都没有同意，我这才活过来了。"

毛泽东一生立党为公、为政清廉、艰苦奋斗、恢宏无私，为人民的利益耗尽心血。"鞠躬尽瘁，死而后已""天地有正气"是对毛泽东最好的概括。

3. 舍生忘死大干一场

在毛泽东的影响和带动下，他一家6位亲人走上革命道路，并为革命事业献出了生命。

那是1921年2月上旬，毛泽东父母亲去世不久，他偕妻子杨开慧和在长沙读书的二弟毛泽覃回到韶山冲。

大弟毛泽民和妻子王淑兰早已站在房前的场坪上迎接他们，一家人见面，眼睛里都含着泪花，欢欢喜喜进到屋里开始了久别重逢后的交谈。

毛泽东坐在竹椅上叹口气说："父母都不在了，我是个不孝子啊！忙外面的事丢了家……"

毛泽民说："哥，爸妈没有怪你，他们只是盼着能够见到你，盼着你回来，时常在乡亲们面前念叨你呢……"

这时，毛泽覃发话了："大哥在外面的本事大得很呢……"

杨开慧说："你大哥的本事是大家给他的……"

毛泽东接着说："是这样的，大哥的本事都是大家给的，有些道理我要对你们讲一讲……""我们要改变自己的命运，关心国家的前途，解救人民的痛苦，我们要能舍得小家为国家，舍得自己为人民，生活才有意义。"

1921年2月21日清晨，毛泽东、毛泽民、毛泽覃、杨开慧、王淑兰和毛泽建一起到父亲毛顺生、母亲文七妹的坟墓前，久久地肃立着，泣不成声……

扫墓归来，毛泽东同毛泽民、毛泽覃、继妹毛泽建、弟媳王淑兰谈论家庭及国难当头、民生多艰等情形的时候，劝说大弟毛泽民把家里的事情安排好，走向社会，参加革命，要舍家为国、舍己为民。还说："房子可以让给人家住，田地可以给人家种，我们欠人家的钱一次还清，人家欠我们的一笔勾销。把腌好的腊肉分给邻居，父母留下来的衣服、被褥、屋子里的家具全部送给劳苦人家。"

毛泽覃沉不住气说："二哥，听大哥的话没有错，咱们三兄弟应该联手到外面闯出一番事业来，哪能一辈子都窝在这韶山冲啊。"还说："外面的世界大得很哩，大哥在长沙市响当当的人物，人缘好，朋友多，就连北平、上海都有大哥的朋友。二哥常说我们兄弟见面不容易，这下好了，只要二哥你们肯离开家，今后我们三兄弟就在一起了。"

毛泽建也异常兴奋地说："要去我也去。"

毛泽民听三弟小小年纪能讲出这样的话来，知道他是跟大哥在长沙闯了一阵子的结果，心中很是佩服，但心里仍有顾虑：抛弃老祖宗留下来的这份家业，也像大哥一样跑出去工作。他从来没有想过。可他也毕竟读了几年书，觉得大哥讲得有道理，大丈夫就应该为国为民着想，以天下事为己任，连二弟和菊妹子都想出去干一番事业，自己还犹豫什么？还有什么舍不得的呢？

三兄弟将诸事商量好了，接着请来一些日常帮忙的乡邻表示了谢意，然后向父老乡亲一一道别。

1921年2月22日，毛泽东和杨开慧带着毛泽覃、毛泽建离开了韶山冲直奔长沙。2月最后的一天，毛泽民偕妻子王淑芬也到了长沙。

至此，毛泽东一家人算是彻底从韶山迁到了长沙。三弟毛泽覃依然读书，继妹毛泽建到职业学校学习。毛泽建有生以来第一次到长沙这个大城市，她从心里感激这个大哥，认为大哥是她在这个世界上最亲的人，并决心从此跟定大哥去闯天下。

毛泽民到了长沙被安排在第一师范附属小学任校务，同时在该校工人补习学校学习。

一天傍晚，三兄弟及杨开慧、王淑兰等一家人在一起谈古论今，感慨颇多。

毛泽东叹道："家人如月团圆少，人似浮云散去多。"

毛泽民笑了说："人事有代谢，往来成古今。"

接着毛泽覃吟咏了唐代诗人王昌龄的一首《出塞》："秦时明月汉时关，万里长征人未还。但使龙城飞将在，不教胡马度阴山。"

毛泽东高兴地夸奖着："三弟把王昌龄的诗记得这样熟，是要当大将军哩！"毛泽民也笑着说："他从小就爱打仗！"

毛泽覃争辩道："那是在乡里闹着玩，将来我真的要带兵打仗呢！"

毛泽东抚摸着三弟的头，语重心长地说："我们三兄弟，要为中华民族的解放事业、为天下的劳苦大众，舍生忘死地大干一场！"

泽民、泽覃同时说："大哥说得对，舍生忘死大干一场！"

毛泽东一手拉着二弟，另一手拉着三弟，心情振奋地说："难道我们还不如《三国演义》中的刘、关、张么？我们是亲兄弟，总比他们强些！"

这年，毛泽东28岁，毛泽民25岁，毛泽覃16岁。

从此，毛泽民、毛泽覃、毛泽建在毛泽东的指引下，投入轰轰烈烈的革命斗争洪流中。

在韶山这块只有210平方公里的地方，在革命战争年代，先后有1598人为之献出生命，正式认定的革命烈士有142位。毛泽东一家有6人为革命献出宝贵生命。毛泽东大儿子在朝鲜战场英勇牺牲。还有5位亲人在残酷的革命斗争中为国捐躯，他们没有看到新中国的成立，他们都是在毛泽东影响下"舍小家、为大家、为国家"走上革命道路的。

大弟毛泽民，1896年4月3日出生，曾担任中华苏维埃共和国国家银行行长、新疆财政厅代厅长。

1921年春赴长沙投身革命，1922年冬加入中国共产党。受中央湘区委员会的派遣到江西安源路矿从事工人运动。在安源，他倡议筹办了安源路矿工人消费合作社。

1925年2月，随毛泽东、杨开慧回韶山开展农民运动。4月赴广州入第五届农民运动讲习所学习。结业后，毛泽民辗转上海、武汉、天津等地秘密从事党的出版和印刷工作，先后任上海中共中央出版发行部经理、汉口《民国日报》总经理，并主持上海书店、汉口长江书店的工作，创办了上海秘密印刷厂和天津华新印刷厂。在天津，他还担任了中共中央交通员，并管理中共顺直省委的财务。

1932年2月2日，中华苏维埃共和国国家银行正式成立，毛泽民任第一行长。他根据中央临时苏维埃政府"统一财政，筹款支援前线"的指示，印制并发行了苏维埃共和国国家银行统一币券，建立了总、分、支行金融系统，成立了钨矿公司，对打破敌人的经济封锁、支援革命战争起了重要作用。

1934年10月红军开始长征，毛泽民出色地完成了运输、打土豪、筹粮筹款、保障红军供给等艰巨任务。红军到达陕北后，1936年初，毛泽民任中央工农民主政府国民经济部部长。

1938年2月，毛泽民化名周彬，出任新疆省政府财政厅副厅长（后为代厅长）。任职期间，新疆的经济、文化、卫生事业发生了显著变化。毛泽民整顿财经工作的成功，触犯了新疆边防督办、军阀盛世才等人的利益。1941年，盛世才将毛泽民改任民政厅厅长。毛泽民仍坚持民主改革，发展卫生事业。

1942年9月17日，盛世才借口所谓"共产党四一二阴谋暴动案"，将毛泽民等人软禁后投入监狱。1943年9月27日，时年47岁的毛泽民等人宁死不屈，被盛世才秘密杀害。

二弟毛泽覃，1905年9月25日生，曾任红军独立师师长，"是我军最早的一员猛将"（邓小平语）。

1921年，毛泽覃在长沙加入社会主义青年团，后由党组织派往常宁水口山工作。1923年10月加入中国共产党。1924年，毛泽覃调任社会主义青年团长沙地方委员会书记。1925年春，回韶山协助毛泽东开展农民运动。同年秋赴广州，相继在黄埔军校政治部、中共广东区委及农民协会、省港罢工委员会等处工作。

1927年7月底，毛泽覃前往南昌参加周恩来领导的武装起义，由周恩来分配他到叶挺领导的第11军25师政治部工作。广州潮汕战斗失利后，随朱德领导的部队转战湘赣粤边区。1927年冬，化名"覃泽"到达井冈山，后被派往宁冈乔林乡开展建党工作，领导恢复农民协会，创办了农民夜校，并于1928年2月建立了宁冈地区最早的党支部——中共乔林乡支部，担任支部书记。

1928年春，工农革命军攻打遂川县城后，毛泽覃留下担任遂川县委委员兼县游击大队党代表。湘南六县"年关暴动"后，毛泽覃奉毛泽东之命，迎接朱德、陈毅率领的起义队伍上井冈山。4月，毛泽覃任红四军31团1营党代表。

1929年2月至1932年，毛泽覃先后任中共赣西南特委委员，东固区委书记，红六军（后称红三军）政治部主任、代理政委，中共吉安县委书记兼红军驻吉安办事处主任，中共永（丰）、吉（安）、泰（合）中心县委书记兼独立师政委，中共公略县委书记兼独立师师长。尔后，毛泽覃调任瑞金苏区中央局秘书长，与邓小平、谢维俊、古柏坚决拥护毛泽东提出的正确路线、方针。1933年初，"左"倾中央领导开展的反对所谓"罗明路线"在江西的执行者斗争中，毛泽覃受到错误批判和打击。

1934年10月，红军主力开始长征，毛泽覃留在中央苏区坚持游击战争，任中央苏区分局委员、红军独立师师长。1935年4月25日，他带领部队突围，在瑞金县黄鳝口附近不幸中弹牺牲，时年30岁。

妻子杨开慧，1901年11月生于长沙县清泰乡板仓一个进步知识分子家庭，她是毛泽东的亲密战友和夫人。

1920年初，杨开慧进入长沙福湘女中进修班就读，并积极组织开展学生运动。1920年冬，杨开慧与毛泽东在一师附小结婚。

1921年加入中国共产党，并担负湘区执行委员会机要和交通联络工作。在此期间，她动员母亲拿出父亲逝世时亲友送的奠仪、募捐款给毛泽东作活动经费，并协助毛泽东创办了自修大学。1925年春，她随毛泽东回到韶山，协助毛泽东办起了20余所农民夜校，并亲自上课。1927年10月，毛泽东率秋收起义部队上了井冈山，杨开慧带着三个孩子回到板仓，坚持党的地下工作。

1930年7月，红军攻打长沙撤往苏区后，湖南反动当局到处抓人杀人。湖南"清乡"司令何键悬赏1000元大洋捉拿毛泽东的妻子杨开慧。杨开慧设法让其他同志隐蔽转移，自己则做应变的准备。同年10月，杨开慧被捕，被关进陆军监狱，受尽各种酷刑。敌人要她登报声明，与毛泽东脱离夫妻关系，马上可以获得自由，遭到杨开慧的严词拒绝。她对前去看望的亲友说："死不足惜，但愿润之（毛泽东）革命早日成功。"杨开慧英勇就义于长沙浏阳门外识字岭，时年29岁。

毛泽东在中央苏区获悉杨开慧牺牲的消息，十分悲痛，当即写信给杨家亲属说："开慧之死，百身莫赎。"1957年，他又写了《蝶恋花·答李淑一》一词，并向友人章士钊解释说："女子革命而丧其元，焉得不骄？"

继妹毛泽建，1905年10月出生于韶山茅塘，因家境贫困，她童年就过继给毛泽东的父母做女儿，曾担任妇女运动委员、游击队长。

1921年春，毛泽东带她到长沙，在湖南自修大学补习学校学习。她于1921年加入社会主义青年团，1923年春加入中国共产党，在衡阳从事革命活动。同年秋，她考入省立衡阳第三女子师范，任学生党支部书记和湖南学联女生部长。

北伐战争后，毛泽建奉特委指示，到衡阳、衡山开展农民运动，相继任两县的妇女委员。1927年1月，出席全省第一次妇女代表大会，会后，在衡阳县集兵滩观音堂举办了两期农运干训班。马日事变后，毛泽建以衡阳农民自卫军为基础，组建了衡北游击师，处决了一批反革命分子；后协助丈夫陈芬改组了中共衡山县委，陈芬任县委书记兼军委书记，毛泽建任妇运委员兼游击队长。

1928年初，毛泽建、陈芬率游击队一举摧毁南岳镇团防局，后参加了朱德、陈毅领导的湘南暴动。这年的夏天，游击队在该县夏塘铺被敌人包围，两人均负伤被捕。不久，陈芬在耒阳英勇就义。毛泽建因即将分娩，获救后再次被捕。牺牲前她在遗书中写道："……人民总归要做主人，共产主义事业终究要胜利，只要革命成功了，就是万死也无恨，到那天，我们会在九泉下开庆功会的……"1929年8月20日，毛泽建就义于衡山县城南门外马庙坪，时年24岁。

侄儿毛楚雄，1927年9月8日出生于长沙小吴门松桂园，他是毛泽覃与周文楠的儿子。

由于从小受父亲革命思想的熏陶和伯父的关怀教育，国耻家仇驱使楚雄从小就胸怀大志。他在《试述各人志愿》的作文中写道："做一个改革社会的人物，为国效劳，赶走侵略者，使世界变为和平的世界"，"继父之志，报父之仇"。

1945年8月，韶山地下党将毛楚雄等人一同送到汨罗县白鹤洞，参加了八路军，随军北上。1946年8月，在中原突围中，化名李信生（作为警卫员）与干部旅旅长、原军调部第九执行小组我方代表张文津、干部旅政治部主任吴祖贻前往西安与胡宗南谈判。行至宁陕县的东江口镇，被驻扎在这里的胡宗南部61师181团无理扣押。8月22日深夜，敌人将他们三人及农民向导，惨无人道地活埋在城隍庙河边的沙坝里，毛楚雄年仅19岁。

新中国成立初期，毛泽东在北京接见周文楠时说："楚雄是个有志气的孩子。年龄不大，为国捐躯，虽死犹荣。"

毛泽东的亲人，在同敌人生死搏斗中坚贞不屈；在敌人的屠刀和酷刑下大义凛然；对敌人以种种手段威逼引诱嗤之以鼻。他们不愧为毛泽东的弟妹和妻子。毛泽东最了解他们，最懂得他们，最理解他们的人生价值。当他们为革命做出了可歌可泣的功绩，并为党和人民献出了宝贵的生命后，他始终把他们看作是千万先烈中的普通一员，毛泽东已经习惯把自己、把自己家庭成员与人民的解放事业紧密地联系在一起，把这一切看作是应尽的责任。

4. 裙带之门不可开

人总有三亲六故。毛泽东成为执政党的领袖、新中国的开国领袖，大权在握后，他仍然始终如一地保持着与亲朋故友的密切联系和情谊。然而，他爱亲友，却不为亲友谋私利；他重情义，但从不拿原则做交易。他始终严守共产党人的党性和原则。

1949年，毛泽东的家乡湖南解放，乡亲们无不欣喜万分。大家听说，毛泽东进了北平，不久新中国成立了，毛泽东当选为国家主席，不少亲朋好友写信祝贺，也有一些人抱着出人头地的希望，来信提出种种要求。

仅1949年10月至1953年12月底，《毛泽东年谱》中收录了毛泽东回复亲朋好友的信件170余封。从复信的内容来看，请求毛泽东解决工作问题与经济困难的占多数。

当时，在毛泽东身边工作的同志向他说："人民政府各机关部门，由于工作需要招收了许多新人。许多老干部的家属或朋友，只要历史上没有什么问题，通过介绍就参加工作了。"

然而，毛泽东却想到自己是党和国家主席，对身边的工作人员斩钉截铁地说："别人的亲友可以来，我的不能来，我们共产党有共产党的章法，我们绝不能像蒋介石，搞裙带关系，一个人当了官，沾亲带故的人都可以升官发财。我们如果那样搞下去，就会脱离群众，就会和蒋介石一样，早晚要垮台。"

作为中央人民政府主席、共产党的主席，毛泽东决心要树立一种无产阶级的风范。一天，他对身边的秘书田家英特意交代了处理亲友一般来信的原则。他坚毅地说："凡是要求到北京来看我的，现在一律不准来，来了也不见。凡是要求我给安排工作的，一律谢绝，我这里不介绍、不推荐、不说话、不写信。"

毛泽东是一位胸怀博大、感情丰富、仁慈宽厚的伟人，他虽然身居高位，日理万机，但他对亲朋故旧仍十分眷恋，在百忙之中挤出时间给亲朋好友一一回信，语言谦逊，态度坚定。

复信表兄文凯："来信收读。先生工作问题，似宜就近设法解决。"

复信故交邓冰："先生工作岗位，似乎在原地为适宜，不必远游，未知以为然否？"

复信房叔毛贻华："三月九日来信收到。工作事尚望就近设法解决，我现在难于为助，尚祈鉴谅。"

在给毛泽东写信的人中，毛煦生比较"执着"。他是湖南平江人，跟毛泽东没有亲戚关系，属于"一起扛过枪"的战友：辛亥革命爆发后，毛泽东曾经在湖南起义的新军中当过兵，当时毛煦生是新军辎重营文书。

1949年10月1日开国大典后，毛煦生在一个半月里，连发三信抵京，强烈要求到北京工作。毛泽东于是回信道："前后三函奉悉，迟复为歉。先生仍以在乡间做事适宜，不要来京。家计国难，在将来土地制度改革过程中可能获得解决。"毛煦生继续写信，还是要求进京工作。1950年5月12日，毛泽东再次复信，"来信收到。北京人浮于事，先生不宜远游，仍以在乡下工作为宜。"

1950年，毛泽东收到表兄文运昌的一封信，信中请毛泽东出面给他介绍工作。

文运昌是一位思想比较进步的青年，两人小时候关系特别的好。他既是毛泽东8个表兄弟中的一个，又是毛泽东16岁那年到湘乡县立高等小学堂读书的引荐人，曾向毛泽东推荐介绍过《盛世危言》《新民丛报》等进步书刊，在引导毛泽东接触新思想方面起了积极作用。毛泽东由衷地感谢他。对这一个表兄提出要介绍一份工作，应该怎么样答复，毛泽东坚持的还是那条原则：权力不可用于私人交易。他毅然回信说："运昌的工作，不宜由我推荐，宜由自己在人民中有所表现，取得信任，便有机会参加工作。"这事就这样回绝了。

开国大典前夕，毛泽东收到了杨开慧哥哥杨开智的信，喜出望外，回信："杨开智先生：来函已悉。老夫人健在，甚慰。岸青尚在学习。岸英或可回湘工作，他很想看外祖母。展儿于8年前在华北抗日战争中光荣地为国牺牲，他是数百万牺牲者之一，你们不必悲痛，我身体甚好，告老夫人勿念。兄从事农场生产事业甚好，家中衣食能过得去否，有便望告。此复。敬颂大安。毛泽东。"

杨开智回信，希望到北京工作。但毛泽东回信拒绝了。

杨开智早在少年时代就跟毛泽东熟悉了。他对北京也不陌生。1918年，杨开智、杨开慧的父亲杨昌济应聘到北京大学任教，举家迁居北京。杨开智在北京农业大学就读。当时，毛泽东在北大图书馆工作，经常相会在杨家，两人还热烈讨论过中国的未来。1920年杨昌济老师病逝，毛泽东亲自扶柩回湘。毛泽东是非常感谢杨开智尽个人财力支持自己开办文化书社，一直掩护帮助自己和杨开慧开展革命工作的。

1930年杨开慧被国民党杀害，杨开智冒着生命危险抢殓尸体，办理棺木，掩埋了她的遗体，并设法营救毛泽东的三个儿子。那时，毛岸英只有8岁，毛岸青7岁，毛岸龙3岁。敌人故意把三个孩子放了，想以此做诱饵抓捕毛泽东。杨开智和妻子李崇德冒着杀头的危险，从监狱里接回岸英三兄弟，在特务监视下东躲西藏，担惊受怕。后来根据党的指示，又让60多岁的杨老太太和舅妈李崇德扮作走亲戚的样子，冒险将三个孩子转移，坐火车前往武汉，而后乘船到达上海，护送到上海地下党组织，交给他们的叔父毛泽民。

杨开智唯一的女儿杨展，1937年12月在长沙入党，1938年8月到达延安，是为了继承姑妈杨开慧的遗志，1941年在晋察冀边区英勇牺牲。杨开智有学历专长，又是烈属，完全符合到北京工作的条件，可谁让他是毛泽东的亲戚呢？裙带之门不可开。

1949年10月9日，毛泽东给杨开智回信：“希望你在湘听候中共湖南省委分配符合你能力的工作，不要有任何奢望，不要来京。湖南省委派你什么工作就做什么工作，一切按正常规矩办理，不要使政府为难。”同时，毛泽东还给当时的长沙市军管会副主任王首道写了一封信：“杨开智不要来京，在湘按其能力分配适当工作，任何无理要求不应允许。其老母如有困难，可给若干帮助。”

杨开智一直在湖南工作，以自己的专长，为湖南的茶叶事业作出贡献。他曾经兼任安化茶场的第一任场长，安化是当今著名的湖南茶产地。因年老体弱离职休养后，仍然积极从事社会活动，同时编写资料，撰写回忆录，向青少年宣传革命事迹，传承红色基因。

　　在长辈当中，岳母加师母的杨老太太向振熙是毛泽东一直最关心最牵挂的人。妻兄杨开智将母亲健在的消息告诉了毛泽东，毛泽东当即回电，敬致祝贺。当得知王稼祥的夫人朱仲丽要回湖南时，毛泽东便托朱仲丽给杨老太太捎去一件皮袄，以御风寒，并送开智夫妇两块衣料。1950年，杨老太太八十大寿，毛泽东让儿子岸英回湖南老家为老人拜寿，并带去两棵人参，让老人补养身体，老人见之，十分高兴。老人对岸英说："看你爸爸是个大人物，他也有赤子之心。"第二年，毛泽东又派岸青回湖南看望老太太。除此而外，毛泽东每月给老人家寄去生活费，一直到老人去世，从未中断。1962年老人逝世，毛泽东心情十分悲痛，迅即寄上500元，以作丧葬费用，并致电"葬仪，可与杨开慧同志、我的亲爱的夫人同穴。我们两家同是一家，不分彼此。"可谓情真意切。

　　毛泽东小时候住在外祖父文家，有诸多难忘的时光，亲友感情甚笃。

　　周文楠是毛泽东弟弟毛泽覃的妻子，毛泽覃牺牲后，周文楠1942年在延安成了家，她的母亲周陈轩一直在韶山生活，孤苦无依，1950年4月写信向女儿诉苦。时任沈阳市人民法院刑事庭庭长的周文楠给毛泽东写信，并将母亲的信转交给毛泽东。

　　毛泽东看完信心里难过，同意周文楠接母亲到东北生活。那时人民政权的法官没有个人财产，周文楠根本没钱到韶山接母亲。毛泽东又给王首道写信："毛泽覃的岳母周老太太年已六十，住在湘潭韶山我的家里已有十余年，同当地人民的关系甚好，是一个好老人。她的女儿周文楠同志在沈阳法院工作，想回家去看望老太太。老太太也有去东北依其女儿之意，但尚未作决定。如老太太去东北，请你考虑是否可以给以旅费的帮助。如可能，在通例上说得过去的话，则帮助之，如不可能，则要她仍住现地不动，请与文楠同志商酌处理。"

不久，湖南省研究认为老太太是烈士家属，同意资助旅费。周文楠这才有条件回到韶山，与睽违10多年的母亲见面，并将母亲接到了东北。

堂婶陈氏，即毛泽建烈士的母亲。毛泽建牺牲后，其母亲受尽了苦难，好不容易把几个儿子拉扯大。毛泽东对这位婶母十分尊敬。当堂弟毛泽连到北京时，毛泽东关切地问到婶母的情况，并在他们走的时候，捎了钱、衣服、鞋袜和补品给婶母。后来听说婶母患病，毛泽东立刻托人带了100元钱给婶母治病，后又寄去200元。婶母病逝后，毛泽东十分悲痛，负担了婶母的全部丧葬费用，并以此表达自己做晚辈的心意。

对堂弟毛泽连等人，毛泽东多次接待他们到北京治病，并从工资和稿费中接济他们。湘乡外祖父家，毛泽东有8个表兄弟，相互关系都很密切。解放后，毛泽东多次给他们写信，并寄钱、寄物。

禁止裙带关系，但有时也举贤不避亲，标准是，是否有益于党和国家。

1958年8月6日，毛泽东致信王首道，让他安排为王季范买车票来北京任职。王季范是毛泽东的表兄，毛称其为"九哥"，是毛泽东第一师范时的老师。他曾对毛泽东不仅经济上资助、学业上教诲，对他的革命活动也尽力支持。毛泽东在长沙几次被反动军警追捕时，都是王季范救援掩护渡过难关。1951年春节，毛泽东在中南海握住王季范的手对家人和工作人员说："这是我九哥，没有他，就没有我。"

王季范是著名的教育家。新中国成立后，王季范向毛泽东提出"用贤才、立法制、崇道德"的治国方略，深受毛泽东赞赏。

王季范进京后，历任政务院参事室参事，第一、二、三届全国人大代表，为党和国家作出重要贡献。1972年，王季范在北京逝世，毛泽东献了花圈。花圈飘带上写着："九哥千古，毛泽东敬挽"。

最令人动容的是毛泽东对张干的关心。张干任湖南第一师范校长时，曾向省政府建议，规定学生每月交10块大洋的学杂费，这一规定遭到学生们的强烈反对，校园内部掀起一场声势浩大的"驱张运动"。因学杂费问题，毛泽东带头起草《驱张宣言》贴在校内广为散发，轰动学校，传遍省城。张干恼怒之下，决定开除以毛泽东为首的17名同学的学籍，幸杨昌济、王季范、徐特立等老师极力反对，毛泽东未被开除。

1950年10月11日，在抗美援朝战争的紧张岁月中，毛泽东得知张干家庭生活非常困难的情况后，专门给王首道写了一封信，让他关照贫困疾病交加的张干，指出："张干是湖南教育界的老人，一生教书，未做坏事，我在湖南第一师范读书时，张为校长。现闻先生家口甚多，生活疾苦，拟请湖南省政府每月每人酌给津贴、米若干，借资养老……"不久，张干即收到1200斤口粮和现金。张干握笔含泪给毛泽东写信，感念不已。

后来，毛泽东又邀请张干到北京住两月有余，在一起吃饭的时候，毛泽东向子女们介绍说，这是我的老师，我的老师很好。张干回忆过去的事连连检讨，可毛泽东摆手说："我那时年轻，看问题片面，过去的事不要提它了。"临别时，毛泽东用自己的稿费买了盖被、褥子、布毯、毛呢服一套、枕头一对、枕巾一条，还买了面巾、袜子、香皂、牙具相送。张干感激不尽，逢人便说："毛泽东的伟大是'天高地厚'，'胞与为怀'，此生此世，不知如何报答他啊！"

毛泽东尊师敬老，堪为典范，但是，他与老师并非普通的师生之谊，他和老师是朋友与老师共一，情谊与真理共求。

在毛泽东的老师中，有一位长他16岁的文字学家，就是解放后任全国政协委员、中央文史馆馆长的符定一。

符定一是湖南衡山人，是近现代著名的文字学家。1912年，符定一在湖南省立第一师范任教时，毛泽东报考了该校，在这里他们结识，后来成为忘年之交。

符定一教授毛泽东古汉语、历史、写作等知识。有一次学校举办一次作文比赛，毛泽东以其雄健磅礴的气魄、酣畅淋漓的文风一举夺魁，令同学挚友刮目相看。符定一看到他的文章后，大为惊奇，这样的年龄竟能写出如此气魄的文章，这可能吗？于是，他把毛泽东叫到面前，当即出题让他作文。毛泽东从从容容，挥洒自如，文采飞扬，令符定一大为高兴。他认为这位从容不迫的青年有经天纬地的才能，将来定成大业。

从此后，符定一时刻关注着毛泽东，无论是学业还是生活上，都给予照顾。当他察觉毛泽东爱好文学一类的书籍时，便把自己保存的一部《御批通鉴辑览》送给毛泽东看。这部书里有乾隆皇帝的上谕和御批，是通鉴体历史的集成，共116卷，从远古开始到明代，是中国各朝代的编年史。这部书深深吸引了毛泽东。他废寝忘食，手不释卷。

1915年，符定一举家迁往北京定居，1918年，毛泽东到北大图书馆任助理员工作。两位忘年之交在分别三年之后又到了一起，十分高兴，符定一和毛泽东畅谈国家大事，研究学问，古今中外，无所不论，毛泽东从中受益匪浅。

符定一在新文化运动和进步思想的影响下，思想转变很大，他认识到，只有进行民主革命，不懈地同专制势力进行斗争才能实现自己救国救民的心愿。在这段时间里，符定一进一步了解毛泽东，也更加相信自己的眼力：这个青年无疑会成为当世之才。于是，他不断地用自己的切身体会来告诫毛泽东，只有胸怀国家和人民，才能立于不败之地，才可建卓功伟业。同时，在各方面给毛泽东以支持。毛泽东也为自己有这样的老师而欣喜不已。

1943年，符定一不为国民党反动派的高官厚禄所诱惑，毅然回到湖南，在家乡湘潭晓南乡新铺村隐居下来，这是符定一思想的一个转折点，经历了数十年风云变幻，他厌烦了反动统治的黑暗和官场的险恶，认识到只有一心为人民的共产党才是中国人民的希望，只有毛泽东才能领导贫苦大众翻身解放。他决心在自己的晚年，跟随共产党、毛泽东，多为国家和人民做些有益的事情。1944年，符定一曾被国民党反动派逮捕，押解至新化，后经亲友多次营救，才被释放。这更加坚定了符定一倾向革命的决心。

1946年，经过周密安排，符定一又回到北平。他会见了在北平的中共代表叶剑英，从此投入到轰轰烈烈的反蒋地下斗争中去。这一年的6月，符定一怀着激动的心情与女儿符德芳一起启程到延安，受到热烈欢迎，毛泽东亲自主持召开会议，欢迎符定一。符定一在讲话中抨击了蒋介石统治区的黑暗和腐败，揭露了蒋介石独裁和卖国的罪恶行径。在延安，他还深入部队、工厂、学校、群众中去，了解情况，他为自己的所见所闻而欢欣鼓舞。

9月，符定一告别毛泽东，离开延安回到北平。

1948年秋，符定一响应中共中央的"五一"号召，由北平化装来到西柏坡，参与研究筹备新的政治协商会议工作。毛泽东、周恩来等人欢迎他的到来。

1949年9月21日至30日，中国人民政治协商会议第一届全体会议在中南海怀仁堂举行，符定一在无党派民主人士小组，参与讨论了新中国的各项议题。

1951年，他受毛泽东的委托，主持中央文史研究馆的筹备工作。后来毛泽东特地邀请博学多识的符定一就任中央文史馆馆长。符定一说："这个职务只要老而贫的文人就可以了。"毛泽东笑着补充道："还要才——德——望啰。"盛情之下，符定一就任中央文史馆馆长。

符定一对中国文字学作出了很大贡献，对发展新中国的文化教育事业起到了积极作用。他被选为全国人大代表、国务院文教委员会委员等职，获得了很高的声誉。最为人称道的是，符定一与毛泽东之间几十年建立的忘年之交，是朋友与老师共同追求真理的深厚情谊。

5. 开国元首与末代皇帝

毛泽东是一位宽容大度、与人和善、不计前嫌、以德报怨的伟人。

枪杀降敌、虐待俘虏，是世界历史上的通病，唯有毛泽东自建军之初，极为重视优待俘虏，并将其作为军队政治工作"三大原则"和"三大纪律八项注意"中的重要一条。

西安事变活捉了蒋介石，为了团结一致，共同抗日，毛泽东同意把蒋介石放回南京，促成了西安事变的和平解决。

土地革命时期，蒋介石授意湖南军阀何键派工兵挖、炸毛泽东家的祖坟。1949年5月，人民解放军进驻奉化溪口，毛泽东严令部队不要破坏蒋介石的住宅、阴宅和祠堂及其他建筑物。

新中国成立后，毛泽东要求各级政府在国民党人员中注意发现建设人才，不仅在专业上使用，还要让他们担任领导职务。

对于国民党近千名战犯，毛泽东明确指示："一个不杀，分批次释放。"对特赦的国民党高级将领，愿意留大陆的给工作，愿去台湾的给路费。

对近千名日本战犯，一个不杀，从宽处理，从1956年6月至1964年3月，在抚顺和太原战犯管理所关押的日本战犯，除1人病故外，全部被分期、分批释放回国。

这充分展示了毛泽东无产阶级革命家以德报怨的人道主义气魄和胸怀。

1962年新春佳节，毛泽东在颐年堂内设私人家宴请末代皇帝溥仪，还特请章士钊、程潜、仇鳌和王季范四位社会名流乡友作陪。新中国开国元首宴请这位末代皇帝的俭朴欢宴和对他的关怀，让溥仪终生难忘。

1962年2月5日，正是传统新春佳节。

中午时分，毛泽东待章士钊等人入席后，一本正经、诙谐地说："今天请你们来，要陪一位客人。"

章士钊环顾四座，觉得有些莫名其妙，急切地问道："主席，客人是谁？"

毛泽东吸了一口烟，环顾大家一眼，故意神秘地说："这位客人非同一般，你们都认识他，来了就知道了，不过也可以事先透一点风，他是你们的顶头上司呢！"

毛泽东的话为家宴抹上一层神秘的色彩，大家更糊涂了，都在想：这人是谁呢？

正在这时，一位高个儿，50多岁的清瘦男人面带微笑，举止大方，在工作人员的陪同下步入客厅，大家的目光都集中在这位客人身上，他既不是人们熟知的国家领导人，也不是报刊上常登载照片的著名人士。

毛泽东显然也是头一次见到这个人，却像老朋友似的迎上去握手，并拉他在自己身边坐下，同时向章士钊等人打招呼，用他那浓厚的韶山口音微笑着说："你们不认识吧，他就是宣统皇帝嘛！我们都曾经是他的臣民，难道不是顶头上司？"

章士钊等人恍然大悟，原来这位正是1959年12月4日大赦的要犯，万万没有想到这位清朝末代皇帝溥仪今天就坐在眼前。

那年章士钊主持《苏报》还骂过他呢！

毛泽东指着在座的4位老人向溥仪作了介绍，溥仪态度极为谦恭，每介绍一位，他都站起来鞠躬致意，是那样和善友好，根本看不出半点皇帝的"架子"。

毛泽东对他说："你不必客气，他们都是我的老朋友，常来常往的，不算客人，只有你才是真正的客人嘛！"

正是国内困难时期，一切从简。虽说设的是家宴，却没有什么山珍海味——"燕窝席""鱼翅席"，更无往日皇宫溥仪常见的"满汉全席"和"御宴"。桌面上只有几碟湘味儿的辣椒、苦瓜、豆豉等小菜和大米饭加馒头，喝的是葡萄酒。

毛泽东边吃边对溥仪说："我们湖南人最喜欢吃辣椒，叫做'没有辣椒不吃饭'，所以每个湖南人身上都有辣椒味儿哩。"

接着，他夹起一筷子青椒炒苦瓜，置于溥仪的小碟内，见他已吃进嘴里，笑着问他："味道怎么样啊？还不错吧！"

溥仪早已辣出一脸热汗，忙不迭地说："不错，不错。"

毛泽东风趣地说："看来你这个北方人，身上也有辣味哩！"

他指了指仇鳌和程潜，继续对溥仪说道："他们的辣味最重，不安分守己地当你的良民，起来造你的反，辛亥革命一闹，就把你这个皇帝老子撵下来了，是不是？"

毛泽东妙语连珠，在座的诸位无不捧腹大笑，溥仪笑得前仰后合，真的是酒不醉人人自醉啊！

毛泽东听说溥仪在抚顺时，已与他的"福贵人"离婚，于是关切地问："你还没有结婚吧？"

溥仪彬彬有礼地回答："还没有呢！"

毛泽东马上接话："可以再结婚嘛，不过，你的婚姻问题要慎重考虑，不能马马虎虎。"

说到这里，他深切地望了望溥仪一眼，说："要找一个合适的，因为这是后半生的事，要成立一个家。"

溥仪点点头："主席言之有理。"

饭后毛泽东要与溥仪等客人合影留念，大家非常高兴，毛泽东还特意拉过溥仪，让他站在自己左侧，附着他的耳朵说："我们两个可得照一张相哟！"于是又重新站过来让摄影师再拍了一张照片。

章士钊笑道："这叫开国元首与末代皇帝。"一句话说得大家都笑了。

1964年2月13日，农历正月初一下午3时，毛泽东亲自主持春节座谈会，党中央有关领导同志及著名党外人事章士钊等人在场。毛泽东对与会者说："对宣统，你们要好好团结他，他和光绪皇帝都是我们的顶头上司，我们做过他们的老百姓。"

说到这里，毛泽东加重了语气："听说溥仪生活不太好，每月只有180多元薪水，怕是太少了吧？"并对坐在右侧的章士钊说："我想拿点稿费通过你送给他，改善改善生活，不要使他'长铗归来分食无鱼'，人家是皇帝嘛！"

随后，毛泽东从个人稿费中拨出两笔款项，请章士钊先生分别送到西城东观音寺胡同溥仪家和东城扬威胡同载涛家，溥仪激动万分，当即颂诗曰："欣逢春雨获新生，倾海难尽党重恩。"

6."一句就是一句"

毛泽东一生谦逊恭敬，他从来没有把自己当成什么"神仙""圣人"。他小时候也挨过父亲的打骂，上学时因图画考试有过不及格，出门在外鞋子被人偷去过。参加共产党、成为革命者之前，当过兵，失过学，并做过想成为什么"家"的美梦。成为革命家以后，甚至当了党和国家的主席，他没有忘记自己是一个农民的儿子，也没有忘记同他交往的朋友。就是人们对他个人迷信、崇拜到严重的时候，他仍保持了清醒的头脑。

崇拜，按现代汉语的解释是尊敬、钦佩的意思。尊敬和钦佩都是发自内心的一种情感活动，是不受任何外力影响的。崇拜的前提条件应该是对他的思想、感情、智慧、言行、品格等的认同、佩服、尊敬。形成个人崇拜的核心因素就是一个人的魅力。崇拜是发自内心的。

毛泽东一生是反对个人崇拜的，曾在不同场合、从不同角度对毛泽东思想的宣传发表了不少重要意见。

1943年12月26日是毛泽东的50岁生日，中宣部副部长凯丰在这年的4月写信给毛泽东，说党内一些同志酝酿为他祝寿，并提出宣传毛泽东思想的问题。毛泽东说："生日坚决不做。""我的思想自觉没有成熟，还是学习的时候，不是鼓吹的时候，不宜当作体系去宣传。"

1948年8月13日，吴玉章致电周恩来，说想在华北大学成立典礼上，"把毛泽东思想改为毛泽东主义"，并提出"主要的要学毛泽东主义"。毛泽东8月15日复电吴玉章：不同意"毛泽东主义"和"主要的要学毛泽东主义"的提法。他指出："那样说是很不恰当的。现在没有什么毛泽东主义，因此不能说毛泽东主义。"

1950年5月11日，沈阳市政府向中央报来一份文件，文件中写道："本市为纪念中华人民共和国成立之伟大意义，经各界人民代表会议议决在本市中心区修建开国纪念塔一座，其上铸毛主席铜像。维以此间现无主席全身照片可资楷模，故特函请贵局代摄主席全身八寸站像四幅，分前后左右四向寄沈，俾便早日兴工修建为荷。"

毛泽东看后，生气地说："一幅也不给。"并在报告上批示道："铸铜像影响不好，故不应铸。"接着说："告诉有关部门，这是违反七届二中全会精神的，今后，谁再做这类事情，要通报批评。"

1950年9月20日，毛泽东听说湖南省委要在韶山修路建房时，亲笔给时任中南局书记邓子恢、湖南省委书记黄克诚和省政府主席王首道写电报。文中写道："据说长沙地委和湘潭县委正在进行在我家乡为我建筑一所房屋并修一条公路通我的家乡，如果属实，请令他们立即停止，一概不要修建，以便在人民中引起不良影响。是为至要。"

"立即停止""一概不要""是为至要"这些词，足见毛泽东对此类事情的高度重视和对自身的严格要求。

1944年以来，毛泽东一直坚持马列是先生，中国共产党人是学生，反对把毛泽东思想与马克思列宁主义并列。

1948年8月，毛泽东在致吴玉章的信中指出："有些同志在刊物上将我的名字和马恩列斯并列，说成什么马、恩、列、斯、毛，这是错误的。这种说法是不合实际的，是有害无益的，必须坚决反对这样说。"

1949年3月，毛泽东在党的七届二中全会上再次指出："不要把中国共产党人与马恩列斯并列。"

1956年1月，毛泽东在知识分子问题会议上说："马克思列宁主义的总店在苏联，我们是分店；主干是马克思列宁主义，我们是枝叶。"

毛泽东在一个相当长的时间内也不同意使用"毛泽东思想"这个提法。

1948年底，毛泽东在审阅筹建青年团的文件时，致信刘少奇、朱德、周恩来、任弼时、彭真，提出将文件中的"毛泽东思想"改为"马列主义"。

1953年4月，中共中央将1945年通过的《关于若干历史问题的决议》作为附录收入《毛泽东选集》第三卷时，毛泽东提议将决议中"毛泽东思想""毛泽东思想体系"的提法进行删去，或改用"马克思列宁主义路线"。同月，还指出："凡有'毛泽东思想'字样的地方，均应将这些字删去。"

1954年12月5日，中共中央宣传部根据毛泽东的指示，专门就"毛泽东思想"应当如何讲解的问题发出通知。通知指出：毛泽东同志曾指示，今后不要用"毛泽东思想"这个提法，以免引起误解。

1956年，在党的八大筹备期间，毛泽东又一次建议党的正式文件上不要用"毛泽东思想。"

20世纪40年代以来，毛泽东一直认为毛泽东思想不是他一个人的，是党和人民集体奋斗的产物，是无数革命先烈用血写成的。

在党的七大期间，毛泽东说过，你们一定要用毛泽东思想，我也可以同意，因为党总要找个代表，毛泽东思想不是一个人的，是从大家来的，我把它综合起来、概括起来，你们叫毛泽东思想也可以。

1956年9月，毛泽东在八大预备会上讲话时，又一次说道："我们的民主革命时间那么长、打了那么多仗、犯了那么多错误，才搞出一条正确的政治路线、军事路线和组织路线，我们才逐步学会如何处理党内关系，如何处理党和非党人员的关系，如何搞统一战线，如何搞群众路线，等等。这就是说，我们有了经验，才能写成一些文章。比如我的那些文章，不经过北伐战争、土地革命和抗日战争，是不可能写出来的，因为没有经验。"

1960年3月24日，毛泽东在和薄一波谈话时指出："《毛选》什么是我的？这是血的著作……《毛选》里的这些东西，是群众教给我们的，是付出了流血代价的。"

"文革"中，毛泽东在和周世钊的一次谈话中，对毛泽东思想是集体智慧的结晶作了比较深刻的论述。他说，关于毛泽东思想的问题，它是马克思列宁主义和中国革命运动实践相结合的产物，它是集体智慧的结晶，是一种思想体系，一种指导我们革命和建设的正确思想体系。七大时，党中央当时确定把这种正确思想叫作"毛泽东思想"，决不是说"毛泽东思想"就完全是我一个人的正确思想，它是包括一班人的正确思想在内的。明确地说："毛泽东思想"是包括我们这代无产阶级革命家的正确思想在内的，只不过用我的名字来代替罢了。但我一直不同意用我的名字来代替。我曾多次批示不用"毛泽东思想"，而用马克思列宁主义，可是他们不听，这叫我有什么办法呢？当然，这种正确思想体系里面，我的东西可能多一些。

1956年以后，毛泽东一直强调，不能把毛泽东思想当成教条，要概括新的情况形成新的理论。1959年，毛泽东谈苏联《政治经济学教科书》时说："现在我们已进入社会主义时代，出现了一系列新问题，如果单有《实践论》、《矛盾论》，不适应新的需要，不写出新的著作，形成新的理论，也是不行的。"

1964年3月，毛泽东在和中央领导同志谈《毛选》时说："那是以前的著作了，现在也很想写一些东西，但老了，精神不够了。"

同年6月，毛泽东在政治局会议上谈到《毛选》时又说："现在学这些东西，我很惭愧，都是老古董了。要把现在新的东西写进去。"

毛泽东对待自己的著作，一贯持十分谨慎的态度。1948年，他拒绝出自己的选集，此后他还表示对自己的著作完全满意的很少，许多著作要经过一段实践检验，反复修改之后才能公开发表。

1950年2月，毛泽东访问苏联即将结束，在克里姆林宫拜访斯大林时，斯大林建议毛泽东把自己写的文章、起草的文件报告等编辑成选集出版，以帮助人们了解中国革命的经验。毛泽东接受了斯大林的建议。

同年5月，中央政治局讨论了斯大林的建议，一致赞同编辑和出版毛泽东选集，并决定成立毛泽东选集出版委员会，主持编辑和出版毛泽东选集。从1950年10月至1960年9月，《毛泽东选集》第一至四卷先后出版。

1956年3月14日，毛泽东在和印度尼西亚共产党主席艾地谈话时说：自己"对已经发表的东西，完全满意的很少。比如，《实践论》算是比较满意的，《矛盾论》就并不满意。《新民主主义论》

初稿写到一半时，中国近百年历史前八十年是一个阶段，后二十年是一个阶段的看法才逐渐明确起来，因此重新写起，经过反复修改才定了稿。《论联合政府》则只是把政纲排列起来，加工不多，不好"。毛泽东谈到这里，再次表示："过去写的文章，很多现在不满意。"

毛泽东知道世界上没有不散的筵席，"万岁"不过是一句欺人的空话，"四个伟大"只是阿谀奉承，"我才不信那一套！"

1966年以后，毛泽东多次提出对"毛泽东思想"不要自吹自擂，多次删去"高举""顶峰""最高指示""句句是真理"等浮夸之词。

1966年7月，毛泽东在一封信中写道："我历来不相信，我那本小书，有那样大的神通，现在经他一吹，全党全国都吹起来了，真是王婆卖瓜自卖自夸。"

1967年11月，毛泽东在审阅中共中央关于征询对党的九大问题意见的通报时，删去"大树特树伟大领袖毛主席和伟大毛泽东思想的绝对权威，大树特树毛泽东无产阶级革命路线的绝对权威"。

12月，他在审阅湖南省革委会一个报告时批示："绝对权威的提法不妥，从来没有单独的绝对权威，凡是权威都是相对的。""大树特树的提法不妥。权威和威信只能从斗争实践中自发地建立，不能由人工去建立，这种建立的威信必然垮下来。"

1968年1月6日，毛泽东在审阅《人民日报》的一个新闻和社论时，删去"毛泽东的话，句句是真理，一句顶一万句""毛主席的话，水平最高，威信最大，句句真理，一句顶一万句"等。

1968年10月，毛泽东在修改党章草案时，删去了"毛泽东天才地、创造性地、全面地继承、捍卫和发展了马克思列宁主义"

一句话的"天才地、创造性地、全面地"三个副词。

1970年，毛泽东接见斯诺时说："'四个伟大'（伟大的导师、伟大的领袖、伟大的舵手、伟大的统帅），讨嫌！总有一天要统统去掉，只剩下一个，就是教员。因为我历来是当教员的，现在我还是当教员，其他一概辞去。"

1970年4月3日，毛泽东在审阅纪念列宁诞辰一百周年文章《列宁主义和苏修社会帝国主义》一文时，删去了文中"当代最伟大的马克思列宁主义者，我们的伟大领袖毛主席""把马克思列宁主义提高到一个崭新的阶段，即毛泽东思想阶段""毛泽东思想是帝国主义走向全面崩溃、社会主义走向全面胜利时代的马克思列宁主义""毛泽东同志就是当代列宁"等词句，并指出："关于我的话，删去了几段，都是些无用的，引起别人反感的东西，不要写这些话。我曾讲过一百次，可是没人听，不知是何道理，请中央各同志研究一下。"

1971年八九月间毛泽东在视察中，多次讲道："我不是天才。我读了六年孔夫子的书，又读了七年资本主义的书，到1919年才读马列主义，怎么是天才。那几个副词，我圈了几次嘛。"

"天才是靠一个党"，"天才是群众路线，集体智慧。"

"什么'顶峰'啦，一句顶一万句啦，你说过了头嘛。一句就是一句，怎么顶一万句，不能顶。"

一次，毛泽东和身边工作人员观看中共九大纪录影片时，看到银幕上多次出现他本人的镜头和代表们长时间欢呼的场面，生气地站起来，中途退场，并说："哪有一个人老看演自己的电影？我的镜头太多了，没有什么意思！"他告诉工作人员："'四个伟大'太讨厌。"

1969年6月，根据毛泽东的批示，中共中央发出《关于宣传毛泽东形象应注意的几个问题》的文件，指出：当前在国内宣传中出现了不突出政治，追求形式和浮夸浪费的问题。今后，"不经中央批准，不能再制作毛泽东像章"，"各报纸平时不要用毛主席作刊头画"；"不要搞'忠字化'运动"，"不要修建封建式的建筑"；"不要搞'早请示，晚汇报'，饭前读语录、向毛主席像行礼等形式主义的活动"。

也正如黄克诚大将说的："毛主席是唯一能让我发自内心、终生心服口服的人，无论在最艰难的长征时期，还是在稍有困难的延安时期，一直到解放后，没有人见过毛主席为自己谋过一丝私利，'为人民服务'、'大公无私'说起来简单，但是能让上千万的党员干部做到，历史上除了毛主席外，没有第二个。"

毛泽东无私无畏的至善人格和盖世无双的战略胆识，像大地产生的巨大磁场，强烈地吸引着无数英雄好汉，为之奋斗终生，死而无憾。

在人类历史上，没有任何一位巨人能像毛泽东那样：不经任何雕饰或矫揉造作，完全凭借自己豪放不羁的秉性和举止，而能让几乎所有的接触他的人为之倾倒和敬服。

正如《毛泽东传》的作者、美国学者特里尔所惊叹的那样："在生前，毛泽东曾经一次又一次地震撼了整个世界。在未来，毛泽东必将成为世界历史中一个永恒的话题。""就毛主席的盖世影响来看，只有罗斯福、列宁才能与之相提并论；如果就个人魅力与全球声望而言，他们又不及毛主席。"

美国《新闻周刊》在其社论《历史上最后一位巨人》中称："在整个人类历史上，毛泽东是一位无与伦比的人物。世界历史上从来没有任何一个政治家，能够凭借几乎一无所有的政治资源，白手起家，在二十八年之间，纵横捭阖，缔造了世界上最大的一个党，一支战无不胜的军队，一个伟大的国家；从而成为世界上人口最多、地域广阔的中华大国至高无上的精神领袖。"美国前国务卿基辛格评价说："毛泽东身上，的确能发生一种压倒一切的魄力，让人能感觉出一种力量、权力和意志的颤流。"

历史已经证明而且不断证明：毛泽东是人类历史上少数能够在生前和身后不断创造神奇的历史巨人，其影响力和炽热度会永恒不息。

秘诀之十
成就事业的核心力量

中国共产党成就了毛泽东，毛泽东成就了中国共产党。

毛泽东和中国共产党紧紧地联系在一起。毛泽东是中国共产党的创始人之一，他为共产党的事业和自身建设付出了毕生的精力。而中国共产党为毛泽东提供了"指点江山、激扬文字"的广阔舞台，共产党奋斗过程中的经验教训和集体智慧是毛泽东成功的重要源泉。正如毛泽东自己所说：毛泽东思想不是我一个人的，是党和人民集体奋斗的产物，是无数革命先烈用血写成的，是集体智慧的结晶。

中国革命的实践证明：中国共产党离不开毛泽东，毛泽东也离不开中国共产党。

1. 凄风苦雨中成立，大浪淘沙中前进

1921年7月23日，中国共产党第一次全国代表大会在上海召开。

出席大会的有国内外7个中国共产党早期组织派出的13位代表。他们是：上海的李达、李汉俊；北京的张国焘、刘仁静；长沙的毛泽东、何叔衡；武汉的董必武、陈潭秋；济南的王尽美、邓恩铭；广州的陈公博；旅日的周佛海；陈独秀委派的包惠僧。

大会讨论通过了《中国共产党的第一个纲领》和《中国共产党的第一个决议》。第一个纲领具有党章性质，它按照马克思主义建党的基本原则，对党的名称、党的性质、纲领、目标和任

务、党员条件和入党手续，以及党的组织原则和纪律都作了明确规定。

《中国共产党的第一个纲领》中的第一条就明文规定："本党定名为中国共产党。"这个名称，鲜明地体现了中国共产党是按照马克思主义建党原则建立起来的中国无产阶级政党。

大会通过的《纲领》和《决议》，是马克思主义建党学说同中国共产党建党实践相结合的初步产物。它的纲领和章程尽管有不完善的地方，但它奠定了党的建设思想、政治基础和组织基础，在中国近代革命发展史上有划时代的意义。

中国共产党的成立，是近代中国开天辟地的大事，是由旧民主主义革命转变为新民主主义革命的转折点，是划时代的里程碑。

1941年，中共中央决定将党的纪念日定为7月1日。这一天也就成为共产党的诞生纪念日。

然而中国共产党的成立，只是当时中国社会300多个党派组织中又多了一个而已，是一个只有五十几个党员的不起眼的小党，谁也不知道这个新成立的党能够持续多长时间，甚至连参加会议的13位代表也不知道这个党会有多大作为。就是早期的共产党员对召开一大也并没有看得那么重要。召开一大时，共产党的发起人李大钊因要为北大教职员工向北洋政府讨薪的事没能参加会议。北京资深的党员邓中夏去南京参加中国少年学会未出席会议，而由一个最年轻19岁的刘仁静出席会议。党的另一个发起人陈独秀因在广州筹备广东大学预科学校经费的事未能参加会议。今天回头来看，再重要的事情也不能比建立中国共产党更重要；出席一大的诸位代表谁也不会想到28年后中国共产党会夺取全国政权。

中国共产党是在凄风苦雨中成立的，是在大浪淘沙中前进的。参加一大的13位代表，走的走，散的散。广州的陈公博，一大只参加了一半就走了，第二年就声明脱离了共产党，后来和另一个一大代表周佛海，成为汪精卫集团的核心人物，堕落为大汉奸卖国贼。一大主持人张国焘，也于1938年叛变投敌。另有4人先后脱党或被开除党籍，4人牺牲或病故，一路走到新中国成立的只有两个人，一个是毛泽东，一个是董必武。董必武在革命战争年代始终没有进入党的核心层。所以，驾驭"红船"闯过无数急流险滩、破浪前进的掌舵人唯有毛泽东。

中国共产党的成立，它所遭受的是世界政党史上前所未有的残酷境遇，党内领导人像被割韭菜一样一茬一茬地被敌人消灭。周恩来曾感慨："敌人可以在三五分钟内消灭我们的领袖，我们却无法在三五年内将他们造就出来。"全世界没有哪一个政党遭受到中共这般炼狱地火似的考验。

1927年大革命失败后，蒋介石发动四一二反革命政变，共产党人尸横遍野，血流成河。李大钊、罗亦农、赵世炎、陈延年、李启汉、萧楚女、邓培、向警予、熊雄、夏明翰、陈乔年、张太雷等相继遇害。严酷的白色恐怖中，组织被打散，党员同党组织失去联系，彷徨者、动摇者纷纷脱党，有的公开在报纸上刊登反共启事，并指认捉拿搜捕自己的同志。这种严酷、凶险的环境是难以想象的。

正是中国革命的极端残酷性，随时淘汰着那些意志薄弱者。当时从中央到基层背叛者比比皆是。中央一号领导人向忠发被捕叛变，中共特科负责人顾顺章被捕叛变，上海中央局负责人李竹声和盛忠亮被捕叛变。在反"围剿"战场上，中央军区参谋长龚楚叛变，还有闽赣分区司令员宋清泉，红16军军长孔荷宠，赣粤分区参谋长向湘林，湘赣省委书记陈洪时，闽赣分区政治部主任彭祐，闽浙赣省委书记曾洪易，红十军副军长倪宝树，闽北分区司令员李德胜，瑞金红军游击司令部政委杨世珠，等等，都当了叛徒。

这样一个幼年的党，能够从小到大，从弱到强，从幼稚到成熟，从几十个党员发展到当今九千多万党员的一个大党，实在不容易。

2. 支部建在连上

毛泽东为中国共产党的建设和发展付出了毕生的精力和心血，为党的事业的胜利和成功，作出了决定性贡献。

毛泽东参与建党是中国共产党的幸运。党的一大之后，毛泽东回到湖南，首先建立了湖南共产党的地方组织。1921年10月10日，湖南共产党支部正式成立了，毛泽东被选为书记。之后，毛泽东一方面从事社会主义青年团的建设，一方面广泛开展工人运动，深入安源、衡阳等地，在工人先进分子中发展党员。到1922年5月，湖南已有党员30人，正式成立中共湘区委员会，毛泽东担任书记。

1922年7月16日至23日，党的第二次全国代表大会在上海举行，这次大会明确提出了党的最低纲领和最高纲领，制定了第一个比较完整的《中国共产党章程》，选举产生了中央执行委员会，健全了党的中央机关。二大标志着中国共产党的创立工作已经圆满完成，标志着中国共产党建设的理论开始萌芽。

1923年6月12日到20日，中国共产党第三次全国代表大会在广州召开，出席会议的代表有30多人，代表全国420名党员。共产国际代表马林参加大会。陈独秀代表二届中央执行委员会作报告。大会围绕共产党加入国民党的问题进行了充分而激烈的讨论。经过两天的激烈争论，全体代表统一了思想认识，最终接受了共产国际关于同国民党合作的指示，决定采取共产党员以个人身份加入国民党的方式实现国共合作。

这次大会推举陈独秀、毛泽东、蔡和森、罗章龙、谭平山5人组成中央局，陈独秀为委员长，毛泽东为秘书，负责中央日常工作。

中共三大结束的当天，全体代表集中在黄花岗烈士陵园，由瞿秋白、张太雷教唱《国际歌》，在党的代表大会闭幕式上唱《国际歌》，就是从中共三大开始的。

中共三大以后，国共合作的步伐加快，中国大地上出现了一股向着帝国主义和军阀势力猛烈冲击的革命洪流。与此同时，一股逆流也逐渐显现出来，国民党内部的左右派进一步分化，国共关系逐渐复杂化。中国革命面临许多新的问题需要给予解答。

在这种背景下，中共四大于1925年1月11日在上海召开。大会总结了国共合作一年来的经验教训，第一次提出无产阶级在民主革命中的领导权和工农联盟问题。来自全国20名代表参加了四大。需要说明的是，三大进入中央局的毛泽东因病缺席了这次会议。

1925年3月12日，孙中山与世长辞，终年59岁。

孙中山病逝后，段祺瑞认为广州政府群龙无首，北洋派统一全国有望，派人拉拢站在孙中山旗帜下的驻粤滇军总司令杨希闵和驻粤桂总司令刘震寰。6月5日，杨、刘所部公然叛乱，攻打广州革命政府。蒋介石率东征军迅速回师，平息了滇桂军的叛乱。讨平杨、刘之后，广州国民政府于7月1日正式成立。

1926年5月至1927年4月，在国共两党合作条件下，进行了一场反帝、反军阀的北伐战争。

在北伐战争取得节节胜利形势下，蒋介石于1927年4月12日发动反革命政变，疯狂屠杀共产党人和革命群众，轰轰烈烈的大革命遭到惨重失败。

大革命失败之后，毛泽东于1927年9月领导秋收起义的部队走农村包围城市、武装夺取政权的道路，但一个"最要紧的条件"是要建设一个"很好的党"。部队在三湾改编时，他总结了大革命失败的教训，决定在部队中建立党的各级组织。

此前，中国共产党虽然向国民党军队输送了一大批共产党员，一些党员在军队中担任党代表，但整个军队的领导权掌握在国民党手中，在国民党军队中没有共产党的基层组织，因而掌握不住士兵。"即在叶挺部队也还是每个团只有一个支部，故经不起严重的考验。"通过总结这些教训，毛泽东提出了"支部建在连上"的原则，班有党小组，连有党支部，营团设党委，连以上各级机关设党代表（红军中的党代表于1929年起改为政治委员，连的政治委员1930年改为政治指导员）。整个部队设立党的前敌委员会，部队在前敌委员会的统一领导下行动，由此确立了党对革命军队的绝对领导，为建立新型的人民军队奠定了组织基础。

"支部建在连上"，对加强党对革命军队的领导，提高部队战斗力有重要意义。毛泽东在1928年11月写给中央的报告中说："党代表制度，经验证明不能废除，特别是在连一级，因党的支部建在连上，党代表更为重要。""红军所以艰难奋战而不溃散，'支部建在连上'是一个重要原因。"当时，党中央对毛泽东提出的"支部建在连上"的原则给以充分肯定，并作为经验推荐给其他根据地军队建党参照施行。

毛泽东率领工农革命军进驻井冈山以后，立即恢复和重建了大革命失败后被破坏的井冈山周围各县党的组织，提出"军队的党帮助地方的党发展"，为根据地党组织的建立和巩固创造了条件。在四周白色政权包围中间，在以井冈山为中心的井冈山地区，建立了第一个农村革命根据地，开始了"工农武装割据"的局面。

在创建井冈山根据地的斗争中，毛泽东非常重视提高党员的政治觉悟，他在红四军中办起了短期的党员训练班，亲自给党员上党课，讲授共产党的知识，讲授革命道理，讲授怎样做一个共产党员。毛泽东还多次主持新党员的入党仪式，向新党员讲解共产党的任务和加入共产党的意义。

井冈山老战士赖毅曾在回忆文章中，生动地记述了毛泽东主持入党仪式的情形。"这次入党的有6个人。首先由各个入党介绍人分别介绍各个新党员的简历。接着，毛泽东便走到6名新党员面前，依次询问了许多问题。当他走到我面前时，问我为什么要加入共产党，我说，'要翻身，要打倒土豪劣绅，打倒国民党，加入党更有力量。'毛泽东听了后说，你讲得很好。接着他向大家逐条逐句地解释了入党誓词。然后毛泽东举起握着拳头的右手，我们也举起了右手，他照着誓词念一句，我们也跟着念一句：牺牲个人，努力革命，阶级斗争，服从组织，严守秘密，永不叛党。"

随着党员数量的增多，党支部成了连队的核心，许多党员从实际斗争中锻炼成长，成为部队的领导骨干。

3. 思想上入党

在斗争的实践中，毛泽东的建党思想初步形成。在古田会议决议中，系统地总结了红军和根据地党的建设经验，创造性地提出了在农村革命战争环境中加强党的建设的一系列原则和措施，强调充分认识加强党的思想建设的极端重要性，坚持着重从思想上建党这一独特的建党道路；指明党内各种非无产阶级思想的表现、来源及纠正办法；坚持对党员作正确路线教育，保证党的政治路线和政治任务的实现；加强党的组织建设；实行集中指导下的民主生活；发展新党员要注重质量；等等。形成了适合中国特点的毛泽东建党路线。因此，古田会议决议通常被称为思想建党政治建军的纲领性文献。

遵义会议是中国共产党第一次独立自主地运用马克思主义解决自身问题的典范，是党从幼年走向成熟的标志。

从遵义会议到党的七大，以毛泽东同志为核心的中国共产党第一代中央领导集体，成功地解决了在中国这样一个人口众多，无产阶级人数甚少，各种非无产阶级成分众多的国家建设一个以马克思主义为指导，具有广泛性的无产阶级政党，并形成完整的党的建设思想体系的问题。

在抗日战争时期，毛泽东提出，要把中国共产党建设成为一个全国范围的、广大群众性的、思想上政治上组织上完全巩固的布尔什维克的党，建设一个有纪律的、思想上纯洁的、组织上纯洁的党。他称，这是"一件伟大的工程"。

在这期间，毛泽东倡导和领导了具有重塑党魂性质的延安整风又称学习运动，反对宗派主义以端正党风，反对主观主义以端正学风，反对党八股以端正文风，极大地提高了全党全军的政治素质和战斗力。毛泽东发表了关于党的建设的一系列重要著作，包括《反对自由主义》《中国共产党在民族战争中的地位》《〈共产党人〉发刊词》《中国革命和中国共产党》《新民主主义论》《改造我们的学习》《整顿党的作风》《反对党八股》

《学习和时局》《为人民服务》《关于领导方法的若干问题》《论联合政府》等。这一时期，毛泽东的建党思想通过延安整风这一伟大实践贯彻到党的实际工作的方方面面，使全党达到了政治上、思想上、组织上的高度统一。

中国共产党成立之初，就制定了反帝反封建的革命纲领，肩负起为人民谋幸福、为民族谋复兴的历史使命。经过大革命、土地革命战争和抗日战争的锻炼，党逐渐成长为团结全国人民进行革命的中流砥柱。

毛泽东在《中国共产党在民族战争中的地位》报告中指出："我们党有一个光明的前途；我们必须战胜日本帝国主义，必须建设新中国，也一定能够达到这些目的。"他要求全党必须站在争取民族独立和人民解放的高度，以更加自觉的精神状态开展斗争，并认真地加强党的自身建设，完成党的历史使命。

延安时期，是毛泽东建党思想走向完善和成熟的时期，也标志着中国共产党的建党学说的成熟。毛泽东的建党思想，是中国共产党建设经验的科学总结，是全党智慧的高度凝结。

毛泽东认为思想上建党，是中国共产党自身建设的中心环节，党的建设主要是政治、思想、组织、作风建设。党的领导主要是政治、思想、组织领导。而且政治领导是根本，思想领导是基础，组织领导是保证。没有党的思想领导，就无法实现党的政治领导和组织领导。毛泽东强调必须把党的思想建设放在党的建设的首位。他在党的七大政治报告中指出："掌握思想教育，是团结全党进行伟大政治斗争的中心环节，如果这个任务不解决，党的一切政治任务是不能完成的。"

在党的思想建设上，毛泽东创造性地提出了"思想入党"的要求。他说："在我们党内，有许多党员在组织上入了党，思想上并没有完全入党，甚至没有入党，这种思想上没有入党的人，头脑里还有许多剥削阶级的脏东西，根本不知道什么是无产阶级思想，什么是共产主义，什么是党。"

思想上入党，就是共产党员要注重马克思主义理论教育，牢固树立共产主义理想信仰，全心全意为人民服务的观念，构建党和人民利益高于一切的精神境界，为无产阶级解放和实现共产主义而努力奋斗。思想上入党，对于加强党的思想纯洁性建设，具有重大意义。

在党的思想建设上，毛泽东要求全党要认真看书学习，弄通弄懂马克思列宁主义。1939年底，他对一位从国统区调回延安到马列学院学习的同志说："要学马列主义经典著作，要精读，读了还要理解它，要结合中国国情读，要结合自己的工作实践去分析、去探索、去理解。理论与实践结合了，理论就会是行动的指南。"

1942年，毛泽东在中共西北局高级干部会议上强调，党的高级干部要注意理论学习，要精通马克思主义，要准备读书从《共产党宣言》读起，要能读一二十本到三四十本马克思、恩格斯、列宁、斯大林的书，这样就把我们的党大大武装起来了。

1945年，毛泽东在党的七大上号召党的高级干部必读《共产党宣言》等5本马列主义著作，《共产党宣言》被列为首位。

1949年，在党的七届二中全会上，他要求领导干部必读12本马列著作。这12本马列著作在一个比较长的时期内一直是干部学习的基本教材。

新中国成立以后，毛泽东抓高级干部的理论学习持之以恒，一直没有放松过。1964年2月，他要求全党必读30本马克思列宁主义著作，做到理论学习与工作实际相结合，推动中国革命和社会主义事业的发展。

1970年，他又指定250多位中央委员和候补中央委员读9本马列著作，并说学好马列主义不容易，联系实际用好马列主义更困难。

1971年，毛泽东在外地巡视期间还嘱咐各地负责人："我希望你们多读点书。高级干部连什么是唯物论、什么是唯心论都不懂，怎么行呢？""你们都是书记，你们还要当好学生。"

毛泽东是全党学习的典范。他在延安时期，阅读了多本马克思列宁主义的著作，他自己讲，《共产党宣言》看了不下一百遍，一边读一边思考，并结合中国实际撰写了《实践论》《矛盾论》《论持久战》《中国革命和中国共产党》《新民主主义论》等一系列鸿篇巨著，提出了许多伟大创见，系统构建了起中国特色、中国气魄的革命理论体系，形成了马克思主义中国化的奠基性理论成果——毛泽东思想。

毛泽东一贯重视党的思想教育，致力于把共产党员培养成为有觉悟、有理想、有担当、富有自我牺牲精神的先锋，他在新中国成立前夕，满怀激情地说："谢谢马克思、恩格斯、列宁、斯大林，他们给了我们武器，这武器不是机关枪，而是马克思主义。"党的组织与"主义"相结合，这个组织的人就是有信仰的人，是刻苦励志的人，是出生入死的人，没有"主义"，是造就不出这样的人的。

毛泽东深谋远虑，有强烈的忧患意识。他担心革命胜利以后，党的干部特别是党的高级干部经不起胜利的考验，忘记和背离全心全意为人民服务的本色而被人民所抛弃，最终导致亡党亡国，所以他提出"两个务必"，告诫全党继续保持艰苦奋斗的优良作风，防止被糖衣裹着的炮弹击中。

新中国成立以后，毛泽东把反腐防变作为党的思想建设头等任务，摆在突出位置，并采取一系列重要措施，在全国范围内开展"三反""五反"运动。接着，开展社会主义教育运动，号召工业学大庆、农业学大寨，学雷锋，学焦裕禄，学习"南京路上好八连"等，教育全党发扬艰苦奋斗，自力更生，全心全意为人民服务的精神。规定各级领导干部到基层参加生产劳动，解放军高级干部下连队当普通一兵，与群众打成一片，保持与群众的密切联系。

毛泽东关于执政党思想建设的突出特点，就是执政不丢革命本色，以保持党的革命性质为根本要求，建设一个经得起各种挑战和考验，能领导无产阶级和广大人民群众进行革命和建设的朝气蓬勃的先锋队组织。

4."共产党实行的是家法，还是党法？"

毛泽东的成功不仅仅是个人的成功，而是激发运用集体智慧的集体成功，而要充分发挥广大党员干部的积极性、凝聚全党的集体智慧必须有好的制度作保证。

制度带有根本性、全局性、稳定性和长期性，上至党中央高层，下至基层党组织，要做到全党团结统一，贯彻落实党的路线、方针、政策，必须有铁的纪律和严格的制度作保证。

在人类政治文明历史上，有"民主制"和"集权制"两种主要领导制度和方式。这两种方式各有所长，也各有所短。

马克思主义的经典作家在创建党组织理论的时候，面临着一个重大课题，就是用什么组织原则最科学，怎样规范党内领导关系和工作秩序，才能把力量凝聚起来，实施有效的领导。在他们的理论和实践中，体现了将"民主制"和"集权制"有机结合，创立了民主集中制原则和制度的思想。

毛泽东依据民主集中制原则精神，提出了个人服从组织，少数服从多数，下级服从上级，全党服从中央的方针，确立了党的最高领导原则是集体领导，实行集体领导和个人负责相结合的制度。在这个制度下，他展现了高超的领导艺术，取得了举世公认的成就。

毛泽东带领部队上井冈山后，就创立并实施党委集体领导制度，但有段时间他的这一正确做法受到当时临时中央的批判，认为这样削弱了政治委员的权力，要求照搬苏联的政治委员负责制，实际是政治委员"一长制"。后来，主要是遵义会议后，才逐渐恢复和实行党委制。解放战争时期，发展为"党委统一的集体领导下的首长分工负责制"，并写入条例一直延续到现在。这套制度与苏联的"一长制"不同，与西方的政权"三权分立"制约、行政长官负责制也有本质的不同。

毛泽东创立的"党委统一的集体领导下的首长分工负责制"有以下特点：

一是党委领导。领导主体是党委，是信仰和主义的领导和凝聚，通过党的各级党委和基层支部，而不是某个人的作用，来保证党的绝对领导。对军队来说，就是保证枪杆子听党的话，以党的宗旨、旗帜、路线、方针、政策为根本遵循，坚决完成党所赋予的各项使命任务。在这种体制下，某个领导想调动一切、指挥一切就难，要想违反既定方针，阻力就会很大。

二是统一领导。领导范围覆盖一切，党委实行政治、思想和组织的统一领导，一切组织、一切人员无论是军事工作、政治工作、经济工作、后勤工作、装备工作还是基层工作等，包括各个部门的领导工作，都是党的工作、党的干部，都必须置于党委的统一领导下，而不能游离于党委的统一领导之外。

三是集体领导。领导方式是民主式，决策原则是少数服从多数，一切重大问题都必须经党委集体讨论决定，充分发扬民主，书记和委员之间是平等的同志关系，而不是上下级关系，不同意见只能靠说服，书记个人不能决定重大问题或改变集体的决定。

四是首长负责。集体领导和首长负责相结合，个人在集体领导下负责，重大问题经党委讨论决定后，按首长分工负责制负责贯彻执行，紧急情况首长可临机处置，但事后必须及时向党委报告。

五是下级服从上级。各级党组织要坚持"民主基础上的集中，集中指导下的民主"，坚持"大权独揽，小权分散；党委决定，各方去办，办也有决，不离原则，工作检查，党委有责"。党委议事决策要遵循"集体领导、民主集中、个别酝酿、会议决定"16字原则等，要尊重党委成员的主体地位，用制度管权、管事、管人等。

这种民主集中制的领导方式，比其他领导体制更进步更科学。它有利于保证领导成员思想和行动的一致，最大限度地防止个人独断专行，造成工作上的严重错误。更容易集思广益，充分调动领导成员的积极性、主动性和创造性。还有利于调解利益冲突和矛盾，因为集体领导是建立在平等权利理念上的，更看重思想与主义的共识，更看重内在价值的实现。

新中国诞生前的西柏坡时期，是我们党的历史上一个重大转折时期，军事斗争从游击战向大兵团作战转变；革命形势从农村包围城市到进城，学会城市工作，进而领导全国的转变；共产党也开始从革命党向革命党加执政党转变。

在这重大历史转变过程中，毛泽东深刻认识到，坚持制度治党非常重要，没有规范的制度和严格的纪律约束，就容易滋生腐败，甚至失去民心。

1948年9月，在西柏坡召开的中央局扩大会议上，毛泽东提出"军队向前进，生产长一寸，加强纪律性，革命无不胜"的号召。此后，针对中国革命和人民解放战争面临的新情况、新问题，强调"立规矩"，制定了一系列纪律规定，相继起草发布了《中共中央关于宣传工作中请示与报告制度的决定》《党委会的工作方法》等重要文件，重新修订颁布了《三大纪律八项注意》，从纪律上保证党的路线及方针政策得到贯彻执行，增强全党上下在思想上、政治上、组织上的统一，为形成党内高度集中统一的领导局面提供坚实保证。

毛泽东对坚持党的民主集中制的集体领导的卓越贡献，在于他深刻洞悉我们党内缺乏民主生活的历史根源和社会因素。他指出："在历史上，由于我们这个国家是一个小生产的家长制占优势的国家，又在全国范围内至今还没有真正的民主生活，这种情况反映到我们党内，就产生了民主生活不足的现象。"这些历史和社会因素是造成组织不纯洁的内在根源。他要求全党，一方面丰富党内民主生活的内容和形式，扩大和巩固党内民主的基础；另一方面，反对极端民主化和自由主义，营造党内遵循民主集中制的氛围。

1959年4月初，毛泽东在一次会议上讲到党内民主生活时，他说，我这个人也有旧的东西，比如一次，我的弟弟毛泽覃同志和我争论一个问题（说到这里，他又补充一句，这个同志1935年已经在江西牺牲了），他不听我的，我也没有说服他，就要打他。他当场质问我："你怎么打人？"事后，他还在一些人面前讲我的闲话，说："共产党实行的是家法，还是党法？难道我不同意他（指毛泽东）的意见就打人？如果实行家法，父母亲不在，他是哥哥，也可以打我……"

兄弟之间的争吵是家常事，都不放在心上，可这件事毛泽东却一直记在心里，20多年后，还把它提到反对家长制的领导来检查，这是非常可贵的精神。

毛泽东多次讲到，在党内可不能搞家长制的领导，要实行民主集中制，对人民对同志不能压服，只能说服，要以理服人，我们都是平等的同志关系。

1962年1月3日，毛泽东在中央工作会议上指出："党委领导，是集体领导，不是第一书记个人独断。……听说现在有些省委、地委、县委，有这样的情况：一切事情，第一书记一个人说了就算数。这是很错误的。哪有一个人说了就算数的道理呢？……只要是大事，就得集体讨论，认真听取不同的意见，认真地对于复杂的情况和不同的意见加以分析。……如果不这样，就是一个人称霸。这样的第一书记，应当叫作霸王，不是民主集中制的'班长'。我们现在有些第一书记，连封建时代的刘邦都不如，倒有点像项羽。这些同志如果不改，最后要垮台的。不是有一出戏叫《霸王别姬》吗？这些同志如果不改，难免有一天要'别姬'就是了。我为什么要讲得这样厉害呢？是想讲得挖苦一点，对一些同志戳得痛一点，让这些同志好好地想一想，最好有两天睡不着觉。他们如果睡得着觉，我就不高兴，因为他们还没有被戳痛。"

毛泽东认为，各级党委是执行集中领导的组织机关，党委领导是集体领导。在党委内部，第一书记同其他书记和委员之间是少数服从多数、个人服从集体的关系。党内要有集中统一，但必须走群众路线，"先民主，后集中，从群众中来，到群众中去，领导和群众相结合"。如果"意见不是从群众来，就不可能制定出好的路线、方针政策和办法"，"也就不可能达到统一认识，统一行动，不可能实现真正的集中"。他还提出健全民主集中制，营造社会主义的和谐发展、组织纯正的政治局面，这才能造成"又有集中又有民主，又有纪律又有自由，又有统一意志，又有个人心情舒畅，生动活泼，那样一种政治局面"和社会环境，推动社会主义事业的发展。

中国共产党的领袖集团，是由毛泽东、刘少奇、朱德、周恩来等一大批开国元勋组成的。他们都是伟人，但又并不是完人，他们之间有矛盾、有意见、有分歧是正常现象，但不影响共产党的伟大。正是依托这样一个生机勃勃、活力四射、使命任务一致的坚强整体，才能战胜一切敌人，克服一切艰难险阻，从胜利走向胜利！

毛泽东是执行民主集中制的典范，他早在中央苏区时，面对中共临时中央的错误路线和无情打击，身处逆境，面对强势，敢于抗争，忍辱负重，善于团结，以极大的耐力说服、争取了大多数，最终战胜了"左"倾错误路线，挽救了红军，挽救了党，挽救了中国革命，毛泽东成功崛起的抗争策略，可以概括为"四条线"。

第一条，守住底线，敢于坚持原则。不管是面对中央、上级领导、班子多数成员，只要毛泽东认为是正确的方针路线，他都能坚持自己的观点，敢于对中央、上级、多数人的错误提出批评意见，从不违心地附和赞成。"在原则问题上从不让步"，不当面一套背后一套，不搞口是心非，阳奉阴违，这是非常难能可贵的政治品质。比如，坚决反对本本主义，坚持没有调查就没有发言权；坚决反对中央要求红军主力攻打大城市（长沙、赣州）的命令；在遵义会议上，直言不讳地指出博古对第五次反"围剿"失败总结出来的那些原因不能成立，不是实事求是的，是在替自己辩解。他敢于直接批评中央主要领导人，这份政治勇气来自对党负责、对红军负责、对广大指战员的生命负责、对中国革命事业负责，他坚信真理在自己手里。

第二条，不越红线，严守组织纪律。在自己的正确主张被中央、上级领导和班子多数成员否定的情况下，而自己被错误地撤职、调整，甚至给予纪律处分的情况下，毛泽东仍然遵守组织纪律，做到少数服从多数、下级服从上级，始终服从中央，始终没有违反任何组织原则。尽管他思想上不认同，但行动上都做到了坚决服从，没有犯任何自由主义。比如在宁都会议上，毛泽东处于少数，王稼祥在会上拍案而起，大声疾呼，坚决支持毛泽东的正确主张。毛泽东会后对王稼祥说：算了吧，我们是少数，还是服从多数吧，这是毛泽东很了不起的地方。他对党的纪律十分维护，即使决议对他不利，他也能服从，能等待，能忍耐，这是毛泽东的一个突出特点。

第三条，盯住一线，心系全局。即使自己被撤职，调离红军领导岗位，毛泽东信念坚定，不消极怠工，仍然心系战场，关注军事斗争第一线，分析敌情，思考如何打胜仗，不管受不受命，他都能未雨绸缪，向负责军事的周恩来表示，前线军事需要何时电召便何时来。因为战争是那时党的中心任务，事关党和红军的生死存亡，他始终围绕军事斗争这个中心，积极思考，主动谋划，以备组织需要他参与决策。比如毛泽东不同意攻打赣州，结果赣州前线战争失利，红军腹背受敌，前敌指挥员急请毛泽东速赴前线出谋划策，毛泽东立即动身，提议用预备队红五军团，以解红三军团之围。彭真同志曾说，"在党的历史上，几次重大关头，毛主席的意见开头多数人不赞成，他是孤立的，但最终的事实证明还是他正确，他高明，他站得高，看得远"。

第四条，统一战线，争取多数支持。尽管真理往往掌握在少数人手里，但毛泽东却能积极进行思想说服工作，使越来越多的领导同志转变思想认识，让他们感到毛泽东的主张是符合马克思主义的，是符合中国革命实际的，是指导中国革命的正确道路，是取得战争胜利的正确的战略战术，从而在中央领导层形成了拥护毛泽东正确主张的大多数，终于确立了毛泽东在党和红军的最高领导地位。毛泽东不负众望，领导中国革命从失败走向胜利，又从胜利走向更大的胜利。

5. 廉洁政治的地面上，不允许有莠草生长

党风，毛泽东也称之为党的作风。

1942年2月1日，毛泽东在延安中央党校开学典礼上发表了关于《整顿党的作风》的演讲，他指出，"反对主观主义以整顿学风，反对宗派主义以整顿党风，反对党八股以整顿文风，这是我们的任务"。他还说："学风和文风也都是党的作风，都是党风。"

1941年到1942年，中国的抗日战争处于最困难的时期，我党再一次面临重大生存问题，这迫使我党必须整顿作风，统一思想，加强团结，以确定和巩固党中央的核心领导，为最终取得抗战的胜利打下坚实的思想基础和政治基础。

延安整风前后历时4年，其整顿教育的对象，包括当时全党120多万党员，重点是3000名党的高级干部。

1941年5月，毛泽东在延安高级干部会议上作《改造我们的学习》的报告，为整风运动做了准备。

1942年2月毛泽东又作了《整顿党的作风》《反对党八股》两个重要报告，为延安整风运动确定了基本任务和基本方针，这两个报告为延安整风运动作了总动员。从此，整风运动在延安和

各个解放区普遍展开。

1945年4月，党的六届七中全会通过了《关于若干历史问题的决议》，标志着整风运动的胜利结束。

延安整风主要的成果和历史意义，就在于批判了我党各种错误的思想路线，统一了全党思想，确定了中国革命实事求是的思想路线，加强了党的思想和组织建设，确定和巩固了以毛泽东同志为核心的中央领导集体。

毛泽东在党的七大报告中指出："以马克思列宁主义的理论武装起来的中国共产党，在中国人民中产生了新的工作作风，这主要就是理论和实践相结合的作风，和人民群众密切联系在一起的作风以及自我批评的作风。"之后，随着党的建设实践的发展，"党风"包含越来越广泛的内容，成为党的建设的一个综合性的问题。

毛泽东在不同的历史时期，针对党所处的地位和面临的环境任务的不同，及时提出了党风建设的原则和要求。

1949年3月，中共中央即将进京，中国共产党将成为全国范围内的执政党。毛泽东在党的七届二中全会报告中指出，革命很快就要在全国胜利了，"夺取这个胜利，已经是不要很久的时间和不要花费很大的气力了；巩固这个胜利，则是需要很久的时间和花费很大的力气的事情"。

但能不能巩固胜利，能不能把中国建成一个伟大的社会主义国家，关键在于执政以后能不能把党建设好，这个问题已经现实地摆在面前，党内的骄傲情绪，以功臣自居的情绪，停顿起来不求进步的情绪，贪图享乐不愿再过艰苦生活的情绪，可能生长。

因为胜利，人民感谢我们，资产阶级也会出来捧场，敌人的武力是不能征服我们的，这点已经证明了，资产阶级的捧场则可能征服我们队伍中的意志薄弱者。可能有这样一些共产党人，他们是不曾被拿枪的敌人征服的，他们在这些敌人面前不愧为英雄的称号，但是经不起糖衣裹着的炮弹的攻击，他们在糖弹面前要打败仗，我们必须预防这种情况。

毛泽东的担心不是没有来由的。在延安发生的两起事件，毛泽东记忆犹新。

一起是黄克功杀人案件。

1937年10月10日凌晨，延安城在沉睡之中，毛泽东的窑洞里，灯光从前一天晚上直到现在还一直亮着，毛泽东伏案处理各种公文，起草各类指示。

摆在毛泽东面前有两封信。一封是陕甘宁边区高等法院雷经天院长的信，另一封是黄克功的信，两封信都与黄克功有关。

黄克功是抗日军政大学第六大队队长。他是井冈山时期参加革命的红军老战士，跟随毛泽东多年，他英勇善战，屡立战功，被提拔为团长，二万五千里长征到达陕北后，组织派他到抗大学习，日后准备重用。这就是说黄克功前途无量。

在抗大学习期间，他与来延安的女青年刘茜建立了恋爱关系，两人相处一段时间后，刘茜觉得黄不是自己理想中的丈夫人选，便提出中断关系。在一个月明星稀之夜，黄克功约刘茜到延河边散步，力争保持恋爱关系，遭到刘茜的拒绝，一气之下，黄克功开枪打死了刘茜。

事件发生后，在延安引起了强烈反响。党内对如何处理黄克功，也有不同看法。

陕甘宁边区高等法院院长雷经天写信给毛泽东请示应如何处理。

黄克功也深知自己问题的严重性，便写信给毛泽东，请求给予戴罪立功的机会。

毛泽东把这两封信反复看了几遍。如果赦免了黄克功,将会产生严重的后果。我们的敌人会利用这件事来攻击我们,要求来延安的知识青年的抗日积极性也会受到严重的挫伤,因此,就会影响革命队伍的壮大,也会影响党群关系。

于是毛泽东在一张白纸上写道:"雷经天同志:你的及黄克功的信均收阅,黄克功过去的斗争历史是光荣的,今天处以极刑,我及党中央的同志都是为之惋惜的。"毛泽东主张以罪定刑,必须对黄克功处以极刑。在信中毛泽东指出:"他犯了不容赦免的大罪,以一个共产党员、红军干部而有如此卑鄙的,残忍的,失掉党的立场的,失掉革命立场的,失掉人的立场的行为,如为赦免,便无以教育党,无以教育红军,无以教育革命者,并无以教育做一个普通的人。因此中央和军委便不得不根据他的罪恶行为,根据党和红军的纪律,处他以极刑。"

毛泽东进一步分析为什么要处死黄克功的原因以及严格照法律办事的意义,最后毛泽东号召"一切共产党员、一切红军指战员、一切革命分子,都要以黄克功为前车之鉴"。10月12日,黄克功经法院判决,被当即执行枪决。

对于黄克功案件的正确处理,不仅维护了革命纪律,教育了根据地的军民,巩固了革命队伍内部的团结,而且挽回了因此产生的不良影响,吸引了广大进步青年络绎不绝地奔赴延安,加入到革命队伍中来。

再一件是肖玉璧的贪污腐败案。肖玉璧是陕西清涧县马家村人,贫苦农民出身,从小给地主放马,受尽了压迫剥削。1933年他在家乡参加革命,成为一名红军游击队的战士。在陕甘边区根据地反"围剿"斗争中,他作战勇敢,冲锋在前,身上留下90多处伤疤，成为著名的战斗英雄。后来因伤势过重，离开了部队，转业到地方工作。

1939年被调回延安，在边区贸易局主管贸易工作。1940年初，由于多次负伤，加上长期劳累和营养不良，因病住进了延安中央医院。

一天，毛泽东到医院看望住院的干部战士，见到骨瘦如柴、奄奄一息的肖玉璧，就问医生他患的是什么病，医生说他没有什么大病，是有几处贯穿伤没处理好，造成消化功能弱化，再加上劳累和营养不良，致使身体虚弱。

当毛泽东了解到他身上数十处伤疤后，立即命令工作人员把配发给他的牛奶证取来供肖玉璧用。当时边区物资严重匮乏，就连毛泽东等中央领导，每天只有半斤牛奶的特殊照顾。而毛泽东小女儿李讷刚出生，正急需补充营养，却依然把牛奶送给素不相识的肖玉璧，并嘱咐医护人员要照顾好这位战斗英雄。

不久，肖玉璧康复出院了，组织上为照顾他，决定安排他到家乡清涧县张家畔税务所任所长，肖玉璧却暴跳如雷，认为组织安排不公。"我是有过战功的老红军，怎么也得分配相当的职务级别，现在却让我当乡镇税务所所长，你们不答应，那我就直接去找毛主席"。他找到毛主席，一味地提自己的战功，扯开衣服露出满身的伤疤，毛泽东十分生气，严厉批评他：要服从组织分配。

从1941年开始，日军在抗日根据地进行疯狂残酷的"扫荡""蚕食"，国民党政府也对八路军断绝粮饷，并对根据地实行经济封锁，妄图围死、饿死八路军，陕甘宁边区和抗日根据地进入极端困难时期。毛泽东提出了"自己动手，丰衣足食"的号召，同时提出"厉行廉洁政治"，强调"严惩公务人员之贪污行为"，禁止"任何公务人员假公济私，共产党员有违法者从重治罪"。

这时肖玉璧出事了，他"满腹委屈"地上任后，总以功臣自居，发脾气，训斥人，利用职务之便贪污受贿，贪污公款3050元，把油偷偷倒卖给国民党军队从中牟利，并携带款项和税票逃跑，叛变革命，此种行为对边区危害很大。法院依据边区惩治贪污暂行条例之规定，判处被告人肖玉璧死刑。

肖玉璧不服判决，给毛主席写信，要求面见边区政府主席林伯渠。林伯渠念及他是老红军、战斗英雄，便把肖玉璧的信转交毛泽东。毛泽东问："肖玉璧贪污多少钱？"林伯渠答："3000多元。"肖玉璧给主席写信，要求看在他过去作战有功的情分上让他上前线战死在战场上。毛泽东没有看信，沉思一阵，对林伯渠说："你还记得我怎样对待黄克功的吧？"林伯渠说："忘不了。"毛泽东接着说："这次和那次一样，我完全拥护法院判决。"就这样，贪污犯肖玉璧被依法判处执行枪决。

1942年1月，《解放日报》专门发表评论指出，肖玉璧被判处死刑，因为他贪污、开小差，为升官发财以致叛变革命，等等，我们要做到，在"廉洁政治的地面上，不允许有一个肖玉璧式的莠草生长，有了就拔掉它"。此案之后，对陕甘宁边区的党风建设影响很大。

为了保持党的优良作风，防止资产阶级思想作风的侵蚀和党内骄傲腐化思想的发生，根据毛泽东提议，党的七届二中全会制定了六条规定：一、不给党的领导人祝寿；二、不送礼；三、少敬酒；四、少拍掌；五、不以党的领导人的名字做地名、街名和企业的名字；六、不要把中国同志和马恩列斯并列。

简简单单的6条，看似朴实无华，却内涵丰富，实在管用，照鉴了共产党人博大无私的情怀，彰显了共产党人的人格魅力。虽然制定那些规矩的人已经离我们远去了，但他们身居高位却从不摆架子搞特殊，一刻也不脱离群众的崇高品德、优良作风和伟大人格，仍然是激励我们继续前行的巨大精神力量。

中国共产党成为执政党以后，毛泽东从严治党这根弦绷得更紧。

1951年毛泽东发动共产党执政后的第一次反腐败斗争，1952年开展"三反"（反贪污、反浪费、反官僚主义）运动，他在转发中共西南局第一书记邓小平的报告中阐述了"三反"的意义。他在批语中写道，反贪污反浪费是全党的一件大事，需要来一次全党的大清理，彻底揭露一切大中小贪污案件，而着重打击大贪污犯，对中小贪污犯则取教育改造不使重犯的方针，才能停止很多党员被资产阶级腐蚀的极大危险，才能克服七届二中全会所早已料到的这种情况，并实现二中全会关于防止腐蚀的方针。

毛泽东在给各地的指示当中，提出了"三反"的原则，把反贪污、反浪费、反官僚主义的斗争如同镇压反革命的斗争一样重要，一样的发动人民群众包括民主党派及社会各界人士进行，一样的大张旗鼓去进行，一样的首长负责，亲自动手，号召坦白和检举，轻者批评教育，重者撤职惩办，并处有期徒刑直至枪毙，只有这样才能解决问题。

毛泽东在七届二中全会上担心的事，在一些领导人身上已变为现实，刘青山、张子善就是这样的典型。

刘青山、张子善分别是1931年和1933年入党的老党员和老干部。他们两人都曾血战沙场，也都曾被国民党逮捕过。无论在战场上还是在敌人的监狱里，他们都未曾屈服过，为了民主革命的胜利，他们立下了赫赫功勋。新中国成立后，刘青山曾任华北天津地委书记，张子善为现任书记，进城才两年，他们就坠入腐败的泥潭。利用职权先后动用全专区地方粮食折款25亿元，宝坻县救济粮款4亿元，干部家属补充粮折款1.4亿元，从修潮白河的民工供应站中克扣获利25亿元，贪污修飞机场节余款和发给群众房地补价款合计45亿元，冒充建设名义向银行骗取贷款40亿元，总计贪污挪用公款200亿元（均为旧币），进行投机倒把的违法活动。

刘青山、张子善贪污腐败问题揭露后，在全国引起巨大震动。

毛泽东也感到震惊，他虽然估计到有些人经受不住考验，但没想到来得这么快。

他亲自过问这件事，下决心坚决予以严惩。他批示道："这件事给中央、中央局、分局、省市区党委书记提出了警告，必须严重地注意干部被资产阶级腐蚀发生严重贪污行为这一事实，注意发现揭露和惩处。"在给刘青山、张子善量刑时，毛泽东和党中央同意河北省委的建议，由河北省人民法院宣判，经最高人民法院核准，对刘青山、张子善处以死刑。

在公审之前，曾在冀中担任过区党委书记、天津市委书记的黄敬找到薄一波说：刘、张错误严重，罪有应得，当判重刑。但考虑到他们二人在战争年代出生入死，有过功劳，在干部中影响较大，是否可以向毛泽东说说，不要枪毙，给他们一个改造的机会。薄一波认为这事不好向毛泽东讲，但还是把黄敬的意思向毛泽东如实转达了。毛泽东听后说："正因为他们两人的地位高、功劳大、影响大，所以才要下决心处决他们。只有处决他们，才可能挽救20个，200个，2000个、20000个犯有各种不同程度错误的干部。"

毛泽东始终铭记李自成进京的教训，因胜利而骄傲，因骄傲而腐败，因腐败而亡国。因此他坚定地认为，对于刘青山、张子善以及其他腐败分子，必须依法严惩，才能维护党的事业和党的威信，才能有利于教育挽救犯错误的人中的大多数，才能更有效地防止干部队伍的腐化。

从这个认识基础出发，毛泽东立下对党内腐败行为严惩不贷、绝不手软的坚定决心，并不为任何请求稍加宽恕的意见所动摇。

而且，毛泽东还举一反三，从刘青山、张子善案件中，得到更多启示。他把各种腐败分子喻为"老虎"。他以中央名义或个人名义向全国各地、各单位、各部门连续多次发出"打虎令"，将"三反"斗争迅速推向声势浩大的"捉虎""打虎"阶段。

一些"老虎"在一片"打虎"声中原形毕露。

一些"老虎"成了过街老鼠。

毛泽东狠抓"打虎"工作，通过这场斗争清除了党和国家干部队伍中猖獗一时的腐败分子，挽救了一批有不同程度犯错误苗头的干部，教育了干部中的大多数，有力地抵制了旧社会的恶习和资产阶级的腐蚀，在全党全社会开创了节俭朴素、廉洁奉公的一代新风。

毛泽东指出：对于贪污、浪费和官僚主义的严重现象，如果不加以彻底肃清，他们就要腐蚀我们的党，腐蚀我们的政府，腐蚀我们的军队，腐蚀我们的一切财政经济机构和一切革命群众组织，使我们的许多干部身败名裂，给我们的国家造成极大的危害，一句话，就有亡党亡国亡身的危险。

他还说："我毛泽东若是搞腐败，人民就割我毛泽东的脑壳。"他用自己的脑壳担保，昭示了毛泽东对防治党内腐败的坚定决心和浩然正气，更是对历史、对人民作出的一个庄严承诺。

执政党的党风直接关系着党同群众的关系，关系着民心的向背。党风问题，归根到底是党群关系问题。党风好就得民心，党风不好就失去民心，脱离群众。

《孔子家语》云："水可载舟，亦可覆舟，君以此思危，则可知也。"这里的水是比喻的人民，舟比喻的君王。唐代魏征也曾用这个比喻劝太宗李世民要居安思危，戒骄戒奢。共产党人同过去的剥削阶级统治者完全不同，他们不是高踞于人民头上的官老爷，而是水中的鱼，鱼得水则活，离水则死。

1958年5月20日，毛泽东在党的八届二次全会上指出：我们有些干部是老子天下第一，看不起人，靠资格吃饭，做了官，特别是大官，就不愿意以普通劳动者的姿态出现。这是一种很恶劣的现象。……要破除官气，要扫掉官气，要在干部当中扫掉这种官气。谁有理就服谁，不管是挑大粪的也好，挖煤炭的也好，贫苦的农民也好，只要真理在他们手里，就要服从他们。如果你的官很大，可是真理不在你手里，也不能服从你……官气是一种低级趣味，摆架子、摆资格、不平等待人、看不起人，这是最低级趣味，这不是高尚的共产主义精神。

毛泽东经常用鱼水关系，告诫全党同志不要脱离群众。他说："党群关系好比鱼水关系，如果党群关系搞不好，社会主义制度就不可能建成，社会主义制度建成了，也不可能巩固。"

毛泽东还曾强调："我们一定要警惕，不要滋长官僚主义作风，不要形成一个脱离人民群众的贵族阶层。谁犯了官僚主义，不解决群众的问题，骂群众，压群众，总是不改，群众有理由把他革掉。我说革掉很好，应当革掉。"

执政党的党风直接影响着政风民风，共产党在执政的条件下，党是整个社会的表率。党风的状况如何，对政风、民风的好坏起着决定性的影响，党风好，民风就好，党风正，民风就正。

各种不良社会风气虽然会影响和侵蚀党风，但外因终究要通过内因起作用。如果共产党本身是坚强的，是廉洁的，就能抵制和克服各种不良倾向的侵袭。好的党风会为社会树立好的榜样，使广大群众受到影响、感染和教育，提高全社会精神面貌。相反，如果党风不正，党员干部腐败堕落，社会上就会群起而效仿，歪风邪气不仅制止不了，而且还会蔓延会恶性膨胀。所以，要有好的社会风气，首先要有好的党风，只有党风好了，社会风气才会好。

6. 拧沙成绳的伟人

1937年5月，毛泽东在延安召开的中国共产党全国代表会议上，全面论述了党的领袖和党的干部对革命的重要性。

他指出："指导伟大的革命，要有伟大的党，要有许多最好的干部。在一个四亿五千万人口的大国里面，进行历史上空前的大革命，如果领导者是一个狭隘的小团体是不行的。党内仅有一些委琐不识大体，没有远见、没有能力的领袖和干部是不行的。中国共产党早就是一个大政党，经过反动时期的损失，依然是一个大政党，它有了许多好的领袖和干部，但是这还不够。我们党的组织要向全国发展，要自觉地造就成万数的干部，要有几百个最好的群众领袖。这些干部和领袖懂得马克思列宁主义，有政治远见，有工作能力，富于牺牲精神，能独立解决问题，在困难中不动摇，忠心耿耿地为民族、为阶级、为党而工作。党依靠这些人联系党员和群众，依靠着这些人对于群众的坚强领导而达到打倒敌人之目的。这些人不要自私自利，不要个人英雄主义和风头主义，不要懒惰和消极性，不要自高自大的宗派主义，他们是大公无私的民族的阶级的英雄，这就是共产党员、党的干部的领袖应该有的性格和作风。"

毛泽东根据马克思列宁关于建党学说的论述，总结党在使用干部方面的经验，提出了一条完整的组织路线，这就是他在党的六届六中全会上指出的："共产党的干部政策，应是以能否坚决地执行党的路线，服从党的纪律和群众密切的联系，有独立的工作能力，积极肯干，不谋私利为标准，这就是'任人唯贤'的路线。"并指明，按照德才兼备的标准选拔任用干部，这就是"任人唯贤"。

"德"主要是指干部的政治立场态度、道德品质和思想作风。"才"主要是指干部的工作能力、理论水平及文化业务知识。"兼备"表明德才互相联系，缺一不可。既不能只顾才不顾德，也不能只顾德不顾才，从德才两个方面来说，德是第一位的。

党的组织路线，是坚持五湖四海，坚持党的团结，它是无产阶级革命事业取得胜利的最基本条件。而党的干部的团结，又是全党团结的基础。毛泽东提出了全面团结干部的正确方针，说：我们都是来自五湖四海，为了一个共同目标，走到一起来了。党的性质和共同的革命目标，决定我们要讲团结。

正如美国学者称颂毛泽东是一位能"拧沙成绳"的伟人，毛泽东把方方面面的力量凝聚在一起的智慧无与伦比。红军时期，井冈山有4支部队：秋收起义、南昌起义、平江起义部队和当地王佐、袁文才的部队。到达陕北后，红一、二、四方面军，加上陕北红军，还有红25军。抗战时期，有八路军115师、120师、129师，还有新四军、东江纵队、东北抗日联军等。解放战争时期，有西北一野，中原二野，华东三野，东北四野，华北军区，还有白区地下党等。

在党内领导层中有早期的苏联留学生、欧洲的留学生、本土成长的军队地方干部，还有地域区别的湖南、湖北、江西、四川、陕北等。山头是客观存在的。天下归心，实在不易。唯有毛泽东有智慧、有本事把大家凝聚在一起，为了一个共同的革命目标紧密团结，浴血奋斗。当时的干部都说毛泽东用人是最公道的，这是全党全军的共识。

有战斗力又能成大事的领导集团，不怕来自不同的"山头"，关键是领军人物是否有凝聚力，并善于统领；不怕各种人才有缺点，有小算盘，关键是领军人物善于包容，用人之长；不怕各种人才之间有矛盾、有意见分歧，关键是领军人物善于采纳，有决断。创造"和而不同"的人才荟萃局面，关键在于领导集团中的领军人物，或者说核心人物的用人智慧。

毛泽东还有句话："党外无党，帝王思想；党内无派，千奇百怪。"只有毛泽东做中国共产党及其领导人的人民军队的"定海神针"，才能真正做到了"团结一切可以团结的力量"，完成排山倒海、天翻地覆的伟业。

历史上，大凡干出大事的政治集团，从来都有"和而不同"的人才结构。汉初将相有"三杰"之称。刘邦说他所以得了天下，主要靠三个人：运筹帷幄之中，决胜千里之外，我不如张良；治理国家，安抚百姓，供给馈饷，粮道不绝，我不如萧何；指挥千军万马，攻无不克，战无不胜，我不如韩信。这三个人，都是人中豪杰，能够加以重用，这是刘邦夺取天下的根本原因。这"三个人"其实是指"三类人"，韩信、张良、萧何不过是这"三类人"各自的杰出代表。有了这"三类人"何愁天下打不下来。这"三类人"体现的就是"和而不同"的人才结构造就的历史效应。这里的"和"就是为刘邦所用，这里的"不同"就是"三杰"之间不可替代的才能贡献。

　　毛泽东认为，在中国这样一个大国里，担负起领导革命的历史重任，一个小党是不行的，必须跳出小圈子，建立一个全国性的政党。为了建设一个大党，就必须坚持五湖四海的原则。

　　由于中国革命的特殊性，在党内军内形成了大大小小的"山头"，领导这些"山头"是一个难题。能解决这个难题的，非毛泽东莫属。

　　在延安时期，毛泽东多次要求干部，把《水浒传》当作一部政治书看。他说：当时农民起义，群雄割据，占据了很多山头，如清风山、桃花山、二龙山等，最后汇聚到梁山泊，建立了一支武装，抵抗官军。这支队伍，来自各个山头，但是统帅得好。

　　和而不同要"统帅得好"，就是统一的"和"。聚集在一起的干部团队，有的是为"事"而来，愿意干那项事业；有的是为"人"而来，相信并追随某个核心人物；有的是为"路"而来，即寻找自己的出路。这些不同，使团队总是面临一个很实际的问题：如何增强凝聚力，特别是有共同经历和缘由的人在团队里形成"山头"的时候，怎样让团队真正"和"起来。

　　按毛泽东在党的七大报告中的说法，要承认"山头"，照顾"山头"，但要反对"山头主义"。用好的干部政策把各个方面的人才团结起来，是事业之幸，反之则成事业之危。

　　毛泽东曾解释梁山的各路英雄之所以被"统帅得好"，是因为有饭大家吃，有敌人一起打，内部的政治工作也做得相当好。让团队"和"起来，当然还要靠其他许多办法，诸如信念问题、纪律问题。要强调的是，在一个干部团队里，只有真正的"和"，"不同"才是有价值的，是一种求大同、存小异的境界。一个成熟的团队，应该是"和而不同"的团队，指的是其成员志同道合、命运相关，为了同一个目标，或围绕同一个事件相互砥砺、配合、补充，不仅使自己的人格才能在这里更显现，也使群体行为获得更大的成就。

和而不同的团队，还表现为性格才能的多样化。也就是说，这个团队的每一个人都不可能十全十美。对团队的核心人物来说，要承认这种现实，不能把所有的人都按一种尺寸来改造和使用。水泊梁山这个团队里，大才大用，小才小用，通才通用，偏才偏用。他说："不要学李逵粗野，李逵不是我们路线上的人，缺点是好杀人，不讲策略，不会做思想政治工作。"他称赞石秀的拼命精神，说："我们从前干革命，就是有一种拼命精神。"他赞扬武松"在敌人面前没有丝毫的怯懦"，并说"我们学习景阳冈的武松"。毛泽东还认为"梁山泊也有做城市工作的，神行太保戴宗就是做城市工作的。祝家庄没有城市工作就打不下来"。

毛泽东从《水浒传》的故事里引申出我们共产党领导革命也要认识"山头"，承认"山头"，照顾"山头"，到消灭"山头"，克服"山头主义"。谈到《西游记》，毛泽东说，要看到他们有坚定的信仰，唐僧、孙悟空、猪八戒、沙和尚，他们一起去西天取经，虽然中途闹了点不团结，但经过互相帮助，团结起来，终于克服了艰难险阻，战胜了妖魔鬼怪，到达了西天，取来了真经，成了佛。这里主要讲的是不要怕有不同意见，不要怕有争论，只要朝着一个目标，团结一致，坚持奋斗，最后总是会成功的。对于《三国演义》，毛泽东评价很高。他说，看这本书，不但要看战争、看外交，而且还要看组织。他们北方人，刘备、关羽、张飞、赵云、诸葛亮，组织了一个班子南下，到了四川，同"地方干部"一起建立了一个很好的根据地。毛泽东的意思是说：外来的干部一定要同地方干部很好地团结在一起，才能做出一番事业。

毛泽东赞成反对"山头主义"，因为它不利于全党的团结统一。这是一个原则问题，谁破坏了党的团结统一，毛泽东就坚决同他进行斗争。在原则问题上，毛泽东是不会让步的。

1938年5月7日，鉴于张国焘的叛变投敌行为，毛泽东对陕北公学即将毕业的第二期学员作讲话，讲了关于张国焘叛变被开除党籍的问题，他在讲话中列举了张国焘所犯过的"左"、右倾机会主义错误和分裂党的错误，指出张国焘一贯是两面派，是被资产阶级引诱，在全党可以作为教训。他重申了党的纪律："个人服从组织，少数服从多数，下级服从上级，全党服从中央。"

人民军队是维护中国共产党执政地位、保障国家长治久安的保底王牌。毛泽东对坚持党对军队的绝对领导极为重视，"决不允许枪指挥党"。

1973年12月，中共中央军委发布命令：北京与沈阳、南京与广州、济南与武汉、福州与兰州八大军区司令员相互对调，这次人事变动不仅在国内甚至在国际上产生巨大的影响，引起国内外广泛关注。

毛泽东为什么要对八大司令员对调呢？从我党我军的具体关系变化来看，我党总体模式与思路是党对军队的绝对领导，但实际过程却很复杂。毛泽东曾说："我们的原则是党指挥枪而绝不允许枪指挥党，但是有了枪确实可以造党，八路军在华北就造了一个大党，还可以造干部、造学校、造文化、造民众运动，延安的一切就是枪杆子造出来的，枪杆子里出一切东西。"

基于历史经验，新中国成立以后，一直兼任中央军委主席的毛泽东始终对军队抓得很紧很紧，特别关注直接领导者的动向，要求重大问题都要及时报告，坚决杜绝拥兵自重的行为发生。

　　"文革"前夕毛泽东与汪东兴谈话时说："我们军队里也不那么纯，军队里也有派嘛！……不知你信不信？你不信我信。我们军队几十年经常有人闹乱子。"可见，毛泽东对军队领导权和内部状况的关注，是促成1973年八大军区司令员对调的历史和心理因素。

　　1973年12月12日，中央召开政治局会议，毛泽东在会议上讲话说："政治局要议政，军委要议军，不仅要议军，还要议政。"又说："政治局不议政，军委不议军，以后改了吧。你们不改，我就开会，到这里来。我毫无办法，无非开政治局会，跟你们吹一吹，当面讲。"

　　毛泽东提议在座的政治局委员们唱《三大纪律八项注意歌》。唱完歌，毛泽东接着说："一个人在一个地方搞久了不行呢，搞久了油了呢！"这里指的是各大军区司令员，他说已经考虑了好久，认为一个人在一个地方坐镇，一待就是20年，会出现消极因素。

　　12月22日，经党中央决定，毛泽东批准，北京军区司令员李德生与沈阳军区司令员陈锡联对调，济南军区司令员杨得志与武汉军区司令员曾思玉对调，南京军区司令员许世友与广州军区司令员丁盛对调，福州军区司令员韩先楚与兰州军区司令员皮定均对调。

　　会议结束后，按照毛泽东要求，命令下达后10天内对调的八大军区司令员都到达新的工作单位。

　　其实，当时全国有11个大军区，除了上述八大军区外，还有乌鲁木齐军区、成都军区、昆明军区，这三个军区的司令员刚变动不久，没有被调动。

　　这次人事对调是毛泽东经长久酝酿所采取的一项重大的治

军、治国举措。实践证明，这一举措有力地保障了党对军队的绝对统一领导，对当时的政治局面起到了稳定作用，也为今后军队高级干部交流制度化提供了一个很好的范例。

《道德经》告诉我们，大海能够海纳百川，不择细流，所以能成其大。

一个成功的领导者，只有具备"海纳百川"的恢宏气度，才可以团结一切可以团结的力量，调动一切可以调动的积极因素，最大程度地发挥所有人的作用，为实现共同的目标而奋斗。

毛泽东是一位具有恢宏气度的领导者，是一位能让"百川归海""万众归心"的人。他在对王明问题的处理上，表现出惊人的宽容。

王明1904年5月出生于安徽六安县一个教师和小商人家庭，5岁上私塾念书，8岁写春联卖钱，9岁开始写诗。1925年10月加入中国共产党，同年11月被派往莫斯科中山大学学习。

王明的一生相当长的时间是在苏联度过的。在苏联留学4年，工作6年，养病21年，1974年3月病逝莫斯科。

王明的主要问题是立场和人品问题。他是满腹经纶的极左领袖，熟读经典，目空一切，替苏联人说话。从留学苏联到主导中央政治局只用了6年时间。这其中有三个原因：天资聪明，善于投机，尤其是深受中山大学副校长米夫的赏识。在中山大学反托派的斗争中，他显示了宗派斗争的才能，帮助米夫夺得了中山大学校长的职位，成为米夫的心腹。回国后与博古等人一起站在国际路线上反对"立三路线"，恰在这时米夫来华改组中央政治局，在米夫的主导下，王明一步到位进入政治局，不久到苏联任共产国际中共代表团团长。

王明离开上海之前，提名刚从苏联中山大学回国的24岁的博古代替他作为中共中央总负责。

博古的教条主义，其实执行的是王明路线。王明也好，博古也罢，共同特点是在苏联学习，被苏联人提拔，听苏联人的指挥，披着马列主义外衣，打着"共产国际"招牌，发号施令，得以在中共中央统治长达4年之久。

1937年11月，王明乘苏联飞机回到延安。王明讲："我是共产国际派回来的，斯大林同志派回来的。"俨然是捧着尚方宝剑的莫斯科的"天使"，说话的态度，仿佛是传达"圣旨"似的。王明在共产国际第七次代表大会上当选共产国际执委会主席团委员和政治书记处候补书记，这也唬住了很多人。

1937年12月，王明在中央政治局会议上提出"一切经过统一战线"的错误主张，一度在党内占了上风，越位定了不该定的调。在武汉担任中共中央代表团团长期间，不经请示以中共中央名义发表宣言、声明，甚至不经毛泽东同意就发表公开谈话，越权说了许多不该说的话；与中央分庭抗礼，居高临下批评中央书记处，向根本不在其职权范围的八路军及其他党组织发号施令，拒绝在武汉发表毛泽东的重要著作《论持久战》，越界做了一些不该做的事，客观上给共产党添了乱，为蒋介石帮了忙。

王明在国共冲突时期表现极左，在国共合作时期又表现极右。"左"也好右也罢，都源于不顾中国国情，生搬硬套斯大林和共产国际指示，在处理中国共产党与共产国际的关系，与国民党的关系，与中间势力的关系时，站错了立场。

1938年9月，中共驻共产国际代表王稼祥回国，在中央政治局会议上传达共产国际执行委员会总书记季米特洛夫指示："中共中央在领导机关中，要在毛泽东为首解决统一领导问题，领导机关中要有亲密团结的空气。"

1938年9月29日至11月26日，扩大的六届六中全会在延安召开。全会传达了共产国际关于王明不要和毛泽东争领袖的指示，决定撤销长江局，王明留延安工作，担任中央统战部长、中央妇女运动委员会主任、中国女子大学校长等职。

王明的领袖梦破灭了，却依然不闲着，在延安不停地发表文章，不断地作报告，还做了许多私下串联、背后告状的小动作。延安整风，王明受到毛泽东和其他中央领导同志的严厉批评，但他拒不认错。

就是对这样一个屡犯错误的王明，毛泽东仍采取宽容态度。于公于私，王明都是毛泽东的对头。但毛泽东认为，只要弄清是非，就不要太看重个人的责任。

毛泽东常说，我们揭发错误、批评缺点的目的，好像医生治病一样，完全是为了救人，而不是把人整死。一个人得了阑尾炎，医生把阑尾割了，这个人就救出来了，任何犯错误的人，只要他不讳疾忌医，不固执错误，以至于达到不可救药的地步，而是老老实实，真正愿意医治，愿意改正，我们就欢迎他，把他的毛病治好，使他变为一个好同志。

1945年4月23日至6月11日，中国共产党在延安召开了第七次全国代表大会。在选举问题上，一些代表提出，只选没有犯过路线错误的，凡是犯过路线错误的如王明、博古等都不选。在预选中央委员时王明落选，毛泽东三次出面向代表做解释工作，阐述了选举方针，希望选上王明。在毛泽东的耐心说服下，王明以321票当选中央委员，在44名中央委员中排名倒数第二位。

曾经跟随王明犯了"左"倾错误，后来认识和改正错误的博古也当选中央委员。他还被委任为中共中央机关报《解放日报》社社长、新华通讯社社长等重要职务。

1938年张国焘叛逃到国民党，毛泽东在和张国焘的妻子谈话时，不仅允许她带着孩子离开延安到国统区去找张国焘，并要她转告张国焘，还可以回来，只要改了就行。

一个国家，一个政党，一支军队，没有核心领导是靠不住的。集体领导与个人负责，既互相矛盾又辩证统一，没有集体领导和没有核心人物都容易出问题，二者应当有机统一起来，而不能相互否定和割裂。20世纪60年代，毛泽东在一次听取汇报时，曾谈到一个问题，就是领导要统一，不能多头，否则会出现内部决策危机。

这是因为核心人物能发挥别人不可替代的作用，他具备了理想信念、战略远见、决断魄力、策略艺术、用人胸怀品格等等方面的综合优势。具备综合优势，能形成精神上、政策上、组织上的凝聚力，引导领导集体聪明才智的奔涌，发挥领袖集团的群体优势和忠诚，拥有其他人不可替代的优势。

毛泽东领袖地位的形成是历史的选择，是人民的选择，也是他高超智慧和伟大人格的必然结果。

彭德怀说："毛泽东的领导地位是由正确的领导取得的。"一语中的，揭示了问题的本质。

党的核心是聚集一大批坚定信仰的追随者，这是中国共产党的幸运，是伟大事业成功的根本保证。

毛泽东从来不是共产国际指定的接班人，也不是上一届领导人指定的接班人。毛泽东曾经讲，真正革命事业的接班人是在群众斗争的大风大浪中成长起来的。

毛泽东的领袖地位和毛泽东思想的确立有个过程。

遵义会议是中国共产党独立自主建设成熟中央领导集体的开始。

遵义会议增选毛泽东为中央政治局常委，毛泽东进入中共中央最高决策层，政治地位上的变化，为他从战略长远和全局的高度，全面系统思考中国革命道路问题提供了可能性和现实性。

参加遵义会议的杨尚昆回忆说："中国共产党人几经挫折和失败，经过遵义会议这一重大历史转折，才逐渐形成了以毛泽东同志为核心的正确领导集体。毛泽东同志从一个主要的农村革命根据地的领导人成为主导全党全军的领袖，是一个充满斗争和艰难曲折的过程。一方面是由于毛泽东以农村包围城市的正确主张逐步深入到全党，他在粉碎敌人'围剿'中表现出来的军事指挥才能为全军所接受；另一方面，由于像周恩来同志这样一些党的负责人，在血的教训面前，以党的利益为重，胸怀宽广，服从真理，坚决拥护和信赖毛泽东同志的正确领导。"

遵义会议之前，中国共产党处于幼年时期，对共产国际过度依赖，对中国国情和中国革命规律认识模糊，没有形成坚强成熟的中央领导集体。如邓小平同志所指出："遵义会议之前，我们的党没有形成一个成熟的党中央。从陈独秀、瞿秋白、向忠发、李立三到王明都没有形成过有能力的中央。我们党的领导集体，是从遵义会议开始逐渐形成的，也就是毛刘朱周和任弼时同志，任弼时同志去世以后，又加了陈云同志。"

遵义会议之后，中共中央决定由张闻天代替博古负总责。当时，毛泽东的职务虽不是最高领导人，但在党和红军最主要的军事斗争工作中处于举足轻重的地位。这是因为毛泽东长期处于军事斗争的第一线，他表现的卓越才能得到了红军指战员的普遍尊重，同时张闻天、周恩来和朱德等领导人又非常尊重他，毛泽东在党和红军的决策中处于核心地位。

遵义会议三年后的1938年6月，共产国际执行委员会总书记季米特洛夫对出席共产国际会议的中国代表王稼祥说："共产国际执行委员会认为，中国共产党一年来建立了抗日民族统一战线，政治路线是正确的，中共在复杂的环境和困难条件下真正运用了马克思主义。中共中央领导机关要以毛泽东为首解决统一领导问题，你们告诉中国共产党全体党员，应该支持毛泽东同志为党的领导人，他是一位在中国革命的实际斗争中锻炼出来的领袖。告诉王明同志，不要再争了。"

王稼祥回国后，在9月14日举行的政治局会议上传达了莫斯科的上述决定，明确指出中国人民的领袖是毛泽东。季米特洛夫的谈话对毛泽东是极大的支持。从此以后，中国共产党进一步明确了毛泽东的领导地位，解决了党的统一领导问题。

1938年9月，中共六届六中全会以后，张闻天已主动地把工作逐渐向毛泽东移交，把政治局会议的地点移到杨家岭毛泽东住处召开，他虽然仍主持政治局会议，但一切重大问题实际上都已由毛泽东作出决断。

1939年7月的政治局会议后，张闻天主要是做宣传教育方面的工作，他这样说："我自己及中央书记处在1940年5月间也搬了过来，实际上把我的全部工作都交出来了。"中共中央的工作其实在毛泽东主持下进行。

从1936年12月起，毛泽东多次在著作中阐述遵义会议对中国革命、中国共产党的重大影响和伟大意义。

遵义会议召开10年后，中共召开党的第七次全国代表大会。毛泽东在谈到第七届中央候补委员选举时说："遵义会议是一个关键，对中国革命的影响非常之大。但是，大家要知道，如果没有洛甫（张闻天）、王稼祥两位同志从第三次'左'倾路线分化出来，就不可能开好遵义会议。同志们把好的账放在我的名下，但绝不能忘记他们两个人。当然，遵义会议参加者还有好多别的同志，酝酿也很久，没有那些同志参加和赞成，光他们两个人也不行，但是他们两个人是从第三次'左'倾路线分化出来的，作用很大。"从长征一开始，王稼祥同志就开始反对第三次"左"倾路线了。张闻天（洛甫）为遵义会议的召开发挥了关键的、不可替代的作用。

毛泽东、周恩来后来多次对张闻天给予高度评价，说他在遵义会议上"立了大功"。

1935年1月，张闻天接替博古做党的总负责，至1943年3月，中央政治局正式推定毛泽东为主席，在组织上完成交替。张任总负责8年，这是中共和中华民族命运的重要转折时期。

张闻天任总负责期间干了3件影响中国历史的大事。一是把毛泽东推上领袖的位置，成就了一个伟人。遵义会议后毛泽东的实权并没有一步到位，只是协助周恩来指挥军事。张闻天知人善任，先提议毛泽东当前敌政治委员。后来又决定毛泽东分工军事，这样周恩来成了毛泽东的助手。毛泽东运用军事方面的才能，进而在全党进一步确立了权威。二是正确处理西安事变，抓住了千载难逢的机会，实现了第二次国共合作，共产党得到了难得的机遇，并日渐壮大。三是经过艰苦工作实现了国内战争向民族抗日战争的转变，共产党取得了敌后抗战的领导权，赢得人心，从此取得了政权。

张闻天这个人性格温和，作风谦虚，不恋权，相忍为党，尽力为国，品高功伟。

7. 毛泽东思想的旗帜高高飘扬

毛泽东思想是中国共产党的第一个中国化马克思主义指导思

想。但毛泽东思想这一概念的形成有一个过程。

1941年3月，党的理论工作者张如心在的《论布尔什维克的教育家》一文中，首次使用了"毛泽东同志的思想"这一提法。

1943年7月5日，王稼祥在《解放日报》上发表的《中国共产党与中国民族解放的道路》文章中，第一次提出了"毛泽东思想"这一概念。在正式文件中，首次出现于1945年中共七大刘少奇的报告《论党》里。对毛泽东思想的首次系统论述也是这一报告，中共七大首次规定毛泽东思想为中国共产党的指导思想。

1945年党的七大主旋律是赞颂毛泽东和毛泽东思想。任弼时在开幕词中说："在24年的奋斗过程中，我们党产生了自己的领袖毛泽东同志。毛泽东同志的思想，已经掌握了中国广大的人民群众，成为不可战胜的力量。毛泽东同志，不仅成为中国人民的旗帜，而且成了东方各民族争取解放的旗帜！"

刘少奇在党的七大所作的关于修改党章的报告中说："我们的党，已经是一个有了自己伟大领袖的党。这个领袖，就是我们党和现在中国革命的组织者与领导者——毛泽东同志。我们的毛泽东同志，是我们英勇无产阶级的杰出代表，是我们伟大民族的优秀传统的杰出代表，他是天才的创造性的马克思主义者，他将人类这一最高理想——马克思主义的普遍真理与中国革命的具体实践相结合，而把我国民族思想提到了从来未有的合理的高度，并为灾难深重的中国民族与中国人民指出了达到彻底解放的唯一正确的、完整的、明确的道路——毛泽东道路。"

党章的总纲上确定：以马克思列宁主义的理论与中国革命的实践之统一的思想——毛泽东思想，作为我们党一切工作的指针，反对任何教条主义的经验主义的偏向。

朱德在4月25日所作的《论解放区战场》的军事报告中说：

"我们伟大的中国共产党，24年来和全中国人民一起，为民族解放和社会解放而斗争，在这个斗争过程中，锻炼出了一条极坚强的政治路线，能够解决中国的政治问题，而且已经锻炼出一条极强的军事路线，能够解决中国革命的军事问题。这条军事路线，正如政治路线一样，其代表人物就是我们的领袖毛泽东同志。为着争取抗战的胜利，我在这个大会上特别号召同志们去认真学习毛泽东同志的军事学说，如认真学习毛泽东同志的政治、经济、文化的学说一样。所有部队、军事学校、军事训练班，都必须以毛泽东同志的军事学说为基本，作为教育的灵魂，以便于在思想上加强武装自己战胜敌人。"

就在这次代表大会上开始喊出"毛泽东同志万岁"。

党的七大正式确立了毛泽东在党内的领袖地位，也正式确立了他在中国人民心中的领袖地位。

中国共产党对领袖的选择，不仅重视实践，也重视理论，随着一系列新的理论话语逐渐为全党接受，毛泽东也完成了身份的跨越。

毛泽东从1935年10月长征到达陕北期间是军事领袖，到1938年10月党的六届六中全会成为政治领袖，再到1941年开始成为思想领袖。

对此，教育家、革命家吴玉章在回忆录里说："《论持久战》的发表，使毛泽东赢得了全党同志发自内心的、五体投地的赞许、佩服甚至崇拜，从而确立了在党内无可替代的领袖地位和崇高威望。"这种认同与拥戴，"与一般的组织安排不可同日而语"。

这种感觉，在当时党内高层也比较普遍。

1941年10月8日，陈云在中央书记处会议上说："过去我认为毛泽东在军事上很行，毛泽东写出《论持久战》后，我了解到毛泽东在政治上也是很行的。"他还说："中国共产党成立已二十多年，经历了各种严峻的考验，有成功，有失败。现在看来，最大的成绩就是我们培养出一个领袖，我们选择了这个领袖，就是毛泽东同志。"

1943年11月4日，任弼时写的整风笔记中讲道，他过去只觉得毛泽东"有独特见解，有才干"，"读了《论持久战》、《新民主主义论》和《中国革命战争的战略问题》，认识到毛泽东的一贯正确是由于坚定的立场和正确的思想方法。"可见，结合实际的抉择和理论创新，在确立毛泽东领袖地位的最后一段路程上，起到了多么重要的作用。

胡适曾想弄明白毛泽东为何能带领中国共产党取得成功，他找来毛泽东论著阅读后，在1951年5月31日给蒋介石的信中说："盼我公多读一点近年中共出版的书报。《中国革命战争的战略问题》作于红军长征之后，最可看出毛泽东以文人而主持中央红军的战略。"这最后一句，道出了毛泽东"读奇书，创奇事"的文化风景。

1950年春，苏联著名的研究马克思主义哲学的专家尤金院士来到中国。尤金在中国待了两年，在此期间，他在毛泽东著作上写下了500余条评注，在毛泽东写的文章和书籍中"没有发现……任何严重的反马克思主义或反列宁的观点"。回国之后，尤金奉召参加一个政治局会议，斯大林仔细盘问他："这么说来，他们是马克思主义者了？"尤金很自然地回答："他们是马克思主义者，斯大林同志。"根据尤金的回答，斯大林就下了一个结论："很好，我们可以放心了，他们在没有我们帮助的情况下自己成长起来了。"

回望历史，中国共产党是在内忧外患中诞生的，是在磨难挫折中成长的，是在浴血奋战中壮大的，是在毛泽东率领下发展的。敢于斗争、敢于胜利，是中国共产党鲜明的政治品格，也是其独特的政治优势。

中国共产党在革命的征程中，陈独秀失败以后，瞿秋白失败了，向忠发叛变了，李立三失败了，博古失败了，张国焘叛变了，王明也失败了。毛泽东实事求是，独立自主，在理论上解决了马列主义中国化的问题，在实践中找到了中国革命的道路和方法。历史选择了毛泽东。

"你是灯塔，照耀着黎明前的黑暗；你是舵手，指引着前进的航向。"这两句流传已久的歌词，生动形象地诠释了中国共产党、毛泽东在中国革命中的核心领导地位。

现代作家郁达夫曾经说过："没有伟大的人物出现的民族，是世界上最可怜的生物之群；有了伟大的人物，而不知拥护、爱戴、崇仰的国家，是没有希望的奴隶之帮。"

中华民族历来是伟人辈出的民族，而毛泽东是中华民族伟人中的杰出代表。

维护毛泽东的历史地位，是维护中国共产党形象和执政地位全局问题，是事关新时期改革的正确方向和国家政权稳固的问题。

参考文献

中共中央文献研究室编：《毛泽东传》（1—6卷），中央文献出版社2012年版。

中共中央文献研究室编：《毛泽东年谱》（1893—1949）（上、中、下卷），中央文献出版社2013年版。

中共中央文献研究室编：《毛泽东年谱》（1949—1976）（1—6卷），中央文献出版社2013年版。

《历史的巨人毛泽东》，当代中国出版社2003年版。

《毛泽东选集》（1—4卷），人民出版社1991年版。

张民：《毛泽东是怎样战胜对手的》，军事科学出版社2009年版。

师哲口述，李敏著：《在历史巨人身边——师哲回忆录》，九州出版社2015年版。

〔俄〕亚历山大·潘佐夫：《毛泽东传》（上、下），中国人民大学出版社2015年版。

〔美〕罗斯·特里尔：《毛泽东传》（名著珍藏版），中国人民大学出版社2010年版。

邸延生：《历史的真迹——毛泽东风雨沉浮五十年》，新华出版社2006年版。

刘志青：《毛泽东蒋介石一生的较量》，中国文史出版社2010年版。

金一南：《苦难辉煌》，华艺出版社2016年版。

邸延生：《历史的情怀——毛泽东生活记事》，新华出版社2008年版。

薛庆超：《毛泽东"南方决策"》，华文出版社2013年版。

毛新宇：《爷爷毛泽东》，解放军出版社2013年版。

中宣部党建杂志社、红旗出版社编辑部编：《信仰的力量》，红旗出版社2011年版。

孟庆春：《跟毛泽东学凝聚人心》，当代中国出版社2002年版。

石仲泉、陈登才主编：《毛泽东的故事》，中共党史出版社2006年版。

黄允升、沈学明：《历史怎样选择毛泽东》，中央文献出版社2003年版。

苏扬编：《中国出了个毛泽东》，解放军出版社1991年版。

雷国珍、吴珏编著：《毛泽东大成智慧》，当代中国出版社2001年版。

江波、黄代银：《跟毛泽东学用人》，红旗出版社2002年版。

邸延生：《历史的风范——毛泽东的人格魅力》，新华出版社2012年版。

贾章旺：《毛泽东从韶山到中南海》（上），中国文史出版社2007年版。

中共中央党史研究室编：《中国共产党历史》（第二卷），中共党史出版社2011年版。

周国剑：《毛泽东的智慧与当代领导艺术》，时事出版社2012年版。

张玉凤主编：《毛泽东藏书》（二十四卷），陕西人民出版社1999年版。

孙金全：《赶考》，中国方正出版社2006年版。

王晓明主编：《东方的曙光——建党的那些人与事》，当代中国出版社2012年版。

《邓小平文选》（1—3卷），人民出版社1993、1994年版。

中共中央文献研究室编，冷溶、汪作玲主编：《邓小平年谱》（1975—1979），中央文献出版社2004年版。

后　记

撰写《毛泽东成功的秘诀》这部书，得到了许多专家、教授、学者和朋友们的热情支持和鼓励。特别要感谢中央党史和文献研究院的领导对这部书的出版高度重视和大力支持，对书稿进行了认真的审读、修改和校正。

还要感谢原中共中央党史研究室宣传教育局副局长薛庆超，军事科学院战略理论和战略研究部原部长、战略学博士生导师、毛泽东思想研究所所长姚有志将军，原济南军区前卫报社社长、军区宣传部长张振江同志，在工作十分繁忙的情况下，对书稿进行了精心审读和修改。

还要感谢解放军原通信指挥学院教授、军事战略学首席专家、军事科学院研究中心特邀研究员牛力将军以认真、精细、严谨的精神，对书稿进行了校正和修改。

撰写这部书时，曾参阅了大量的文史资料和专家、学者、教授撰写出版的毛泽东专著。由于篇幅所限，未能一一注明出处，特向有关专家、学者、教授表示感谢和歉意。

尽管有良好的愿望和追求，由于水平所限，书中难免有不妥之处，敬请读者批评指正。

撰写这部书的初衷，是期望广大读者从毛泽东成功秘诀的故事中，学习领悟光照千秋的毛泽东思想，和毛泽东高瞻远瞩的政治远见，坚定不移的革命信念，勇于开拓的非凡魅力，炉火纯青的斗争艺术，杰出高超的领导才能，心系民众的服务宗旨，博览群书的智慧韬略，无私无畏的伟大品格。从而使我们做到不忘初心，不忘来路，吃水不忘挖井人，牢记革命使命，传承伟人遗愿，继续砥砺前行，为实现中华民族伟大复兴而奋斗。

谨以此书作为纪念建党100周年向广大读者奉献的礼物。

2021年7月

图书在版编目（CIP）数据

毛泽东成功的秘诀 / 黄学禄著. -- 北京：中央文献出版社，
2021.9

ISBN 978-7-5073-4820-0

Ⅰ.①毛…　Ⅱ.①黄…　Ⅲ.①毛泽东（1893—1976）– 人物
研究　Ⅳ.①A755

中国版本图书馆CIP数据核字（2021）第194850号

毛泽东成功的秘诀

著　　者/黄学禄
责任编辑/彭　勇
封面设计/张利华

出版发行/中央文献出版社
地　　址/北京西四北大街前毛家湾1号
邮　　编/100017
网　　址/www.zywxpress.com
电子邮箱/zywx5073@126.com
销售热线/83089394 / 83072509 / 83072511 / 83089404
经　　销/新华书店
策　　划/山东天之健文化传播有限公司
排　　版/北京中献唐人数字技术有限公司
印　　刷/北京联兴盛业印刷股份有限公司

787×1092mm　16开　34.75印张　401千字
2021 年 10 月第 1 版　　2022 年 7 月第 2 次 印 刷

ISBN 978 - 7 - 5073 - 4820 - 0　定价：69.00元